入世治学

组织与社会研究范式与实操

［美］安德鲁·H.范德文（Andrew H. Van de Ven）著
杨百寅 译

Engaged Scholarship

A Guide for
Organizational and
Social Research

北京大学出版社
PEKING UNIVERSITY PRESS

著作权合同登记号　图字：01-2020-2627

图书在版编目(CIP)数据

入世治学：组织与社会研究范式与实操 /（美）安德鲁·H. 范德文著；杨百寅译. —北京：北京大学出版社，2023.9

（IACMR 组织与管理书系）

ISBN 978-7-301-34163-6

Ⅰ.①入… Ⅱ.①安… ②杨… Ⅲ.①组织管理学 Ⅳ.①C936

中国国家版本馆 CIP 数据核字(2023)第 150477 号

ⓒAndrew H. Van de Ven 2007

Engaged Scholarship: A Guide for Organizational and Social Research was originally published in English in 2007. This translation is published by arrangement with Oxford University Press. Peking University Press is solely responsible for this translation from the original work and Oxford University Press shall have no liability for any errors, omissions or inaccuracies or ambiguities in such translation or for any losses caused by reliance.

《入世治学：组织与社会研究范式与实操》英文版于 2007 年出版。 此翻译版由牛津大学出版社授权出版。 北京大学出版社负责原著的翻译。 对于译文可能出现的任何错译、漏译、不准确或歧义，以及由此带来的相关损失，牛津大学出版社不承担责任。

书　　名	入世治学：组织与社会研究范式与实操
	RUSHIZHIXUE: ZUZHI YU SHEHUI YANJIU FANSHI YU SHICAO
著作责任者	〔美〕安德鲁·H. 范德文（Andrew H. Van de Ven）
策划编辑	徐　冰
责任编辑	周　莹
标准书号	ISBN 978-7-301-34163-6
出版发行	北京大学出版社
地　　址	北京市海淀区成府路 205 号　100871
网　　址	http://www.pup.cn
微信公众号	北京大学经管书苑（pupembook）
电子信箱	编辑部 em@pup.cn　总编室 zpup@pup.cn
电　　话	邮购部 010-62752015　发行部 010-62750672　编辑部 010-62752926
印　刷　者	北京市科星印刷有限责任公司
经　销　者	新华书店
	787 毫米×1092 毫米　16 开本　24.25 印张　399 千字
	2023 年 9 月第 1 版　2023 年 10 月第 2 次印刷
定　　价	78.00 元

未经许可，不得以任何方式复制或抄袭本书之部分或全部内容。

版权所有，侵权必究

举报电话：010-62752024　电子邮箱：fd@pup.cn

图书如有印装质量问题，请与出版部联系，电话：010-62756370

推荐者序

徐淑英

范德文教授的专著《入世治学：组织与社会研究范式与实操》既是送给组织与管理领域研究者的一份特殊礼物，又是对社会科学领域最重要的贡献之一。这本著作的英文版在2007年首次问世时就被公认为超越了时代，堪称"永恒之作"。

本书被称为"永恒之作"，是因为它的思想在任何时候都是有用的。本书聚焦于社会科学研究的基本问题：如何确保我们的研究发现是真实的？对关注某个社会现象的研究者而言，为什么在缺乏研究对象参与的情况下就难以确保研究的真实性？为了构建理论和实践、研究和行动之间富有意义的关系，本书提供了多种有效的解决方法。本书所倡导的研究过程模型强调坚实的研究始于现实应用及问题解决。本书详细解释了在研究过程的每个阶段，哪些利益相关者或涉众应该参与到研究之中以及如何参与进来。这些涉众包括对所探讨的社会现象拥有知识或第一手生活经验的人士。更为重要的是，本书创立了一个探究组织中变化的方法，由此开发出相应的过程模型。鉴于社会现象是不断变化的，除了准确地跟踪和描述变化的思想，在社会科学研究中究竟学习什么更为重要？这是所有应用性社会科学的基础。可喜的是，本书为研究设计和方法论提供了一个强有力的框架，帮助研究达成知识贡献和解决实际问题的双重目标。就像波普尔关于证伪主义的著作和库恩的科学进步论著一样，《入世治学：组织与社会研究范式与实操》的思想在当下和在其

2007年初版之时同样有益且极为重要。

本书完全超越了时代，现今许多社会科学学科都在与两个危机作斗争：学术研究的可靠性（严谨性）危机和有用性（相关性）危机，这在商业和管理领域尤其突出。从20世纪的最后十年开始，商业领域的学者们所从事的研究被质疑存在各种问题，包括"p值黑客"[①]、在结果已知情况下再提出研究假设、通过数据操纵达到预期的显著性水平等。这些行为的目的是最大化取得显著效果的机会，而很少甚至根本不关心研究结论是否真实或者是否可复制。一些学者之所以这样做，是因为学术期刊的兴趣在于发表那些验证研究假设的结论，期望每项研究都能对理论做出贡献，并且偏爱复杂的统计模型。学术期刊对某个研究现象的现实性往往不太感兴趣，对所探讨理论的有用性或所研究问题的现实意义也缺乏兴趣。对于那些与研究假设相反的负面效应或无效效应，它们当然不感兴趣！

一些学者选择规避风险并以自身的职业发展为导向，就导致他们回避研究现实世界中的复杂问题，从此退回到象牙塔里，专注于那些对编辑和评审专家具有吸引力的研究课题。他们通常从学术期刊中寻找灵感，并专注于改进或扩展现有理论，即便这些理论已经过时或者可能无法应用到不同的环境中，因为这是一种"更安全"的研究策略。入世治学的理念号召学者们踏入现实世界，关注那些对真实的人和真实的组织有意义的研究问题。这样的研究当然需要时间和资源，需要更持久的投入，而且带有一定的风险。入世治学是一种志向和追求，在现有的体制下年轻学者们要么害怕采用这种方式，要么他们的资深导师善意地建议他们在获得长聘职位之前不要这样做。

2015年，一个名为"负责任的商业与管理研究"（Responsible Research for Business and Management，RRBM）的社群成立了，它的联合创始人包括24名资深学者，来自会计、财务、管理、营销和运营管理五大主要工商管理学科。这些学者来自10个国家，包括与商业教育密切相关的4所机构的高层领导人（详见https://www.rrbm.network）。为了满足研究的严谨性和实践的相关性的双重要求，他们撰写了一份建议书，概述了试图解决的问题，提供了可能的解决方

[①] 指操纵科学数据，从而使结果看上去具有统计意义。——译者注

案，并提出了七项原则用于指导研究设计。RRBM 的愿景是为商业和管理研究创造可靠且有用的知识，以供企业和各类组织应用，从而创造更美好的世界。

RRBM 的七个原则与《入世治学：组织与社会研究范式与实操》的核心理念是一致的。负责任的研究始于询问正在考虑或正在开展的研究是否为社会服务（原则1）。虽然《入世治学：组织与社会研究范式与实操》似乎对学术界所研究的问题持有不可知论的观点，但范德文教授肯定会同意优先选择和探析那样的研究问题，因为它们能够对创造一个更美好的世界做出贡献。负责任的研究原则鼓励研究对象和拥有相关知识的人士积极参与和投入到研究过程中来，从而明确问题的本质，参与研究设计、数据收集以及研究结果的解释和传播。《入世治学：组织与社会研究范式与实操》就此展示了较为详细的思路和方法，包括在每个研究阶段由哪些利益相关者参与，以及如何让他们参与进来。

《入世治学：组织与社会研究范式与实操》中文版的翻译可谓恰逢其时。中国商学院正在将研究项目转向解决中国社会中的重要问题。它们鼓励教师们专注于做正确的研究、把研究做好，并力图破除"五唯"（唯分数、唯升学、唯文凭、唯论文、唯帽子），改变以唯 A 类期刊上发表论文数量为学术评价标准的倾向。中国的学者和研究生将会发现《入世治学》是一个有价值的实践指南，可以帮助他们开展情境化研究和本土化探索。任何知识都是情境化的。为了理解与解释中国的管理和组织实践，研究者必须关注研究问题所处的社会、文化、经济和政治背景。范德文教授肯定会高度赞成开展高质量的本土化研究，这恰恰可以通过入世治学的方法来实现。读者可以进一步阅读范德文与梅耶尔和井润田三位教授于 2018 年发表在《组织管理研究》（Management and Organization Review）的文章，该文章阐述了在中国情境下开展入世本土化研究的必要性以及具体建议。

《入世治学：组织与社会研究范式与实操》是对社会科学研究的一个永恒贡献，也是组织与管理领域学者的宝贵资源，更是为中国学者准备的一份特殊礼物。这又是一本必备的参考书，献给所有真诚地希望成为负责任的社会科学家的人，他们渴望贡献可靠且有用的知识，改善管理和组织实践，塑造一个更美好的世界。

入世治学、出世修心、经世立业

杨百寅

本书的作者安德鲁·H.范德文（Andrew H. Van de Ven）教授是我在美国明尼苏达大学任教时的同事，也是国际著名的管理学教授。我们之间印象最为深刻的合作就是联合为博士生开设研究方法课程，我们俩多次在各自的博士生指导委员会上相互支持。因此我对范德文教授的治学理念不仅熟悉，而且认同、膜拜。他在学术领域孜孜不倦的追求成就了丰富而卓越的创造性成果，他所倡导的入世治学理念、提出的治学方法更加值得传播推广。尽管本书的英文版出版已经有十多年了，但主要内容在今天来看仍具有非常重要的学术价值和现实意义。一些学者认为，本书的出版具有里程碑意义，代表了组织与社会科学研究方法的范式转变。范德文教授非常关心本书的出版，近年来一直与译者保持联系，我们就入世治学基本理念和一些具体术语的解释进行交流。非常遗憾的是，他在本书付梓之前去世，实为憾事！

从副标题上看，本书是一部关于组织与社会研究方法的书。常见的研究方法教科书往往介绍开展研究的技术性话题，比如怎么进行实验设计、如何实施问卷调查、选择何种统计分析方法、怎样确定样本的规模等。本书与这类研究方法书籍有着很大的不同，作者提出了入世治学的主题思想，并深入细致地阐述了开展入世治学的方法与步骤。作者在一开始就旗帜鲜明地指出当下在专业学院任职的学者们所遇到的困境，科学研究与生产实践之间的鸿沟越来越大，研究者往往难以与从业者展开实质性的对话交流。所谓专业学院，包括工商管理、工程技术、社会工作、医疗健康、农业生产、教育、公共管理、新闻媒体和法律等领域。这些领域的主要特点是，从业者必须具有一定的专业领域知识，学术研究应该与实践共同发展成长。范德文教授所提倡的入世治学理念与方法，不失为针对理论与实践脱节、学界与业界隔阂等问题的有效解决之道。本书在倡导入世治学理念的同时，还通篇结合社会科学研究的实践，贯以鲜活的具体研究实例及切实可行的方法与技巧，从而阐明了入世治学的应用性。

翻译一部英文专著，特别是像本书这样一部具有很高思想深度的创新性著作，译者不仅需要全面理解原作的含义，还必须以尽量通俗易懂的中文清晰地传递作者的思想。翻译不仅仅是简单的语言转换，好的翻译是一个再次创作的过程，需要解读转化原文、引申琢磨新文、辨析解惑疑文。本书的翻译历时多年，几易其稿以求拿得出手，至今仍未称得上完全满意；反复推敲核心概念以求达意，而后发现以一己之力难以定论。故而就此版本推出，期待国内学界的高见卓识，以进一步推动入世治学的伟业。值此付梓之际，我拟分享三点心得：入世治学、出世修心、经世立业。

入世治学

大学常常被嘲笑为"象牙塔"，这不仅是中国高等教育机构面临的一个紧迫问题，也是世界性的难题。学者们也往往被嘲讽为"书呆子"，通常被打上"不接地气""不食人间烟火"的标签。这种现象产生的原因可以追溯到社会分工。教育与科研机构本身的职责是从事研究、发现规律、创造新知、开蒙启智、引领发展，因此学者们只有与现实世界保持适当的距离，才能更好地看清楚这个世界及其运作机制。即所谓"不识庐山真面目，只缘身在此山中"！此外，学者们所从事的工作大都使用抽象思维，创造性的科研工作必然涉及从现实世界中挖掘素材、提炼概念、构建理论、阐述逻辑、实验证明、统计分析等一系列概括性活动，这就必然导致"象牙塔"现象。另外，学者们固有的率性较真的特质、学术研究中不时出现的新颖名词、学术界的"另类"工作生活方式等因素则加深了人们的刻板印象。

其实，"象牙塔"一语也可以理解为赞美之词，反映出人们对少数脑力劳动者及其较高职业地位和崇高使命的尊重与夸赞。不可否认的是，"象牙塔"在现实语境中主要是指脱离现实世界的学术团体，学者们经营的小天地，一部分人组成的"自娱自乐"的小圈子，阅读量极少的学术出版物，以及那些新"八股文"——名词术语生涩无味而格式雷同无异。因此，只有入世治学，才能挖掘现实素材并创造与业界实践贴近的理论。如果学者们仅仅躲在"象牙塔"里琢磨学术刊物中的概念与理论，生产的概念与理论不能够联系生产实践，难以产生应有的社会效用，那么理论与实践的隔阂只会增大。

举个例子，"组织公民行为"是一个源于西方管理学文献的概念，近年来这个概念引起了国内许多学者的关注和深入的探析。按照这个概念原本的定义，组织公民行为指的是那些有益于组织和社会的行为，但在正式岗位职责中并没有明确或直接规定、在正式的激励体系中未必得到认可。也就是说，组织公民行为反映出员工在本职岗位角色以外的利他行为。学者们之所以把组织公民行为当作一种积极的、对组织运作有利的行为并且开展深入的探讨，是因为岗位设计不可能尽善尽美，难以把员工应该履行的职责面面俱到地写出来、写清楚。还有一个原因是，现有的规范体系是管理者对当下任务职责的认识，而一个组织的内外部条件经常发生变化，有效的组织管理需要广大员工发挥主观能动性，以应对任务的复杂性与环境的不确定性。组织需要这样的员工，即只要意识到某个事情有益于组织和社会，就会力所能及地主动去做，无论岗位职责是否明确规定，以及这件事是否属于划定的角色范围，不计较这种行为能否带来个体利益和报酬。

美国著名组织行为学者 Podsakoff et al.（1990、2000）对已有的组织公民行为理论进行了归纳与总结，概括出这个概念由 7 个维度构成，即这类行为主要体现在以下 7 个方面：助人行为、运动员精神、组织忠诚、组织遵从、个人主动性、公民道德和自我发展。中国学者就此话题也开展了十分有益的探索，积累了可观的研究发现。例如，著名学者樊景立教授（Farh, et al., 2004）在中国台湾地区发现了组织公民行为的 5 个维度，包括认同组织、协助同事、不生事争利、保护公司资源、敬业精神。而后，樊景立教授又用同样的研究方法探索了中国大陆的组织公民行为，发现了 10 个维度。樊教授提炼的积极主动、帮助同事、观点表述、群体活动参与、提升组织形象这 5 个维度是与西方组织公民行为内容所共有的，另有自我培养、公益活动参与、保护和节约公司资源、保持工作场所整洁、人际和谐等5个维度是对西方既有概念的拓展。

樊景立教授等学者走出书斋，深入企业管理实践，从而得出了有益的研究结论，丰富了现有的管理学相关文献。这是入世治学精神的真实体现和有效践行。在我国台湾地区，他和他的同事们在多个行业开展测评，包括电子、机械、化工、食品、金融、管理咨询等领域。在中国大陆，他们的调研范围包括北京、上海和深圳等城市的几十家企业，他们向158名公司员工征询关于组织公民行为的描述，最后又从595条初始描述中应用心理测量学的方法提炼出有效维度。假如我们简单地套用西方社会文化背景下的组织公民行为概念与相应的测量工具，在中国情境下开展研究探索，或许也能够得出一些有益的研究发现。但是这样的研究往往脱离实际，很可能忽视了中国情境的特殊性和管理实践。例如，人际和谐这个重要的维度是中国社会文化背景下所独有的内容，是西方组织公民行为研究中从未提到也不大可能产生的。

有意思的是，虽然基于中国社会文化背景，中国学者发现了一些独特的组织公民行为，但这个概念在西方社会文化背景下的一个重要方面——组织忠诚，反而没有得到验证。这是为什么？难道在中国组织中优秀的员工不需要忠诚？在中国的各类组织中，忠诚是员工角色内所要求的行为，还是额外的期望？怀着这样的疑问，我们开展了进一步的探索（杨百寅和梅哲群，2014）。由于组织公民行为这个概念源自西方，反映的是西方的社会文化和政治理念。然而，员工的组织行为受到社会文化的深远影响，这个外来名词未必适用于中国情境下相应的行为。在截然不同的文化影响下，根植于西方社会文化的组织公民行为，其概念本身的文字表达、内涵定义及维度结构等均不适用于中国特定的社会文化背景和基本国情，而"组织主人翁行为"这个概念是产生于中国社会文化土壤并用于描述中国社会文化背景下组织中成员自主性行为的。

有鉴于此，我们认为组织主人翁行为这个概念更好地反映出员工自发、自主的利他行为，相比组织公民行为，在中国社会文化背景下更为适用。通过调研和测量工具的开发，我们的研究验证了组织主人翁行为的6个维度，包括学习进取、敬业奉献、忠诚正直、乐于助人、人际和谐、顾全大局。这些行为既包括以往研究发现的中国情境中特有的人际和谐，又包含组织忠诚这个重要但是以往没有得到验证的维度。后者与西方组织公民行为中的组织忠诚是相对应的，然而以往的研究没有发现的原因值得进一步深思。不深入分析中国的社会文化背景，简单地引入源自西方的组织公民行为概念，并不能正确地反映中国各类组织和员工对应尽义务的认识以及期望的行为。在西方社会文化背景下，雇佣关系一般来说是基于合同或契约的，员工通常不需要忠诚于组织或者为组织而牺牲一些个人的利益，他们认为这些行为是属于职责之外的，因而不必履行。因此，组织忠诚成为组织公民行为的核心内容之一。与此不同，受到家国同构传统文化的影响，广大中国组织及其管理者通常把忠诚正直、顾全大局等视为高素质员工所必备的品质，是组织期望的行为，有时甚至被列为岗位职责，需要员工参照履行。换句话说，如果中国各类组织的员工和管理者举例描述他们在日常实践中所观察到的组织公民行为的例子，即角色以外的有益行为，研究者就难以提炼出忠诚正直、顾全大局等内容。中国组织和员工通常把忠诚正直和顾全大局视为义不容辞的应尽义务，而不是可做可不做的行为。

上述例子说明，只有深入了解中国社会文化相关的情境因素，才能对源于西方的一些管理学概念和理论开展符合现实的对话交流，进而总结提炼出具有中国特殊性又有一定普遍性的概念。我们在观察中国管理实践的基础上所提出的组织主人翁行为，是一个值得深入探讨的概念，它指的是员工基于将自己作为所在组织的主人这一心理状态而引发的一系列有益于组织的行为。这些行为不仅包括西方文献中所论述的有利于组织的职责以外的行为（组织公民行为），还包括在中国社会文化背景下被视为员工应尽义务而未明确列为职责的行为。事实上，我们在西方组织中也可以探析组织主人翁行为这个现象，特别是那些实行股权激励的企业组织。这些企业通常试图通过分红或股票期权来提升其员工对公司的主人翁意识。

本书主书名的英文名称是 Engaged Scholarship，直接翻译成中文就是参与式治学。我们借用了中国文人的处世哲学用语"入世"一词，用入世治学来反映本书的思想精髓。入世意味着学者们投入到纷繁复杂的现实世界中，总结提炼出与实践相关的规律性学术成果。入世治学的基本理念是，理论性的学术研究必须与实践结合起来，学者们应该走出书斋、深入业界实地，在问题提出、理论构建、研究设计和问题解决等环节主动听取并吸纳利益相关者的观点和意见。这样的研究才能提出有价值的研究问题，才能构建出扎根现实的理论概念，才能设计出切实可行的研究方法与步骤，才能有效地解决业界关注的现实问题，从而逐步弥合理论与实践的鸿沟。总之，秉持入世治学理念的学者把学术活动看作集体性的社会活动，而不是躲在书斋里的论证推导过程，更不是个体凭借一己之力就试图塑造出理想世界。

出世修心

如果说入世治学是学者们做好学术研究这个本职工作的应有理念与基本方法，那么出世修心则是他们为了保持其专心致志的定力而在内心深处所下的基本功夫。治学是学者们的任务，关乎我们做事的基本职责与方法手段；修心则是我们做人为人的基础，以出世的态度修身养性才可能让学术生涯行稳致远。只有通过入世治学，学者们才能发现有意义的研究课题、开展结合实践的研究活动、创造出有价值的研究成果。绝大多数的社会科学研究过程需要各方积极参与、献计献策、集思广益，研究者只有以入世的方式才能获取必需的研究素材和资料。同时，研究成果更是难以抹去入世的烙印，研究成果必然与职称、评奖、晋升和社会影响等世俗的功名利禄相关。因此，要做事、做成事、成事业，我们必须秉持入世的理念。然而，治学做事是一回事，端正心态则是另一回事。修身养性应该秉持出世的态度，而正确的治学心态是事业长久的根基。出世修心指的是学者们在刻苦治学的过程中保持良好的精神状态，以安然自若的心态和心情看待并处理与学术相关的功名利禄，以客观公平的心性和视角来理解并认识社会科学研究中的不同价值观念和利益纷争，以超凡脱俗的心境和勇气去发现和追求客观真理。

首先，学者们以安然自若的心态看待和处理与学术相关的功名利禄，而不陷于名利，就能够集中时间与精力在本职工作上。我们每个人都生活在现实世界中，面临着尘世间的各种诱惑和引导。入世治学表达的意思是在现实世界中实现学术研究的价值，而治学的社会价值多少会伴随着令人羡慕的光环与名利。但是，过于关注计较名利不仅违背了治学的初衷，而且会对治学本身产生消极的影响。在这个"喧闹嘈杂、繁花似锦而令人困惑的世界"（范德文教授语），学者们应该明确自身的职责，以风恬浪静的心态和心境，心无旁骛地在所在的研究领域埋头耕耘。现实世界看起来有风有浪，事物发展常常高低起落，时而兴旺繁荣，时而萧条败落，人生的历程是如此，各类组织的发展遵循相似的规律，一个社会也概莫能外。作为社会科学领域的学者，随着专业分工越来越细，我们的职责是对某个细分领域的社会现象给出合理的解释。社会赋予学者的一个重要职责是以知识为载体传道、授业、解惑，而知识创新的重要手段就是开展以求真为导向的学术研究。

就以高校里刚拿到博士学位的青年教师来说，这个群体同样面临着入世与出世的困惑与挑战。在常人眼里，这些拥有博士学位并且获得高校任职资格的年轻人应该是天之骄子，是人生赢家。然而，2021年6月发生在华东某著名高校的一桩残酷的命案震惊了全社会，人们开始意识到充满书香气息的高校老师也处于焦虑不安之中，个别的甚至处在无助绝望的状态。近年来这个群体常常以"青椒"自嘲，所谓青椒，是高校青年教师的谐称，通常是指初入职场、中初级职称、尚未获得稳定的长聘岗位的人群。由于社会的快速发展以及学校不断提升的科研要求，青年教师们面临着工资收入、成家立业、职称评定、课题申报、职业发展等诸多共同问题。许多青年教师往往被一些现实的困难压得喘不过气来，有的还产生了或轻或重的心理健康问题。

在常人眼里，高校教师尤其是著名大学的教师是成功人士、"社会精英"。他们何以在精神上出问题？为什么有的人甚至走上极端之路，犯下无法饶恕的罪行？青年教师与普通人一样，生活在世界上就必然面临人世间的各种酸甜苦辣、经历喜怒哀乐。所以，我们应该以入世做事、出世修心的态度应对看似复杂却也简单的世界。入世治学能够帮助学者提升自身的学术研究水平、获得更多的社会资源、取得更大的科研成果，进而实现职业生涯中更快更好的发展。但是，任何人的进步发展都难以一帆风顺，我们都会遇到来自生活、工作、家庭、团队等各方面的较为烦琐复杂的困难，有的甚至可能让人感到悲观失望。因此，我们应该保持出世的精神状态，塑造健康的心态，以化解生活中的种种挑战，做好本职工作。事实上，青年教师当下所面对的各种压力和焦虑，不是没有化解之道。学术界前辈们当年也经历过类似或相同的困惑与挑战，只是由于社会发展的加速和信息传播的迅猛与广泛等诸多因素而在当下被放大加剧了。做事的风格要入世投入，而为人处事的心态要适当出世超脱。这个原则不仅适用于青年教师，也同样适合其他职业及不同年龄段的群体，我们都要辩证地处理出世和入世的关系。出世修心，就是在入世投身所选择事业的基础上，既要奋力拼搏、尽己之力，又要顺其自然、随遇而安；既要争取合法利益、坚持原则，又切忌患得患失、锱铢必较；既要重视当下工作、全力以赴，又要登高望远、看淡眼前功名利禄。这样才能排除内心杂念，维持好治学与修心、事业与社会、过程与结果的良性互动关系。

其次，学者们还必须以出世而不是入世的方式应对和处理不同的价值观念和可能遇到的利益冲突。社会科学探究的对象是人类社会的种种现象，而社会科学的客观性常常被质疑，一个重要原因就在于研究者自身的判断在一定程度上支配着研究过程和研究结论。正如本书所指出的，社会科学不像自然科学和工程技术等学科领域，不存在绝对的、普遍的、正确无误的真理或法则。社会科学研究过程中所涉及的事实、观察和数据都或多或少、或隐或现地渗透着研究者先前的理论和观念。然而，社会科学研究的这种主观性并不意味着研究者放弃对所探究事物真相及真理的追求。本书建议研究者根据对所研究主题的理解，阐明自身的立场和观点，并且分析对比看似合理的各种替代模型和解释，从而创造与其替代假设相比更为坚实的知识，而非声称找到最终真理。本书还建议，坚实的知识是应用三角验证的产物，包括理论上分析对比不同的假设、方法论上运用来自不同信息源的人证物证。也就是说，虽然社会科学研究中所获得的证据不一定都是趋同的，相关的理论也很可能不一致甚至互相对立，但是这并不妨碍研究者针对某个研究问题提出令人信服的解决方案。某个研究结论，也就是所提出的解决方案，尽管不一定具备客观世界的普遍性，但是在某个特定时间点，研究者能够以不同的研究方法及所考虑的多种假设，尽力论证其充分性。因此，在分析比较多种可能的解释理论和模型的基础上，论证其中某个更符合所研究问题的模型，才能有效促进知识的积累与增长。从这个意义上说，社会科学领域的研究者不仅应该夯实入世治学的基本功，还需要磨炼治学的心性；既认识到人类理想的制约性及研究成果的局限性，又心怀追求客观真理的意志力和坚定信念。

主张入世治学，针对业界的现实问题开展探究，尽可能让更多的利益相关者和经验丰富的学者参与从问题提出到研究设计以至成果传播的全过程，研究者就必然面临现实世界的利益纷争甚至对立的价值观念。比如，从事企业管理研究的研究者在调研过程中可能面临一些道德困境：某企业管理层积极推动的项目可能会对环境、社会产生负面的影响，而研究者为了课题的顺利开展又需要管理层的支持；某项人力资源政策虽然提高了企业的效益，但是伤害了员工的正当利益……我们在政策建议和评估中能否保持客观中立？工商管理的研究课题，其目的是让企业的员工充分发挥他们最大的才能和潜力，从而为全社会创造价值，还是首先为企业服务，进而为投资者创造更大的财富，榨取最多的血汗？又如，在当下开展社会医学的研究，就会不可避免地遇到个体健康与群体健康、患者与医疗机构、专家医生与医疗机构等错综复杂的利益关系与立场观点。因此，社会科学领域的研究者在研究的探寻过程中要像自然科学家那样保持一种超然出世的态度，就显得不现实。

社会科学领域的研究者虽然难以将自己看作真实事物的、价值中立的观察者，但是不能轻言放弃对事物真相和真理的孜孜不倦的追求，更不能曲意逢迎某种观点与立场而放弃学术求真的原则。入世治学并不意味着回避研究项目参与者和利益相关者中存在的不同价值观与立场观点，也不是无原则地忍让和妥协，而是要求研究者尽可能以客观中立的态度应对社会的多元性，尽管任何社会性行动和协议最终必定是各个参与方在一定程度上的和解与折中。以出世的心性开展入世的行动，研究人员首先要认识和接受自己所研究事物的主观性质，开诚布公地分享所从事活动的学术和实践价值及立场观点，并阐明所开展的研究探索拥有的社会意义和价值。研究者身处观点分歧、价值冲突、立场对立等微妙的情境中开展研究，必须十分谨慎地阐明立场并划定明确的界限，包括在研究人员自身的好恶与参与者的尊严、权利之间的界限，以及在所开展的研究项目与社会的伦理道德、法律规范之间的界限。其次，社会科学领域的研究者可以通过审视自己所信奉的价值观念和立场观点，检验它们在多大程度上符合所研究项目利益相关者的立场观点，以避免不必要的误解与冲突。最后，研究者还可以通过深入的研究寻找和挖掘各参与方的共同点与差异性。在这个过程中，研究者应尽其所能秉持出世之心，即把自身的利益、立场与观点排除在外，充分尊重和接纳各方的价值观念，不做是非、好坏、善恶等方面的价值评判。这样才能发现"最大公约数"，并以此为构建调和认识的基础，最终的目的是造福整个参与人群乃至全社会。总之，在开展入世治学的过程中，社会科学领域的研究者应该尽量做到既能够"融得进去"，以获取来自研究现场的真实资料，又可以"跳得出来"，以尽力避免自己的主观意志与分析结论相混淆。

最后，学者既然选择了以学术为业，就应该以超凡脱俗的心境和勇气去发现和追求客观真理。在当下说这句话，似乎听起来假大空，显得高不可攀，毕竟在物欲横流的尘世间又有多少人还看重学术研究、献身真理？在逻辑确实主义（Logical Positivism）所主张的科学优越性被各种后现代思潮与学派彻底评判的当今社会科学界，哪个学者还敢提"真理"两字？据说科学家牛顿临终时说过："我好像是一个在海边玩耍的孩子，不时为拾到更光滑的石子或更美丽的贝壳而欢欣鼓舞，而展现在我面前的是完全未探明的真理之海。"伟大科学家牛顿如此谦虚谨慎，以"更光滑的石子或更美丽的贝壳"来比喻其学术上的诸多巨大成就，用"完全未探明的大海"来形容真理。我们这些普通学者是否有资格谈论真理？是否能够以追求真理为业而引以为豪？笔者肯定的答案就在牛顿的比喻描述之中，真理好比浩瀚无际的大海，在一定的资源约束下，任何个体在其有限的生命里，都不可能完全探明这大海，但是勇敢的探索者不会因海之大而放弃对海的探寻，拾到光滑的石子和美丽的贝壳也是了解大海的开始与有效组成部分。

牛顿的比喻阐述了人类现有知识的有限性、局限性，而客观真理则具有无穷性、正确性。在中国古代哲人庄子看来，真理与知识的比喻体现在另一种形式上。庄子说："吾生也有涯，而知也无涯。以有涯随无涯，殆已！"人们通常从比较逍遥乃至消极的层面来理解这段话，意思是人生是有限的而知识是无限的，如果我们用有限的人生追求无限的知识，那么必然失败。事实上，庄子的其他篇章包括《逍遥游》《齐物论》都涉及"小知"与"大知"的问题。小知就是个体现有的知识，而大知则是指客观真理。从这个意义上去理解庄子的深意，就不会把庄子的下一句话"已而为知者，殆而已矣"解释得更为消极乃至曲解，把知识理解得无益甚至贬义。许多读者将后一句话理解为，如果已经明白了这个道理却还要这样去获取知识，则是失败中的失败。甚至还有这样的解释：既然以有限的生命去追求无穷的知识是无解的，那么还去追求知识的就只能精疲力竭。这样的认识恐怕是对原文的曲解，庄子的原意应该是阐述小知与大知的辩证关系，即如果把即时的、局部的知识当作大知，自以为有知、真理在握，并用来指导生活实践，就会产生危害，其旨在体察现有知识的局限性，而不是倡导放弃对知识的追求。

西方科学家牛顿和中国古代哲学家庄子，虽然生活在不同的时空中，但是他们对知识的深刻理解有着惊人的相似之处。他们的智慧对当代学术研究人员来说仍有启迪意义。我们不妨把真理看作无穷大，与公平、正义、自由等一些鼓舞人心的概念一样，属于境界型，而不是具体实在型。"无穷大"这个概念虽然在现实世界中看不见、摸不着，是数学家创造的境界型概念，但是它完全可以被认识和理解，它在自然科学领域产生的具体作用是毋庸置疑的。境界型概念需要体现在一些具体实在的事物上，可以涵盖更为广泛的实在型概念与事物。如果没有具体实在的事物作为支撑、证实、证伪，境界型概念及相应的命题就难以成立。因此，学术研究人员应该以入世的方式做好学问，着力追求学术研究和知识创造本身的个体与社会价值。同时，我们也应该放得下这份价值，一方面不至于沉迷在追求学术价值本身所带来的功利成分上面，另一方面充分认识到任何具体现实的学术成果与真理这个"无穷大"相比都是渺小的，但仍然矢志不移地勇敢追求。这恐怕就是学者们应该拥有的一种出世修心境界——用出世的智慧做入世的研究，以超凡脱俗的心境和勇气追求真理。

经世立业

上文提到，学术成果只有在一定的历史条件下和特定的情境中才能产生社会价值。社会科学领域的研究应该服务于社会进步、经济发展、人民幸福。如果失去了这样的导向，学术研究就会变味，变为孩子们"过家家"式的游戏，学界就不可避免地成为封闭的小圈子。社会科学领域的研究者履行入世治学的职责，以经世立业为志向，这既是时代的要求，又是历史传承的必然，更是未来的期盼。经世立业既是学者们应该拥有的学术志向，也是检验入世治学成果的现实指南与方向。

入世治学从而实现经世立业，是时代的要求、现实的渴望。中华人民共和国成立七十多年以来，中国社会发生了翻天覆地的变化，改革开放的四十余年更是见证了经济社会的蓬勃发展。从经济层面分析，中国仅用几十年的时间就走完了西方发达国家几百年走过的工业化历程。与此相随的是，中国社会科学也取得了长足的进步。一些学科专业如经济学、金融学、社会学、心理学等得到恢复重建，还有一些学科如工商管理、公共管理、新闻传媒等应运而生。学术成果越来越丰硕，人才队伍也日益壮大。然而，不可否认的是，学界还有许多需要反思改进的地方。现有的学科体系过于僵化、脱离社会实践，或抄袭西方、简单模仿，或沿袭惯例、因人设置，学科布局不尽合理，学科建设迷失在不切实际的排行榜中，一些学术研究成为西方文献与思想的传声筒。造成这种情况的很大一个因素是缺乏经世立业的指导思想，从而导致学界与业界的隔阂、学术研究的议题偏离生产实践、高校科研机构培养的毕业生难以适应社会的需要。

习近平总书记在2016年5月召开的全国科技创新大会上提出"科学研究既要追求知识和真理，也要服务于经济社会发展和广大人民群众。广大科技工作者要把论文写在祖国的大地上，把科技成果应用在实现现代化的伟大事业中"。中国的发展进步以及历史上的失败教训，受到独特的国情、现实问题、文化历史等因素的影响，也为研究者提供了丰富的成功经验和现实素材。本书倡导将研究问题扎根现实世界，中国学者对此肯定心有灵犀。例如，多位学者提出应该解决管理科学理论科学性、规范性与中国实践相关性、针对性的矛盾（王永贵等，2021）。他们建议，中国特色管理科学应该立足国情与企业管理实践，系统完善学科体系、学术体系和话语体系。汪寿阳（2021）认为理论构建中既要把握中国特色和中国情景的本质，也要把握时代的特征。这就说明中国管理学者必须以入世的方式深入实践，才有可能构建中国特色的管理学。针对尚未出现有国际影响且源自中国管理实践的理论，毛基业（2021）观察到两个原因：一是国内似乎没有出现全球范围内的原创最佳管理实践，二是国内管理学者缺乏理论构建的能力。他提倡开展质性研究，运用归纳性研究方法，从实践中提炼新颖的管理理论。戚聿东（2021）指出，管理学从其产生之日起就与管理实践须臾不可分离。鉴于学者们往往缺乏实践经验，他建议应该鼓励研究者参与实践，并根据其所取得的实践性成果授予与其他科研成果相同的激励。刘军强（2021）认为，学术虚无感的根源在于部分学者缺乏服务民族、国家和人类命运共同体的使命感。甘犁（2021）认为，中国经济学研究应该从基于国情的基本事实出发，提炼出有重大学术价值的基本事实和关键问题。罗必良（2021）总结出中国乡村治理由"因地而治"发展到"因治而序"的道路模式，体现了中国特色与中国风格。总而言之，入世治学的理念在我国既有现实的迫切需要，又有学界的优良传统。

入世治学从而推动经世立业，是历史的传承、学者的追求。受中国传统文化的影响，中国传统士大夫和学者都一代代地传承着家国情怀，所谓"穷则独善其身，达则兼济天下"。中国古代占主导地位的儒家士大夫更是秉持入世治学的理念，遵循"修身齐家治国平天下"的发展成长路径。当然，"修齐治平"的道路很容易就把入世的理念狭隘化、功利化。特别是出自《论语》的"仕而优则学，学而优则仕"这句名言，被很多人误解为"学习成绩优秀就去当官"，或者"学习好就能当官"。这句耳熟能详的名言经常被父母长辈和上级领导包括一些老师作为激励年轻人勤学上进的信条。有些人甚至将此格言作为儒家思想毒害中国的重要证据。其实通常的理解并不正确，这里"优"的原意不是"优秀"，而是"优裕"，包含"有余"或"富余"的意思。上面的原话应该理解为"做官而有余力，就治学；治学而有余力，就做官"。孔子的理想当然是在读书与做官之间游刃有余，一边做官，一边做学问，两边都不耽误，以兼济天下、实现人生价值。当然，这种入世治学和治国的理念并非完美无缺，入世做事难免卷入世事纷争，入仕当官也可能逐渐功利化和官僚化。这就需要以道家的出世之心来补充与平衡。"修齐治平"中，修是第一位的，这被古代士大夫们视为建功立业的基础。另外，修身养性并不是一次性完成或实现的，需要人们随着境遇的变迁而不断丰富提升。因此，入世治学、出世修心和经世立业是中国历史文化的延续和传承，需要整体地认识和理解三者的关系。

另外，做官未必是士大夫们唯一的出路，中国古代的一些大学者往往在官场失意后潜心治学，成就一番学业。例如，明代著名思想家王阳明，虽然出仕建立奇功，但仕途坎坷、命运多舛。王阳明科举考试不顺、官场失意、遇奸人当道、被追杀，终于在被贬的贵州龙场之地，于困顿痛苦之中，豁然开朗、大彻大悟。

其后专心治学,终成一代大师学者。王阳明之所以能够集各家之长、开创心学、惠泽后世,与他在儒释道等方面的极高造诣不无关系。他的自身感悟道出了修心的重要性:"圣人之道,吾性自足,向之求理于事物者误也。"此外,阳明先生看重立志:"志不立,天下无可成之事。"我们普通人难以像阳明先生一样具备立功立德立言之"三立",然而如果缺乏他所说的立志与事上磨炼的精神,则小业也恐怕难立。不管顺利还是不幸、出仕还是治学,阳明先生应当是我们学人的楷模,出世才能修宁静之心、入世才能治不朽之学、经世才能成恒久之业。

入世治学从而达到经世立业,是未来的期盼、学者的使命。

总之,非入世无以治学,非出世无以静心,非经世无以立业。是为序!

参考文献

丁元竹等,2021,《积极响应习近平总书记号召 把论文写在祖国大地上》,《管理世界》第9期。

甘犁,2021,《中国经济学研究的基本事实与理论创新》,《管理世界》第9期。

刘军强,2021,《故事三角:作为数据、方法、理论的中国治理研究》,《管理世界》第9期。

刘守英,2021,《经济理论创新的根本是坚持问题导向》,《管理世界》第9期。

罗必良,2021,《以产权为线索:乡村治理的中国故事》,《管理世界》第9期。

毛基业,2021,《构建有国际影响的中国特色管理理论》,《管理世界》第6期。

梅哲群、杨百寅、金山,2014,《领导-成员交换对组织主人翁行为及工作绩效的影响机制研究》,《管理学报》第5期。

戚聿东,2021,《立足管理实践 开展管理研究》,《管理世界》第6期。

汪寿阳,2021,《谈管理学理论构建的几个问题》,《管理世界》第6期。

王永贵等,2021,《深入贯彻落实习近平总书记在哲学社会科学工作座谈会上的重要讲话精神 加快构建中国特色管理学体系》,《管理世界》第6期。

武欣等,2005,《组织公民行为研究的新视角》,《心理科学进展》第2期。

杨百寅、梅哲群,2014,《"组织主人翁"还是"组织公民"——基于中国社会文化的员工行为分析视角》,《清华大学学报(哲学社会科学版)》第3期。

Farh, J. L., Zhong, C. B., & Organ, D. W. 2004. "Organizational Citizenship Behavior in the People's Republic of China." *Organization Science* 15(2): 241–253.

Podsakoff, P. M., MacKenzie, S. B., Moorman, R. H., & Fetter, R. 1990. "Transformational Leader Behaviors and Their Effects on Followers' Trust in Leader, Satisfaction, and Organizational Citizenship Behaviors." *The Leadership Quarterly* 1(2), 107–142.

Podsakoff, P. M., MacKenzie, S. B., Paine, J. B., & Bachrach, D. G. 2000. "Organizational Citizenship Behaviors: A Critical Review of the Theoretical and Empirical Literature and Suggestions for Future Research." *Journal of Management* 26(3), 513–563.

前　言

本书提出一种入世治学（Engaged Scholarship）的方法，以研究复杂的社会问题，该方法往往超出研究人员独自开展研究时所拥有的有限个人能力。入世治学是一种参与式研究的形式，其目的是获得主要利益相关者（研究人员、使用者、客户、赞助商以及实践工作者）的意见与观点，以理解复杂的社会问题。我认为，相比于学者或利益相关者的独自研究，入世治学通过运用学者以及其他利益相关者所具备的各种知识差异，能够产出更具洞察力且见解更为深刻的知识。

本书的读者对象为博士生和教师，他们通常希望知道如何吸引他人更深入地理解自己所开展的研究问题和研究议题。本书提供了一个指南，涉及利益相关者每一步的研究过程：（1）将所研究的议题和问题扎根于现实世界；（2）构建合理的替代理论来回答研究问题；（3）设计和评估替代模型并实施研究计划；（4）将研究成果应用于解决相关议题的研究问题。这四个相互关联的步骤整合为一个钻石模型，作为这本书的组织框架。入世治学可以有许多不同的践行方式，包括听取关键利益相关者建议的基础性研究，与利益相关者开展的合作型研究，用于评估某个应用性项目的设计科学（Design Science），以及为解决客户的特定问题而采取干预的行动研究（Action Research）。

在这本书的写作过程中，我投入了巨大的热情。本书凝结着我和许多人士与组织多年以来为学习入世治学原理投入的心血，而对于这些人士和组织我无法全部记得或认识。本书是过去30年尝试践行入世治学的产物，不仅包括阅读跨社会科学领域的文献资料，还包括教授博士生研究方法课程时的心得体会。

对组织和管理问题的研究，成就了我入世治学的主要学习经验。从1968年在威斯康星大学麦迪逊校区攻读MBA学位开始，我便在美国航空航天局（National Aeronautic and Space Administration，NASA）资助的一个项目里担任研究助理，研究矩阵组织。这个项目团队的教员包括安德烈·德尔贝克、艾伦·菲利、拉里·卡明斯、弗里蒙特·舒尔和安迪·格林斯。他们研究的课题很有趣，充满创造性的讨论深深吸引了我。到了年底，德尔贝克教授邀请我成为他在贫困研究所（Institute for Research on Poverty）的研究助理。通过跟随他做研究和实践，我得以第一次接触到入世治学的原理，他也正是我著此书时想要敬献的对象。

我跟着德尔贝克教授参加了许多街区会议，从中了解到低收入人群的需求，发现他们不愿表达自己的观点，特别是市、县官员在场的时候。在进行这些会议的同时，我们也查阅了个体和群体决策的文献，并尝试用各种头脑风暴的方法尽可能地让每个人有平等的机会发言，以便倾听彼此的观点。通过这些会议的反复试错，我们开发了众所周知的名义小组法（Nominal Group Technique），这一方法后来成为组织头脑风暴时最广泛使用的方法。我还记得其间一位上了年纪的人告诉我们，在他参加了一个街区会议后，他生命中第一次觉得他能说出他的想法，这让我们倍受鼓舞。这段入世治学的实践经验让我沉浸其中并记忆深刻。

解决实际问题并形成新的社会科学知识，这种富有刺激性的挑战不断激励着我后续职业生涯中的研究工作。20世纪70年代，由德尔贝克教授领头的研究包括：在得克萨斯州的14个县开展的围绕创建早期儿童项目的社区组织和组织间关系的研究；在威斯康星州和加利福尼亚州，对工作、工作群、服务型组织和失业补偿等项目的设计和背景进行的组织评估。20世纪80年代，我主持了一个明尼苏达州的创新研究项目，该项目由30位研究人员组成，实时跟踪了14个不同的从概念到实施的创新项目。自1994年以来，我一直在跟进对明尼苏达州卫生保健组织和行业发生的组织变革的纵向领域研究。

上述每一个研究议题和研究问题都比我想象的要复杂，需要投入更多的时间并具备更强的能力。我最初接受的训练是用传统方法来开展社会研究，此阶段我倾向于以特定的研究问题、基本概念和命题来开展实地研究，而这些都来自文献资料或者与他人的讨论。但是，随着实地研究的开始，我在复杂的研究问题面前犯了难——为了更好地理解问题就必须了解其他同事、从业者及学生的观点，而让别人参与进来就需要投入更多的时间，并且暴露出通常很难协调的问题，出现了既有一致性又相互冲突的信息。事实上，我们所投入的时间和精力最终得到了回报。与别人一起参与研究，迫使我改变初始的对研究问题的设想，并调整研究方式。这是独自做研究时无法获取的成果。现在回想起来，虽然当时也会沮丧，但我的一些很好的观点和学习经验均来自参与的许多人士，他们使我更好地理解复杂的社会问题，并找到探究这些问题的更好的方式。我将在本书中通过上述及其他研究实例来说明入世治学的原理。

每年我都为明尼苏达大学卡尔森商学院的博士生讲授社会研究方法，为课程编制了详细的课堂笔记，而在十年前开始构思的本书就是基于对这些课堂笔记的整理。从那时起，最终成书更迭了三个版本。每次结课我都能收到15~20位参加这门课程的博士生和教师的丰富多样的反馈，他们来自不同的社会科学领域，包括明尼苏达大学的其他专业性学院。我也很感谢明尼苏达大学的教师同仁，尤其是菲利浦·布罗米利、约翰·狄克豪特、丹尼尔·福布斯、保罗·约翰逊、阿力克·列夫席兹、艾尔弗雷·德马库斯、哈利·萨皮恩扎、罗杰·施罗德、普利·沙、迈尔斯·谢福尔、金舒克·辛哈、斯利莱塔·查希尔、艾克斯·查希尔、夏克尔·扎哈拉、玛丽·泽尔默-布鲁恩、赵敏渊等教授，同他们开展的无数次走廊讨论、餐桌会议给予了我很多有益的启发。

社会科学实践的有关哲学文献，也对本书的编写产生了很大的影响。正如第2章所讨论的，在确实主义、相对主义、现实主义或实用主义等科学哲学的研究中，认识论总是一个富有争议的领域。在这个备受争议的领域开展研究时，我得到了来自我的同事诺曼·鲍伊教授和罗纳德·吉尔教授的指导，以及博士生约翰·贝沙拉的协助。我也获得了与玛丽·乔·哈奇、马修·克拉茨、比尔·麦克尔维、迈耶·扎尔德等讨论和深入学习入世治学哲学基础的机会，并参与了从事营销领域研究的同事艾卡瑟·劳教授的科学哲学博士课程。

世界各地的许多同行也在他们教授研究方法论的课程中使用了这本书的早期版本。他们包括保罗·阿德勒（南加州大学），乔·巴纳斯（华盛顿大学），凯文·杜利（亚利桑那州立大学），伊夫·多茨（欧洲工商管理学院），桑杰·哥杉（马里兰大学），佩尔蒂·贾维（芬兰坦佩雷大学），塞亚·库尔基（赫尔辛基经济学院），托·拉森（挪威管理学院），达里乌斯·马德尤比（得克萨斯大学），迈克尔·奥莱利（波士顿学院），约翰·鲁斯（洛桑联邦理工学院），麦肯·舒尔茨（哥本哈根商学院），朱习（华东理工大学）。来自他们和学生们的反馈对本书的终稿很有帮助。

在本书的写作过程中，我收到很多来自美国、加拿大、墨西哥等国家和欧洲、东南亚等地区的研讨会和讲习班参与者提供的有益反馈。我必须承认许多优秀的同行仔细阅读并对这本书的章节提供了有用的评论。包括让·巴图内克、汤姆·卡明斯拉、拉古·加鲁德、凯伦·戈尔登-比德尔、特里莎·格林豪尔、玛丽·乔·哈奇、安妮·赫夫、杰拉德·哈吉金森、安·兰利、埃德·劳勒、亨利·明茨伯格、安德鲁·佩蒂格鲁、斯科特·普尔、乔·波瑞克、乔治·罗姆、丹尼斯·卢梭、萨拉·赖恩斯、大卫·特兰菲尔德、迈克尔·托什曼、琼·范阿肯、康妮·韦恩堡、卡尔·韦克、大卫·威坦、爱德华·兹洛科夫斯基。他们的反馈至关重要，富有建设性且极有帮助。

在此，我要感谢助理朱莉·特朗克，她应该是我最需要感谢的人。她对这本书的反复编辑工作是无价的！

此外，我想对两位非常特殊的人致以深深的感谢，感谢他们对我的学术生涯带来的极大的影响。一位是弗农·H.希思先生，原罗斯蒙特公司创始人兼董事长。他不仅是我讲席教授职位的捐助者，并为我的工作提供了各种资源和支持，还以身作则践行入世治学的原理，在他的职业生涯中与同事和员工产生共鸣。另一位是赫伯特·J.艾迪生先生，牛津大学出版社退休高级编辑，也是本书编辑团队负责人。作为一位充满智慧、经验丰富的编辑，赫伯特为推广组织和管理知识做出了重大贡献。我很荣幸能由赫伯特指导创作并编辑了四本书籍。我很高兴能借赫伯特之誉继续与牛津大学出版社合作，同与他一样天资聪慧、优秀出色的同事、资深编辑大卫·穆森及其助理马修·德比夏尔合作。

最后，我要感谢我的妻子玛莎，我们的儿子吉姆、约翰和儿媳黛博拉。他们为这本书的写作投入太多，得益于他们，写书的整个过程变成了一次令人兴奋、进取和愉快的经历。谢谢你们！

安德鲁·H. 范德文
于明尼苏达州明尼阿波利斯市

目 录

第 1 章 专业学院的入世治学　1

第 2 章 入世治学背后的科学哲学　39

第 3 章 研究问题的提出　77

第 4 章 理论构建　108

第 5 章 方差模型和过程模型　155

第 6 章 方差研究设计　175

第 7 章 过程研究设计　209

第 8 章 研究知识的传播和使用　245

第 9 章 践行入世治学　275

科学哲学术语汇编（第 2 章）　313

中英文名词与术语　317

参考文献　321

怀念 Andrew Van de Ven 教授：一位纯粹的学者　353

第 1 章

专业学院的入世治学

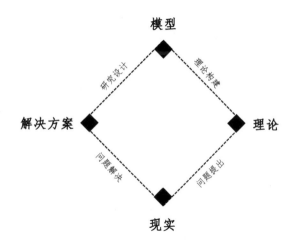

> 学者们似乎已经进入一个超尘出世阶段，珍惜独立自主而非参与入世，并且退回到象牙塔内。
>
> ——帕特里克·萨福（引自 Cushman，1999：328）

> 治学的内涵高于研究，而入世则是治学蓬勃发展的路径。
>
> （本章第 10 页）

对于在商业、工程、社会工作、医药、农业、教育、公共管理、新闻和法律等专业学院任职的学者而言，理解学术研究如何推动科学和应用知识的进步，是一项持续的挑战。在专业学院里，学者一项重要的核心任务是开展能够促进某个学科发展同时又可以对某一专业领域实践有所启发的学术研究（Simon，1976）。通常而言，专业学校最重要的任务是开展知识研究，并以此推进科学和实践的发展（Simon，1976; Kondrat，1992; Tranfield and Starkey，1998）。但是，这项任务一直是个难以实现的理想。

研究表明，业界人士往往不能将研究成果善加利用，比如在医药（Denis and Langley，2002; Dopson et al.，2002）、人力资源（Anderson et al.，2001; Rynes et al.，2002）、社会工作（Kondrat，1992）和管理（Tranfield et al.，2003; Rousseau，2006）等领域。许多顶尖的学术刊物[①]也开始关注这些问题：学术研究越来越无助于解决实际问题，并且在管理等专业领域，科学与实践之间的鸿沟正在扩大。同时，也有越来越多的批评指出，学术和咨询业的研究发现对从业者并无用处，因此得不到实施（Beer，2001; Gibbons et al.，1994）。例如，人们批评管理学者未能充分把自己的抽象知识运用于实践（Beyer

---

[①] 管理科学与实践之间的关系已引起专业期刊的广泛关注，其中包括《美国管理学期刊》（*Academy of Management Journal*，AOM）（Rynes et al.，2001）和《高管》（*Executive*）（Bailey，2002）的几期特刊，《管理科学季刊》（*Administrative Science Quarterly*，ASQ）（Hinings and Greenwood，2002），《英国管理期刊》（*British Journal of Management*）（Hodgkinson，2001），以及更多的其他专业管理学期刊。

and Trice，1982；Lawler et al.，1985；Hodgkinson et al.，2001），也有人批评管理实践领域的管理者不了解相关的研究，而且没有做出足够的努力，将自己的实践转化成理论（Weick，2001；Van de Ven，2002）。由此可见，组织的学习速度已跟不上时代的变化。

学术研究人员有时会回应这些批评，声称自己的研究目的并不是立竿见影地贡献于实践，而是为了实现科学知识的根本进步，最终对实践有所启发。然而，有证据表明，学术研究也并没有充分实现推动科学知识进步这一目标。评价科学界已发表研究成果的可用性及影响的重要指标之一，是某项研究被后续学术文章引用的次数。Starbuck（2005）在对文献引用情况进行分析后指出，管理学期刊上发表的论文，每年每篇文章的平均被引用次数只有 0.82。因此，目前大部分学术研究并没有像人们所料想的那样贡献显著，无论是在学术界还是在实践领域。

1.1 理论—实践隔阂的解决方式

本书重点探讨组织和管理研究中理论与实践的关系，这也是我自己的研究领域。无论是在广义的范围还是仅针对管理和组织学科文献，我并不试图对相关争论做一个详尽的评述。相反，我将回顾理论与实践之间隔阂的三种梳理方式（详见 Van de Ven and Johnson，2006），在此基础上，重点探讨某种能够促进入世治学的方法。入世治学也就是参与式学术研究，即将理论性的学术研究与实践结合起来。经过认真阅读文献资料和与其他专业领域学者讨论，我提出下面几条处理理论—实践隔阂的原则，同时认为这些原则也同样适用于许多其他专业领域。

1.1.1 知识转移问题

人们往往将研究知识在科学和实践中使用的有限性这一现象归结为知识转移问题。这种方式的预设前提是，许多专业领域的实践知识（如何做事情的知识）至少有一部分是由科学知识派生出来的。因此，这一问题就在于如何将学术研究的知识转移和传播到实践之中。本书第 8 章将重点讨论有关知识转移的问题。研究知识的传播方式通常并不便于其目标受众的接收、解读和使用。我认为，研究人员需要更加深入地理解跨领域知识传播，更多地参与到建立与受众之间的密切联系中,只有这样研究成果才能在推动科学和实践发展方面产生积极的影响。

1.1.2 科学与实践是截然不同的知识形式

处理理论—实践隔阂的第二种方式,是将科学知识和实践知识视为截然不同的知识类别。科学和实践产生截然不同的知识形式,这一认知共识由来已久,可以追溯到亚里士多德。他在《尼各马可伦理学》(*The Nicomachean Ethics*)(1955 年版)中指出了技能(工具性或具备方式—结果合理性的应用型技术知识)、认识(在理论性或分析性问题探究过程中的基本知识)和实践智慧(如何在一个既定现实、模糊且不确定的社会或政治情境下审慎且正确行事的实用知识)三者间的差异。更近一些,Polanyi(1962)、Habermas(1971)、Latour(1986)和 Nonaka(1994)对显性的认知科学知识和相对隐性的实用知识作出了进一步区分,这与亚里士多德对技能和实践智慧的区别并不矛盾。两者反映了解决不同问题过程中的不同本体论(真理主张)和认识论(方法)。科学和实践知识不尽相同,并不意味着彼此是对立的或可相互替代的,两者实际是相辅相成的。

在评价社会工作方面的理论—实践隔阂时,Kondrat(1992)指出,现有讨论中所缺失的恰恰是对源自实践的知识加以实证研究。一个职业或行业的从业者们在使用什么样的知识,以及他们如何获得这些知识? 与此类似,Schon(1987)也提出了这样的问题:有能力的实践者究竟知道些什么? 他(她)对自己从实践中获得的知识持有怎样的态度? 这类问题并未将实践知识视为科学知识的衍生物,而是试图阐明实践知识在认识论中的地位———一种独特的认知模式。"实践知识确立这一地位后,便能与科学知识并驾齐驱,成为专业知识的构成要素"(Kondrat,1992:239)。

学术研究工作和管理实践工作在情境、过程和目的上均有不同。从业者所处的情境是日常活动中遇到的特定问题(Hutchins,1983;Lave and Wenger,1994)。因此,管理者对在特定情形下以及在构成其解决方案的手段—目的型活动中浮现出的问题和任务有着深刻的理解(Wallace,1983)。某个专业领域内的实践知识通常是个性化的,与经验相关,并且受到特定静态结构和动态变化的制约(Aram and Salipante,2003:190)。相比之下,科学致力于发现一致性和构建理论,往往以符合形式逻辑原则的方式表达,或者符合因果关系法则。"科学知识致力于追求普适性，其形式为'概括性'的法则和原理，用于描述事物的根本性质。理论与具体情境的相关度越小，其普适性和有效性就越强"（Aram and Salipante, 2003: 1900）。实用知识的目的在于指导如何处理在特定情境中所遇到的具体问题。科学知识的目的则是指导如何将某个具体情境看作更一般情境的实例，用它来解释人们所采取的行为如何产生效用，或者如何加以理解。

人们对科学知识和实践知识之间的关系有所误解，正是这种误解导致我们虽然努力弥合上述两种形式知识之间的隔阂，但结果却乏善可陈。一直以来鼓励学者们把理论付诸实践、鼓励管理者把实践转化为理论的做法可能会产生误导，因为他们认为理论知识和实践知识之间的关系需要将一类文献转移或转化成另一类。与此相反，我个人则建议参考多元论观点，将科学和实践看作两种截然不同的知识类别，它们可以为理解现实提供互为补充的洞见。

每一类知识都应由与其相关的专业社群发现并将其拓展，这个社群由共同具备某种特定专门技能或专业知识的专家所构成（Van Maanen and Barley, 1986）。但每个社群往往都是自我强化和孤立的，他们之间的互动非常有限（Zald, 1995; Cook et al., 1999）。而每类知识形式都有局限性，"有所见必有所不见"（Poggi, 1965）。一类知识形式的优势所在，往往是另一种形式所欠缺的。如果我们能够认识到不同知识的不同视角和类别都是局部的、不完整的，并且对任何复杂问题都存在固有偏见，就能很容易地认识到我们需要用多元论观点来看待学者和业界人士之间的知识合作生产。这就引出了理论—实践隔阂的第三个视角——知识生产问题。

1.1.3 知识生产问题

越来越多的人开始认识到，理论与实践之间的隔阂可能在于知识生产问题。这种认识在一定程度上源于对以实践为基础的社会科学的地位和专业相关性进行的批判性、明辨性的评估（Simon, 1976; Whitley, 1984、2000; Starkey and Madan, 2001; Hinings and Greenwood, 2002）。Gibbons et al.（1994）、Huff（2000）及其他人对商学院和专业学院通常采取的现行研究模式提出了怀疑。

现行的社会科学研究方式有许多不同的类型，但通常都呈现出一种非参与式即"出世"的调研过程。研究人员通常独自研究某个问题，而不与其他利益相关者（来自不同学科领域的学者，拥有不同职能经验的业界人士，以及其他潜在受众和赞助者）沟通信息或征求观点，而后者恰恰能够对更好地了解研究对象起到至关重要的作用。这种现行的非参与式研究①在文章中会呈现出以下几个特点：①虽然提出了研究课题或问题，却很少或根本不提供证据来支持问题的性质、普遍性和边界条件，并说明其值得探究的理由。②为了解决所研究的课题或问题，只提出单一理论模型，却很少思考其他可能的替代模型。③研究设计依赖于对问卷或二手数据（如 PIM、专利数据、Compustat 或普查文件）的统计分析，研究人员不与任何信息提供者联系，也不与被调查者交流。④研究结果表述为统计学意义上关系的显著性，很少或根本不讨论其实际意义和影响。正是由于此类研究并不与"现实"接轨，在反映现实时并未考虑替代模型，而且也没有纳入主要利益相关方的意见，其结果往往只能是在科学方面取得一些"琐碎"的进步，反而扩大了理论与实践之间的隔阂。Anderson et al.（2001）将这种非参与式治学描述为"过家家科学"（Puerile Science），其相关性和严谨性都有待商榷。结果就是，大多数研究论文对推动科学和实践进步毫无价值。

人们提出了许多建议，用以改进和完善现行的社会科学研究方法。其中很多建议在实质上是属于制度性的，例如改进学术长期聘任制度和奖励制度、竞争性研究经费的资助标准、学术期刊的办刊方针和稿件评审程序，以及打开更多可将学术成果转移给从业者的通道等（Lawler et al., 1985; Dunnette, 1990）。上述结构性改革固然都是重要的制度安排，有助于促进和约束研究活动。但是，对此类结构性改革的讨论往往忽略了在特定专业领域内从事研究的个体学者的选择和行动。在本书中，我将重点探讨的方法和策略，与参与知识生产过程的个体学者具有更直接的相关性。

1.2　入世治学

在研究人员这一个体层面，安德鲁·佩蒂格鲁（Andrew Pettigrew）关于入世治学这个问题的表述如下：

---

① 中国文化背景下可以用"出世治学"来表达。——译者注

> 如果知识分子在社会中的职责是产生有效的影响,那么管理研究界距离实现这一潜在目标还有很长的路要走……解决由来已久的理论与实践一分为二的问题,其行动步骤经常被描绘为简单地要求管理研究者做到"通过更便捷的传播方式与从业者接触"。但是,如果问题本身就是个错误,等到了成果传播的阶段就为时已晚。(Pettigrew,2001:S61,S67)

他还认为,需要一种更深入地连接学术界和从业者的研究形式,才能生产出相应的知识,以逾越理论和实践之间相关性及严谨性的双重障碍(又见Hodgkinson et al., 2001)。

佩蒂格鲁所勾勒出的愿景不仅适用于商学院的研究,还反映出一场规模更为浩大、旨在变革整个高等教育领域的运动(Zlotkowski,1997—2000)。对这场运动的主要倡导者欧内斯特·博耶(Ernest Boyer)而言,入世治学包含一系列的改革,旨在破除多年来逐渐形成的院系和学科之中的狭隘行为。入世治学还意味着学者在定义他们与其所在社群的关系时发生根本性转变,其中包括大学各院系的师生以及各相关专业领域的从业者(Boyer,1990)。

> 这就要求教师们要尊重非学术领域的其他人,无论是业界人士还是学生……在此,强调的是"由衷的敬意"这一概念,而这种敬意所指的对象甚至应当是任何其他类型的知识生产者乃至全人类。不是因为学者们没有在知识生产方面发挥着重要和独特的作用,而是因为我们对于上述生产活动不享有排他性权利。如果能在如此深入尊重的基础上与广大学生和校外业界社群缔结伙伴关系,我们就可以把自己变成现实世界问题的解决者,甚至去解决用其他方式不可能解决的问题。事实上,我认为,除非我们学会建立新的关系以对我们的非教职同事表达更高的尊重,否则我们将有可能沦为"学术口技演员"(Academic Ventriloquists)——为我们的学生代言,为我们称之为服务对象的社群代言,却没有真正倾听他们的声音,或者在解决与我们所有人切身相关的问题时把他们当作自己的同行。(Edward Zlotkowski,援引自 Kenworthy-U'ren,2005:360)

入世(参与)作为一种关系,涉及某个专业社群内研究人员和从业者之间的洽谈与合作;这类社群共同生产的知识,既可以推动科学创新,又能对从业者有所启发。一位参与式学者不会将组织机构和客户视为数据采集地点和资金来源,而是把他们当成一个学习场所("点子工厂"),从业者和学者在这里测试与共同议题有关的替代性想法和各类意见,从而围绕重要问题共同创造知识。"大量证据表明,在任何文化中,如果学者和实践者能够审慎地发表见解并相互聆听,就能够形成健康的文化氛围,业界和学术界都是如此"(Boyer, 1996: 15)。

Boyer(1990)将入世治学的这些理念全方位地应用于大学教师的各项活动,并讨论了治学活动的发现(Discovery)、教学(Teaching)、应用(Application)和融合(Integration)这四个维度,这些维度相互作用,构成了对"学术"这一概念所下的丰富而统一的定义。随后,他进一步扩展了"入世治学"的定义,它强调学者们要通过某种方式让各自的发现、教学、应用和融合活动与校园以外的人群和地点产生关联,并最终引导学术工作变得"更宏大、更人性化"(Boyer, 1996: 20)。

对于美国的许多公立大学而言,入世治学或参与式学术研究表明回归到联邦政府赠地大学(Land Grant University)的宗旨,赠地大学依据1862年的《莫里尔法案》(Morrill Land Grant Act of 1862)(Schuh, 1984)而设立。与入世治学有关的三大理念正是赠地大学创建时的核心宗旨:第一,它向广大民众提供高水平的教育——这条直接应对的是当时的精英主义以及私立大学与公众教育脱离等情况。第二,赠地大学将通过解决社会问题和开展相关课题来创造新的知识。虽然当时农业仍然占主导地位,但社会活动的每个领域都成为合理的知识探索课题。第三,赠地大学承担着重要的推广任务,即运用科学技术手段来解决社会问题,并由此树立知识型领导力的核心。这三个理念催生了后人所熟知的"教学、研究和服务"三大使命。正如以上这段简史所表明的,入世治学意味着重新彰显最初的价值观和角色:要求大学参与社会进步,而学者个人则需要将自己的教学、研究和服务过程参与到与学生和业界人士的互动中去。

入世治学运动还扩展到众多源自大学的举措中,包括社区宣传、服务学习、临床教学、延伸服务、社会解放事业和以社区为基础的参与式研究等。以谷歌上的搜索结果为例,2006年11月,搜索关键词"engaged scholarship"(入世治学),有36 000个结果,显示出这一方式高度多样化且扩散至各个领域。服务学习(Service

Learning）也许是美国分布最广泛的入世治学形式，其主要原因在于全国性组织的努力和联邦政府拨款，如校园契约（Campus Compact）、美国高等教育协会（American Association for Higher Education）、1993年《全国社区服务信托法案》等。服务学习是一种计算学分的教育体验，让学生作为志愿者参与本地机构有组织的服务活动，如慈善机构、中小学校、教堂、养老院、过渡住所等，通过这些方面的体验来强化对大学课堂上所讲授课题的理解（Bringle and Hatcher，1996；DiPadova-Stocks，2005）。专业学院对服务学习的看法往往没有太多"志愿服务"的色彩，更多的是当作培训的手段，其形式包括大学—产业实习、指导、临床和实地研究项目。Markus et al.（1993）进行的一项实验发现，参与服务学习型课程的学生对课程有更积极的评价，对服务和社区抱有更积极的信念和价值观，能实现更高的学术成就。Bringle and Hatcher（1996）在回顾其他研究时指出，服务学习对学生的个人、态度、道德、社会和认知结果等都会产生积极的影响。

尽管入世治学已经慢慢渗透到各领域而且有积极证据，但教职人员仍然不能持续深入参与，其中的主要障碍便是在晋升和获得终身任期方面存在风险。一些全国性的委员会和专业机构已经开始着手解决这些体制性障碍。例如，卫生专业社区参与学术委员会（Commission on Community-Engaged Scholarship in the Health Professions）在其2006年的报告中，重点对卫生专业学院如何招聘、挽留和提拔社区参与型教职人员提出了建议。此外，美国教育部（the US Department of Education）和凯洛格基金会（W. K. Kellogg Foundation）共同赞助了社区入世治学工具（Community-Engaged Scholarship Toolkit）的开发，用于指导卫生和其他专业学院教职人员准备自己的职称晋升材料和记录，用于晋升和终身教职的申请（Calleson et al.，2004）。

本书试图将入世治学的原则应用于社会科学研究，或者博耶所说的"发现式治学"（Scholarship of Discovery）。

学术界至高无上的信条是：追求纯粹的知识、探究的自由和用符合规则的方式探究问题的本源。发现式治学的最高境界在于，不仅增加人类的知识存量，而且改善学院或大学的学术氛围。不只是结果，而是整个过程——特别是其中的激情——让努力有了意义。知识的进步可以给教育机构的整个存续期间带来可察觉的兴奋感。正如普林斯顿大学前校长威廉·博文（William Bowen）所说，学术研究反映了我们作为人类的一种迫切和按捺不住的需要，去面对未知世界，并纯粹地寻求解释。与之密不可分的是新鲜创想和在不断变化的光影中看清每一种主张的自由。它为来自新想法的巨大兴奋而额手称庆。(Boyer, 1990: 17)

除了表达这种对知识发现的激情，"入世治学"概念还反映了一种重要的概念认定：治学的内涵高于研究，而入世则是治学蓬勃发展的路径。博耶恢复了治学概念的旧有荣光，赋予它更广泛和更有内涵的意义，彰显了整个学术工作范畴的合法性。"当然，治学是指从事原创性研究。但学者的工作也意味着从调查中抽出身来，寻找关联，在理论与实践之间架设桥梁，并有效地传达自己的知识。"（Boyer, 1990: 16）

佩蒂格鲁曾提出："我们中有多少人把自己看作知识分子、学者或研究人员？"他说：

> 知识分子是具有发达智力水平和追求前沿知识的人，而学者则是在某个特定课题上具有渊博知识的人。研究人员入世于细致的研究和调查，以期发现新的事实或信息。即使在这些相当有限的定义中，研究人员身份和角色的狭隘性也变得非常明显……对我来说，治学不只意味着学习和鉴赏的广度，还意味着有责任把这些用于传道、授业、解惑。一名知识分子应该拥有学者的鉴赏体系，还应利用这种能力去参与学术以外的世界，融入更广阔的社会。我不知道我们中有多少人明确地选择了承担三个身份（角色）的其中一个或两个。

（Pettigrew, 2005: 973）

这就提出了一个重要问题：一名入世学者该如何就世界上的复杂问题，制订能够同时增进理论和实践的研究计划？要做到这一点，就需要某种探究模式，将学者与实践者（和其他利益相关者）互动中获得的信息转换成行动，解决特定专业领域内"怎么办"的问题。许多研究问题和课题超出单个研究人员独自研究的能力，需要某种方法来显著地拓展研究人员的能力，以处理这些复杂的问题和课题。

在此我提出入世治学的观点，旨在帮助学者们提升研究复杂问题的能力，并创造既推动科学发展又指导实践的知识。**入世治学被定义成一种参与型研究形式，用**

以在研究复杂问题过程中了解主要利益相关者（研究人员、用户、客户、赞助商和从业者等）的不同视角。与学者或从业者各自单独研究课题相比，入世治学通过让他人参与，利用各自掌握的各类知识，创造的知识将更有穿透力、更具洞见。

1.2.1 入世治学的研究模型

事实上，文献中有许多坚持主张进行合作研究的观点，然而这种观点往往是片面的，因为它们仅仅注重学术研究对于实践的意义。在这本书中，我把更多的注意力放在密切参与实践（而不是为了实践）的治学方法如何能够推动基础科学知识的发展。入世治学强调，研究不是一项孤立活动，相反，它应是一项集体成就。入世（参与）意味着学者摆脱自我，在研究过程的每一步骤中都注重收集和了解其他人对此的解读。这些步骤包括问题提出、理论构建、研究设计和问题解决。

借助图1.1所示的入世治学钻石模型，我认为，在下列研究活动中，学者可以参与同其他相关人士的互动并了解其想法，由此显著地拓展自身对某个复杂现象的基本知识。

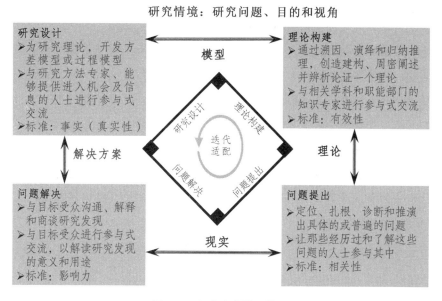

图1.1　入世治学钻石模型

- **问题提出**：确定何人、何时或何地、为何面临何种问题（紧迫的或远期的），定位、扎根、诊断和推演出研究课题。如第3章中所讨论的，回答这些新闻采访式的问题，需要与经历和了解这些问题的人会面和交流，同时还要回顾与这个问题的普遍性和边界条件相关的文献。
- **理论构建**：通过溯因、演绎和归纳推理，创造建构、周密阐述并辨析论证一个理论（如第4章中所讨论的）。建立这一理论及其可行的替代理论，需要与相关学科和职能部门的知识专家对话，同时回顾相关文献。
- **研究设计**：开发方差模型或过程模型，从实证角度检验替代理论。如第5—7章所述，做好这件事，通常需要从研究方法领域的技术专家那里寻求建议，当然，也要向受访者和知情者寻求信息。
- **问题解决**：沟通、解释和运用实证结果，因为建立在这一基础之上的替代模型可以更好地回答关于特定课题的研究假设。如第8章所阐明的，在特定领域内，人与人之间关于知识的差异性越大、依存度和新颖性越高，越需要参与式的沟通，从用于知识转移的书面报告和演示文稿入手，然后通过对话来解读报告的不同含义，最后通过务实的协商来调和利益冲突。

这些活动可以按任何顺序来执行。这里只是按照解决问题的顺序来讨论上述研究活动，从问题提出开始，然后搜寻与问题相关的理论，验证它们，并将结果付诸应用。还可能有许多其他的出发点和序列。例如，有些学者可能会从一项理论开始，然后寻找一个存在疑问并且可能适于应用和评估该理论的情境。其他学者可能更倾向于从方法论入手，并热衷于寻找问题，并且借助他们的方法论工具构建理论（例如在社会网络分析的早期发展阶段）。还有一些学者可能从需要加以评估研究的解决方案或程序入手，以确定其可能适用的具体问题类型和情境。

研究过程中，这些不同的起始动机和定位会迅速地融合在一起，因为上述四项活动是相互高度依存的，很少能够一次就完成。在整个研究期间，这些研究活动通常需要进行多次重复和修正。在每一项研究活动的实施过程中，都会出现许多子问题，而且所有这些子问题都同时处于变化的状态，因而需要把它们视为一个相互依存的集合来处理。只有这个过程完成后，才会呈现出一个连贯的模式（见图1.1）。

在重复执行这些任务时保持平衡是很重要的。鉴于可用于一项研究的资源有限，我建议学者将自己的时间和精力按照大致相同的比例分配到问题提出、理论构建、研究设计以及问题解决的步骤上。在一项或两项研究步骤上花费太多时间和精力往往会导致失衡或一面倒的结果，有些步骤"过度设计"，而另一些步骤则缺乏完整性。

四项研究活动（步骤）需要齐头并进，这在许多社会科学研究方法文献中通常得不到完整的体现。它们往往专注于研究设计，却并不太关注问题提出、理论构建和问题解决的过程。此外，虽然这些文献在技术上做到了慎重对待研究设计和数据分析，但它们却在很大程度上忽略了在问题提出、理论构建、研究设计及问题解决过程中参与与利益相关者交流的社会过程（见图1.1）。社会科学研究是一个高强度的社会性活动。在整本书中，我一再强调，在一项研究中，这四类研究活动具有同等重要性，而每类活动都包含一套不同的任务。要更好地完成这些任务，就必须邀请利益相关者参与互动，而不是闭门造车。

实施入世治学钻石模型中四项活动的基本步骤如图1.1所示，可以按照五个标准来评估：相关性、有效性、真实性、影响力和一致性①。问题应立足于现实，并且与学术和专业团体内的特定目标研究受众有关。理论模型应表达清晰，并包含有效的逻辑论证。研究的设计和实施应符合学术界的标准和方法，据此能够产生真正的解决方案。研究的结果应能产生影响，既增进科学发展，又启发特定行业的实践。除了相关性、有效性、真实性和影响力，还有第五个标准——一致性，这对于评价入世治学过程同样重要。

在我讲授入世治学的博士生研讨课上，学生的主要任务是编写高质量的研究计划。② "高质量研究计划"的定义为：根据表1.1给出的标准充分描述了每一项研究活动的研究计划。在一个学期中，学生每隔几个星期就要提交计划的不同部分。作为任课教师，我会对学生们正在编写的计划提供意见反馈，他们要对

---

① 不同哲学流派的学者往往对这些标准赋予不同的含义。我对这些标准的理解将在后续章节中逐步阐明。

② 这个课程的最新版本，可以访问明尼苏达大学卡尔森管理学院网站上我的教师主页。课程网页提供了丰富的附加信息、资源和链接，能够对本书所讨论的主题和议题有所补充。

表 1.1 研究计划的评价标准

1. 对研究问题的陈述:
   - 分为视角、焦点问题、研究层次和范围四个方面;
   - 问题现象或因素都有明确的界定,并且扎根于现实;
   - 做出诊断,分析模式或各因素之间的关系;
   - 根据诊断,提出有关上述问题的推论(即基于推理的主张)。
2. 研究问题:
   - 用分析性和可研究的术语表达;
   - 允许多个合理的答案。
3. 研究命题(理论):
   - 明确陈述概念或事件之间的预期关系;
   - 用论证提供支持(如命题、理由、证据、假定以及保留意见);
   - 直接阐述研究问题和主题;
   - 与合理的替代性理论或现有答案相比较;
   - 包含多个研究层次的概念。
4. 研究设计明确阐述:
   - 理论分析和观察的单位;
   - 用于方差或过程理论的案例(或调查、实验)设计;
   - 样本或复制逻辑以及样本选择;
   - 变量或事件的定义和测量程序;
   - 内部、统计、外部和构念效度所面临的威胁。
5. 从理论和实践上开展研究和解决问题:
   - 清楚地阐述该研究对科学和实践的贡献/意义;
   - 讨论与目标受众(或用户)沟通或与之共享研究结果的方法;
   - 审慎陈述研究成果将如何应用;
   - 在上述每个步骤中都与利益相关者进行参与式互动。

评论: 总分:

注:请使用五分制对本报告进行评估
  1=报告中未涉及或不显著;
  2=有所尝试,但分析(答案)中存在一些错误;
  3=有所尝试,但其效果需要进一步加工、细化或完善;
  4=有所尝试且其效果令人满意,议题达成,没有进一步完善的需要;
  5=有所尝试且其效果优异,议题清晰达成。

各自的研究计划进行多次修改，直到我认为它们合格为止。因此，通过反复几次修改和扩展计划，学生就能够编写出一份优秀的研究计划，并提交这份计划以申请经费和实施研究——既可以作为一个研究项目，也可以作为其学位论文的初稿。

入世治学的应用形式很多，可用于解决许多不同的基础性和应用性研究问题。例如，在研究中，研究人员可能参与与利益相关者的互动：①获得他们有关某个基本研究问题的看法和建议；②协作和合作生产知识；③设计和评估某项政策或计划；④干预和实施一项变革，以解决客户的问题。在这些可能的形式中可以看出，入世治学的原则也适用于多种形式的基础性或应用性社会研究。我们将在本章的后续部分对此加以讨论。

如图1.1所示，入世治学钻石模型中的四项研究活动也正是本书的写作框架。首先对入世治学模型背后的科学理念进行概述，然后逐一讨论入世治学模型中的四项研究活动。我还将在后续章节中阐述每一项研究活动所包含的详细步骤和程序。

1.2.2 入世治学背后的科学哲学

任何形式的研究背后都会有某种科学哲学的存在，它指导学者认识被研究现象的本质（本体论），以及如何去了解它（认识论）。哲学家们对这些问题的讨论永无休止，并构建了各种用于指导研究的哲学。科学领域的从业者反过来也影响了这些哲学在他们各自研究中的发展及表达。本书第2章试图对科学哲学和实践之间的这种相互关系加以整体介绍，对四种科学哲学——确实主义、相对主义、实用主义和现实主义——进行历史性回顾。我将探讨这几种哲学的重要思想如何指导入世治学，以及入世治学实践可能会如何反过来影响上述科学哲学。

在科学哲学领域内，自从确实主义和逻辑实证主义淡出人们的视野之后，学界目前普遍认为科学知识的真理是不能从绝对意义上去判断的（Suppe，1977：649）。与此相反，从我所采纳的批判现实主义视角来看，一个真实的世界就在那里，但我们理解这个世界的努力是极其有限的，只能近似地了解它。这种观点认为，所有的事实、观察和数据都渗透着理论，并嵌入语言。此外，世界上的绝大多数社会现象是如此丰富，以至于任何个人或孤立的视角都无法充分理解。因此,任何给定的理论模型都是对一个复杂现象的局部表述,反映了模型构建者的视角。没有任何形式的探究是价值无涉或中立的,相反,每个模型和观点都充满了价值判断。这就要求学者们对在各自研究中的角色、兴趣和观点做到比以往任何时候都更加自省和透明。例如,我没有把自己当作权威和客观的"上帝之眼"来看待社会现象,而是采纳了Hendrickx(1999)的观点,主张入世学者采纳参与型参照体系,通过与其他利益相关者的交流来学习和了解研究课题。

批判现实主义将科学视为一个构建模型的过程,对世界的一些特定方面加以反映或描摹,并将其与竞争性的合理替代模型相比较(Rescher,2000)。例如,Giere(1999:77)写道:

> 设想宇宙具有一定的结构,但极其复杂,而且它是如此复杂,以至于人类所设计的任何模型也只能捕捉到这种总体复杂性的有限几个方面。然而,在为这个世界构建模型的过程中,有几种用于捕捉这个世界某些方面的方法或多或少地优于其他一些方法。

我们可以通过比较不同模型的相对贡献,来增进对某个复杂现象的研究知识。Azevedo(1997)通过识别至少两个(越多越好)独立理论中普遍一致(或趋同收敛)的特征,讨论多模型和多视角的协同如何有效地揭示关于现实的稳健特征。在她看来,有关现实的多个貌似合理的模型,需要用多元主义的方法(Pluralist Approach)来分析比较,这对于发展可靠的科学知识至关重要。

但是,在研究中参与与不同利益相关者的互动时,针对研究问题往往会产生不一致甚至相互对立的视角。多元观点不应该被斥为噪声、错误或异常值——三角验证法的研究策略往往就是这样处理这些多元观点的。本书第9章将讨论这些不同结果如何对传统三角验证法加以扩展,重点用于处理中心化趋同现象,通过"套利"(Arbitrage)和对立的发现,应用悖论探究的推理方法。

在证据趋同的情况下,构建有意义的解释往往更加容易。举例来说,Azevedo(1997)主张使用多个模型来映射一个有待研究的问题,并认为各模型之间普遍一致(或趋同)会令知识本身更为可信。趋同性依赖于相似性、共识和中心化趋势来解释待研究课题或议题,倾向将分歧和不一致视为偏差、错误、异常值或噪声。

当不同数据源产生有关某一现象的不一致或矛盾信息时,解释起来就会更困难(结果却往往是更具洞察力的)。"套利"提供了一种新的研究策略,可以用于依据对同一现象的不同描述,构建整体性、综合性的解释。Friedman(2000:24)指出,在学术界和其他领域,"存在一种根深蒂固的倾向,即在高度细分、狭窄的专业知识范畴内思考,却忽略了这样一个事实:真实世界并未划分成如此整齐的'小方块'。"他认为,观察、了解和解释世界上复杂问题的方法是通过"套利",把不同的信息点或信息块系统地连接起来,"对不同情况下、不同时间的不同视角赋予不同的权重,同时始终铭记这是所有方面相互作用的结果——这才是'系统'真正的标志性特征"(Friedman,2000:23-24)。相互借鉴是解释差异的一种策略,它同时关注一个问题的不同维度、边界和情境之间的相互依存关系和相互作用。

最后,来自不同源头的矛盾信息或许代表着待研究问题或议题的多元利益相关者之间相互冲突的价值观和利益。在解释一个问题的范畴时,显然应该反映出所观察到的上述对立性发现。在本书的第8章和第9章,我将讨论悖论推理的四种常用方法:在对立面之间寻求平衡,转移分析的层次,随着时间推移交替转换立场,以及引入新的概念来化解悖论。不一致和相悖的发现是非常重要的,因为它们意味着存在触发理论创新的异常点。

Campbell(1988:389)有关科学的演化视角提供了另一种可能的途径,在某个研究问题领域内所提炼的陈述必须有效且可靠。他认为,破解研究问题的更为适用的模型是人为决定的,而且学术界逐步筛选可信的竞争模型或假设,这推动了关于科学知识发展的演化这一概念的产生。这种演化视角基于务实的科学哲学。在试图解释给定现象的合理替代模型中,在某个特定时刻胜出的模型被判定为最好地反映了上述现象。幸运的是,在给定的时间内,往往只有三至五个合理模型参与这种竞争,正如Collins(1998)在对竞争性模型试图解释特定现象的历史回顾中指出的那样。

基于"套利"和悖论推理的解释代表了一类辩证的探究方法,其中对一个复杂问题的理解和综合是从发散性命题和反命题的对抗之中演化而来。辩证推理作为一种策略,并不适用于解决狭窄的技术问题——只要获得专家判断,就能够收敛于一个正确答案。相反,它是一种用三角验证法应对现实世界复杂问题的战略,它邀请那些持有与众不同观点的个体参与进来(Mitroff and Linstone,1993:69)。在复杂的世界上,从不同的视角出发会获得不同种类的信息。通过多视角的探究,有关现实的稳健特征就会变得显著,可以从那些仅存在于某个特定视角或概念模型的功能中脱颖而出。

因此,入世治学在本质上是一种多元主义方法论。Azevedo(2002)指出,不同视角之间的沟通是对特定问题构建稳健替代模型的前提。她补充说:

> 单个理论不应被视为真实的或错误的。而其有效性则是一个函数,不仅取决于它们如何良好地模拟这个世界上有待考察的方面,还在于它们在一致性和连贯性方面如何良好地与更广泛的科学知识体相连接。这些连接可以通过多种方式建立……而跨视角的沟通以及建立一致的意愿是建立连接的前提条件。(Azevedo,2002:730)

为了解释复杂的社会现象,多元论不仅包含多个视角,还在一定程度上涉及开放性和它们之间的平等性。参与者经常会因为一行人对同一问题持不同观点和方法而面临冲突和人际关系紧张。冲突的建设性管理不仅重要,而且是入世治学研究的核心。试图避免学者和从业者之间的紧张关系——正如我们过去所做的那样——是错误的做法,因为它令我们无视现实带来的大好机会,去探索这些紧张关系背后的差异,并由此理解复杂的现象。

1.2.3 问题提出

问题提出包括定位、扎根和诊断现实中的研究课题或议题。当然,不同的观察者会看到不同的"现实"。在本书的第3章中,我将采取批判现实主义的视角,主张一个真实的世界就在那里,但我们对它的表述和理解却是一种社会建构;现实并不能独立于观察者的修辞手段或所引用的概念框架而存在(Weick,1989)。因此,研究问题的提出涉及复杂的意义获取过程,应当用各种概念性模板或理论,来确定我们在现实世界中寻找什么,以及如何将实证材料整理成为可识别的并有意义的研究问题。

问题提出在研究过程中起着至关重要的作用，可能影响到包括理论构建、研究设计和实施以及结论等后续阶段。然而，问题提出的工作往往是匆忙完成或想当然的。人们往往以解决方案为导向，而不是以问题为导向。如果问题的提出是草率或是想当然的，很可能出现的情况就是问题的重要方面未被察觉，并且错失良机（Volkema，1995）。

今天社会科学面临的一个问题在于，所阐述的理论往往没有扎实的具体事例为基础。它的另一个问题在于，与研究的目标受众或用户之间缺乏相关性（Beer，2001；Rynes et al.，2001）。因此，理论往往基于迷思（Myths）和迷信（Superstitions）。那些善于从自己的经验中概括总结的人能够回答"比如呢？站在谁的角度上？观点是什么？"之类的问题；而如果回答不了这些问题，则往往会导致没有根据的概括。在罪案侦查中，立案是展开调查的前提。Merton（1987：21）警告说，科学实践中的首要元素之一就是"确定现象"（Establishing the Phenomenon）。证据和论证都应清晰表明，其具有足够的规律性，因而要求并值得做出解释。这样，可能诱导出"伪命题"的"伪事实"就得以避免（Hernes，1989：125）。

在任何研究中，将特定问题或现象扎根于现实是至关重要一个步骤。你可能会问，什么样的研究问题需要他人参与？我认为，议题越复杂，或研究问题越宏大，就越需要不同学科的研究人员以及具有不同职能经验的从业者参与进来。现实世界的大多数问题都过于复杂，不是任何单个研究人员或单一视角所能捕获的，因此别人参与是必要的。Caswill and Shove（2000b：222）指出，有许多重大问题和议题，它们的提出和理论发展需要依赖于学者和从业者之间的参与交流和密切互动。

宏大的问题往往都没有简单的答案，而且它们很少能够给从业者或学者带来即时回报（Pettigrew，2001）。根据定义，宏大的问题往往没有明确的解决方案，除非进行过研究，并回答了相应的原则问题。宏大的问题也需要有"套利"的过程，研究人员和从业者在其中相互参与交流，共同提出解决方案，而这样的要求已超出了任何单个研究人员或从业者的能力范围（Hodgkinson et al.，2001）。因此，在设计研究项目时，与正在调研中的研究问题相比，为研究问题寻找潜在解决方案是第二位的。"宏大问题"的良好指标之一，是其自身在激发学者和从业者关注和热情方面的显著能力。事实上，正如 Caswill and Shove（2000b：221）所指出的，从业者往往更受新思想、新观念的吸引，而不是实证材料。

批评者认为，在提出研究问题的阶段就让从业者介入，可能会让问题变得狭隘、短视或指向太过特殊的方向（Brief and Dukerich，1991；Grey，2001；Kilduff and Keleman，2001）。具有讽刺意味的是，这种观点好像是在说学者比从业者更懂得如何提出值得研究的问题，但在与从业者互动时，研究人员却在扮演"权力的仆从"（Brief，2000），屈从于强大利益相关者的利益。像 Anderson et al.（2001）那样，我也认为入世治学者应更加谦卑，在试图了解一个重要的待研究问题或现象时，能够置身于一个更加平等的关系中。宏大的研究问题往往存在于一个喧闹嘈杂、繁花似锦而令人困惑的世界中。获取众多利益相关者的不同观点，对在如此模糊不清的环境中了解问题或现象的本质是有所裨益的。与单个利益相关者的意义构建相比，细心积累和整合不同的观点，将能够帮助研究者针对待研究问题产生更丰富的格式塔（Gestalt）（Morgan，1983；Weick，1995）。

Caswill and Shove（2000a，2002b）批评了这样一种假定，即认为理论的发展需要学术上的超脱（Detachment），而合作型研究只能做到实施和利用，而无助于增进社会理论的发展。

> 麻烦的是，有关独立性和相关性、理论与应用的争论原本就很容易混淆，甚至有时是故意而为之。在日常讨论中，或有人直言，或有人暗示，学院以外的互动是如此耗费时间和精力，以至于无法给创造性思维留下任何余地。此外，当保持距离被等同于保持纯洁性时，当权威和专家被排他性地与抽象分析挂钩时，人们就很容易地（但错误地）直接得出结论：呼吁展开互动就是对学术探究的威胁。（Caswill and Shove，2000b：221）

事实上，与持有不同观点和方法的人们进行互动能够推进学术（和实践）探索的深入，这一信念正是入世治学的核心所在。

1.2.4 理论构建

理论构建涉及与特定研究问题相关的知识体（A Body of Knowledge）的创

建、阐述和辩护。理论就是应用于研究问题的心智图像或概念框架。理论存在于用来表述知识的不同抽象层次之上。图书馆所用的杜威索引系统（Dewey Indexing System）就是一种正规的知识结构分类方法。它把所有的知识划分为10个大类，下设10个子类，再下设10个小类，依此类推。该分类系统按照学科、范式、思想流派和关于不同主题的理论，对各学科知识进行"打包"。你可能不喜欢这样一种正式的知识分层结构，但如果你希望在图书馆找到一本书，就必须对它有所了解。

这种嵌套式的层级结构不仅能对知识体系进行索引，还能对我们有关现实的看法加以结构化，具体指明哪些问题或者问题的哪些方面与我们的研究有关或无关。选择和构建理论也许是开展研究的过程中所需做出的最重要且具有战略意义的选择。它将显著影响我们提出的研究问题，查找哪些概念和事件，以及在解决这些问题的过程中需要思考哪些主张或可能的预测。由于理论在指导（或引导）研究的过程中是如此有影响力，本书第4章将探讨涉及理论构建的推理模式，以及在理论化过程中与他人进行互动的重要性。

关于理论构建，经常出现迥然相异或对立的观点。其中，既有人强调理论创造，并主张琐碎的理论通常是因拘泥于方法学结构而导致的——它们只利于验证，而不利于想象力的发挥（Weick, 1989; Mintzberg, 2005）；也有人注重理论的阐述与捍卫，呼吁清晰的定义、内部逻辑一致性和可验证性（Bacharach, 1989; Peli and Masuch, 1997; Wacker, 2004）。这些作者在一定程度上都是正确的——他们描述了一种理论构建活动，但又是错误的——他们忽略了与理论构建有关的其他活动。当理论构建不再被看作一项单一的活动，而是被看作至少包含三项活动（创造、建构和验证）时，许多反对观点就自行消解了。

本书第4章将讨论这三项活动会如何涉及不同的推理模式：①一个有前景（但往往不成熟）的猜想，它的创意萌芽通常是通过旨在解决现实世界中已知异常状况的溯因推理过程产生的；②用逻辑演绎推理的基本原则定义术语、指明关系和适用条件，构建理论以阐述猜想；③如果该理论的优点有足够的说服力，则进一步设计有说服力的论证，并使用归纳推理，从实证上评估该理论模型，并与竞争性合理替代模型进行比较，以此为该理论辩护。换言之，理论创造涉及"规范的想象"（Disciplined Imagination）这个溯因过程（Weick，1989），理论建构包含逻辑演绎推理，而理论验证则需要归纳推理和论证。因此，理论化包含了各种推理模式，而且可以通过了解各种推理模式之间的互补关系，进而从科学探索中获得大量新知。

本书第4章中讨论的一个重要建议是开发研究问题的替代理论和方法。我们需要多个参照体系来理解复杂的现实。正如前面提到的，入世治学是一种多元论方法。任何给定的理论都是一种不完整的抽象概念，无法描述某一现象的各个方面。理论是容易犯错的人为建构，从某个特定视角、带着特定利益，对现实的一部分进行建模。比较反映不同视角的合理替代模型就显得至关重要，这样才可以区分待调查的复杂问题内所包含的误差、噪声和不同维度。Allison（1971）提供了一个三角验证的良好范例：在对古巴导弹危机的研究中，研究者使用了三种模型——理性行动者模型、组织行为模型和政治模型。每个模型都是一个概念化的镜头，"引导人们去观察、强调和关注一个事件的不同方面"（Allison，1971：5）。互补模型的联合运用为特定现象提供了更加丰富的洞见和解释，否则这些将会继续被人忽视。

当然，模型和方法的选择是多变的，因研究的问题和目的而异。课题越是复杂或问题越宏大，就越需要采用多重和互异的模型来应对这种复杂性。三角验证的模型和方法提高了研究的信度和效度，也最大限度地增加了入世治学团队成员之间的学习收获。或许，不同模型反映了研究项目中不同参与者的独特直觉和利益。方法和研究结果的共享强化了共同研究人员的学习成效。每项策略都代表不同的思维验证，旨在对研究主题建立框架和映射。正如Weick（1989）所说，开展多个独立的思想试验有利于良好理论的构建。

社会科学研究中的最典型策略是使用单一理论来探究给定现象。我认为，如果一项研究在设计上能够将有关待调查现象的各种相互冲突又看似合理的解释进行列举和比较，那么该研究在理论和实践上实现重大知识进步的可能性就会大很多（Kaplan，1964；Stinchcombe，1968a；Singleton and Straits，1999；Poole et al.，2000）。例如，Stinchcombe（1968a）建议研究人员通过列举或比较竞争性答案,建立"至关重要""切中肯綮"(正如柏拉图所说的"Carve at the joints")的命题。研究合理的替代性模型或理论是一种至关重要的研究态度。通过研究竞争性替代模型的证据与现有模型解释的异同程度,也有助于对知识差异加以利用。惯常的做法是当统计学关系为非零值时,就拒绝接受某个零模型假设,然而许多课题的知识积累已超越了这个阶段。如果先前的许多研究已经证明一项事实,那么这样的发现就是一次"廉价"的胜利。对合理的竞争性假设加以验证,会产生更多重要知识,这样的研究很可能会给理论和实践带来更大的价值。对合理的竞争性假设加以验证,也为研究人员提供了取得双赢结果的保证——无论研究取得了什么成果,只要恰当地付诸实施,它都可以做出重要的贡献。

1.2.5 研究设计

构建合理可行的理论来处理研究问题和议题,通常意味着要设计工作模型对理论的主要方面进行实证检验。研究设计活动包括制定具体的假设与实证观察程序(基于理论模型),并预测如果该模型很好地契合了现实世界,将会收集到什么样的数据。一个理论通常不能够直接加以验证,而模型则使得理论的一些具体预测变得有可操作性,进而能加以实证检验。理论和假设之间通过推理或计算相关联,而现实世界和数据之间则是通过实体性的互动相关联,后者涉及观察或实验。正如罗纳德·N. 吉尔(Ronald N. Giere)所说:

> 人们认为,模型只能在某些方面契合,而且只能达到特定的准确度……如果现实世界(包括实验设置)在结构上同与此相关的模型类似,那么数据和预测应该是一致的。也就是说,预测应该能够描述实际数据。另一方面,如果现实世界和模型的模拟并不相近,数据和预测则可能是不一致的。(Giere, 1997: 30)

在比较来自替代模型的替代性预测或假设时,这一过程可以推而广之。我们可以从替代性预测中获得实证证据并加以比较,以确定哪些基于实证证据的预测提供了更好的或更有力的解释。将数据用于评估模型相关的假设,当某个模型的解释力度低于其他模型时,那么可以考虑摒弃前者,选择后者。

有种类繁多的研究设计用于收集实证证据,以评估来自不同模型的预测或假设。有关研究方法的文献通常按实验(例如,Kirk,1995)、准实验(Shadish,2002)、比较案例研究(Yin,2003)以及各种定性研究方法(Denzin and Lincoln,1994;Miles and Huberman,1994)来划分和讨论这些研究设计。在本书第 6 章和第 7 章深入探讨这些研究设计的操作细节之前,第 5 章对常用于检验过程模型与方差模型的两种基本方法进行了概述。这两个模型反映了两类调查研究的基本区别:①方差或因果问题——什么原因导致什么结果? ②过程问题——事情如何随着时间的推移而发展和改变?

在对组织行为进行解释时,Mohr(1982)首先区分了方差模型和过程模型。在为社会行为的描述建立形式规范时,Abell(1987)对比了方差和叙事方法,而 Abbott(1984,1990)比较了社会学领域的随机性和叙事方法。有两种解释方法,一种是提供自变量和因变量间统计关联的科学解释,另一种是讲述一系列事件如何按时间顺序发生并产生了特定结果,而上述工作的共同线索就是对比这两种解释之间的异同。本书第 5 章将讨论方差和叙事方法之间的差异性解释。它们构成了检验变量间因果关系的方差理论的两种有根本区别的研究方法,这一点不同于验证特定社会实体内事件时空发展过程的过程理论,后者的对象可以是个人、团体、组织或更大的社区。

来自组织变革研究的实例,可能有助于厘清方差理论和过程理论之间的区别。Van de Ven and Huber(1990)指出,组织变革研究往往关注两类问题:

- 变革的前因或后果是**什么**?
- 随着时间推移,一个变革过程是**如何**出现、发展、兴盛或终止的?

"什么"的问题通常需要方差理论来解释输入因素(自变量),从统计上解释一些结果标准(因变量)的变化。"如何"的问题需要过程理论来解释一组离散性事件如何根据一个故事或历史叙述中的时间顺序而发生(Abbott,1988)。在因果关系方面,"什么"的问题需要共同变量、时间优先级以及自变量和因变量之间无虚假关联的证据。"如何"的问题用来解释一系列的已知事件,试图找出能够导致这些事件在真实世界、特定环境或突发情况下发生的底层触发机制(Tsoukas,1989)。

采用方差模型的研究人员倾向于将每个事件看作变量的某种变化（例如，产品创新的数量），并将组织流程分解为一系列"输入—输出"分析，然后检查这个变量的改变是否与其他一些自变量具有统计意义上的相关性（例如，研发投入）。从方差理论的角度来看，事件代表着一个变量状态的改变，而这些变化则是一个"输入—处理—输出"模型中各变量之间变化的基石。但由于过程问题不在于考察变化"是否"发生，而是考察"如何"发生，所以当产品创新出现时，我们需要叙述一个关于事件发生序列的故事。一旦发现了某个发展过程中的事件序列或模式，研究人员就可以着手回答事件序列的前因或后果的问题了。

区分了这两个问题后，认识到它们之间的互补关系也是很重要的。对"什么"问题的回答通常会假定或推测对"如何"问题的回答。无论是明示还是暗示，对方差理论解答的底层逻辑都是一个过程故事，讲述一系列事件是如何发生，并导致自变量（输入）对因变量（输出）产生影响的。例如，认为研发投入推动组织创新，就是对组织中研发投入和创新活动开展的顺序和次序做出了重要假定。因此，显著提高第一个（方差理论）问题答案的稳健性的方法之一，就是明确验证这个假定的过程，解释为什么某个自变量会引致某个因变量的产生。

同样的道理，单纯回答"如何"问题往往是没有意义的，除非能够同时回答与之相应的方差理论问题。正如 Pettigrew（1990）所认为的那样，在理论上站得住脚并且在实际上有所帮助的变革研究应该探索情境、内容和过程在一段时间内的变化。只有在相对恒定的状态下才能感知变化，对事件时间序列的探究则需要了解起始（输入）条件和终了（输出）结果。

鉴于本书第 5 章中对方差理论和过程理论给出了互不相同却互为补充的认识论探讨，我将在第 6 章和第 7 章中阐述关于方差和过程研究设计的一些深入思考。第 6 章的重点是实验、准实验和调查的设计，用于对方差研究中的因果模型进行实证评估。第 7 章将讨论纵向案例、历史研究和实地研究的设计和实施，用于探讨特定现象如何随时间而变化的过程。

你可能会疑问，这个"理论检验"的方式是否采用了探索性的"扎根理论构建方法"？我的回答是，这两种探究模式之间的区别在于钻石模型中研究设计和理论构建这两项活动的实施时机和顺序。在探索性研究中，通常在数据收集和分析之后才提出命题。因此，我建议在数据收集和分析过程中或完成后，即采用第4章中探讨的理论构建方法。然而，正如第2章中所讨论的，所有的数据、事实、观察等都渗透着研究人员脑海里隐性或显性的理论。任何观察都有其前提，即针对某个选择性研究对象及概念的选择性参照体系。收集数据前，应与关键利益相关者会面洽谈，讨论并解释观察现象中可能会用到的概念，这样能够有效地明确探索性研究的重点。

当然，大多数研究都会包含理论构建和理论检验等方面。在采用入世治学钻石模型进行任何研究项目时，有些路径往往需要重复多次。很少甚至没有研究人员能够以线性顺序完成全部的研究路径；典型的流程顺序中包含了许多回溯，以及从一个节点到另一个节点的跳跃。

1.2.6 应用研究结果解决问题

入世治学过程的问题解决活动，其重点在于将研究结果与从业者和科学社群观察到的问题联系起来。一般情况下，这个过程涉及实施研究设计以提供实证证据，并为最初激发此项研究的议题和问题制订解决方案。解决方案至少应包括一份研究结果报告以及对其理论和实践意义的讨论。许多研究人员认为，他们在科学期刊上发表了报告、在专业会议上以及对赞助研究的机构和从业者做了口头介绍后，他们的沟通任务就完成了。

这种做法假定，研究成果的沟通只需要由研究人员单向地将知识和信息传递给受众即可。这里的基本假定是，如果一个想法足够好，它就会被采用。但是，基于合理实证的研究知识往往并未按照所预期的那样，为科学家或从业者所采纳。我认为，如果想让研究结果在增进科学和实践方面产生积极的影响，就需要更深入地了解知识的跨界传播，并且在研究人员和受众之间建立更密切的入世（参与）关系。

撰写研究论文是一回事，而在科学家和从业者社群之间的沟通边界上转移、阐述和实施研究发现，则是另一回事。Estabrooks（1999：15）指出："许多因素都会阻碍研究的应用性，但从实证来看，我们很不了解究竟是什么促进或阻碍了研究成果付诸应用。"最近，学者们开始重新界定知识转移概念，把它当成一个学习过程，其中新知识的产生受到学习者既往知识和经验的影响。个体并非未经过滤或处理就简单地吸纳新的信息。"知识使用是一个复杂的变化过程,而'把研究成果送到那里'仅仅是其中的第一步。"(Nutley et al., 2003: 132)。科学家和从业者都不会简单地应用科学研究,他们会在讨论中展开合作,并参与实践,积极地理解它对于完成各自任务的价值。

在本书的第 8 章中,我的立足点是 Carlile(2004)的知识转移、转化和转型框架。关于研究人员如何在不同知识边界上向不同受众沟通其研究结果,它提供了一些有益的洞见。该框架强调,跨界沟通需要人们掌握常识,来了解对方特定领域的知识。跨界的人与人之间在特定领域知识方面的差异越大、依存度和新颖性越高,就需要越复杂的知识转移、转化和转型过程来沟通知识的意义和潜在用途。

如果人们能在不同知识边界内共享通用的词汇和语法,了解他们之间的不同却相互依存的特定领域知识,那么就可以使用常规信息处理观点,以书面和口头报告的形式将知识从演讲者那里传递给受众。知识转移的主要挑战在于设计出足够丰富的信息和媒介,将信息的新颖性从传达者那里传递给受众。例如,书面报告、口头陈述以及传达者和受众的面对面互动代表三种日益丰富的知识转移媒介。此外,标志、情绪表达和精神特质则代表了三种日益丰富的信息维度。

然而,即使在"修辞三角形"(Rhetorical Triangle)如此丰富的语境下,知识转移通常仍然是从传达者到接收者的一个单向信息传输。知识转移过程中的受众保持相对沉默,但绝不是惰性的。研究报告的作者除非与受众交谈,否则就不会知道这一点。此外,我们已经知道,受众往往会对新颖信息产生超出传达者预期的不同理解。研究报告并不被视为一种社会事实,或者具有"固定"的含义。相反,在参与者(传达者和受众)中,它可能产生多重乃至无限的意义、诠释和行动。因此,在沟通研究成果时,研究报告应被视为研究人员与潜在用户展开对话的第一步而不是最后一步,由此实现对研究结果意义的更广泛和更深入的认同。

当研究结果的意义存在解释性差异时,就必须跨越更复杂的"知识解释"(Knowledge Translation)边界。在这个边界上,传达者和受众进行对话和交流,共同分享、解释和构建对研究成果的理解。传达者和受众成为建构过程的联合作者，并对其互动加以理解。在知识解释的边界上，对话成为研究的本质和产物。与受众展开对话需要研究人员采用诠释性的"参与者"视角，而不是研究结果中的"上帝之眼"视角。

跨越知识转移和转化边界的沟通可能会让参与各方的利益冲突浮出水面，其中包含更加复杂的政治边界，参与者在其中展开协商，并务实地将各自的知识和利益转型成一个集体范畴。正如Carlile（2004）所指出的："当出现不同的利益时，充分建立共同认知是谈判和确定共同利益的政治过程。"

最后，很少有人能够借助一次沟通就跨越边界，实现知识的转移、转化和应用，而是需要进行多次交互来贡献和解释知识、创建新的含义和协商不同的利益。为了达到近似的效果，入世治学过程提供了这样一种策略，即让利益相关者重复地参与研究过程的每项活动，包括问题提出、理论构建、研究设计和问题解决。

1.2.7 入世治学的形式

入世治学的实施途径和目的可以是多种多样的。图1.2显示了四种不同的入世治学形式。如本书第9章中所讨论的，这些入世治学的不同形式取决于：①研究的目的是探究描述、解释和预测的基本问题，还是设计、评估或行动干预等应用性问题，以及②研究人员在多大程度上以外部观察者或内部参与者的身份探究上述问题。

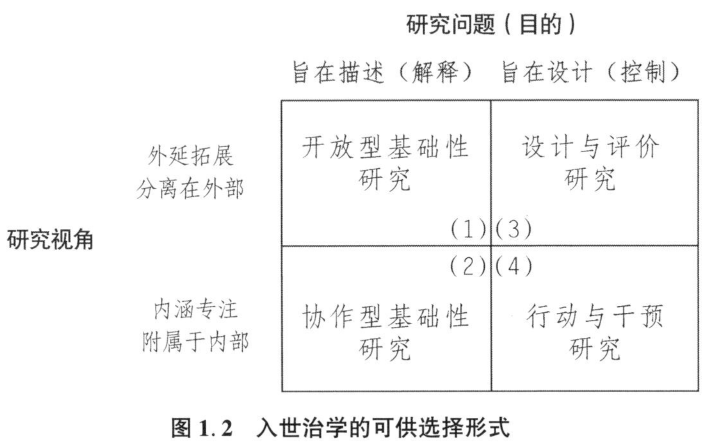

	研究问题（目的）	
	旨在描述（解释）	旨在设计（控制）
研究视角：外延拓展 分离在外部	开放型基础性研究 (1)	设计与评价研究 (3)
研究视角：内涵专注 附属于内部	协作型基础性研究 (2)	行动与干预研究 (4)

图1.2 入世治学的可供选择形式

（1）**开放型基础性研究**（Informed Basic Research）用于描述、解释或预测某种社会现象。它类似于传统形式的基础性社会科学研究，研究人员超脱于有待研究的社会系统之外，但同时也在图1.1所列的每一项研究活动中从主要利益相关者和内部知情者那里征求意见和反馈。这些内部知情者和利益相关者仅扮演着顾问角色，所有的研究活动仍然由研究人员主导和控制。

（2）与开放型基础性研究不同，**协作型基础性研究**（Collaborative Basic Research）要求研究人员和利益相关者之间更大程度地分享权力和活动。合作研究团队往往由内部和外部人士构成，共同承担图1.1中列出的活动，旨在共同创造与某个复杂问题或现象有关的基本知识。这种分工通常是经过协商，以发挥研究团队不同成员的技能互补优势，而权力或责任的平衡则根据任务需求来回地调整。因为这种协作式研究往往侧重于合作伙伴共同感兴趣的基本问题，与下面两种形式的入世治学相比，其应用导向要弱得多。

3. **设计与评价研究**（Design and Evaluation Research）旨在对规范性问题加以探究，设计和评估旨在解决某个专业领域实际问题的政策、计划或模型。这种研究形式的别名包括"设计科学或政策科学"或"评价研究"，它不仅旨在描述或解释一个社会问题，也针对应用性问题提出替代解决方案，从而获得基于证据的有效或相对有效的知识。评估研究人员通常要采取疏离或局外人的视角来考察待研究的设计或政策。从外部进行探究是必要的，由于基于证据的评估需要大量的案例比较，因而远离任何个案也是必需的。只有这样，评价结果才能被视为不偏颇且具有合法性。但是，利益相关者的参与也非常重要，这样他们才能有机会去影响并认同那些有关评估研究的决定，这些决定有可能反过来会影响他们。在入世治学模型中，这些决定涵盖了评估研究的目的（问题提出），用于评估待研究计划（研究设计）的标准和模型，以及如何对研究结果进行分析、解释和使用（问题解决）。

4. **行动与干预研究**（Action/Intervention Research）以临床干预的方法来诊断和解决特定客户的问题。行动研究的先驱库尔特·勒温（Kurt Lewin）建议采取在客户所处的社会环境下同时进行参与和干预的学习策略。这个学习过程的基础是客户的耐心参与，利用数据收集、反馈、反思和行动等系统化方法来解决问题。自勒温的时代以来，行动研究已经在许多专业领域发展出流派纷呈的临床研究策略。行动研究项目往往从诊断特定问题或个别客户的需求入手。在可能的范围内，研究人员利用基础或设计科学领域的各种可以获得的知识，了解客户的问题。然而，这方面的知识可能不适用或可能需要大幅度调整才可以应用于客户问题，这些问题往往结构不完善或仅存在于特定情境之下。行动研究项目往往包括"随机对照实验"（N-of-1）研究，其中系统性比较证据只能通过试错实验，随着时间的推移逐步获得。在这种情况下，行动研究人员认为，了解一个社会系统的唯一途径是通过有意干预和对干预反应的诊断。这种干预主义方法通常需要研究人员与客户所处环境中的人员进行密集的互动、培训和咨询。

不幸的是，有时候某种特定研究形式的倡导者会诋毁其他研究形式。这是很不可取的，所有这四种入世治学形式都具有合法性、重要性及必要性，并且分别适用于不同的研究问题（描述、解释、设计或对存在问题的情况加以排除）。至于哪种方式最合适，则取决于所研究的问题和探究问题的视角。从务实的角度来看，判断某种研究方法的有效性，应该考察其在多大程度上解决了有待研究的问题（Dewey, 1938）。

虽然入世治学的四种形式都涉及研究人员和利益相关者在一个研究项目中的不同关系，但"入世"是它们的共同点。问题越不确定和越复杂，就越需要能够提供不同视角的其他人士的参与，以揭示问题领域在本质、情境和影响等方面的关键维度。

1.2.8 入世治学的几个注意事项

有关入世治学，有几点注意事项必须明确。正如本书第9章中所讨论的，入世治学的实践提出了一些议题，它们在传统的社会研究方法中往往并不那么突出。这些议题包括：①入世的挑战；②研究人员对自身在研究中所扮演角色的反思；③建立和建设与利益相关者的关系；以及④在实地研究的现场投入时间。入世虽然并不一定意味着研究人员失去他（她）对研究的控制权，但确实意味着参与研究的利益相关者要承担更大的责任。参与过程经常会引起错误的期望，认为所提出的关键问题都将得到解决。事实上，入世不需要在所有利益相关者之间达成共识，利益相关者之间的差异恰恰是学习大量新知、相互借鉴的机会所在。协调互异甚至相互冲突的利益，意味着需要具有创造性的冲突管理技能，这对于入世治学者而言是至关重要的。如果没有这些技能，那么入世过程可能产生古代的通天塔（Tower of Babel）效应，当时人们曾专心建造一个能直达天堂的高塔，而这项努力却因为人们纷杂和混乱的语言而招致挫败。

与通常研究人员单打独斗的传统做法相比，在问题提出、理论构建、研究设计和问题解决的过程中与利益相关者（包括其他研究人员、从业者、赞助商、用户或客户）进行入世交流，代表一种更具挑战性的社会科学研究途径。但在整本书中，我坚持认为其收益大于成本。与传统的非参与式研究相比，入世治学通过让利益相关者参与到研究过程的关键步骤中，从而提供对有待研究问题的更深入了解。当然，我的论证假定入世治学者所开展研究的主要动机是理解这个复杂的世界，而不仅仅是出版著作和获得职务晋升。后者只是前者的一个副产品。

1.3 讨论

本章主要介绍了入世治学的研究过程模型，并以此作为本书的组织框架。该模型采纳了现代科学哲学和一套研究方法，旨在同时增进科学学术界和专业实务界的知识。我认为，一个研究项目涉及四项活动：

（1）问题提出：在现实世界中为研究课题和问题寻找依据；

（2）理论构建：建立或选择一个概念模型，以解决特定情境之下的问题；

（3）研究设计：收集观察数据，并比较解决研究问题的合理替代模型；

（4）问题解决：沟通和应用研究成果，以解决存在于现实中并且与研究课题有关的问题。

后续章节将讨论上述入世治学过程模型中各项活动的实施方法。学者可以根据自己的偏好，以任何顺序"跑"完钻石模型上的四个"垒"。但所有的"垒"都必须跑遍，才能完成一个完整的研究项目。

入世治学钻石模型融合了多种研究方法，其中包括：基础或应用；理论构建或理论检验；方差理论或过程理论；横断面研究或纵向研究；定量或定性；以及实验室、模拟、调查、档案或其他观察方法。依据研究的课题或问题不同，入世治学可能涉及上述任何类别的研究内容或方法。尽管入世治学会应用到多种研究方法，但它指引研究过程的方法是明确的，即一个研究项目从开始到结束需要实施一系列的核心活动。因为问题提出、理论构建、研究设计及问题解决的核心活动是高度相互依存的，所以被选定开展这些活动的方法也是如此。因此，关键的任务是采纳和实施研究模型和方法，与所选有待解决研究课题或问题相匹配。

入世治学模型的基本命题是将所主张的模型与合理的替代模型加以比较和对照。为了"身体力行"，我对比了入世治学模型和用于社会研究的其他两种合理的替代模型：由 Deutsch（1997）提出的用于解决问题的一般系统模型，以及由 Giere（1999）提出的科学事件模型。

1.3.1 道依茨的问题解决模型

几位学者都曾注意到，科学可以被视为一种解决问题的活动（Campbell，1988；Azevedo，1997、2002；Deutsch，1997）。以牛津大学量子物理学家道依茨的观点为例，他将科学描述为解决问题的五个阶段：①发现问题；②提出一个模型或猜想的解决方案；③通过实验加以评价；④提出替换错误理论的解决方案；⑤提出可重复上述过程的新问题。Deutsch（1997：62）解释道，解决问题的阶段从某个问题浮出水面时就开始了。当某个理论存在缺陷、需要新的理论时，问题就出现了。研究问题的确定，不仅仅是为了回应某个迫切需求或研究人员的焦虑根源，更须表述这种需求和焦虑的强烈性，特别是当某些理念和思想不适用同时又可能有更好解释的时候（Deutsch，1997）。换句话说，正如本书第 3 章中所讨论的，研究往往始于一个需要溯因推理的异常现象——因为当前的解释或理论可能过于狭窄或不够广泛，而不能解释该异常现象。

在发现一个问题（第 1 阶段）之后，下一个阶段就是提出假说。这时候，要"为了解决问题而提出新的或改进理论"（第 2 阶段）。然后，对假说加以评价……采用科学方法开展实验检验。这就需要对它们进行检查和比较，根据问题中的固有标准，看看哪个模型提供了最好的解释（第 3 阶段）（Deutsch，1997：64）。如果理论假说似乎不能提供比其他理论更好的解释，就要放弃。但是，如果原则理论被放弃，并采纳了一个新的理论（第 4 阶段），那么这项解决问题的尝试可被视为取得了"初探性成功"。道依茨说，成功是试探性的，因为后续的问题解决可能涉及对这些新理论加以替换或更改；而且在某些情况下，甚至需要追溯到并修改一度被认为不理想的想法。"无论解决方案有多好,都不是故事的结尾:它只是一个起点,而接下来的则是问题解决的过程(第 5 阶段)"(Deutsch,1997:64)。

道依茨指出,科学的目的不是发现一个永远为真的理论,而是要找到当前可用的最佳理论。科学的论证旨在说服我们,某个给定的解释是最好的解释。我们不能断定某个解决方案将来面临一类新的评价,或者与那些尚未被发明的解释相比较时会怎样。道依茨说道:"一个好的解释可能会对未来做出有效的预测,但有一点是没有任何解释能够预测的,那就是其未来竞争理论的内容或有效性"(Deutsch,1997:64-65)。

就像入世治学模型那样,道依茨指出,具体问题解决的各个阶段很少能够按照顺序一次性完成。在每个阶段完成之前,通常会反复回溯。只有整个过程结束后,整体连贯的模式才会出现,而上述问题解决的五个线性阶段才得以完整反映。

> 当某个问题仍处于解决过程中时,我们要处理一系列互不相同的理念、理论和标准,每项都会有许多变体,所有这些都竞相存在。理论面临着持续的反复,因为它们不断地被修改,或者被新理论替代。因此,所有的理论都面临派生变化和被选择。(Deutsch,1997:68)

道依茨引用了卡尔·波普尔(Karl Popper)对这种演化认识论的评价。然而他警告说,不要夸大科学发现和生物进化之间的相似之处,因为两者有重要的区别。其中一个区别是,生物变异(突变)是随机的、盲目的和无目的的。在人类解决问题的过程中,建立模型或理论本身就是由人类意图所驱动的复杂的知识承载过程。或许更重要的区别在于,逻辑推理和论证在生物学领域并无对等物。问题和理论的论证越强大,它们就越有影响力或说服力。科学,就如同解题,是要证明某个解释比另一个现有的解释更好。

1.3.2　吉尔的科学事件模型

吉尔是明尼苏达大学的哲学家,他在推广务实的现实主义科学认识论方面一向很有影响力。他并不推崇"正确的一般性陈述中有可能存在普遍自然法则"

的观点。相反,科学家在建立模型、或好或坏地表述或适配于真实世界的过程中,就已经处于入世状态了。这是一种有关如何看待模型应用于真实世界的现实主义视角,但这种现实主义是视角性的,而不是客观或形而上学的(Giere,1999:60—61)。吉尔说道:

> 我所主张的科学认识论将一个模型或模型群与竞争性模型相对比,并不假定有一整套能够穷尽所有合乎逻辑的可能性。这就意味着在任何给定的时间,哪种模型被认为是当前世界的最佳代表,取决于这个过程中人们如何看待其竞争模型。在历史上,这似乎是一个或然事件。因此,如果历史的或然有所不同,那么在任何给定时间被人们采纳的世界模型就可能会有所不同。(Giere,1999:77)。

在视角性现实主义认识论的基础上,吉尔提出了科学事件(或研究项目)模型。这个模型由四个部分组成:①真实世界中客体或待研究课题;②真实世界中客体或研究过程的理论模型;③源自这个模型的一些可操作性假设或预测,其中包括研究设计,说明如果该模型确实与真实世界相匹配,将会出现什么样的数据;④通过对真实世界的观察或在其中进行的实验而获得的一些数据(或解决方案)(Giere,1997)。吉尔对这些组成部分的安排如图1.3所示,这与入世治学钻石模型中的四项研究活动密切对应。图1.3显示了四种重要关系。

(1)真实世界和模型之间的关系是由一个概念性命题或类比表达的,并断言该模型适配于待研究的真实世界问题或现象。人们认识到,该模型只适合某些方面的问题,而且只能达到特定的准确度。如果模型无法准确适配于预期的范畴,则理论模型是错误的。

(2)通过推理或论证,将上述模型与预测(我们称之为理论)相关联。真实世界和数据通过物理互动相关联,其中涉及观察或实验。"如果真实世界中发生的一切(包括实验装置,即我们的研究设计)在结构上与世界模型相类似,则数据(解决方案)就应该与预测或理论假说相一致。也就是说,预测应该能够描述实际数据。反过来,如果真实世界和模型在有关方面并不相似,那么数据和预测可能会不一致"(Giere,1997:30)。

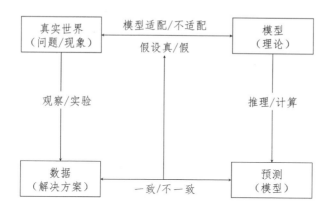

图1.3 吉尔的科学事件模型

注：入世治学钻石模型的活动可以插入吉尔的科学事件模型（Giere,1997:30）。

（3）图1.3的上半部分描绘了真实世界和待验证模型之间的关系。模型和真实世界在待研究方面是否相似，以及其准确程度是否合适？这种关系通常是不便直接检查的。相比之下，图1.3的下半部分描绘了一些可以通过相对直接的检查来评价的关系。科学家可以检查数据，看看它们是否与可操作理论或模型所得出的预测相一致。

（4）图1.3的左侧显示了问题或现象与从真实世界中观察得到的数据之间所存在的关系。数据是通过与真实世界的一小部分进行物理互动而产生的。图1.3的右侧表现的是模型和理论之间的关系，相比之下，它主要由具有象征意义的概念关系所组成。该模型主要是为了描述对象的可能类型。

如同入世治学模型中的四个"垒"以及道依茨模型的问题解决阶段，吉尔的模型描绘了经过全面发展的科学事件，其中包含研究项目的所有四个组成部分，旨在评估该模型在多大程度上适配于真实世界。吉尔指出，许多科研报告并未包括所有这四个组成部分，而且其中很多甚至没有按上文所述，以演绎性的模型检验方式展开。

例如，我们经常发现报告中只描述真实世界的被调查的一小部分，同时提供一些新的数据，而可能根本没有提到模型或预测。同样，我们经常发现有的报告在对真实世界实体或过程的新模型加以讨论时根本没有提及数据和预测。也有的时候,我们能看到对真实世界事物模型的讨论包含了预测,却没有讨论数据。我们可以从这些报告中学到很多。但是,除非所有四个组成部分都存在,否则我们无法对其中任何内容做出独立评估。(Giere,1997:31)

1.4 结论

你可能在想,专业学院的入世治学者是否应更多从事应用性研究而较少从事基础性研究。其答案取决于特定问题领域内所研究的问题和视角。如图 1.2 所示,入世治学可以用于研究多种基础性和应用性问题。入世治学代表了一类策略,旨在超越对真实世界复杂问题进行基础性研究时所面临的相关性和严谨性这双重障碍。与学者或从业者各自为战相比,入世治学充分利用了来自不同背景的学者和从业者在特定问题上的知识类别差异,因而能够创造更深入和更有洞见的知识。更具体地说,如果研究人员做到以下四点,即可大幅提升研究的质量和影响力:①直面实践中出现的问题和异常状况;②在研究项目的组织上形成一个由持有不同视角的学者和从业者参与的协作型学习群体;③在研究过程中系统地考察与目标问题有关的替代模型;④在研究及其结果的基础上形成理论框架,同时为学术领域和一个或多个的实践领域贡献新知。

Simon(1976)认为,世界事务中的重大发明需要两种类型的知识:从某个专业的视角出发,与特定议题及需要有关的实践知识;用于解决上述议题及需要的科学知识,往往与新理念及其形成过程有关。在历史上,志同道合的人共同努力所取得的发明更容易和更可能创造具有增加价值的贡献。因此,我们发现应用型研究者往往倾向于把自己沉浸在最终用户的问题中,然后应用现有的知识和技术,为客户提供解决方案。我们还注意到,纯学术型学者把自己沉浸在各自的学科内,发现那些尚未得到解答的问题,然后应用研究技巧来解决这些问题。在这两种情况下,如果研究人员不能回答他们的最初问题,就会对其进行修改和简化,直至可回答为止。随着这一过程的不断重复,研究问题和答案变成了对狭窄问题和探究领域越来越具体的贡献。Tranfield and Starkey(1998)指出,研究人员可以在不同的时间点把自己定位于不同的实践和学术社群内:

> 但学者们不可能固定地待在实践界(而不会面临由政治和资金驱动的知识漂移风险),或者待在理论界(而不会退缩到学术原教旨主义中)。管理研究所要解决的问题应产生于理论界和实践界的互动,而不是出自其中任何单一领域。(Tranfield and Starkey,1998:353)

在入世治学活动中,研究人员同等地暴露在实践界和科学界的社会系统中,并有可能盲面活生生的问题,而应对真实世界问题恰恰可能产生最前沿的知识和政策。这样的情境显然会增加创新的机会。正如路易斯·巴斯德(Louis Pasteur)所说,机会总是青睐于有准备的头脑。在这种情境下进行研究,要求也更加苛刻,因为如果学者不能够解决现实生活中的问题,他们便不能选择用更简单的问题取而代之。入世治学的难点还在于它可能导致一系列的人际关系紧张和认知紧张,围绕同一个问题,研究人员和其他人往往会产生不同的意见和方式,而不适当的横向比较会引发这些紧张。但是,专注于学者和从业者之间的紧张关系——因为过去经常会有人这样做——可能使我们看不到非常真实的机会,而这些机会本可以从合作生产知识中存在的差异来获得。正如 Simon(1976)观察所得,致力于回答某个学科领域之外的问题,将会使得研究变得越来越具挑战性;它也因此潜力无穷,能够变得更加有意义并成果斐然。

科学技术的历史表明,许多非凡的进步常常是由来自科学研究之外的课题及疑问所启发的(Ruttan,2001)。需求确实是重大发明的源头。研究人员和从业者共同参与的入世治学方式能够提供一个极其高效且富有挑战性的环境;它不仅能够促进科学界和实践界创造知识,还可以弥合理论与实践之间的鸿沟。

第 2 章

入世治学背后的科学哲学[①]

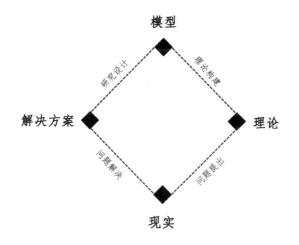

与其按部就班、萧规曹随地开展研究,不如选择科学哲学。

[①] 本书最后有一个属于科学哲学范畴的术语表。

我们中的很多人都是科学实践者，而非科学哲学家。我们也不会过多地思考本体论（存在论）与认识论，这样我们才能踏实地做研究，而非纸上谈兵。但是，任何形式的研究背后都存在一种科学哲学指导我们观察现象的本质（本体论）以及理解该现象（认识论）。或隐或现，我们都依赖科学哲学来解释我们所观察到的现象和理论论断的意义、逻辑关系及其结果。我们中的很多人继承了我们老师与导师所开展的研究实践背后的科学哲学。如果科学方法这种正统的观点存在并被科学界认为理所当然，那么对科学哲学的继承行为是可以理解的。尽管这种共识可能已存在于20世纪60年代和20世纪70年代早期的社会科学家之中，但是在过去的30年中，社会科学的传统观念已经发生了重大的反传统解构与修正。

正如本章所讨论的，批评者认为，社会科学无法做到客观、理性、可累积，因为语言、文化、社会规范、政治意识形态、心理偏差以及选择性认知组成了科学的输入与过程。科学带有强烈的人类社会过程特征，因而也受制于一些因素，这些因素制约了社会科学成为客观、理性、可累积的学科。20世纪60年代至70年代正值确实主义①②的"普遍看法"消亡之际，其他科学哲学，例如相对主义、实用主义和现实主

---

① Putnam(1962)将逻辑确实主义(Logical Positivism)和逻辑实证主义(Logical Empiricism)作为一种普遍观点。

② 现有中文文献大都将positivism翻译成"实证主义"，而有的学者也将empiricism翻译为"实证主义"，还有的学者则将后者翻译成"经验主义"。为了更好地区分这两个概念的差别，本译者将positivism翻译为"确实主义"以反映其本体论及认识论含义。这个哲学流派强调思维与现实相统一的真理，以及思维能够准确地反映现实从而成为正确的知识。

义已经开始发展起来，而且竞相被社会科学家采纳。这些思想提供了所有可能的可选方法，用于解释我们所研究事物的本质以及我们理解事物的方法。反之，在研究中，科学实践者也正影响着这些哲学的形成与表达方式。

本章旨在通过对确实主义、相对主义、实用主义和现实主义这四种科学哲学的简要历史回顾，提供哲学与科学实践之间互相关联的总结。本章讨论了每种哲学的主要观点是如何影响入世治学的，以及入世治学的实践又是如何影响这些科学哲学的。入世治学要求对不同的科学哲学进行互相比较性的理解。对正在研究的复杂问题或现象的理解可以通过吸收不同学者和利益相关者的观点和视角。对这些不同视角的赏析常常需要横跨不同哲学视角的交流，同时也需要维持各自不同的知识差异，这种差异不仅能创造相互借鉴的机会，还能让各种视角、模型及世界观产生有效的互动（Alvesson and Sköldberg, 2000）。

本章也强调了我们的科学实践背后的哲学是一种选择，而不应该简单地默认为毫无异议地从老师与导师那里继承。理解选择的含义无论是对入世治学，还是对注重反思、可靠性的科学研究都有重要的意义。我们进而转向科学哲学寻求概念工具和框架，以此来反思我们的实践及理解社会科学研究的各种方法。

在回顾确实主义、相对主义、实用主义和现实主义这四种科学哲学之前，我们需要以反思的精神来澄清我们所说的入世治学。我们所采用的是批判性的现实主义观点，这一点很重要。这种观点采取客观本体论（即，现实存在独立于我们的认知）和主观认识论。更具体地讲，该观点基于以下几个原则：

- 客观上存在一个真实的世界（包括物质、心智及新的生成物），但是我们个人对它的理解是有限的。
- 一般来说，实体物质与那些需要反思、不断进化的社会过程相比，更易于理解。
- 所有的事实、观察和数据都或明或暗地渗透着理论。社会科学不像其他任何科学知识，它没有绝对的、普遍的、无误的真理或法则。
- 任何形式的探究都不可能是价值中立或公正的，全程都受到价值观的影响。所研究的现象决定了某些研究方法会比其他方法更可靠。
- 认识复杂的现实需要采取多种视角。

- 坚实的知识是三角验证的产物，包括理论上和方法论上；而其中的证据并不一定都是趋同（收敛）的，也可能不一致甚至互相对立。
- 针对待解决问题，选择一种更适合它的模型，可以促进知识的积累与增长。

2.1 不同的科学哲学

我们现在开始回顾确实主义、相对主义、实用主义和现实主义的简要历史。表2.1总结了这四个哲学流派的独有特征，并为下文的讨论提供了评述大纲。此外，本章附录有一个科学哲学关键术语的词汇表，能为阅读本章提供有益参考。本章介绍的四种科学哲学不仅影响了我们入世治学的视角，还反映了许多社会科学家当前开展的关于理论与实践关系的辩论。

表 2.1 逻辑确实主义、相对主义、实用主义和现实主义的特征比较

维度	逻辑确实主义	相对主义	实用主义	现实主义
定义	实证主义、工具主义与确实主义启发的逻辑运动（维也纳学派、柏林学派）	以对西方哲学基础的怀疑主义为特点的当代知识活动（历史相对主义、社会构成主义、后现代主义、批判理论以及诠释学）	以理论与实践的关系为特点的哲学运动，特别是在探究的预定结果中的关系（相对主义——杜威和罗蒂，现实主义——皮尔士、詹姆斯和雷舍尔）	以独立于意识的现实存在和理论能够捕捉现实的部分方面为特点的哲学运动（猜想现实主义、结构现实主义、现实实用主义以及批判现实主义……）
本体论（存在论）	客观性:现实是经验世界（各种感官的世界，即拒绝形而上学）	主观性:现实是社会建构而成的	主观性:与后现代主义相似 客观性:现实为我们的行为设限	客观性:现实独立于我们的意识而存在，因此没有反对形而上学的基础（认识谬误）
认识论	客观性:通过归纳验证和演绎证伪	主观性:由于话语的不可通约性，不存在优越的认识论	主观性且依赖于现实后果	主观主义者:没有预先规定的或预先确定的方法论或标准来判断我们知识的准确性
认知者	确实主义者:认知者独立于实证世界（被动的观察者）；而且，意识能反映实证现实	建构主义者:认知者处于社会之中，无法站在社会语言框架之外客观地看待世界	后果论者:认知者具有先验认知框架，影响其对现实世界的感知	视角论者:认知者具有先验认知框架，影响其对世界的感知

(续表)

维度	逻辑确实主义	相对主义	实用主义	现实主义
语言	语言是价值中立的,能够提供反映实证世界和与其相符的方法(区别分析和综合两种方法)	语言是自我参照的,即它不指示任何语言之外的超验实体,这一点预示了其价值和利益本质	语言是非自我参照的,却是可操作的,能够满足认知者的目标和目的	语言是非自我参照的或理论中立的,只是部分地描述现象的潜在机制与结构

Johnson and Duberley(2000、2003)从本体论和认识论的角度来区分确实主义、相对主义、实用主义和现实主义。① 由于逻辑确实主义在解释实证现实时否定形而上学实体(从隐性层面来讲,它阐述了一个客观的、独立于认知的世界),强调我们的陈述和面临的现实之间存在一个可以用归纳法进行验证的对应关系,所以无论是从本体论层面还是从认识论层面来看,它都具有客观性。相反,相对主义认为现实是社会建构而成的,因而其本体论是主观的;又由于它否定社会现实的客观性和中立性,所以它采取了主观认识论。实用主义的哲学家其采用客观或主观的本体论,但其认识论大都是主观的,都强调知识和行动间的关系——知识的"真实性"在于它成功地指导行动。最后,现实主义则采用客观本体论(存在是独立于人类认知的一种现实),以及客观或主观的认识论。简而言之,确实主义和相对主义用其对立的本体论和认识论代表了哲学思想的外部界限,因而也包括了源于确实主义和相对主义两者之间的实用主义和现实主义。

选择这四个哲学学派及其分类,部分是基于科学哲学这门学科的历史发展情况。根据 Boyd(1991)和 Suppe(1977)的研究,其发展始于逻辑确实主义者。后续的文献主要是沿着逻辑确实主义而发展的,例如归于相对主义者分类下的社会建构主义,以及归于现实主义者分类下的科学现实主义。理解这些不同观点如何在相互影响中发展,为鉴赏、选择以及有可能整合成一门科学哲学奠定了有效的基

---

① 本体论聚焦于事物的本质,而认识论则涉及我们如何获得对这些事物的认知。Campbell(1988)指出这些定义中存在一个循环问题,因为任何存在论的描述都预先假定描述一种认识;相反,任何认识论的描述都预先假定描述一种存在。"本体论与独立于我们是否了解的存在事物有关。而为了描述存在的事物,我必须使用一种知识主张的语言,从而导致认识论定义的混乱。"(Campbell,1988:440)

础,该哲学能克服当代怀疑论者的关注与批评,有望开创一个反思性的过程。

在开始讨论之前,我们认识到你可能会对这里所讨论的科学哲学有着完全不同的解读,并且可能不赞成我们选择的视角以及我们用以设计讨论的标签。① 我们这样说是本着一种开放和反思的精神,选择并且融合而成适合你自身学术实践的科学哲学。我们并不假定本章捕获到了科学哲学视角的广度和深度,以做出依据充分的选择或融合。然而,我们的确希望提高人们的认识,即所实践的特定的科学哲学应该是一个关键性的选择,而不是一种默认。为了做出这种选择,研究人员可能需要对科学哲学做进一步的探究。

2.1.1 背景

人类具有展示现实和思考现实的独特能力。这种能力加上控制自然的欲望促进了科学探究,或者恰如 Reichenbach(1963)所说的 "正确概括的艺术"。这项艺术的目标是创造可以跨越时空的知识,而不仅仅是观点。科学哲学研究科学探究过程的概念基础和方法。

与大多数形式的西方学术思想一样,科学的哲学性思考,其历史可以追溯到古希腊时期。例如,Reichenbach(1948、1963)启动了理性主义者(Rationalists)和实证主义者(Empiricists)之间辩论的历史沿袭。理性主义者认为理性是可靠知识的唯一来源。理性能够控制经验观察,将其整理成一个有望预测未来观察数据的逻辑系统。

早期的理性主义者(也被称为唯心主义者,Idealist)包括柏拉图(前427—前347)。他认为,"理念"或"思想"(Idea)以完美的方式展现物体的属性,因此我们通过对它们形成的想法而不是通过物体本身来了解这些物体。"理念"的法则统治了物质世界而且提供了物质世界的可靠知识。柏拉图的学生亚里士多德

---

① 在以前的书稿中,我们得到了对科学哲学的各种划分或分类方式的明辨性反馈。我们承认还没有找到一个能充分反映且易于区分各种学者哲学身份的解决方案。尤其是我们对诠释型、后现代及阐释学学者的重要反馈很欣赏、有共鸣,他们反对我们将他们的视角分类在"相对主义"的标签中。有一位评审专家说她感觉自己被这种分类冒犯了,因为一句贬义的"一切随心"的伦理内涵与术语"相对主义"相关。事实上这不是我们的意图。根据 Suppe(1977)、Laudan(1984)和 McKelvey(2002a)所述,我们将相对主义作为哲学视角的一种"存在概念",该哲学视角认为现实是社会建构的,并且"否认任何高于个人、声称真理可以被评判的标准或规范"(McKelvey,2002b:896)。

（前384—前322）也同样认为理念是这些法则的源泉。启蒙运动时期重要的理性主义者和现代哲学的创始人勒内·笛卡尔（René Descartes, 1596—1650）认为，理性主义的独有特征是一种信念，即控制物理世界的规律只有通过思维的推理才能被发现（Russell, 1972）。以上这种主张所隐含的是观察者和世界之间的区别，也被称为笛卡尔二元论（Cartesian Dualism）。然而，笛卡尔从来没有完全否认经验观察对我们所认识的物质世界的贡献。他依靠逻辑演绎规则（Deductive Rules），从被视为真实的一组公理或前提开始，推断与世界相关的有效结论。例如，假定所有的天鹅都是白色的，而我们观察到的那只鸟是只天鹅，那么我们推断这只鸟是白色的。

相反，实证主义者认为只有感觉到的经验才是可靠知识的唯一来源。最虔诚的实证主义者是弗朗西斯·培根（Francis Bacon, 1561—1626），他被认为是科学探究领域逻辑系统化的先驱（Russell, 1972）。他同古希腊哲学家德谟克利特（Democritus, 前460—前370）、18世纪哲学家约翰·洛克（John Locke, 1632—1704）以及大卫·休谟（David Hume, 1711—1776）一样，试图用归纳法（Induction）取代理性主义的演绎方法，并将其作为获取对物质世界可靠知识的正确方法。归纳法始于对过去和现有经验观察的列举，从而得出关于物质世界的推论。例如，如果我们观察到的所有天鹅都是白色的，那么我们得出的结论是所有的天鹅都是白色的。

虽然今天我们仍然使用理性演绎和经验归纳，但这两种形式的探究方法都有许多缺点。特别需要指出的是，Reichenbach（1963）讨论了三个主要缺点：①理性主义假定，在不诉诸感官观察的情况下开展演绎论证的前提是真实的；②实证主义假定，所有知识都是基于感官经验，而且归纳方法很显然并不是感官经验的产物；③实证主义假定，使用有限的过去和当前的观察为预测未来的观察提供基础。最后这个缺点是休谟的主要贡献之一，他指出了归纳方法所存在的问题（Problem of Induction）。

> 理性主义者不能解决经验知识的问题，因为他根据数学模型来构建这种知识，从而使理性成为物质世界的立法者。而实证主义者也不能解决这个问题，他用自己单纯地从感知获得的力量建立自己的实证知识，但是由于实证认

知预先假定一种非分析的方法,一种无法作为产物或经验的归纳方法,所以这种努力终究会失败。(Reichenbach,1963:90-91)

伊曼努尔·康德(Immanuel Kant,1724—1804)试图通过融合理性主义者和实证主义者各自的贡献来调和两者的观点。他认为,物质世界存在排除任何感官经验的先验综合判断(Synthetic A Priori)原则。这种先验综合判断由公理原则(Axiomatic Principles)构成,如人类思维中"被给予了"几何或因果关系的一些假定和前提。此外,他认为公理理论化可以用于推导关于物质世界的其他综合陈述;物质世界作为组织感官经验的调节机制,之后能够创造知识。因此,依据先验综合判断,康德相信他证明了知识是先验和后验原则的组合,或者理性主义和实证主义的组合。

康德的贡献主要出现在 18 世纪被称为启蒙运动时代(Age of Enlightenment)的文化发展时期。启蒙运动时代的特点是从以神为中心的观点解放出来,取而代之的是以人为中心的观点,强调人类理性是理解世界的唯一手段(Russell,1972;Popkin,1999)。正是在这种文化背景下,奥古斯特·孔德(Auguste Comte,1798—1857)把确实主义一词纳入哲学,旨在表明人类认知已经达到超越宗教教条的发展阶段,希望使用实证科学特别是物理学作为所有科学的榜样,推动知识的逐渐积累。多年后,作为启蒙运动的延伸、19 世纪至 20 世纪初科学发展的综合体和对 G. W. 黑格尔(G. W. Hegel,1770—1831)形而上学的回应,逻辑确实主义在德国兴起。形而上学寻求以没有任何经验表现的抽象的形而上的实体来解释现实。根据 Johnson and Duberley(2000),确实主义者使用的三个主要的理性主义原则是:主体—客体二元论(笛卡尔二元论——世界独立于主体),思维与现实相统一的真理,以及思维能正确地反映现实从而成为正确的知识。此外,确实主义者使用的三个实证主义原则是:使用归纳作为推理模式以获得关于现实的知识,将现实演绎为实证数据,以及将因果关系演绎为休谟[①]的恒常会

---

① 休谟将因果关系定义为习惯经验的产物。保证因果关系的四个条件是:恒常会合(两个事件彼此不断关联)、前提(事件在时间上连续出现)、邻接(两个事件在空间上处于相同位置)和必要性(没有替代观察)。由于不可能观察到某一研究现象的所有情况,所以最后一个条件必要性是有问题的。这是因为通过有限次数的观察所得出的普遍定律不可能是确定的。

合（Humean Constant Conjunction）。

2.1.2 逻辑确实主义①

逻辑确实主义起源于维也纳学派和柏林学派。前者代表人物包括莫里茨·施利克（Moritz Schlick，1882—1936）、鲁道夫·卡尔纳普（Rudolf Carnap，1891—1970）和赫伯特·费格尔（Herbert Feigl，1902—1988）；后者主要代表有汉斯·赖欣巴哈（Hans Reichenbach，1891—1953）和卡尔·亨普尔（Carl Hempel，1905—1997）。这些先驱学者大都是科学家和数学家。由于其分析（Analytic）性质（以及自我参照特性），逻辑确实主义拒绝了康德在科学中的先验因素，采用了确实主义、实证主义和工具主义（Instrumentalism）的混合思想，在数学方面参考了 F.L.G.弗雷格（F.L.G. Frege，1848—1925）、伯特兰·罗素（Bertrand Russell，1872—1970）、A.N.怀特海（A.N. Whitehead，1861—1947）的成果，在语言方面参考了路德维希·维特根斯坦（Ludwig Wittgenstein，1889—1951）的成果。它从逻辑角度用可验证命题的语言解释了哲学在科学分析中的角色（Blumberg and Feigl，1948）。据 Suppe（1977）所述，逻辑确实主义的目标是消除哲学和科学中的所有形而上的实体，后者隐含了本体论的中立性（即强调认识论）（Niiniluoto，1999）。根据孔德的观点，逻辑确实主义将科学（特别是物理学）优越性（Privileging of Science）作为其他所有科学的模型。根据恩斯特·马赫（Ernest Mach，1838—1916）的观点，逻辑确实主义采取了激进的实证主义态度，即认为物理世界知识的唯一来源是感知观察。据亨利·庞加莱所述（Henri Poincare，1854—1912），逻辑确实主义采用了否定所有具有参考价值理论术语的工具主义。② 根据弗雷格和罗素的观点，逻辑确实主义将逻辑作为一种分析科学的方式，同时也采纳了数学的分析本质。正是逻辑确实主义在数学领域的延伸，才促使新康德主义和先验的消亡（Ayer，1982），因为先验依靠数学作为对物质世界认知的来源。最后，维特根斯坦认为，逻辑确实主

---

① 逻辑确实主义的另一种形式是逻辑实证主义，它用现实主义存在代替了逻辑确实主义的存在中立性(即，存在一种部分独立于意识的现实)。最虔诚的逻辑实证主义者之一是明尼苏达大学的费格尔(维也纳学派的一名成员)，他创立了科学哲学中心，促进了逻辑实证主义于 20 世纪前叶在美国的传播。

② 参考价值是指物质世界中存在不可观察的实体，它们是用科学中的理论术语表示的。

义采用了意义验证理论（Verifiability Theory of Meaning），该理论指出理解命题的意义包含了理解这个命题可以被证实正确或错误的情况。在本节的其余部分，我们将集中讨论由一些最早的批评者所持有的确实主义主要原则。

根据 Boyd（1991），意义验证理论或证实主义（Verificationism）是逻辑确实主义用于解决科学与非科学（形而上学）之间的分界问题（Demarcation Problem）的教义。证实主义的一个隐含意义在于科学和数学（逻辑）之间的区别。基于实证观察的术语，科学被认为是世界上综合认知（Synthetic Knowledge）的唯一来源。数学和逻辑被认为是分析性知识（Analytic Knowledge）的来源。Giere（1988：26）用图 2.1 说明了理论术语和可观察术语之间的关系。他指出，逻辑实证主义通过对非逻辑术语的实证阐释和对明确关联理论术语与可观察术语的对应规则的使用，将科学理论与纯公理性逻辑推理或数学区分开来。

标准的原则是，理论术语的意义完全取决于观察术语的意义，以及根据该理论的公理所规定的术语之间的正式关系。其结果是与各种理论的理论部分相关的工具主义。理论术语并不是指真实实体，它们只是工具，用来组织由观察术语所提及事物的主张。

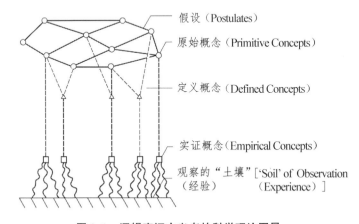

图 2.1 逻辑实证主义者的科学理论图景

资料来源：改编自 Feigl（1970）in Giere, R. N.（1988）. *Explaining Science: A Cognitive Approach.* Chicago: University of Chicago Press, p.25.

证实主义的另一个意义是理论的起源与其有效性之间的分离。理论的起源被认为是发现的背景，被视为心理学和历史学的关切点。科学理论的有效性提供了验证的背景，被认为是逻辑和哲学的关切点。这种分离所隐含的是，社会、心理和经济因素的独立性影响了科学家及其科学理论。赖欣巴哈表示：

> 我们希望用我们的归纳理论指出新的理论与已知事实的逻辑关系。我们不主张，新理论的发现是一种映射，近似于我们被事实给出的展示；关于这种发现是如何形成的问题，我们也不主张什么——我们所主张的只是某个理论与事实的一种关系，这种关系独立于该理论的发现者。(Reichenbach, 1938: 382)

这便促使逻辑确实主义将注意力集中在理论层面，而忽略了理论起源的因素，就像等待验证的最终产物一般（Suppe, 1977: 125）。根据 Weick（1999），逻辑确实主义与理论相关，而不是本书第 4 章中所讨论的理论化过程。此外，逻辑确实主义强调归纳作为一种发展实证的方法，该方法可以将实证证实的特定命题发展为可以通过实证证实的普通或一般命题。

逻辑确实主义以命题形式形成研究问题和假设，需要使用以观察（经验）为依据的检验来验证这些命题，以及通过仔细控制（操纵）以避免各种混淆的条件和结果。我们假定，研究人员独立于世界上观察到的物体，在与物体彼此不产生相互影响的条件下研究物体。当确认或怀疑任一方向受到影响（有效性的威胁）时，便需要采取各种策略来减少或消除影响。探究是"通过单向镜"（Guba and Lincoln, 1994: 110）在我们的思想（或符号）与现实之间的对应关系中产生的。通过遵循严格的实验程序，价值观和偏见不会影响研究结果，从而以可重复的发现建立实证真理。研究人员的这种观点会在下文作为"上帝的视角"参照体系来讨论。

Suppe（1977）对逻辑确实主义的批评展开了广泛讨论。这里只提及了所选批评的简要总结。对逻辑确实主义最早的批评之一来源于柏林学派的一位先驱——赖欣巴哈。他认为，逻辑确实主义不能充分解决归纳问题和后来科学的预测性（Reichenbach, 1948）。归纳的问题在于，使用归纳方法时永远不可能得到一个单一的理论。确实主义则主张，科学可以通过归纳最终回归到"真实"的真理，因此引发了激烈的讨论。

　　Quine（1951）认为，分析陈述（Analytic Statements）和综合陈述（Synthetic Statements）之间不可能有清晰的区分。此外，复杂命题也无法简化为清晰的观察术语。他考察了由 Duhem（1962）首先提出的难题，即一个理论最终无法被证实为假，因为除了被检验的理论，无法排除某些复杂的检验情况，这会导致错误的预测。该难题被称为迪昂－奎因论题（Duhem/Quine Thesis）（Chalmers，1999：89）。

　　Popper（1959）表明逻辑确实主义不能为分界问题提供充分的答案。他用溯因（Abduction）和证伪（Falsification）取代了确实主义的归纳和证实。之后又同实用主义者 C. S. 皮尔士（C. S. Peirce）共同主张，理论的形成过程不是从观察数据的归纳列举开始，而是从创造性的直觉开始（将在本书第 4 章中讨论）。此外，他通过展示任何证实都是虚幻的，应该被证伪过程取代，从而否定了休谟的理性怀疑论。证伪过程促成了认识论达尔文主义（Epistemological Darwinism），即适者生存理论使实证主义反驳幸免于难。与波普尔一样，唐纳德 · T. 坎贝尔（Donald T. Campbell）主张认知进化增长论，即科学界选择那些能更好地解决问题的模型（参见现实主义相关论述）。

　　与波普尔一样，诺曼 · 汉森（Norman Hanson）认为逻辑确实主义的一大缺陷在于，它将焦点限定在科学理论化的最终产物上，忽略了推理过程，其中规则、假设和理论能够得到推测性的首要提示（Hanson，1958：71）。在"发现模式"（Patterns of Discovery）中，Hanson（1958）扩展了皮尔士的工作（见实用主义相关论述），开始探索科学发现中的逻辑。他强调，理论的发现不是通过对数据的归纳总结，而是来自概念上有组织的数据的溯因推理的假设。汉森认为观察和事实都渗透着理论，而因果关系的理解则是对概念组织的某种形式的反映。因果关系不是物理世界的特征，而是人们理解世界的方式。他探索出一种发现逻辑（溯因推理，Retroductive Reasoning），用于科学猜想和规律的发展。

2.1.3　相对主义

　　我们将相对主义（Relativism）作为一个通用术语来表示一系列或应确实主义而生、或否定确实主义的科学哲学。这一系列科学哲学包括历史相对主

(Historical Relativism)、社会建构主义(Social Constructivism)、后现代主义(Postmodernism)、批判理论(Critical Theory)和诠释学(Hermeneutics)。之所以将这些哲学归为一类是基于一个判断——我们不能提炼一个新的概念来涵盖它们所有的单个的观点。然而,我们所定义的广义相对主义范畴都包含了一个相同的观点——脱离了确实主义的假定,即科学知识是一种累积的、未被传播的、现实的完整表现。这些种类的科学哲学拒绝为划界问题提供一个答案;强调理论的起源和有效性之间的相互联系,把现实看作社会建构的,社会科学的目标是理解人们赋予现实的意义,而不仅仅是确定现实是如何运作的。此外,它们拒绝确实主义的信念,即科学方法提供了一种从真实世界中发展出客观"真理"的方法。相反,它们相信科学家在与他人互动的过程中,会基于其兴趣、价值观和观点构建出一个真实的形象。从这个角度来看,观察和数据带给我们的只是事实。真理"只是我们对这些事实的共识。因此,在社会世界中,真理是集体建构的……真理所指的不是事实,而是对事实的集体解释"(Gioia, 2003: 288)。我们接下来探讨各种相对主义的一些主要原则。

确实主义的一些早期批评家是历史相对主义者(Historical Relativists)(Toulmin, 1953; Feyerabend, 1962、1975; Kuhn, 1962、1970)和社会建构主义者(Social Constructivists)(Bloor, 1976; Latour、Woolgar, 1986)。历史相对主义者托马斯·S.库恩(Thomas S. Kuhn)令人对"科学知识是累积的"这一信念产生了疑问(Kuhn, 1962、1970)。他认为科学的发展取决于科学界内部达成的、具有社会学性质的范式。他用一种反映指导科学家的信念、价值观、假定和技术的范式观点,取代了康德的先验认知结构。库恩认为,科学知识是在三个阶段的循环中进步的:第一阶段是普通科学,其中一个特定的范式控制着一个科学共同体;第二阶段是因出现异常或无法解释的观察而导致的危机;第三阶段是革命性的科学,新的范式取代了旧的范式。旧范式的替代是通过科学界的共识,而不是像确实主义声称的那样通过与现实的一致对应而实现的。此外,接受新范式的前提是与其他范式不可通约(Incommensurability),因为没有一个商定的客观标准来比较替代范式的真理主张。

以同样的方式,保罗·费耶阿本德(Paul Feyerabend)、斯蒂芬·图尔敏

(Stephen Toulmin)和其他历史相对主义者主张科学知识的社会建构性质(Feyerabend, 1962、1975;Toulmin, 1953)。然而,它们在一些历史解释和结论上有所不同。例如,图尔敏认为科学理论既不正确也不错误,但对观察到的不规则现象或多或少有足够的解释。当现有的理论崩溃或无法提供足够的解释时,就会出现这些不规则现象。此外,新科学理论的发展依赖于一定的世界观和人生观(Weltanschauung),这是一个类似库恩范式的不断发展的社会概念框架。然而,不同于库恩的范式一次改变观点,图尔敏认为世界观和人生观的改变或多或少是渐进的。

后现代主义也许是最不赞同确实主义的一种科学哲学,它对启蒙运动产生的现代科学、技术和社会变革都表示怀疑。现代和后现代之间的时代界限并不清楚,但据说它始于19世纪晚期的尼采(Dallmayr, 1987;Sim, 2001),并于20世纪下半叶在前所未有的社会经济和技术变革时期出现了它的典型概述。后现代主义是一个兼收并蓄的思想学派,包括后工业主义(Post-industrialism)、后资本主义(Post-capitalism)和后结构形式(Post-structural Forms)的思想。它们一个共同的主题是质疑西方思想的主要基础,特别是19世纪和20世纪初作为科学和数学发展产物的确实主义(Alvesson and Deetz, 1996;Sim, 2001)。这种怀疑降低了真理的实现程度及判断真理的标准,甚至怀疑真理到底是否存在。它所建立的基础分别是关于现实本质及了解现实方式的反本质主义(Anti-essentialism)和反基础主义(Anti-foundationalism)的观点。总的来说,后现代主义否认确实主义的逻辑语言学,转而使用命题来分析科学,使得可观察的术语和理论术语之间难以区分,更重要的是否认理论的成因及其效度之间的区别。

反本质主义是指拒绝现象的本质及其背后的因果机制。本质主义(Essentialism)的概念是科学探究的基石。正如Sim(2001)所指出的,本质主义将真理、意义和起源的获得作为目标。这与霍布斯和休谟对亚里士多德关于本质的批判相似,后者区分了研究对象"是什么"和"怎么样"。因此,后现代主义拒绝捕捉现象的本质,从而拒绝其存在。

反基础主义则指否定在追求和获得知识时所需的基本的或不言而喻的信念。因此,后现代主义否定了认识论的基础,认为自我证明或不证自明存在的首要原则能够指导科学探究。

后现代主义的反本质主义和反基础主义的否定，或多或少影响了我们对"真理"这个概念的理解，真理这个词本身缺乏一个共同的内在特征，能使我们对理论做出判断。根据 Rorty（1979）所述，真理的概念只不过是一个认可或同意的标志，旨在促进某个理论而非其他理论（Engel，2002）。这一特定主题的延伸源于让·鲍德里亚（Jean Baudrillard）的核心，即否定存在区分现实和虚拟的可能性（Sim，2001）。根据鲍德里亚的观点，世界是一个"虚拟体"（Simulacra），其中现实和虚拟是交织在一起、无法区分的（就像在玩虚拟现实游戏时经常有的体验）。

根据 Cahoone（1996）的观点，后现代主义否认实体的存在及其表征之间的区别。这种批评一方面源于世界的复杂性、难度以及某种程度上不可能以一种直接和整体的方式来呈现这个世界；另一方面则源于对语言本质主义的否认，即语言被视为客观呈现物体存在的镜子（Hassard，1994；Alvesson and Deetz，1996）。例如，雅克·德里达（Jacques Derrida）的解构法便否认语言能够呈现现实这一观点。德里达指出，我们只是用符号思考，而表示的过程则是一个从符号到符号的无尽切换过程，永远不能通过将指示符号减少到某种先验的起点或终点来终止这一切换。这促使德里达认为，除所展示的文本之外没有任何事物。此外，理查德·罗蒂（Richard Rorty）认为，由于不同的社会文化语境中构建的不同语言是不可通约的，因此知识也是不可通约的。这种不可比较的必然性意味着拒绝达成共识的可通用的认识论标准。

之后，Cahoone（1996）认为，后现代主义试图展示统一的多元性，其中实体则成为它们与其他实体之间各自关系的产物或机能。因此，任何明显的实体都隐含地展示了其依赖性以及与其他实体之间的关系。这种观点的支持者是让·弗朗索瓦·利奥塔（Jean-Francois Lyotard），他否认那些只为证明我们行动而追求宏大理论的事业或"宏大叙事"（Grand Narratives）。他相信解释或微叙事的可替代方案的多重性，因为其中对单一或线性进展的任何主张都是对其他可能替代方案的抑制。科学知识成为一种无法使自身合法化且基于多语游戏的多元化事物（Gasche，1988）。正如下一节所讨论的，这种自我观念源于威廉·詹姆斯

(William James)所理解的实用哲学。

后现代理论家和女性主义学者(Feminist)(例如Martin,1990)解构和揭露了很多社会组织或行为的声音或利益,这些声音或利益通常被确实主义"边缘化"。

在技术统治论的幌子下,工具理性鼓吹中立,希望摆脱承载利己主义的价值观和政治倾向。它"隐藏"在技术背后,大肆庆祝着假象:客观公正的、制度化的体系知识、官僚主义和正式的授权。不足为奇的是,当每位管理者声称他们垄断了各自领域的专业知识时,他们的"专门研究"推动了技术统治论的形成。例如,人力资源专家通过阐述一系列"客观"技能来管理员工的选择和晋升,以提升和维护自己的地位(Hollway,1984;Steffy and Grimes,1992)。战略管理通过使组织环境界面的"管理"合法化和特权化,创造一些能作为"战略家"的行动者,将其他人降职到普通"战士"并使其服从公司以实施公司战略,从而实现特定统治方式的制度化(Alvesson and Willmott,1995;Shrivastava,1986)。技术统治论的概念促使人们开始注意到所谓的"专业管理"的一些更黑暗、更令人不安的方面。"专业管理"限制了对个体和组织目标的理解,这些目标都是由专家鉴定和验证的。通过将管理与技术统治论及其理性的工具化联系起来,狭隘的理性观念的统治性质便立刻遭到暴露和怀疑(Alvesson and Deetz,1996:203-204)。

因此,确实主义者所阐述的思想是科学的公正性、客观性和价值中立性,而相对主义者则表明所谓的科学是为有权势者的利益和价值服务的。此外,Zald(1995)主张,由于主体参与的文化和社会意义,"确实主义社会科学中列举的大多数'暴力事实'(Brute Facts)都能获得他们的势力。因果意义上的解读必须让位于或嵌入于解释层面的揭示与阐释"(Zald,1995:456)。

批判性理论(Critical Theory)起源于法兰克福学派,其创始人包括马克斯·霍克海默(Max Horkheimer,1895—1973)、西奥多·阿多诺(Theodor Adorno,1903—1969)和赫伯特·马尔库塞(Herbert Marcuse,1898—1979)。他们采取马克思主义框架来反对资本主义的破坏性效应。批判性理论的目的是诊断现代社会的问题，确定产生公正、民主社会所需的社会变革的性质。批判性理论与后现代主义有一些共同之处，尽管它们存在一个关键的差异，即批判性理论对知识能够促进解放和进步抱有希望。尤尔根·哈贝马斯（Jürgen Harbermas）是第二代重要的批判性理论家，他采用传统的立场，使用真理性的共识理论作为监管标准来评估系统性扭曲的沟通程度（Habermas，1979、1984、1987、1990）。他也避免极端的相对主义，因为他认为通过理想的言语交流，我们可以达成一致的真理观。

这里回顾的最后一个主要相对主义观点是诠释学。诠释学哲学家最初主要专注于解释《圣经》的意义，将其范围扩展到语言学（对语言的理解和研究其阐述过程与存在的科学）以及除《圣经》解释之外的许多其他领域，如社会科学等。虽然确实主义者几乎只关注认识论，但是诠释学哲学家则强调（如Heidegger，1927、1962；Gadamer，1960、1975；Bernstein，1983），认识论方面的论题与我们可能持有的本体论立场有着很大的关系。

确实主义者认为有可能收集到独立于观察者通过观察所得的实体知识；而与确实主义者相比，诠释学质疑认识论的这种肤浅方法：

> 诠释学认为，我们如何看待意识世界之外物体的存在形式，与我们如何构建我们自己的存在及周围环境有着密切的关系。"超越心智的现实"（Extra-mental Reality），用以指世界独立于个体对其感知方式而存在。我们对外部世界的感知，也与我们如何看待我们自己的位置以及与现象的关系有着密切的关系——无论是在过去、现在还是未来。因此，我们需要更好地理解我们用来读懂这种关系的参照体系，以及这些体系令我们困惑的程度，或者帮助我们厘清与聚焦思维过程——特别是如果我们想要合理地理解发生在世界上的这一过程。（Hendrickx，2002：341）

玛格丽塔·亨德里克斯（Margaretha Hendrickx）应用诠释学的视角，将确实主义的"上帝的视角参照体系"（God's Eye Frame）与批评性现实主义的"参与者参照体系"（Participant Frame）进行对比，指出琼斯先生（一位假设的管理研究者）将如何进行研究。Hendrickx（1999：344）用图2.2来说明琼斯先生可能在 Popper（1979）的"三大世界"之间建立联系的方式。这三大世界分别是：①我们所处这个地球所展示出来的物质世界；②人物所描述的心智及过程世界，以及③由书籍所描写的集合了个人和集体的人类思想成果的不断涌现的知识世界。

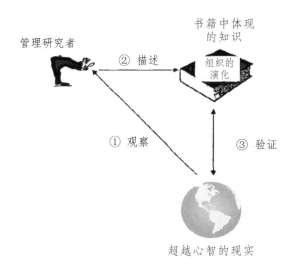

图 2.2　上帝的视角参照体系：三角推理

资料来源：Hendrickx（1999：344）。

在上帝的视角参照体系中，世界包含超越心智的事物的固定总和。对于"世界的运作方式"，恰恰存在一个真实和完整的描述。真理涉及词语或思想符号与外部事物之间的某种对应关系（Putnam，1981：49）。在这里，研究人员将自己看作面向世间真实事物的价值中立的观察者（由箭头①示出）。箭头②代表研究人员对观察的心智解释与某个文本中所使用的语言符号所代表的心智模型之间的关系。箭头③表示该文本中的语言符号与世界真实现象之间的关系。

上帝的视角观点激励琼斯先生将自己与被调查现象的关系视为三角形的一边（见图2.2）。他在这个三角形中扮演一面（非常复杂的）"镜子"的角色。他的研究活动主要可以分为"观察""描述"和"验证"。首先，他归纳性地观察世界正在发生的事情。反射的光子落在他眼睛的视网膜上并且诱导电子级联，这会导致在他的大脑中产生关于现象的图像。通过一组非常复杂的生化和神经反应，这些图像被转换成纸上的点或存储在计算机磁盘上的数字信号的模式。琼斯先生描述了他从真实世界所观察到的现象，然后用假设概括他的实证发现，并演绎地检验（和观察）这种假设的关系是否成立。

所以可以说，这个三角推理把琼斯先生"挤"出了这个世界。他相信，通过适当的培训，他能够超越自己的主观性，就像他能够轻易地打开电脑来撰写研究成果一样，他也可以轻易地关闭其价值观和偏好。琼斯先生的职责是发表文章，对公司发生的事情做出"真实"的描述。他认为，一个局外人获得价值中立的精神状态是可能的……他感觉自己与那些事情的关系独立于时间、空间和意识，就像他如上帝一般……他认为，他所看到的是超越心智的世界中的现象的存在方式（Hendrickx, 1999: 342-343）。

参与者参照体系将研究人员视为他（她）所尝试学习和理解的领域的积极参与者。虽然这个体系也被称为"内部观"（Evered and Louis, 1981）和"实用主义者的世界观"（Putnam, 1981; Rorty, 1982），但 Hendrickx（1999: 375）还是喜欢"参与者"这个表达方式，因为它暗示着在上帝的视角参照体系中"我们与他们"以及"里面和外面"的二分法是中立的。图2.3展示了亨德里克斯对参与者参照体系的描述。

琼斯先生现在认为自己是某场对话的参与者，这场对话旨在帮助公司获取长期成功的方法（正在调查的研究问题）。他感觉自己是普遍对话中的一种声音，在该对话中，大家的各种观点都反映了不同的利益和目的（Putnam, 1981: 49-50）。其中一个目的是找到最清晰的镜头来发现（和呈现问题及其解决方案）。

在参与者的世界观中，管理研究者明确承认他是某种特定历史和文化的产物。因此，琼斯先生意识到自身的知识既来自他所读的书，也来自他所经历过的事情，还来自他所参加的对话。他已经开始接受自己所了解事物的主观性质，也理解到如果以价值中立的方式来推理，则是徒劳的。相反，琼斯先生公开谈论他的研究价值，并调查它们是否有意义。琼斯先生试图理解他所信仰的价值观是否符合他在研究中实际使用的价值观。他还想知道他的价值观在何种程度上与造福

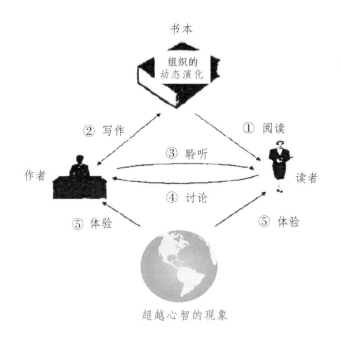

图 2.3　参与者参照体系：四边形推理

资料来源：改编自 Hendrickx(1999:345)。

整个人类的价值观相一致（Campbell，1979：39；1982：333-334）。他的价值观激励着他（Campbell，1993：36）。他把自己的研究问题看成是对自己、邻居以及所研究的高层管理团队具有实际影响的问题（Hendrickx，1999：346）。

亨德里克斯在四边形中阐述了琼斯先生的参与者参照体系，如图2.3所示。作为参与者，研究人员扮演了多种角色，如调查人员、与其他共同调查人员合作的作者、合著者或读者等。超越心智的真实世界与文本或模型，分别表示参与的研究人员通过体验、讨论、聆听、阅读和写作同他人一起建造的物质和社会建构的世界。

所以，与上帝的视角相比，其他人或像与琼斯先生一样的旁观者，或像被观察的对象，参与者参照体系不会根据他们了解的多少将读者和作者进行分类，而是暗示他们知道一些不同的东西（Hendrickx，1999：346-347）。

Hendrickx（1999：341）通过提倡参与者参照体系和拒绝上帝的视角参照体系进行总结。她指出，上帝的视角参照体系倾向于鼓励具有权威和武断态度的作者，这会加剧对各种思想和视角的狭隘与偏执。这种态度既不利于倾听和学习他人对真实世界现象的看法，也不利于倾听和学习那些以不同方式表述这个现象的视角。参与者参照体系需要一种开放的态度，鼓励与他人的互动和学习。

2.1.4 实用主义

实用主义（Pragmatism）是由皮尔士（1839—1914）于 19 世纪末期开创的美国哲学思想学派。在《如何使我们的想法清晰》(How to Make our Ideas Clear）这篇文章中，Peirce（1878、1997）介绍了实用主义这一术语，该术语源于康德，可以追溯到希腊的词汇"行动"。实用主义通过表明知识（Knowing）和行为（Doing）是同一进程中不可分割的两个部分，希望调和理性主义和实证主义的关系。在科学哲学中，实用主义被视为逻辑确实主义的替代物，并与工具主义相一致，工具主义认为科学理论不是非真即假，而是一种更好或更差的预测工具（Misak，2001）。一些哲学家进一步主张，皮尔士的思想提供了一种逻辑确实主义的替代物，实际上事先否定了它的一些主要发展（Rorty，1961）。根据 Meyers（1999）的观点，实用主义支持三种理论：①思想理论，它认为信念是假设，思想是行动计划；②意义理论，它认为思想可以通过揭示它们与行动的关系来解释；③真理理论，即可以成功地指导行动和预测的信念便是真理。实用主义是多方面的，似乎不同实用主义者所持看法各异（Lovejoy，1908）。为了避免混淆和困惑，我们主要关注三位实用主义先驱——皮尔士、詹姆斯和约翰·杜威（John Dewey）——以及两位当代学者——罗蒂和尼古拉斯·雷舍尔（Nicholas Rescher）的主要论点和批判。

皮尔士介绍了一句实用主义格言：根据思想产生的实际影响（源于人们相信的真实性的概念）确定其意义。这些影响的总和构成了概念的意义（Rescher，2000：9）。皮尔士把意义看成重复性行动的推论，无论是随时间重复发生的情景下的习惯性行为，还是更大情境或不同情境下的各种行为的概括（Dewey，1916）。皮尔士在他的文章《信念的执迷》(Fixation of Belief）中指出，信仰的功能是促使我们采取行动。真理的标准不仅取决于应用的成功，还取决于它能够使科学界在何种程度上长期投入精力。皮尔士承认归纳性科学推理的易错性。为此，他通过系统性观察和创造性推断提出了一种科学的探索方法。

皮尔士引入了溯因推理，又称反绎推理，将其作为一种创造性的探索模式。它既不遵循归纳推理模式，也不遵循演绎推理模式。归纳被普遍认为是科学的基本过程。皮尔士否认了这一点，他认为归纳的作用不是提出理论，而是检验理论（Mounce，1997：17）。如本书第4章中所讨论的，溯因推理是一种假设推理，是为解决问题而构建的。这一新概念还未最终定型。进一步的探究将揭示出只有通过构建新概念才能解决的问题（Mounce，1997：17）。

皮尔士对科学的信念和对真理一体性的信念，植根于一种本体论的现实主义立场。在对这种现实主义立场的辩护中，他主张没有理由相信一个独立于思维的现实是不存在的。他认为这种信念与我们的科学实践是一致的。他写道：

> 世间存在这样一种真实的事物——其性质完全独立于我们对它们的看法；这些现实按照常规法则影响我们的感官，尽管我们与客观物体的关系不同，感觉也不同。但是，利用感知法则，我们可以通过逻辑推理确定事物的真相。如果一个人对此具有足够的经验并进行充分的逻辑推理，就会得出唯一的正确结论。（Peirce，1878、1997：21）

皮尔士将实用主义解释为针对知识主张的一种理性的和经验的证实和具体化（Rescher，2000）。他把一个术语或命题的意义理解为包含其实际效果和真实性，评判标准为此术语或命题是否能够达到预期目的。这些包括成功的预测和控制的目的，就是科学的目的。

与皮尔士同年代的詹姆斯（1842—1910）在1907年一系列关于实用主义的讲座中详细阐释并调整了皮尔士的哲学方法，对后世有深远影响（James，2003）。在这些讲座中，詹姆斯将当前哲学的困境描述为理性主义和实证主义之间的分歧。他认为个体会不可避免地展现以上对立双方的特征。因此，为了延续理性主义中的抽象性和实证主义中的特殊性，他提出了实用主义：

> 你想要一个结合了两个方面的系统，一方面它包含科学对事实的忠诚和将事实考虑在内的意愿，简单来说就是适应和调节的精神；另一方面是对人类

价值观中的一贯自信和由此而生的自发性,不论是宗教的自发性还是浪漫的自发性。(James,2003:9)

在詹姆斯看来,实用主义提供了一种解决形而上学争议的方法。因为通过实用主义,可以比较采用不同观点所产生的实际效果。如果它们的实际效果是相同的,则两个互为替代或相左的观点也是相同的。因此,哲学的目的是基于观点对不同个体所产生的结果,来发现相左观点之间的差异。詹姆斯对实用主义的描述是实证主义(认为客观世界控制思想)和理想主义(认为主观思想构建世界)的折中。他把实用主义解释为一种不那么具有争议但又更为激进的实证主义。实用主义以具体的事实和行动取代了抽象化这一先验推理和固定的原则。詹姆斯正是通过这种对经验的强调来描述行为或实践,这也是实用主义的核心,这种方式可以解决形而上学问题和构建出关乎真理的理论。他表示:

> 理论由此成为工具,而不是我们可依赖的解开谜题的答案。例如,在应用细节方面,它与唯名论(Nominalism)相一致;在强调实际效果方面,它与功利主义(Utilitarianism)相一致;在鄙视口头解决方案方面,它与确实主义相一致。(James,2003:24)

詹姆斯采用了现实主义本体论,并断言存在一种独立于我们认知的现实。他说,"独立于我们的现实这一概念,来自一般的经验,是实用主义概念中真理的基础"(James,1908:455)。在他看来,一个理论作为工具,如果符合过去经验,并能够超越过去经验而产生新的事实,且在被认为"对人们生活有利"的情况下一直有效,则可以证明该理论的真实性(James,2003:34)。与皮尔士(受康德影响)不同,詹姆斯受洛克、休谟和约翰·穆勒(John Mill)等英国实证主义者的影响。 因此,詹姆斯对于实用主义的观点与皮尔士大相径庭。皮尔士认为实用主义是集中于一种固定标准的方法论,而詹姆斯则引入了多元主义。他接受针对一种现象的各种观点,不仅允许个体之间存在差异,而且允许个体内部存在不同的倾向和观点(Rescher,2000:19)。

詹姆斯把实用主义解释为:①一种解决形而上学争议的方法,人们通过此方法比较采用各种观点所产生的实践效果。②关于真理的理论,其中真理是一种验证，应该与我们的信念和经验相一致。真理是创造出来的，并能够随着时间的推移而变化。詹姆斯否认思维与世界之间的理性主义关系，这种关系以被动的现实为前提。他认为，思维与世界的关系应当被视为实用的、展望未来的、动态的，其前提是与达尔文进化论一致的一种动态现实。

皮尔士的学生——杜威，将实用主义视为实现社会目标的手段。皮尔士的实用主义是理论层面的且面向自然科学，詹姆斯的实用主义是人格化和心理层面的，而杜威的实用主义则是地方自治（Communalistic）的且具有社会导向。杜威的立场介于皮尔士和詹姆斯之间，通过将真理视为一种"公共授权资产"（Matter of Communally Authorized Assertability）来强调其社会层面（Rescher, 2000: 27）。与皮尔士一样，杜威将自己的实用主义称为"工具主义"，它以科学现实主义（Scientific Realism）为基础，是一种通过社会共识消除疑虑的手段。

> 实用主义的前提和倾向是现实的而非理想的……因此，对于知识的客观或实现条件来讲，工具主义是完全现实的。(Dewey, 1905: 324-325)

根据 Rescher（2000），杜威在社会共识这一概念上与皮尔士的意见不同。杜威认为，社会共识不是基于认识论因素（经验证据），而是基于社会政治因素。他主张，理论的成功是基于其实现社会改善与发展目标的能力。

两位当代的实用主义者罗蒂和雷舍尔对实用主义的看法具有明显差异。受詹姆斯和杜威的影响，罗蒂采纳了实用主义的后现代观点（Rorty, 1980）。他认为，实用主义是主观主义、反基础主义和反本质主义的，因而真理和有效性便失去了一切类型的决定性重量，缺乏一切普遍的认识论标准。为了表明反对本质主义，罗蒂论证真理没有本质，且与现实相比也没有任何类型的同构对应关系。因此，任何试图逐渐积累真理的尝试都是徒劳的。对罗蒂来说，实践中知识带来的结果提供了一种证明存在某种事物有益于真理的方法。他认为，现实所有具有同构图景、同构模型以及同构表现形式的词汇，都应该为一种具有实际影响和隐含的行为所取代。罗蒂表示：

> 事实上，由于事物真实存在这样的观念，同构、思维形象和映射的全部词

汇在这里都是不合适的。如果我们问这些句子所宣称的事物是什么,我们只能得到无意义的重复的主题词——"宇宙""规律""历史"。(Rorty,1980:723)

在做这些评论时,罗蒂也许是从理论的语法视角(Syntactical View of Theories)回应。然而,其他哲学家则采取了一种相对性较弱的回应,他们用理论的语义视角(Semantic View of Theories)替代其语法视角,如 Suppe(1989),Giere(1999),Morgan 和 Morrison(1999),所以会产生一种不够相对性的反应。这个视角模型(而不是对应规则)为理论提供了解释。正如本书第 6 章所讨论的,模型是理论和数据之间的媒介(Morgan and Morrison,1999: 5)。

继皮尔士之后,Rescher(2000)采纳了一种更加现实的实用主义视角,反驳了罗蒂的相对论实用主义。雷舍尔在皮尔士的基础上提出了三个改良实用主义的步骤:①实用主义应该被解释为一种能够"成功"认识到有效的预测、控制和解释的哲学体系;②成功是客观的、独立于个人喜好的;③实用主义是一种方法,而非信条。

雷舍尔强调实用主义的成功与科学事业密不可分。有效预测和有效干预的原则本质上对实用主义的成功至关重要,也是科学探究的基础。雷舍尔为现实主义提供了实用的辩护,现实主义坚持认为存在一个真实的世界——一个独立于意识的、客观的物理现实领域,但是我们对它的理解可能十分有限。他强调科学的稳定目标是提供有用的现实模型。对于 Rescher(2003)来说,现实主义只是由以下事实来证明的:我们对现实的认识本身是不可靠的,我们不可能完全理解其复杂性。独立于意识的现实存在不是科学探究的产物,而是探究的前提。如下一节所讨论的,雷舍尔认为,在进行科学探究时,预先假设现实主义是非常实用的。

2.1.5 现实主义

现实主义(Realism)认为,存在一个独立于我们试图了解它的现实世界;我们可以了解这个世界;而且我们知识的效度至少部分是由这个世界的存在方式决定的。现实主义是一种部分是形而上学的、部分是经验性的哲学理论。它超越经验,但可以通过经验来检验(Leplin,1984)。本节讨论现实主义的一些历史基础及其变化形式,包括科学现实主义(Scientific Realism)、猜想现实主义

（Conjectural Realism）、现实实用主义（Realistic Pragmatism）和批判现实主义（Critical Realism）（演化性批判现实主义，Evolutionary Critical Realism）。

从历史角度来看，现实主义关注的是不可观察的实体的存在，它们超越人类的感知能力。Rescher（1987）追溯不可观察的辩论，进而发现三种思想学派：工具主义（历史上被称为唯名论）、现实主义和相似主义（Approximationism）（历史上被称为概念主义，Conceptualism）。如前文所述，工具主义拒绝不可观察的事物的存在，并认为在科学理论中对这些实体的任何提及都是帮助解释可观察到的现象的手段或工具。相反，现实主义接受不可观察事物的存在，主张科学理论能够引用与捕获现实世界中存在的实体。最后，相似主义主张存在不可观察的东西，主张科学理论能够大致引用与捕获现实世界中存在的不可观察的事物。换句话说，现实主义的弱形式采用散漫的同构方式表现现实，现实主义的强形式则主张直接的同构关系，而工具主义否定任何形式的同构主义。

Chalmers（1999）简化了反现实主义与现实主义之间的争论。反现实主义（如工具主义）反对可观察事物的科学理论化，从而避免任何形而上学（推测）的主张。反现实主义则认为，科学理论的成功标准是其预测可观察现象的能力。从这点来看，理论仅仅起到"支撑帮助建立观察和实验知识的结构的作用，而且理论的任务一旦完成，它们就会立刻被抛弃"（Chalmers，1999：233）。

与确实主义和相对主义相比，科学现实主义（一种现实主义的强形式）认为，科学形成了关于所探究现象化理论层面和观察层面都是真实的陈述。它认为，科学通过不断地接近现实来获得持续进步。"我们无法知道当前的理论是否真实，但是它们比先前的理论更真实，而且在未来它们被更准确的理论取代之前，依然保持至少近似的真实"（Chalmers，1999：238）。

科学现实主义的主要批评都是由那些质疑绝对真理与无限相似的相对主义者提出的（Toulmin，1953；Feyerabend，1962、1975；Kuhn，1962、1970；Bloor，1976；Latour and Woolgar，1986）。科学知识的完整性、正确性和不断趋于真实的性质受到了威胁。Niiniluoto（1980：446）说，"没有人能够说出

'更接近真理'意思的话,更不用说提出能够确定这种接近的标准了"。

现实主义的几种变化形式是在回应相对主义者的批判过程中发展起来的。Suppe(1977)认为,库恩的快速范式转换的观点在历史上是不准确的,并且拒绝了范式中理论术语之间不可通约的主张。如果范式真的不可通约,那么学者比较不同范式和跨范式交流是如何实现的呢? Hacking(1983)认为,相对主义不适当地强调了可观察和不可观察实体之间的区别,而忽略了操纵和控制实体以揭示其效果的科学的实验方法。

Popper(1959)和他的追随者发展了猜想现实主义,一种温和的现实主义立场。这个立场强调科学知识的错误论,承认科学的间断式发展。A. F. 查尔默斯(A. F. Chalmers)说:

> 因此,猜想现实主义者不会认为我们目前的理论已被证明是近似真实的,也不会认为他们已经最终识别了世界上某些种类的事物……然而,他们仍然坚持认为,科学的目的是发现真实存在的真理,被评估的理论在某种程度上可以表达出来以达到科学的目的。(Chalmers, 1999: 240)

Rescher(2003)也通过提出一种实用主义的解释及发展现实实用主义,回应了相对主义者。现实实用主义强调,科学的目的是提供一种有用的现实模型。对于 Rescher(2003)来说,现实主义因我们对现实的认识本身是易错的这个事实而存在,我们无法充分理解它的复杂性。他指出,现实主义代表了探究的前提,而非结果本身(Rescher, 2000: 126)。

> 对心智之外现实的投入是实证性探究的前提条件——我们必须要做出某种前提假设,从而能够使用观察数据作为客观信息的来源。我们真的别无选择,只能预测或假设。客观性代表了对功能性(而不是证据性)理由的假设:我们支持它以便能够通过经验吸取教训。这里所讨论的,与其说是我们的现实经验的产物,不如说这是一个能使我们将经验真正地视为"现实"的因素。正如康德清楚看到的,只有所存在的这个真实、客观的世界从一开始就是可利用的,而不是经验的产物,对事物本质事后的探究才有可能存在客观经验。(Rescher, 2000: 127)

对科学探究为何需要一种现实主义的假定，Rescher（2000）指出了六个重要的理由：

（1）作为思想与现实之间的沟通桥梁，现实主义对真理概念必不可少。如果没有独立于我们认知的最终仲裁者，则无法确定真实的主张。Rescher（2000：130）表示："当且仅当世界存在 π 介子时，才有类似于'存在 π 介子'的事实陈述是真的。"

（2）在我们对现实的主观思想和观点与现实的实际存在方式之间存在着区别，这种区别对现实主义不可或缺。Rescher（2000：131）引用了亚里士多德的话："……存在的事物往往与各种观点不符，而正确的观点往往与存在的事物相符。"

（3）现实主义对于科学界的沟通和探究是必不可少的。现实主义认为，科学界共享一个真实的世界，那里有真实的物体"作为主体间沟通的基础"（Rescher，2000：134）。

（4）现实主义对科学界的共同探究不可或缺。如果假定现实根本就不存在，要形成不完整预测现实的认识这一共同焦点是荒谬的。他说，"如果我们不准备从一开始就假设或假定这些估计是真实的事实，那么我们无法根据概念开始探究，因为探究往往预测真实事物的特征"（Rescher，2000：132）。

（5）现实主义对于探究的思想是必不可少的，探究取决于独立于现实的概念和理解现实（尽管无法彻底理解）所付出的努力。他说，"没有现实的概念，我们无法以我们实际使用的错误模式来思考自己的认知，正如组成概念图式关键部分的临时的、试探性的、可改进的特征……"（Rescher，2000：132）。

（6）最后，现实主义是不可或缺的，因为我们所持的因果关系的概念取决于我们实证地理解现实世界的意图。"现实被视为原因的来源、表象的基础以及我们认知相关经验现象的发起者和决定者"（Rescher，2000：133）。

Bhaskar（1979，1998a、b、c）提出了一种被称为批判现实主义的现实主义形式。他及其支持者认为批判现实主义处于确实主义和相对主义之间的中间地带（Collier，1994；Harvey，2002；Kemp and Holmwood，2003）。从相对主义角度来看，批判现实主义认识到我们对现实认知的易错性而持反基础论的立场，这易错性是由于我们对现实的知识必须通过概念上的中介而且认识过程本身就渗透着理论。它也否定了能够为现实提供认知性知识的公理或先验综合判断原则的存在（Cruichskank，2002）。从确实主义角度来看，批判现实主义强调实证实验。然而，由于现实是一个由潜在偶然结构组成的开放系统，所以它否认了实验结果的普适性。此外，它相信决定事物如何运转的是由深层结构和机制组成的、独立于意识的分层的现实（超验现实主义，Transcendental Realism）。它还认为，理论实体具有参考价值，即理论实体真实地反映了世界的存在方式。

坎贝尔为这个重要的现实主义观点补充了科学知识的发展和进步的演化观点（Campbell，1989a、b，1990a，1991，1995；Campbell and Paller，1989；Paller and Campbell，1989）。他用选择主义演化认识论取代了社会建构主义者库恩对科学发展的阐释。科学进步是一个既有思维混沌变化又有选择性保留的演变过程。现实（而不是纯粹的观点）在编辑信念和理论过程中扮演着外部仲裁者或共同的指示物的角色，从而筛除较差的理论。Campbell（1988：447）指出，"我是一位认识论相对主义者，而非存在论的虚无主义者"。Mckelvey（1999：384）指出，"他（坎贝尔）对演化认识论的发展反映了其对科学变化机制的持续兴趣：在不抛弃客观存在的现实主义的前提下，在寻求日臻完善与逼真的观察和解释的过程中，探究科学是如何变化的。"

根据 Azevedo（1997）撰述，坎贝尔展示了如何将以下概念应用到科学中，即思维混沌变化以及生物进化的选择性保留过程。她指出：

> 坎贝尔令人信服地指出，现实在编辑信念，尤其是在有机体的感知机制演变的环境中发挥着作用。生物演化和科学进步都通过思维混沌变化和选择性保留的过程演变。人们认为科学是一项解决问题的活动，是所有有机体解决问题活动的延续体。（Azevedo，1997：92）

坎贝尔将其选择主义立场与寻求有效性的诠释学相结合，以证明基于科学界共识的知识有效性。科学社群通常不会仅仅根据观点和信念达成共识。当然，在达成共识的标准上各个科学社群有所不同。在社会科学中，用于达成共识的标准或条件通常包括合理的逻辑论证和实证性证据，以证实提出的主张。虽然社会科学家会就他们认为的合理和有说服力的论点和证据的性质进行辩论，但大多数人都愿意接受以下几点：①科学是一个纠正错误的过程；②科学是基于科学家从外部世界获得的证据；③虽然证据是理论性的且易于出错，但在理解讨论的现象时，辨别看似合理的各种可替代模型仍然很实用。比较可替代主张所持的证据和论断的基本方法不是为了获取绝对真理；相反，而是在给定的时间和背景下，从多种竞争的备选主张中选出所讨论问题或难题的合适主张。选出更适合他们想要解决问题的理论和模型，忽略或筛除那些不适合的理论和模型。坎贝尔认为，这一连续的比较选择过程被学术界归结为一种科学知识的进化增长。

2.2 入世治学的讨论与启示

总之，逻辑确实主义是启蒙运动和现代主义对客观性、理性和科学知识进步观点的延伸。它强调将感官观察和归纳作为科学知识的基础。这个假定所隐含的基础是，观察者及其使用的语言是价值无涉且中立的。它否认所有与现实有关的形而上学的主张，认为它们无法通过意义的证实或证实意义，因而没有意义。这也促使了认识论与本体论的结合。确实主义将因果关系或解释归纳为休谟的"事件恒常会合"，强调科学的统一或物理科学的首要地位，将其作为所有科学的典范。

那些回应确实主义的各种观点，即强调必然性、持反对形而上学的态度、依靠感官观察以及现代性价值观，我们将其纳入了相对主义的范畴。相对主义代表了许多哲学学派，包括历史相对主义、社会建构主义、后现代主义、批判性理论和诠释学等，我只描述了其中一个学派。这些学派融合了他们对真理的理解，任何真理都是社会建构的并且承载着参与者自身的理论。他们采取反本质主义立场，否认科学的客观性和经验（或理性）基础，否认获取知识的任何一种方式优于其他方式。

实用主义是作为理性主义和实证主义之间的历史辩论替代物而发展起来的，尽管最近实用主义的变化形式为确实主义提供了替代物。它试图用实证主义的特殊性来调和理性主义的抽象性。实用主义的特点在于理论与实践的关系，特别是在探究的预定结果中的关系。尽管阿瑟·Q. 洛夫乔伊（Arthur O.

Lovejoy）对各种实用主义持批判态度，但它们在成功指导行动和预测中对真理有共同的解释。人类的思想只有通过显示其与实践的关系才能获得证实。不同的是，确实主义强调归纳，而实用主义则把溯因推理作为探索科学的模式。根据实用主义者的观点，他们采用客观或主观的本体论和认识论或两者的结合。

　　类似于实用主义试图在理性主义和实证主义之间的历史辩论中提供一种可替代的选择，现实主义也尝试提供这样一种替代。最近，批判现实主义在逻辑确实主义和较为相对主义的立场之间形成了一种可替代的选择。此外，类似于实用主义和相对主义，现实主义包括许多观点，这些观点具有共同的客观本体论，即假定存在一个独立于意识的现实以及一个能够捕捉现实的部分方面的理论。与确实主义和相对主义相比，更当代形式的现实主义认为真理是一个不断接近现实或逼近真实的过程。此外，它否定了确实主义所认为的恒常会合以及社会建构因果关系的相对主义观点，然后用独立于我们认知的因果机制的现实解释代替了它们。当代现实主义的形式也承认科学知识的易错性，并试图用演化隐喻来解释认知的进步。最后，大多数形式的现实主义都采取某种形式的主观认识论，这也就是说，没有一种预定的方法和标准可以比其他方法和标准更好地帮助我们认识现实。

　　我们会情不自禁地将以上四种科学哲学，尤其是将确实主义和相对主义，视为彼此不相称和对立的。如果你接受这种观点，那么你可能会选择一种似乎最接近你自己偏好的哲学，而批判其他的哲学并认为它们是"不科学的""不理性的"或"不现实的"。相比之下，与 Schultt（2004：79）一样，我们认为更重要的是应该采纳具有包容性的研究哲学，对于上述不同科学哲学派别开放，且能够融合它们之间的差异。本书所倡导的入世治学就是这种融合的例子之一。从本体论层面来讲，入世治学采用巴斯克式（Bhaskarian）的批判现实主义，在确实主义和相对主义及其多层级、多结构、多维度的独立于心智之外的现实之间持中立立场。同时，入世治学也采纳了雷舍尔的现实实用主义，为现实主义者的立场提供了有效的辩护。根据批判现实主义的本体论，入世治学采纳了坎贝尔相对主义演化认识论来理解科学知识的宏观层面的积累，以及反基础主义方法论中的弱形式立场。这种立场认为较有说服力的研究方法是存在的，取决于特定的研究现象。最后，入世治学还采用了三角验证方法以处理跨聚合的、不一致的和对立的数据，从而了解更为丰富的科学知识的微观层面的发展。当然，入世治学的哲学基础发展也受益于其他的哲学和形而上学的视角，其中影响最大的会在下文讨论。

2.2.1 反思性

后现代主义和诠释学学者强调了研究者从事研究工作时表现出的兴趣、价值观和偏见。从公正和全面的意义上讲，即使平衡地呈现了所有利益相关者的观点，也没有一种探究称得上是客观的。批判性理论家指出，组织生活的意义和解释会在权力关系的背景下失去作用。"意义总是在政治层面上的反思"（Putnam，1993：230）。实用主义和现实主义哲学家也强调了人类感知、概念化和判断的理论本质。实证主义者因无法保持纯粹地、无干扰地观察经验"事实"而遭到批判（Mingers，2004：90）。在这种情况下，入世治学者在其研究中要比确实主义者和实证主义者更具反思性。反思性以不同类型的循环变化为特征，而每个循环变化会有不同的见解和观点（Alvesson and Sköldberg，2000）。

2.2.2 溯因推理

皮尔士认为，归纳不是为了提出理论，而是为了检验理论。提出理论的基本过程就是他所谓的溯因推理或假设推理。如本书第4章中所讨论的，推理的形式开始于参与这个世界并面临一个异常情况或故障现象，这种异常或故障与我们对世界的理解或既存的理论不一致。溯因推理需要创造性的洞察力，能够解释异常而又真实的现象。通过溯因推理形成的猜想代表了一种新的针对所探究现象的合理解释，用以替代现有的解释。这种洞察力的优势在于可以解决问题，并通过演绎逻辑进一步发展和阐述为一个合乎情理的理论，然后通过归纳推理进行检验。

2.2.3 科学是认知发展的纠错过程

"把孩子和洗澡水一起倒掉"很容易。科学哲学家广泛地批评并反驳了逻辑确实主义和实证主义的核心原则，这已成为20世纪70年代普遍的科学观点。尽管这种普遍观点已经消失，McKelvey（1999）讨论了一些经受过批判的、在当代社会科学中显而易见的、有用的原则遗产。

确实主义的许多关键因素,例如理论术语、观察术语、有形的可观察物和不可观察物、无形的形而上学术语、辅助假设、因果解释、经验现实、可检验性、增量证实与证伪、普适性陈述等,仍然在科学现实主义者中保持着良好的信誉。从本体论角度来讲,这种普遍性的观点是坚实的,因为它假定对一个外部现实来说,随着时间的推移,持续的科学探究和理论会越来越准确地描述和解释该现实;作为一个坚实的外部标准变量,现实的解释权归科学理论所有。(McKelvey,1999:386)

我们认为,其中最基本的原则是科学是一个纠正错误的过程,该过程基于世界上的证据,而不仅仅反映在科学家对世界的看法上。事实上,McKelvey(2002a:254)认为,"现实主义方法的独特优势是能够用基于实证、自我修正的方法去发现真理。"

但是,像实用主义者杜威和詹姆斯一样,相对主义者警告称"明确的、真正的真理只是一种错觉"(Westphal,1998:3)。思想和信念只不过是由社会过程和程序塑造的人类的建构物。真理就是那些被科学界赞同和接受的思想和信念。"真理在于一致:社会共识不只是证明真理,还有其创造者的认同"(Westphal,1998:3)。然而,我们认为,社会科学界并没有仅仅根据观点就达成共识;而是依靠可靠、有力的论证标准和实证性证据来证明科学主张。论证的说服力是一个修辞问题。因此,在交流科学发现时,除喻理(Logos)之外,修辞三角形其他角度代表的喻情(Pathos)和喻德(Ethos)也需重点考虑,而后者常常被忽略。

2.2.4 模型作为中介

确实主义的一个重要批评点是其关于理论的语法视角(包括理论术语之间公理一级的逻辑关系,以及在观察结果中提供理论术语意义的对应规则)。Giere(1999)、Suppe(1989)等用理论的语义视角取代了这个语法视角;在语义视角中,模型(而非对应规则)解释了社会理论(Morrison and Morgan,1999:5)。该批评为入世治学提供了一个关键的要素,在研究设计中,入世治学过程将模型开发纳入其核心活动。语义视角主张，模型在理论和数据之间处于中介关系。McKelvey（2002a）强调，模型中心论是科学现实主义的关键要素。他引用南希·卡特赖特（Nancy Cartwright）的话，"从理论到现实的根本是从理论到模型，然后再从模型到现象学"（Cartwright，1983：4）。同 Morrison 和 Morgan（1999）一样，McKelvey（2002a）把模型视为理论和现象之间的自主中介者。

模型通常被认为是易出错且依赖于所处视角的。由于数据本身渗透着理论而且易出错，我们的挑战是如何根据我们目前对研究主题的理解，分析对比看似合理的各种替代模型，而非寻找最终的真理。正如 Giere（1999）所解释的那样，根据目前对现象的理解，模型代表当前讨论现象的选择性主张，而非普遍的世界客观理论。

> 在不对所考虑的涵盖所有逻辑可能性的整套模型进行假设的前提下，科学使某一模型或一系列模型与竞争性模型相互抗衡。这意味着，在任何特定的时间内采用什么模型能最好地反映世界，取决于该过程所选择的备选模型。从历史角度来看，这似乎是一个偶然事件。因此，在任何给定时间我们所持的关于世界的模型可能都是不同的，这取决于不同的历史偶然事件。（Giere，1999：77）

Azevedo（2002）提供了一个使用模型来解决科学问题的实用延伸方法。她将科学理论作为一个映射到现实（问题）的模型。模型的检验是实际的：如何有效地以映射形式来指导行动。因为制作和使用映射的过程很容易理解，使用知识的映射模型为确定科学理论的有效性提供了一个强大的启发法。Azevedo（2002：725）指出，映射和模型是根据心智兴趣而创建的。它们是对世界的选择性呈现，内容和格式的选择则依据它们与其想解决问题的相关性。因为映射模型的有用性只能通过其帮助解决用户问题的好坏程度来评估，所以其有效性也是利益相关的。

2.2.5 相关性

无论是科学研究还是实践工作，研究知识的使用者都要求知识在服务特定领域和利益时必须克服相关性和严谨性的双重障碍（Pettigrew，2001）。然而，相关性和严谨性的不同标准适用于不同的研究，因为其目的、过程和背景不同。实用主义者（特别是詹姆斯和杜威）强调，知识的相关性应该根据其解决问题情况或问题的程度来判断。Rescher（2000：105）则认为，关于正在调查的问题情况的知识相关性可能包含以下问题中的部分或全部：

- 描述（回答"是什么""如何"等有关问题情境的问题）；
- 解释（解决"为什么"等关于问题情境的问题）；
- 预测（设定和实现关于问题情境的预期）；
- 控制（对问题情境的有效干预）；
- 解放（确定被边缘化的和被压迫的人与事物）。

某一研究有效性的标准并不适用于所有的研究。实用主义者强调，相关性和严谨性的不同标准适用于不同类型问题的研究。

2.2.6 入世性

批判现实主义的基本原则是，存在一个现实的世界，但我们对它的理解能力非常有限。现实的模糊性，"喧闹嘈杂、繁花似锦而令人困惑"的性质超过了研究人员使用任何单一理论或模型的解释能力。"社会科学中缺乏明确的基础真理，唯一明智的前进道路是有意识的多元主义"（Pettigrew，2001：S62）。如本书第1章中所讨论的，多元主义需要不同学科和职能的人员的参与，他们可以贡献不同的视角和模型，以更好地理解被考察的问题范畴。入世性不仅要求一个有别于传统研究人员的不同角色，而且需要哲学家们关于共识真理理论的拓展。

诠释学和相对主义为入世性提供了有用的指导。也许对研究人员来说，最根本的是抛弃他们的上帝的视角（如图2.2所示），而采用参与者参照体系（如图2.3所示）来开展研究。在参与者角色中，研究人员吸收来自其他不同视角的知识并从中学习，从中借鉴，这些视角对世界上存在的问题范畴进行建模或映射。此外，在任何研究中，相对主义都强调差异的显著性以及利益相关者中经常发生的利益、价值观和权力冲突，还有服务于所有利益相关者的不可能性。这就带来一个明确的含义，研究人员需要澄清其参与研究活动时所服务的是谁的利益和价值观，并在这个过程中不断地反思自己。

具有不同背景和观点的人们参与学术研究，可以提供一个解决复杂问题的三角验证方法。三角验证在研究中使用多种信息源、模型和方法。通过分析比较基于参与者提供的相关贡献和视角的不同模型，研究知识得以不断发展。Azevedo（1997）讨论了多个模型和视角的协调方式，通过识别那些横跨不同视角所呈现的不变的（或聚合的）特征来揭示现实中的稳健特征。Azevedo（1997）从多元主义角度识别那些趋同于该现象的某一共同或一致的观点，反映了科学哲学中业已形成的、关于生产可靠科学知识的观点。

但是，研究中的不同利益相关者往往会对所检查的问题领域产生不一致甚至对立的观点。多元视角不应被视为噪声、误差或异常值，它们通常经由三角验证研究策略来处理。本书第9章讨论了针对这些不一致和对立的发现结果，需要一个关于真理的共识理论的扩展，该理论强调那些可靠和可复制的研究发现，以及这些发现在科学界中的研究人员和评论者中所获得认可的趋同性和一致性。

然而许多现实世界的问题包含不一致甚至对立的原则。如果将这类问题转化成无法比较的问题，就会否定其现实性。不同利益相关者在研究中所持的不一致和对立的发现，通常代表了某一问题范畴的真正多元观点，可以通过相互借鉴的方法（即连接不同的信息和观点）和悖论推理（即调和相反和对立的发现）来解释。正如 Suppe（1977）对库恩的不可通约性主张的深刻发问，如果多元视角是真的不可通约，那么学者（和实践者）如何对不同的范式进行比较并创造性地跨范式交流？入世治学实践的一个启示是，科学哲学家需要扩展他们的传统解释，即强调趋同的中心倾向，通过相互借鉴的方法来解释不一致的发现，使用悖论推理方法以解释对立的发现。

2.2.7　社会科学的社会过程

作为科学哲学的实践活动，入世治学的另一个重要意义在于，研究工作是一个社会过程。由于承认被检验的科学理论与这种理论可能形成的社会、心理和经济过程之间的分离，确实主义者在这方面或许可能会被原谅。但是，"发现逻辑"和"检验逻辑"之间的这种分离借口不应该适用于相对主义、实用主义和现实主义。尽管实用主义者呼吁研究使用者采取有目的的行动来评估研究，现实主义者呼吁对正在研究的问题域的选择模型进行多元化对比，相对主义者呼吁对来自不同利益相关者的现实意义进行社会建构，然而引人注目的是，不同思想学派的哲学家却很少关注这些思想观点得以实现的社会过程。

也许科学哲学家将这个问题推给了科学社会学家。从事相关研究工作的科学家，包括 Garfinkel et al.（1981），Knorr-Cetina and Amann（1990）以及 Latour 和 Woolgar（1986）表明，科学家所从事的工作往往是即兴创作，这个过程包括事实上构建模型、运行实验、设计和解释数据、汇报方法和研究结果以及给定研究发现的可信度。虽然以上研究步骤有效地描述了科学家参与实践的方式，但是几乎没有提供任何具体的行为指导，只是得出如下结论，即科学家参与 Levi-Strauss（1966）所谓的构筑（Bricolage），即兴制作了一个混合工具包（包括工具和隐性的知识），以完成手头的任务。然而，学者们如何通过这样的过程超越以往的自己，以及如何促使别人参与该研究问题领域，这个过程目前来说仍然是一个黑箱。本书随后的章节通过为参与的利益相关者提出问题阐述、理论构建、研究设计和问题解决的方法和途径，试图探讨打开这个黑箱的可能方法。

2.3 结论

总之，对确实主义、相对主义、实用主义和现实主义这些关键概念和原则的历史回顾，目的在于确定一些概念工具和框架，以理解不同的科学观点，为选择适合自身的学术实践的科学哲学开启一个反思性过程，同时更深入地理解入世治学的哲学基础。我们讨论了这些科学哲学是如何影响我们对学术研究的看法，指出入世治学可能会推动乃至扩展的几个领域。如本章开头所述，以及我们在后续章节中所沿用的，我们认为入世治学基于现实主义科学哲学的几个核心要素之上，这些要素包括：

- 存在一个真实的世界（包括物质、精神和新的生成物），但我们对它的单个理解是有限的。一般来说，相比那些具有反思性和突发性的社会活动，物质东西更容易被理解。
- 所有事实、观察和数据都或明或暗地渗透着理论。与科学知识不同，社会科学中没有绝对的、普遍的、无误的真理或规律能够成为任何科学性知识。
- 任何形式的探究都不是价值中立和公正的；每个调查都是充满价值指向的。根据所研究的现象，一些方法会比其他方法更可靠。

- 了解复杂的现实需要使用多个视角。
- 坚实的知识是理论和方法论层面三角验证的产物，其中证据不一定聚合，也可能不一致甚至对立。
- 选择更适合所要解决的问题的模型，能够促进知识的演化性增长。

第 3 章

研究问题的提出

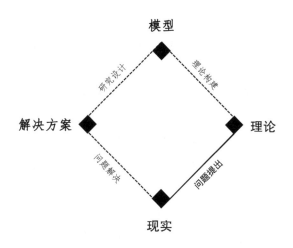

提出问题往往比解决问题更重要,后者可能仅仅是数学或实验技能的问题。

——Getzels 和 Csikszentminhalyi(1975)援引 Albert Einstein 的话

如不从现实世界着手,我们就很难表述出世界的意义所在。

就应用领域而言,观察和描述现实世界是理论起源的关键点。

——Robert Dubin(1976:18)

任何科学家,无论多大年龄,但凡想要获得重大发现,都必须对重要问题进行研究。倘若研究无趣或者微不足道的问题,往往只能得到无趣或者微不足道的结果。对研究问题而言,光是有趣还不够(因为倘若开展足够深入的研究,几乎任何问题都会变得有趣),关键问题在于结果。也就是说,研究结果对于普遍意义上的科学或人类而言应当具有一定的意义。

——P. B. Medawar,诺贝尔生理学或医学奖得主,1979

通常情况下，提出研究问题是入世治学过程中最初也是最重要的一个步骤。提出问题在将研究议题或问题扎根现实方面发挥着关键的作用，并且直接影响着理论构建、研究设计以及问题解决等研究步骤的实施。但是，研究人员常常容易忽视或者不太在意研究问题的提出。以社科类期刊上的大多数研究文章为例，"引言"部分阐述研究问题的用语常常让人有油腔滑调之感。研究人员与其他人一样，通常不会太过注重问题本身，而是侧重于针对尚不明确的问题开发和验证模型或理论，以此寻求解决方案。

"研究"常常被视作解决问题的一种活动（例如，Deutsch，1997；Azevedo，2002）。科学理论往往参照特定兴趣进行构建和评估，研究结果有助于理论和实践决策的制定。作为解决问题的一个过程，科学研究旨在帮助我们进一步了解不确定条件下的复杂问题或现象。这个过程通常包括识别问题、搜索和筛选信息、评估备选方案以及选择解决方案（例如，Polya，1957；March and Simon，1958；Halpern，1996；Deutsch，1997；McGrath and Tschan，2004）。提出和研究问题的过程由相互关联的四项活动组成：①识别和定位问题；②收集信息，将问题及其背景扎根现实；③诊断研究问题，弄清问题的特征或症状；以及④决定采取哪些行动或者回答哪些提问，以解决研究问题。

本章从四项活动（识别定位、扎根现实、诊断研究问题和形成研究问题）出发，阐述研究问题提出的整个过程。这四项活动相互重叠且在很大程度上相互依赖。随着时间的推移，除了高度简化和程式化的问题，问题形成活动在有序合理进展中的还比较少见。因此，我并没有按照固定的线性序列来描述这些活动的实施，而是将它们视作在整个问题提出过程中学者在不同层面上同时开展的一系列并行活动。如本章所述，各项活动需要开展的工作（花费的精力）主要取决于对问题的认知、问题存在的情境以及研究的目标。

研究是为了探究各种潜在问题。一些研究项目可能是为了解决某个特定的实际问题、危机或者威胁，例如实践人员在推进某个项目时发现预期与结果之间存在差距。倘若这些问题结构明确且能被人们充分理解，那么问题提出过程就可以有序展开。

但是，大多数研究问题的结构并不清晰完整。它们代表着异常甚至崩溃，即学者在文献和实践中发现的问题与其已建构起来的对世界的理论不一致。学者们常常注意到，遵循理论是无法预测到异常情况的。而一旦异常情况发生，就意味着诊断难题的存在，这必定会让学者们萌生出"真实情况远不止如此"的想法。

最后，该问题引发的研究可能还需要探究尚不明确的问题或现象，以此了解真实情况。换句话说，学者对于如何识别定位、扎根现实、诊断信息或解决问题的做法仍旧模糊。正如 Abbott（2004：83）所述：

> 我们往往无法提前看清研究问题的本质，研究问题的解决方案更是如此。我们定位一个问题，通常是因为直觉告诉我们它似乎很有趣。然而我们甚至连答案应该是什么样子都不清楚。事实上，"弄清问题的本质"和"确定答案的样子"经常与寻找答案本身同时发生。

正如上述实例所表明的，研究问题指的是被选作研究对象的任何问题情境、现象、议题或主题。问题情境可能源于现实世界、一门理论学科、个人经历或见解。具体表现可能包括无法令人满意的情况、有前景的机会、超出预期安排的反常表现，或者仅仅是一个感兴趣的话题。然而，为了分析问题情境，学者在识别定位、扎根现实、诊断研究问题和形成研究问题的过程中会遇到四个常见难题。

第一，识别定位问题的关键挑战在于确定研究所需要访问的对象（个人或利益相关群体），并基于他们的视角描述现实。所有研究都包含直接或间接的服务对象（无论是研究人员、资助机构，还是从业人员、学者）。关键在于，问题本身并非客观存在，而是由不同的人员所感知到并构建的。从研究所服务对象的视角来了解问题，并让他们参与问题提出的过程，对于构建研究的重点、层次和范围来说至关重要。

第二，学者处理复杂情况的能力是有限的，在这点上他们与普通人无异。他们通常采用导致有失偏颇的判断的捷径或者试探的方法。毋庸讳言，用"正确"的方法解决"错误"的问题（J. Tuckey 所指的"第三类型错误"），是代价颇高、令人泄气并且司空见惯的（Volkema, 1995; Buyukdamgaci, 2003）。遗憾的是，问题提出过程中通常对此一带而过或者不以为意。这样一来，人们往往会忽略问题的重要性这个维度，也极易错失进一步了解问题的机会（Volkema, 1983）。

第三，研究问题有时被表述为假想的伪问题，缺乏现实基础。太多的社会科学研究被问题和背景诊断不足的理论阐述耽误。结果，理论和研究往往扎根于虚构和迷信。针对某个问题，那些从真实经历或特定情境中总结概括的学者才能够回答下面这些关键的问题：举例说明？从谁的角度来看待问题？观点是什么？只有经历并了解这个问题的参与者才能回答这些问题。倘若无法获得这些问题的答案，就只能进行毫无根据的概括。

Merton（1987: 21）指出，在科学和日常生活中，通常"对于从未存在过的事件才需要进行解释"。在法律诉讼中，为了探究案例必须先对其进行构建。Merton（1987）提醒说，在科学实践中首先要做的重要一步就是"构建现象"（Establishing Phenomenon）。证据和论据应该清楚地表明，某种现象具备足够的规律性，需要对此作出解释并可以解释。通过这种方法"就可以避免引发伪问题的伪事实"（Hernes, 1989: 125）。

第四，即便研究问题扎根现实，通过诊断或解决方案也可能无法获得创新理论，因而难以推动对现象或问题的理解。Bruner（1973）指出，理论或模型是某种现象重要特征的一般表现形式。在他看来，将理论扎根现实需要跳出所给定的信息范围，这样一来，提出的问题在所观察情境范围之外也具有适用性。

本章旨在探索应对这四个常见难题（识别定位、扎根现实、诊断研究问题、形成研究问题）的方法。以下四节内容分别探讨了问题提出过程中的主要活动。在提出研究问题时，中心主题应该是理论与现实的交互作用。Abbott（2004：81）将这种交互作用描述为"从这一面提炼出问题，从另一面解决它，这两面会在某一时段或阶段对接，就像连接两岸的桥梁"。

3.1 研究问题的识别定位

所有难题、异常情况或者引发研究的问题，都是以"需要关注"这种想法为起点的。问题并非自然形成，它的存在取决于认识到问题的人、认识问题的过程以及认识问题的原因。没有人能够了解或探究到某个问题相关领域的所有方面。既然如此，问题的形成只是在一定程度上反映出观察者的视角和兴趣。问题并非以客观的自然状态存在。人类演绎了（Enact）现实及其问题（Weick，1979）。现实是由社会建构而成的（Berger and Luckmann，1966）。没有人能够研究社会世界本真的样子，只是研究它在我们眼中的样子。因此，学者必须反思而且明确拟用于反映现实的研究问题或研究模型，将会服务于哪些视角和利益（Van Maanen，1995）。

不同的人会采用不同的方式解释情境。在一起互动和交往的人通常对事物的本质及其之间的关系持相同信念，对于该做什么、不该做什么也遵循共同的规范。随着时间的推移，这些信念可能会成为惯例并被人们视为"事实"。但是，我们每个人的经历都是独一无二的。不同的人之所以会采用不同的方式来解释情境，是因为他们会通过自己特定的心理框架来了解这些情境，包括个人信仰、态度、偏见和期望。因此，Eden et al.（1983：2-3）指出，通常情况下，人们注意到某些事情，然后会选择对于其自身特别重要的部分，而忽略其余部分。

> 我们所了解的人类"模式"，并非对一些"刺激"的生物反应，不受本能内在需求的"驱动"，也不属于思维和行为被社会"控制"的人。更确切地说，它就是人类根据个人理解或对于事件的构想而采取的行为。（Eden et al.，1983：3）

这就意味着，"其他人对情境的解释与我们的解释完全一致甚至是类似"这种情况是很难假设或者不证自明的。某个事情，你或我可能由于某种原因认为它是一重大危机,他人则可能出于完全不同的原因将其也视作重大危机,但另一些人可能只将其视作小困难,更有甚者有的人根本就不会注意到它的存在。所有情境都不可能是自然客观存在的问题。问题由人提出,通常较为复杂,也可能是个人(或者志同道合的一群人)对于事件的个人理解。(Eden et al.,1983:8)

何时及如何识别定位某个问题,很大程度上决定了着手处理和解决该问题的方式。例如,被归类为"人力资源"情境下的问题,其处理方式肯定与"组织设计"或"市场份额"问题有所不同。问题的定义在很大程度上决定了问题的解决空间。在这种情况下识别定位所要研究问题的领域时,我们需要弄清应从谁的角度去了解问题的前景和背景。以下讨论的几个维度有助于识别定位问题的重点、层次和范围。

3.1.1 研究的重点和时间跨度

一个问题可能涉及前景和背景、重点及情境(Abbott,2004:138)。例如,在管理研究中,通常将管理者放在前景之中,并将公共政策制定者或其他利益相关者放在背景之中。在这种情况下,研究重点应该是管理者经历的问题和情况。企业员工和其他利益相关者关注的问题,应被视作管理者问题的背景或情境的一部分。同样地,企业所在社区的政治、外部监管及基础设施也应被视作所研究问题的背景。选择哪些研究对象作为研究问题的前景和背景,将会在很大程度上影响研究问题的提出。

有些人提出研究问题时依据的可能是孤立的一群人或机构,在某个特定时刻所经历的相当特殊的、明晰的和静态的问题。相反,其他人在形成相同的研究问题范畴时则基于不同人群在较长时间内所经历的普遍的、不清晰的和动态的问题。观察与解决问题的不同视角,通常反映出使用者的不同利益和角色。例如,管理实践者往往把重点放在他们在运营组织过程中所经历的直接和特殊问题之上。政策制定者却更加倾向于关注影响更大范围人群或从业者、更为普遍的问题。

综上,一个研究问题领域如何确定,取决于该研究的使用者或受众。大多数问题太过复杂，以至于我们无法了解所有利益相关者的不同看法。对此，我们只有将某些人或事放入前景，其余的人或事放入背景，以此降低问题的复杂程度。

3.1.2 研究的层次

一个问题是对应于一个层次的，也就是说，它可能是在个体、群体、组织或产业层面所经历或注意到的问题，又或者涉及更为广泛的分析层次。此外，该问题的推动或结果因素（事件）可能存在于不同的分析层次。如 Abbott（2004：138）所述，有些事情可能大过于我们的焦点问题，有些属于焦点问题的一部分（或者可能是焦点问题的决定因素），有些则可能小于我们的焦点问题。分析层次的选择不仅反映出问题的本质，还反映出用于构建问题（或建模）的学科基础。例如，心理学家倾向于将研究问题构建在个体层次之上，社会学家则倾向于从更加宏观的体制和社群角度来看待问题。

与分析层次的选择密切相关的是问题领域的背景，这通常包括比问题探究层次更为广泛或在其范围之外的特征。例如，研究个体工作行为的背景可能包括个体工作所在的群体、组织和产业。倘若分析层次扩展到组织，那么先前被视作背景的许多群体和组织特征现在应并入问题领域，产业因素仍旧被视作环境背景的一部分。当然，问题领域的背景选择不仅仅关乎分析层次的选择。在给定层次上，它包括重新整理前景和背景的焦点，以及需要去除或排除在研究范围之外的东西。

3.1.3 研究的范围

无论何时，某个问题需要研究的深度、广度及时间跨度都是问题范围领域应该解决的。最终答案是，当获得的研究成果能够满足研究参与者的好奇心及需求时，研究即可结束。

在理想情况下，问题的范围应随着研究过程的推进而逐渐缩小，并且变得更加容易控制。在实践中，情况往往相反（范围蔓延更广），也就是说，在研究的过程中问题会膨胀并且牵扯更为复杂的领域。导致范围蔓延的因素有很多。首先，"感兴趣的问题可能比最初预计的要大得多"或者"它可能引发更大的问题"，这些都是具有建设意义的迹象。研究人员的指导教师和参与研究的其他人也可能从中学习，并且就研究议题和具体问题提出建议。

另一个造成研究范围蔓延的因素，就是问题在现实中往往具备无穷尽性质。如 Rescher（1996：131-132）所述，"真实的东西在认知方面不具透明度，我们无法一眼看穿它们。我们对于它们的认知可能会因此变得广泛，而不会因此变得更加完整"。他表示，在现实世界中，人可以获得新的信息，以此补充或修改先前已经获得的信息。"真实的东西"可能存在于我们的认知范围之外。"因此，我们对于事实的了解总是变化不定的。我们试图了解的事实并不是一个固定的东西，而是不断变化且其各部分不断增长的一个过程"（Rescher，1996：132）。

在研究初期，研究人员通常无法明确划分问题领域的重点、层次和范围。通过让不同的利益相关者参与"将研究问题扎根现实"以及"诊断研究问题"等环节，研究人员可以深入了解所研究的问题。

3.2 将研究问题扎根现实

就研究问题提出而言，定位问题领域和收集信息通常是两项相互重叠的初步环节。你越能从研究使用者的角度将研究问题扎根现实，就越能理解所研究问题及其解决空间的多个维度和表现。将问题扎根现实需要对问题的本质、背景及问题领域的已知信息实施探索性研究。开展这项探索性研究可以采取多种方法。后文描述了一些具体方法，如通过个人经历和直接观察特定背景中的问题情境收集相关信息，以轻松闲聊、访谈或群体会议的方式与经历过该问题的人士进行谈话等。通过回顾文献来确定问题的范围、普遍程度及背景，也是非常必要的。

开展这些工作，是为了充分了解问题领域，以便能够回答新闻工作者式的提问，比如：谁的问题？问题内容是什么？问题出现在哪里？是何时出现的？为何会出现？以怎样的方式出现？（Who, What, Where, When, Why, How）。将问题扎根现实，需要获取这些提问的特定（Particular）和普遍（General）答案。特定答案基于观察某项或某两项特定案例获得的第一手资料，对问题进行近距离描述和个人描述。特定答案可以提供某特定问题的具体和生动细节。普遍答案是为了表明特定案例并不罕见，后者是针对更广泛问题的实例。通常情况下，普遍答案的依据是通过该问题相关的既往研究的文献综述从而获得的间接统计证据。

多家报纸专题报道的引言部分就是同时对问题进行特定和一般描述的日常示例。通常情况下，报道的第一个段落会针对新闻工作者提出的问题给出特定的近距离和个人答案。下文给出了一个典型示例：

> 在过去的6个月里(When)，45岁的机械师乔·贝鲁(Who)因抑郁症(What)，每周都去看心理医生。自从被自己供职20年的AMC工程公司解雇(Why)之后，他的抑郁症状越发严重。AMC工程公司位于美国中西部的工业城市(Where)。

第二个段落针对新闻工作者提出的问题，即问题的普遍程度，给出一般答案。具体内容可能是这样的：

> 在这次裁员事件中，乔·贝鲁并非唯一的受害者。大学研究人员的研究(Wanberg et al., 2005)表明，2001年(When)美国(Where)共发生裁员事件8 349次，导致170万劳动者(Who)失去工作。研究人员发现，失去工作给失业者的大多数身心健康指标都带来了负面影响。例如，研究表明，失业会加剧焦虑、抑郁和失眠，导致酗酒、离婚和虐待儿童(例如，Dooley et al., 1996)(Why)。乔·贝鲁和数以百万计的失业者(Who)的经历带来了一个重大问题，即如何应对失业引发的一系列问题。

故事到此，专题报道可能会向多个方向发展，具体取决于作者的观察视角。倘若作者从人力资源开发的角度出发，专题报道将侧重于公司为帮助乔·贝鲁等失业者进行过渡并找到新工作而提供的培训和咨询服务。或者，作者可能侧重于反映公共政策问题，并质疑政府如何监管企业人力资源对裁员手段的滥用，及其对前雇员和社会造成的痛苦和医疗保健费用。除了阐述新闻工作者式的提问，该示例还说明了一个问题（如后文所述），即许多不同的报道或问题诊断通常扎根于相同的数据或对现实的观察结果。

对新闻工作者式的提问所做的特定和普遍回答，将为研究问题扎根现实提供实用的准则。这些提问包括：谁的问题？问题内容是什么？问题出现在哪里？是何时出现的？为何会出现？以怎样的方式出现？在研究初期，研究人员很少能够充分了解问题领域（以获取提问的特定和普遍答案）。倘若他们认为自己知道这些问题的答案，那么就有必要确定谁也能够以类似或不同的方式回答这些提问，以及相关原因。

问题提出不是一个孤立的活动，而是一项集体成果。"将问题扎根现实"要求研究人员跳出自己的思维模式，对他人就问题领域的相关解释和描述持开放态度。如 Bruner（1986：133）所述，"要达到一定范围内可能的立场意识，即一种拥有大量输入的元认知步骤（A Metacognitive Step of Huge Import），反思（Reflection）和'疏离'（Distancing）是关键环节"。大多数问题往往存在于"喧闹嘈杂、繁荣兴旺而令人困惑"的现实世界之中。世界是由多个层次组成的，如果太过复杂，那么任何一个人都不可能对其充分了解。因此，有必要在形成问题时采用多元化方法。只有了解并结合其他利益相关者的观点，才能将现实中那些稳健的特征与那些仅仅作为某方面作用结果的特征区分开来（Azevedo，1997：189-190）。

3.3 诊断研究问题

通过细致观察和数据收集将研究问题扎根现实，可以为研究问题的诊断提供"原材料"。诊断研究问题需要训练有素和开放的思维，采用相应模型或理论，以便结合背景确定问题的特定本质。逐步深入了解现实中存在的现象，可以为诊断预期和意外事件（Expected and Unexpected Things）创造多重机会。预期事件符合我们的现实模式（Model of Reality），我们将它们视作结构良好的问题，其解决方案是已知的，干预措施也是存在的。意外事件不符合我们的现实模式，它们往往表现为让我们意识到自己对于问题领域了解尚不完善的一些异常情况（Anomalies or Breakdowns）。进一步研究可能表明，针对异常情况的现有解决方案并不充分，有必要创建或者发现新的解决方案①。

异常情况包括：未达到预期，事件没有意义，或者某个一致性的假设不再符

---

① 当把特定理论应用于某个特定情境时,异常情况可能出现在研究过程的任何时候(包括从初始的探索,到明确目标,再到撰写研究报告)。Van Maanen(1995)认为,异常情况和意外通常是已经发生的事件,这并不意味着它们没有价值,只是限制了我们在研究起点对先入之见或理论的认知。

合（Agar，1986：20）。正是因为出现了异常情况，事件本身才会吸引我们的注意。有些人类学家建议研究人员"从惊讶、意外或差异感着手研究"（Rosenblatt，1981：200）。Alvesson（2004）表明，真正有趣的异常情况意味着既有理论无法轻易解释的实证"发现"。因此，异常情况并不是我们无知、天真或狭隘思想的产物。"惊讶"应当是研究团队其他成员表现出来的一种反应，他（她）应该能够理解或解释引发异常情况的经验观察或构想。

当某些异常情况在特定情境中出现时，我们储备的概念模式或观点会限制潜在的解释范围；如果没有这样的限制，我们则可能会以一种更可理解的方式来认识这些现象。例如，我喜欢凝视鸟儿停在厨房窗外的野鸟喂食器上的可爱模样。但是，我并不是鸟类学家或经验丰富的鸟类观察者。因此，我不可能认识到或者发现"停在野鸟喂食器上的鸟儿可能属于新的物种"这种事情。如路易斯·巴斯德（Louis Pasteur）所述，"机遇只偏爱那种有准备的头脑"。有准备的人不仅结合背景了解问题详情，还储备了能够陈述或解释问题的其他可信理论或模式。每个理论描述的都是现实的预期情境。

> 对于"发现"而言，"储备"非常重要。如 Merton（1973）所述，意外的新发现及偶然发现，意味着科学家关于问题、假设或期望的可用储备远比其研究的特定问题广泛得多，研究的过程在某种程度上就是基于这些储备不断筛选的结果，尤其是意外结果。（Campbell，1988：418）

熟悉了解所研究问题的领域，就更有可能确定那些值得注意的重要或新颖的异常情况。针对这些异常情况发现新解释的可能性，在很大程度上取决于我们对于其他理论的储备。每项理论均可以作为现象的替代性思想的尝试或概念性实验。

诊断预期的或意外的问题（异常情况）可能需要采用不同但相关联的诊断模式。在解决问题方面，前者从一系列预先列举的解决方案中选择现有方案，后者则侧重于构建新的解决方案（Clancey，1985）。对解决方案已知的问题进行研究，往往意味着对理论进行检验以及对研究项目进行评估。相比之下，对解决方案未知的问题进行研究更具挑战性，因为需要构建或发现新的理论。现在我将更为详细地探讨这两种相关联的问题诊断模式。

"诊断"（Diagnosis）是将对现象的观察结果划分为已知类别的过程，这些类别适用于解决问题。就简单分类而言，数据可能直接与解决方案的特征相匹配，或者在抽象化出来之后再与该特征进行匹配。例如，为了识别停在野鸟喂食器上的鸟儿的物种，我参照指南上的图片和鸟类特征确定与鸟儿类似的物种。这种简单分类的本质在于，我直接在一系列预先列举的解决方案中进行选择。当然，这并不意味着我就能获得"正确的答案"，这只是表明我曾试图将可用数据与已知解决方案进行匹配，而不是构建一个新的解决方案。在观察鸟儿或者将其特征与指南上最相似的物种进行匹配时，我可能会出错；因此我的结论只是一种假说（可能考虑到实际情况，我不用费心去进行验证）。

如该示例所述，简单分类往往直接将数据元素与解决方案的特征进行匹配。对于更加典型的、劣构性问题（Ill-structured Problems）而言，诊断过程则更加复杂。Simon（1973：181）对这类劣构性问题进行了探究，将其定义为"在某些结构方面缺乏定义的问题"。他提出，从系统架构出发可以将复杂的劣构性问题系统地归类为微观和模块化层面的结构良好问题。他发现，用在结构相对良好的问题领域的技巧往往会被延用至劣构性问题领域。

他以一名建筑师为例，这名建筑师因其丰富的经验和长期的记忆能够基本了解客户所需设计房子的最终状态。房屋设计的结构部分需要将其分解成各种组件的设计问题，这个过程将一个无结构或结构不良的问题转化为结构良好的若干子问题。虽然针对这些组件存在的问题具有结构化的解决方案，但是没有针对整个房屋结构问题的解决方案。这个建筑师可以咨询相关专家或分包商，从而以一种结构化的方式完成各个组件的设计任务。但这可能会带来一个问题，那就是忽略了许多结构良好的组件子问题之间的相互关系。为了降低因许多组件不一致而造成的风险，就需要建筑师的长期记忆或设计蓝图；为了减轻由此带来的对组件之间相互作用关系的伤害，设计师会分析比较划分任务的各种方法并找出最优方法。

在制定普遍（且临时的）规范之后，专业人员应当开始"接触"工作，即引入新的设计标准和构件设计来满足相应需求。在稍后阶段，构件设计的不一致之处会显现出来，通过修改仍然可以达到大部分的标准，或者做出摒弃某些标准以支持其他标准的决定。每个阶段的工作似乎拥有相当良好的结构,但整个过程并不符合结构良好问题的任何标准。(Simon,1973:194)

西蒙指出,倘若问题空间在问题解决过程中保持不变,那么吸纳新信息就不是一个问题。但是,倘若在问题解决过程中,问题空间发生改变并出现了意外事件,那么随着问题诊断过程的推进,就有必要考虑应当如何修改或重建解决方案。

在实践中,诊断往往是由解决方案驱动的。具体过程包括:将数据划分为不同问题症状或类别,将所有分类结合起来推断问题,启发式地(Heuristically)选择业已证明适用于问题的解决方案,然后改进其在手头案例中的应用。Clancey(1985)阐述了问题诊断的一般推理结构(具体参见图3.1)。

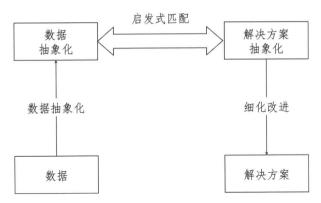

图 3.1　问题诊断的推理结构

资料来源:Clancey(1985:296)。

研究问题往往以现实世界中的对象开始,所以解决知识的实际问题往往与人群、病患、产品、项目或组织类型的对象有关。例如,在医学诊断中,通常把对病人的基本观察结果归类为各种症状并且抽象化为病人类别,然后启发式地与疾病类别进行关联,最后提炼为治疗特定病人、特定疾病的处方。诊断过程中的具体步骤包括:①数据的分类与汇总;②问题与解决方案的启发式匹配;以及③提炼解决方案,使其适用于特定案例。下面我将详细探讨这几个步骤。

3.3.1 数据的分类与汇总

将观察结果划分为概念类别可能是最为重要的推理步骤了，该步骤主要在问题提出过程中实施；这个步骤还将出现在后续的章节，包括理论构建、研究设计、数据分析和问题解决等。就前述医学诊断示例而言，将病人数据归类为各种症状并将这些症状与病人疾病类别结合起来，需要一个推理过程，那就是确定子类别的数据元素，并将其普遍化至更高层次的抽象化类别。对症状分类并将其与更为普遍和抽象化的概念结合起来的这个过程，会改变我们对某种现象的了解和看法。如Hanson（1969）所述，研究人员不仅要探究世界和收集问题的相关数据，还要与世界进行互动，并以有助于我们理解世界的方式来解释数据。

> 我们所说和所想的语言以及我们说和想这种语言时的情境，构成了我们的思维方式以及真正的感知能力。这并不是说我们的语言生成（Produce）了我们的思维或者形成了我们的感知，就像不是石膏模具造出了青铜雕像或者配方做出了蛋糕一样。而是说，语言的形式可能在一定程度上影响着我们思维和认知的形成，以及我们倾向于认定的事实（包括我们描述这些事实的方式）。我们在描述所谓的"事实"时，几乎总会用我们认为看到事实时脑海蹦出的一些语言元素。（Hanson, 1969: 184）

在术语定义方面，就其必要的本构特性（Constitutive Properties）而言（这将在下一章中讨论），问题解决者极少遵循亚里士多德的概念定义。相反，问题解决者可能会采用普通的概要，包含偶然和典型表现或行为原型。定义的关联通常是非必要的"软性"描述。概念的含义取决于它们所涉及的关联。因此，在实践中，我们会想方设法地围绕所研究的概念搭建一个连贯的网络。在未能以原则性的方式理解所涉及概念的关联之前，如果使用相混淆的概念前因、影响和指标等术语，则会使情况变得更加复杂。例如，我们通常基于异常模式（对正常模式的偏离）定义组织中的问题。但"正常"一词的含义取决于该组织发生的一切，因此推理出来的问题总是涉及一定程度的假定。

3.3.2 问题与解决方案的启发式匹配

与数据汇总不同，启发式推理涉及大步跨越（即省略步骤）的问题。例如，汇总工作团队在解决问题和制定决策过程中遇到的难题指标是一回事，一下子推理出所研究问题属于"团队领导能力"这个类别则是另一回事。这种推理往往是不确定的，通常以典型性假定，有时仅仅以知之甚少的相关性为依据。这种启发式推理的一个基本实用特征在于，它能够缩短并减少寻找信息和诊断问题的时间及精力，因为它往往会跳过手段—目的（Means-ends）之间的中间关系（或因果关系）。Clancey（1985）指出，这种启发式诊断方法的缺点在于出现错误的可能性。

> 启发式推理往往具有不确定性，这是因为在特定案例中，中间关系可能不存在，或者观察不到这种关系，抑或是对这种关系了解甚少。不用考虑这类中间关系固然好，但是问题解决者会因此面临一个基本的冲突，那就是他（她）的推理飞跃可能是错的……因为解释依据可能是未阐明的多项假设……当然，我们至少应该知道将数据类别与治疗类别相关联，以此拯救病人的生命！（Clancey，1985：307，311）

3.3.3 提炼解决方案，使其适用于特定案例

一旦为某个研究问题的类别选定了普遍性解决方案，就有必要对其进行提炼或调整，使其适用于特定病人或案例。适用于某个给定问题的一些解决方案有证据支持和专家共识，往往不会在整个医学领域（Denis and Langley，2002）、人力资源领域（Anderson et al.，2001；Rynes et al.，2002）或管理领域（Rogers，2003；Tranfield et al.，2003）实施。本书第9章对容易出错的过程进行了更加详细的探讨。这类出错过程就是，问题解决者基于总体样本或某样本的统计证据，从普遍性解决方案或模式推导出适用于个案的特定解决方案。例如，病人可能被错误地划分至某个子类别或者被错误地认定为某疾病类别典型。分类系统可能过于笼统，并未设定边界条件或类别中的意外事件。在总体样本的分布中，问题解决者可能未对个案的特定背景进行了解。这样一来，适用于某子类别病人或疾病典型的某解决方案，对于个别病人来说可能并不适用。旨在诊断客户的某个问题并针对其实施解决方案的行动研究，就会遇到这类特殊的诊断和干预问题。

3.3.4 诊断步骤之间的关系

到目前为止，我们说明了诊断步骤的推理过程是从数据出发，到结论为终。然而，解决方案模式与数据模式之间进行搜索和推理的实际顺序常常是相反的。在以下几种问题中，这一点就显而易见。通常情况下，问题诊断需要解决以下问题：

- 是否提供了与问题相关的数据，或者必须要求提供这类数据？
- 如果要求提供这类数据，那么应当使用何种备选解决方案并使用何种提问策略？
- 如果已经获得新的数据，那么应该如何通过它们进行推理？
- 倘若（通常情况下）针对问题和解决方案的备选推理是存在的，那么应该选择哪种推理方式呢？

Clancey（1985：324）指出，数据和解决方案之间的"触发"（Triggering）关系几乎是所有启发式分类推理描述的关键。

> 我们经常说，"数据触发解决方案"（A Datum Triggers A Solution），前提是问题解决者在找到数据之后，依据数据能够立马想出解决方案。然而，这种主张是有条件的（即需要立即提供更多数据），也通常离不开相关背景（虽然很少指定或清楚了解背景）。"头痛加上目赤肿痛是青光眼的症状"，这是一种典型的触发关系。目赤肿痛可能会引发头痛和青光眼，但如果只是头痛，就不会具有这种关联……一般情况下，"数据通常只与几个解决方案有关"的这种特殊性，决定了在解决问题的过程中数据能否触发解决方案（即脑海中浮现出解决方案）。

启发式触发因素有助于在数据和解决方案之间实施三种非彻底搜索方法：

1. 数据定向搜索（Data-directed Search）。具体而言，研究人员依照"从数据到抽象化"的顺序，不断匹配解决方案，直到做出令人满意或可信的一系列替代性推理。

2. 解决方案或者假设定向搜索（Solution-or Hypothesis-directed Search）。具体而言，研究人员以解决方案为起点，开展逆向工作，收集可用的支持证据。

3. 机会性搜索（Opportunistic Search）。具体而言，研究人员将数据与假设定向推理结合起来。这里的启发式规则会触发假设，从而导致集中搜索，新数据也可能引发重新聚焦。机会性搜索并不彻底，这是因为推理往往只限于数据和解决方案类别之间的一系列有限的可信关系。

通过这些启发式方法制订的解决方案可能只是需要实证研究和检验的猜想。就医疗保健领域而言，通过研究证实的这些解决方案被认为是"基于证据的"干预，被一群专业人士选用的解决方案通常被称作"最佳实践"指南。由于这些最佳实践指南以专业人士意见（而非科学证据）为依据，它们通常是"需要研究"的对象，即通过临床试验或评估研究，以实证检验其效力。

3.3.5　跳出给定数据的范围

如引言所述，研究人员常常面临的难题之一在于，即便问题扎根现实，通过诊断也可能无法获得创新理论，因此难以推动对研究现象或研究问题的理解。Bruner（1973）指出，想要创造，就必须跳出给定数据的范围。他论述了认知过程中可能遇见的问题，那就是与我们已知事物不符的异常情况。他指出，理论或模型是某种现象重要特征的通用表现形式。在 Bruner（1973）看来，将理论扎根现实需要跳出所给定的信息范围。这样一来，形成的问题在所观察情境范围之外也具有适用性。这种类型的创造性问题提出过程包括"清空操作"，也就是学者从现实观察到的情境中去除细节或对细节进行抽象化处理。这样一来，他（她）就可以获得关于问题的一些通用信息，这种信息可以普遍化至现实中存在的更为广泛的情境。据 Bruner（1973）观察，他发现对问题的最初描述往往过于复杂。在研究初期，通常缺乏一种实用的分类方案——无法将"小麦"和"糠"区分开来。因此，由于"树木"的遮挡，我们难以发现森林里的"荒芜"。

Henderson（1967）针对 Bruner（1973）所述的"清空操作"提出了一则佳例，即希波克拉底（Hippocrates，被称作"医药之父"）对菲利斯库（Philiscus）生病至死亡的描述。

> 菲利斯库虚弱地靠在墙边。第一天晚上，他伴着急性发热入眠，不断冒汗，整宿都不舒服。

第二天。他的症状普遍加重了,后来通过小规模灌肠,如厕顺畅。那晚睡得很香。

第三天。早上至中午这段时间,他好像退烧了,但到了晚上又出现了急性发热症状,汗流不止、口干舌燥,甚至出现了黑尿。这个夜晚,他几乎没有睡着,被折磨得差点发疯。

第四天。所有的症状都加重了,依然黑尿。但到了晚上似乎略有好转,尿液的颜色也有所改善。

第五天。大概在中午,他突然流出鲜红的鼻血。尿液颜色很杂,尿液四处喷溅,甚至含有圆形颗粒状物质(类似于精液),并且出现了尿不尽的状况。使用栓剂之后,他出现了胀气现象,排便少许。那晚,他倍感痛苦,睡眠断断续续,嘴里胡话不断;四肢发冷,无法暖和起来;黑尿;在黎明时分总算小睡了一会儿;说不出话;一身冷汗;四肢铁青。

大概在第六天的中午,这位病人去世了。回想起他生病期间,呼吸自始至终甚少且吃力;脾脏肿大;冷汗不断;病情在一天之内便有所加重。

Henderson(1967)指出,希波克拉底采用三种观察结果描述病人的死亡过程。首先,在陈述疾病的第一部分简单地描述观察结果。这些观察结果简明扼要,体现出诊断的抽象化,并未着色。其次,该案例采用随时间推移观察到的重复模式诊断病人病情发展过程中的一致性。最后,(此处并未描述)希波克拉底通过各案例观察到的一致性,反映出单一事件或事件顺序在不同案例中的重现。这些一致性可以普遍化至更为抽象的病人类别,如"希波克拉底面容"或"死亡之相":

尖鼻子、双眼放空、两鬓凹陷、双耳冰冷(耳垂向外翻转)、脸部僵硬、皮肤紧绷干裂、脸部整体呈现出黄色或黑色。

通过对病人的累积观察,希波克拉底逐步对自己的观点进行最大限度的普遍化。Henderson(1967)总结道:发展一门处理类似复杂和各种现象的科学,有必要对现实进行如此有条理的描述。

3.4 形成研究问题

在实践中，问题解决过程的具体方法就是对识别出的问题采取特定的干预。但在研究中，问题提出过程的具体方法通常是提出有利于科学探索的研究问题，以便更好地理解问题及其解决方案。如前文所述，扎根现实和诊断研究问题领域通常可以揭示许多有趣和重要的研究问题。例如，就图 3.1 中的推理结构而言，对某特定问题进行诊断可能会触发一个或多个后续的研究问题。

一是问题分类与汇总：
- 问题属于什么类别，是否与已知的问题类别相匹配？
- 某个问题或某种疾病具有怎样的已界定的特征或症状？它们是如何引发问题或疾病的？
- 更好的编码系统是否适用于确定和分类某特定问题的组成部分或某特定疾病的症状？
- 在何种背景、情境或意外情形下会产生不同类别的问题？
- 问题要素或症状是如何起源并且发展成为疾病类别的？

二是问题与解决方案之间的启发式匹配：
- 何种特定的解决方案适用于当下问题，或者变化后的问题？
- 对于这种问题而言，备选解决方案具有什么优缺点？
- 解决方案如何又是为何能够解决某个问题的？其组成部分之间存在怎样的因果关系？
- 相较于现有解决方案，新的解决方案能够更有效地解决问题吗？

三是提炼解决方案，使其适用于手头案例：
- 相对而言，针对本特定案例中的问题提出的备选解决方案具有什么优缺点？
- 该问题为何不采用或者实施基于证据的解决方案？
- 如何对解决方案进行修改或精炼，才能使其适应当地情况？
- 解决方案有益或有害的特定背景或突发事件有哪些？

显然，任何给定的研究都不可能探究到诊断过程中可能出现的所有或其他问题。因此，首先需要提出一个具体问题，然后通过研究项目予以解决。对于研究人员而言，研究问题的提出往往标志着问题提出过程的结束。因为问题提出过程就是为了从一系列可能成为实证研究重点的问题中确定一个具体问题。研究问题不仅将研究重点缩小至可控维度，还对研究项目的相关性和质量评估建立了实用标准。只要找到拟解决问题的答案，就意味着研究取得了成功。

选择研究问题是聚焦某研究项目的一个关键决策。研究问题很少被一次选定或者通过一劳永逸的方式选定。相反，问题提出的整个过程（包括识别定位、扎根现实和诊断研究问题）为形成、重构和修改研究问题提供了大量尝试和机会。想要锁定研究问题，就必须从研究使用者的角度弄清问题领域的重点、层次和范围。将问题扎根现实，意思是研究问题能够直接定位于现实中所观察到问题的关键方面。研究问题还应当有助于确定需要进一步构建理论和检验的关键差距、假定或异常情况。

在提出研究问题的过程中，有必要考虑一些常识性的建议，这些建议在研究实践中往往被忽视。现以纲要形式将它们列举如下：

- 研究问题应以问号（"？"）而非句号（"。"）结束。非常普遍的情况是，研究问题以暗示或预先设定解决方案的形式提出。好的研究问题允许有两个或多个可信答案，以此诱发相关研究。
- 研究问题应当直接定位于现实中所观察到研究议题的关键方面。通常情况下，所提问题和研究议题是单独进行陈述的。
- 考虑研究问题的结果。它是否能够解决使用者视角中的部分关键议题？是否能够帮助使用者大幅改善这种情况？是否能够增加使用者的知识或提升使用者的能力？

提出好的问题与获得明确的答案一样重要。事实上，Bruner（1996）补充道，提炼这样的研究问题并让它们维持活力的培育艺术，对于科学生产而言至关重要，这是一种富有智力和充满活力的过程，因为这样可以使其与已完成科学报告的主题区分开来。"好的问题能够造成困境，推翻那些明显或规范性的'真理'，通过制造不一致性获得关注"（Bruner，1996：127）。

3.5 研究问题提出的方法

3.5.1 避免判断偏差

在与他人共同提出研究问题时,研究人员可能会受到人类判断偏差的影响。他人的观点会限制我们处理复杂情况和保持对细节关注的能力。研究表明,人类缺乏处理复杂情况的能力和倾向(Kahneman et al.,1982)。无论是对于研究人员本身而言,还是对于与他(她)就某个问题领域进行交谈的个体而言,事实的确如此。人类倾向于迅速消除问题,并且具有"解决方案意识"(也就是说,在未充分了解问题之前,过早地关注解决方案)。通过对阐述问题的多种方法和视角进行三角验证,可以延长问题意识的时间,这种做法可以降低解释过程中发生意外偏差的可能性。

有关个体归因和决策的研究发现,人类在做出决策、因果关系判断、社会推理及预测的过程中往往会系统性地偏离理性前提下的理想情况(Bazerman,1986;Cialdini,1993)。个体倾向于依赖为数有限的启发式原则降低信息的复杂程度。通过这些启发式方法,个体可以用更为简单的判断操作解决复杂的问题。在应用这些启发式方法时,个体往往通过偏置其评估和推理的方式筛选信息,这使得他们的判断出现系统性的可预测错误。Bazerman(1986)总结称,这些启发式方法和结果存在偏差(参见表3.1)。

表3.1 个体和群体决策过程中的偏差

偏差	描述
1. 源自可得性启发法的偏差	
A. 易于回忆	相较于发生频率相同但不太容易回忆的事件而言,易于回忆的事件(取决于生动性或新旧程度)在数量上占据优势
B. 可恢复性	相对于难以恢复的信息,易于搜索并获得的信息更加显著
C. 假定关联	基于(易于回忆)类似关联的数目,高估两个事件同时发生的概率
2. 源自代表性启发法的偏差	
A. 对于基准率并不敏感	忽略在提供其他描述性信息(即使毫无关联)时评估事件可能性的基准率

(续表)

偏差	描述
B. 对于样本规模并不敏感	未能意识到样本规模在评估样本信息可靠性方面的作用
C. 存在侥幸心理	期待随机产生的数据序列看起来"随机"（即使是序列太短，以至于统计失效之时）
D. 均值回归	忽略极端事件会回归到后续试验均数的事实
3. 源自锚定与调整的偏差	
A. 锚定调整不足	在确定终值时，对初始锚值的调整不足（源自既往事件、随机分配或者任何可用信息）
B. 关联与分离事件	高估关联事件的概率、低估分离事件的概率
C. 过度自信	在回答比较困难和极度困难的问题时过度自信，相信判断绝对无误
4. 两个更为普遍的偏差	
A. 确认陷阱	寻求你认为证实的事物的确认信息，忽视寻找未证实的证据
B. 后知后觉	在确认事件发生（未发生）之后，高估了预测结果的正确性
5. 源自群体决策的偏差	
A. 群体思维和顺从	面临来自群体的迎合他人的压力，群体成员无法考虑不同看法
B. 风险转移	相较于群体成员个体决策的平均情况，群体决策通常更为保守或更为极端
C. 避免冲突	寻求凝聚力并且避免表达可能造成不愉快或反对群体成员的想法
D. 落入俗套	在小组讨论中，侧重于评估曾经表达过的想法，而不是引入更多新的想法

资料来源：Bazerman, M. (1986)."Biases", in B. M. Staw (ed.), *Psychological Dimensions of Organizational Behavior*, 2nd ed. Engelwood Cliffs, NJ: Prentice Hall, pp. 199－223. Delbecq, A., Van de Ven, A., and Gustafson, D. (1975). *Group Techniques for Problem Solving and Program Planning*. Reading, MA: Addison Wesley.

  Polya（1957）、Bransford 和 Stein（1993）以及 Halpern（1996）等提出了多种方法，用以减少个体推理和决策过程中的偏差，并提升解决问题的创造力。这类文献中一个经常提到的主题是，个体与其他受访人共同提供信息并解释问题领域，以此监控他们的认知偏差。对于那些不同视角均提供重要信息的问题来说，情况尤其如此。通过一对一访谈、群体会议、调查及其他方法均可以收集此类信息。不同方法可提供不同种类的信息。例如，通过头脑风暴或群体会议收集到的信息通常是对问题的整体化格式塔分析，个人访谈或调查很少能够提供这种信息。但是倘若通过群体会议收集信息并将问题扎根现实,则必须小心谨慎地构建小组。

群体决策偏差通常会使得决策偏离理性条件下的理想情况。如表3.1底部的各行所示,最为常见的四种群体决策偏差分别是"群体思维和顺从""风险转移""避免冲突"和"落入俗套"。Janis和Mann(1977)对群体过程开展了一项经典研究,确定了一种名为"群体思维"(Groupthink)的现象。在群体思维的情况下,顺从以追求一致性的心态使得群体无法顾及成员的所有观点。"风险转移"是另一种群体决策偏差。Kogan和Wallach(1967)等研究人员发现,群体决策有时比个体决策更为保守。但在更多时候,群体决策往往比群体成员个体决策的平均情况更为极端。

Delbecq et al.(1975)阐述了造成群体决策偏差的几个原因。在一些文化中,人们期望群体成员能够随大流,与他人达成一致意见,这使得他们只能保留那些与主流观点相反的个人意见。出于害羞等性格特征,有些人在表达自我观点时往往会犹豫不决。群体成员也可能由于缺乏沟通技巧而无法充分陈述自己的观点。那些精通印象管理技能的成员或许能够主导群体讨论,尽管他们缺乏所研究课题的实质性专业知识。一些群体成员可能尤其以自我为中心,不愿意考虑他人的意见。地位和等级也可能对群体讨论产生影响,许多下级或较低等级成员往往会尊重上级或较高等级成员的意见。

3.5.2 描绘认知地图

"认知地图"(又称"认知制图")(Cognitive Mapping)能够在很大程度上反映出个体或群体所认知的问题。这种方法不一定反映出某种情境的逻辑或理性分析;相反,这种建模方法旨在通过适用于研究和分析的方式反映出某人的观点、信念、价值观、态度及相互关系。Bryson et al.(2004)和Eden et al.(1983)描述了按照个体感知来构建问题的方法,这种方法还可用于群体情景。图3.2以纲要形式显示了由五个步骤构成的方法。

第一,在一张纸或活动挂图的中央写下一个问题标签。
- 相互认同的标签通常应当指出问题本身,如"产出正在快速下降"。

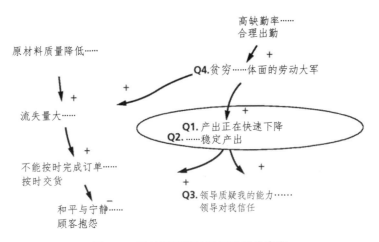

图 3.2　针对问题描绘认知地图的步骤

资料来源：Eden, C., Jones S., and Sims, D. (1983). *Messing About in Problems: An Informal Structured Approach to their Identification and Management.* Oxford：Pergamon Press, fig. 4.2, p. 42.

第二，询问"这种情况有没有令人满意的备选方案？"
- 弄清提出问题之人自身是如何看待所处情境的（而不是考虑官方或政治的正确观点）。
- 要求提出问题之人描述可以解决所处情境的相反备选方案，例如"稳定产出"。

第三，询问"为何这件事对你如此重要？为何你会对其抱有担忧？它的后果是什么？如何使用概念，它的相反情况是什么（结合背景提供含义）？"，同时还可确定概念（构念）极点（Construct Poles）（即隐含关联）。
- 确定各概念的心理的（不一定是"逻辑的"）对立情况（否定式）。
- 使用标有正号或负号的箭头，确定概念（构念）极点间因果关系的心理影响。

第四，询问"脑海中有什么理由可以解释问题标签？它的前提是什么？"
- 在这一阶段，问题开始按照个人所了解的样子成形（即显性模型）。其他人可能会有不同的看法。例如，他们可能有相同的构念，但关系或箭头结构有所不同。

第五，精心设计。

- 反复思考，精心设计问题，力求创造性地表达问题所在。
- "发生之事"指的是问题的本质（随着建模的过程不断发生变化）。
- 这并非"客观"现实的科学模型，而是按照个人所了解的样子针对问题创建的认知映射。

Bryson et al.（2004）和 Eden et al.（1983）阐述了与研究问题形成的认知地图法有关的大量示例和应用。

3.5.3 小组过程法

头脑风暴法有助于从经历或了解问题领域的一群人那里获取问题的特征信息。头脑风暴法构成群体决策过程的主要方式是，在群体形成研究问题的过程中最大限度地减少偏差或者尽可能地避免问题的产生。群体头脑风暴中最常用的方法之一就是名义小组法（Nominal Group Technique）（Delbecq et al., 1975）。名义小组会议（见图3.3）旨在收集关于议题或问题的想法。会议开始时，向各小组成员分别发一张纸，要求他们在纸上写下个人关于问题或课题的所有想法。随后，小组成员轮流发言，阐述自己的想法或观点。此时，其他成员不得对他（她）的想法或观点进行评价。当所有小组成员阐述完毕自己的观点之后，各成员开始讨论，并且投票选出最有价值的观点。这种做法可以有效防止任何人在讨论中占据主导地位，小组成员考虑的范围会更加广泛（Delbecq et al., 1975）。

典型的名义小组法具体实施步骤如下：

第一，安静地写下关于问题的想法或观点：

- 没人讲话，所有人都在思索或写字。

第二，在活动挂图上记录各成员轮流发言的内容：

- 由领导者安排发言人员，并在活动挂图上记录各成员轮流发言的内容；
- 除了阐述自己观点的成员，其他人保持安静；
- 其他成员静静聆听，待轮到自己时大胆阐述观点。

第三，对观点进行首轮投票：

- 各成员安静地在纸上列出3—5个最佳观点；

- 领导者在活动挂图上列明投票情况。

第四，讨论：
- 一般性讨论和评估，并对活动挂图上的观点展开辩论。

第五，对观点进行最后投票：
- 具体流程与第三步相同，会议结束。

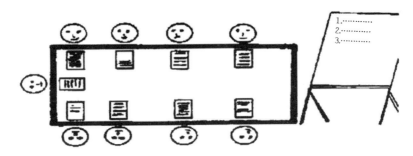

图 3.3　名义小组会议

名义小组法的各个步骤都有其如此安排的原因，具体来说[①]：

第一，安静地写下关于问题的想法或观点是为了：
- 提供重点以及所需要的创新时间，不受干扰；
- 避免出现从众问题，或者受竞争、地位等因素的影响；
- 避免评价他人，或者过早下结论。

第二，在活动挂图上记录各成员轮流发言的内容是为了：
- 推动平等地分享和参与；
- 鼓励各成员通过"搭便车"的方法提出更多观点；
- 避免观点的个人化，包容冲突的想法。

第三，阐明每个观点是为了：
- 阐明每个观点之后再下结论；
- 在进行投票之前，每个观点都是同等重要的。

第四，按照优先顺序对观点进行首轮投票是为了：

[①] 注：更多详情，请参见：Delbecq, A., Van de Ven, A., and Gustafson, D.（1975）. Group Techniques for Program Planning, Scott-Foresman Pub.

- 允许试验，避免过早下结论；
- 提倡关注重要问题；
- 为求公平安静投票，避免影响他人。

第五，讨论首轮投票结果是为了：
- 鼓励少数意见、澄清误解；
- 鼓励对活动挂图上的观点提出批评，但不是针对他人；
- 为决策做好准备。

第六，按照优先顺序对观点进行最后投票是为了：
- 提供群体观点和决策的书面"备忘录"；
- 提升成就感并做出结论；
- 激发成员参与未来工作。

德尔菲法（Delphi Technique）也可以在一定程度上克服群体决策的认知偏差。采用这种方法时，群体成员无须面对面就座，只需回答群体协调员通过电子讨论板或电子邮件列出的问题。在这种模式下，个体参与者可以匿名参与整个过程，消除地位和等级可能带来的影响，并让那些害羞或者缺乏语言沟通能力的人更为充分地参与这个过程。

此外，减少群体决策的偏差，还可使用辩证探询法（Dialectical Inquiry Technique）和故意持相反意见法（Devil's Advocacy Technigue）（详见Schweiger et al.，1989）等。在研究问题形成过程中，头脑风暴法侧重于尽可能地阐述问题及其组成部分；辩证探询法则侧重于评价，并从一些相互对立的备选方案中选择相应的问题阐述。采用辩证探询法时，决策小组可划分为两个子组：一个子组对特定问题提出论点，同时阐明支持的理由、证据、假定和限定性条件；另一个子组则对相互对立的问题开展相同的工作，然后陈述相应论点。接着，两个子组进行辩论，试图用自己的论点驳斥对方的论点。此外，还需要评审小组或评判员选出优胜论点或者将两种论点结合起来，即尽量综合两种论点的优点、最小化它们的缺点。或者，小组自己不断地辩论假定和结论，直至大家对问题阐述达成一致意见。

采用故意持相反意见法时，第二个子组需要批判第一个子组提出的假定和建议，但无须提出新的解决方案。第一个子组对假定和建议进行修改之后，再次向第二个子组进行陈述。不断重复这个过程，直至双方就问题阐述达成一致意见。传统的共识方法并未包含既定辩论规范；与此相比，上述这些方法可以用来进行公开辩论，探究的观点也更为广泛。

3.6 总结讨论

本章从相互依赖的四项活动（识别定位、扎根现实、诊断研究问题和形成研究问题）出发，探讨了研究问题的提出过程。这四项活动在很大程度上相互依赖，在整个问题提出过程中通常是同时发生的。此外，本章还针对各项活动的开展提出了各种具体建议和注意事项。现将它们总结如下。

首先，识别定位研究问题：

- 明确问题提出过程中拟将呈现的研究对象及其视角、利益与兴趣。
- 弄清研究的预期使用者、客户和受众。
- 聚焦研究问题的前景和背景。
- 把握问题领域的分析层次和来龙去脉。
- 明确问题范围：所研究问题的深度、广度及时间跨度。

其次，将研究问题扎根现实：

- 回答新闻工作者式的提问（比如，谁的问题？问题内容是什么？问题出现在哪里？是何时出现的？为何会出现？以怎样的方式出现？）。
- 近距离描述特定问题；给出示例、趣闻或与问题相关的一段经历。
- 笼统地阐述问题，给出关于问题普遍程度和背景的证据和研究结果。
- 与经历该问题的人员进行交谈。
- 通过访谈了解该问题的人员，或者举办名义小组会议。
- 通过回顾文献理解和定位问题。

再次，诊断研究问题：

- 将问题的要素或症状进行分类。
- 结合各类别对问题进行推断。
- 将问题与可能的解决方案进行启发式匹配。
- 确认该问题是否有现成的解决方案，是否需要创建一个新的解决方案。

- 提炼解决方案，使其适用于手头案例。
- 梳理在诊断过程中遇见的异常情况。

最后，形成研究问题：

- 明确问题的哪些部分值得研究和聚焦。
- 通过叙述和比较关键概念来陈述问题。
- 将研究问题与描述的问题相关联。
- 确保确实有研究问题而不仅仅是陈述。
- 允许并接受至少两个合理答案。备选答案可以提供更多的独立思考机会。
- 对问题进行全方位的分析考虑，包括相应的后果：它是否能够解决使用者视角中的部分关键问题？是否能够帮助使用者大幅改善这种情况？是否能够增加使用者的知识或者提升使用者的能力？

多年前，《管理探究杂志》（Journal of Management Inquiry）组织了一个专题，刊登了保罗·劳伦斯（Paul Lawrence）和卡尔·维克（Karl Weick）关于问题驱动（Problem-driven）研究和理论驱动（Theory-driven）研究的优缺点的争论。这次争论的问题是：谁是管理研究的主要使用者或用户？赫伯特·西蒙（Herbert Simon）认为，专业学院开展研究既可以增加科学学科的知识，又可以启发管理实践。从入世治学的钻石模型来看，劳伦斯和维克的争论反映出学者们对现实和理论基础的不同观点。维克从理论角度看待问题提出，劳伦斯则将其视作现实世界的一种现象。维克和劳伦斯不仅扮演着良好的参与者角色，他们也在各自的学术生涯中多次获得成功，多次顺利完成入世治学研究模式的所有活动。默里·戴维斯（Murray Davis, 1971、1986）探究了研究的有趣和经典之处，由此对前述争论提出了富有洞察的综合意见。他认为，倘若能够对受众做进一步了解，我们就能够更好地定位研究问题，并对我们研究的相关读者或使用者所普遍接受的假定提出疑问。

Lawrence（1992：140）指出，重大的行为科学起源于问题驱动研究，而不是理论驱动研究。在他看来，行为科学家倘若不事先向使用者或研究参与者了解需要研究之事，或者事先意识到理论和知识的匮乏程度，那么他们就是犯了大错。他针对开展行为科学研究提出了以下七个步骤：

（1）选择一个重大的、突显的人类问题或议题开展研究，具体以仔细倾听和观察为基础，需要明确研究的价值取向。

（2）对问题进行初步现场侦察，对关键参数进行初步评估。

（3）针对有希望的研究假设和概念化，检查相关的理论。

- 注：这是第三个步骤，并非第一个步骤。
- 理论有助于引导研究问题的形成，而非选择。

（4）在确定研究问题和命题之后，选择研究方法。

（5）系统地收集数据。

（6）分析数据并总结研究结果。

（7）公布研究结果，帮助负责任的问题解释者和学者采取相应行动。

在劳伦斯看来，问题驱动的研究具有以下七大优点：

（1）这类研究更有可能获得适用于实际情况的有用结果。

（2）问题同时分析了微观和宏观层面。

（3）通过确定重要问题，可以确保研究的实用性。

（4）获得研究资格并获取所需资金变得较为容易。

（5）这类研究通常将一些绩效指标视作因变量。

（6）这类研究更有可能发现新的、更好的组织形式和社会发明。

（7）主要优点在于，研究问题本身有利于我们发现自身理论或知识储备的不足。

而 Weick（1992）关于理论驱动研究的阐述如下。

所有理论都与实践和实用性相关，诀窍就在于发现它们适用的背景和条件。他就选择研究问题提出了三个准则：①知识。在你全面了解的领域中选择问题。②不满意。选择与现有知识和方法相悖的问题。③普适性。选择普遍且常见（而非独一无二和罕见）的变量和情境。基于理论的方法，就是不断寻找理论适用的背景（Weick，1992：172）。就这一点而言，诊断过程是非常重要的。以特定问题为依托，寻找更加普遍、抽象及适用于大众的事物（Meehl，1995），实际上就是一个意义建构的过程。就聚焦于问题的研究而言，特定问题是一种背景

（而不是开展研究的借口），由独立的故事构成，与自己的逻辑紧密相连。不同的逻辑可生成不同的研究，不同的故事也会提出不同的解决方案（Weick，1992：172）。

正因为所有观察结果和数据都渗透着理论，所以我认为问题驱动研究和理论驱动研究之间存在千丝万缕的关系。问题提出和理论构建遵循溯因式推理，不具归纳性质，也不具演绎性质。就"溯因"而言，首先应识别出那些我们对世界理解的异常情况，然后进行假设推理，针对问题提供清晰的解决方案，由此消除异常情况。如下一章所述，在社会科学中，这种发现逻辑通常紧跟着的是检验逻辑。也就是说，通过演绎得到假设结果，再通过归纳验证结果。

提出研究问题的过程包括识别定位、扎根现实、诊断研究问题和形成研究问题，针对这四个步骤，本文探讨了理论与实践之间的密切关系。劳伦斯和维克认为，问题驱动研究与理论驱动研究之间的差别既不具有描述性，也无益于对问题提出过程的了解。就像问题总是涉及理论一样，理论也会产生问题（Weick，1992：176）。提出问题需要理论（范畴），而理论又被用于陈述现实。理论和问题可以替代暂时落后的逻辑或故事。某个人的问题可能是另一个人的解决方案（理论）。因此，有关研究到底是问题驱动还是理论驱动的问题，都只是对研究过程的片面反映。后续章节也会证明，问题驱动研究与理论驱动研究之间的差别对于理论构建、检验和应用并无多大用处。

第 4 章

理论构建

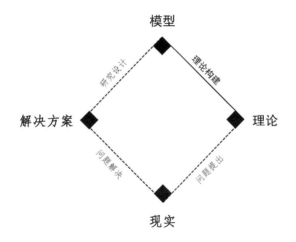

出于自身考虑，我们不仅要关注科学假设的形成过程，更要关注这些科学假设是如何被发现的。

——Norwood Russell Hanson（1959：35）

这个世界其实并不像人类以为的那样泾渭分明、合乎逻辑或不合逻辑。

——Stephen Toulmin（2003：5）

引 言

本章讨论图 4.1 所示的入世治学研究过程中描述的理论构建活动。理论构建的主要目标是制定合理且有趣的概念模型，以便能够回答本书最后一章提出的问题。入世治学的中心主题是理论与现实之间密切关联的相互作用。最后一章特别强调了这个主题，即研究问题的提出需要坚实的理论和概念。本章把此主题应用于理论构建。构建理论需要对问题领域非常熟悉。问题提出与理论构建相伴而生。另外一个主题是参与，正如问题的提出需要具备经验且熟悉问题领域的人参与其中，专家学者积极参与相关学科和管理实践也将有力地加强理论构建。

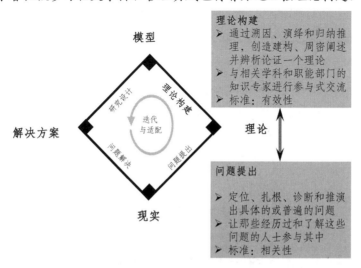

图 4.1　入世治学模型中的理论构建

理论构建涉及三个活动：①构思（Conceiving）或创造（Creating）理论；②建构（Constructing）或阐述（Elaborating）理论；以及③证明（Justifying）或评估（Evaluating）理论。这些活动包括的推理类型各有差异：溯因方法用于构思理论，逻辑演绎用于建构理论，归纳推理用于评估理论。我们可以通过考察这三种推理形式了解科学事业的大部分内容。尽管溯因方法是有别于演绎和归纳推理的形式，但它们之间关联紧密。查尔斯·桑德斯·皮尔士（Charles Sanders Peirce）认为溯因启动了理论，需要进行归纳分析，以便通过理论产生的结果检验理论。但是，这些结果又是通过演绎过程获得的（Mounce，1997：18）。

溯因推理通常开始于令人感到惊奇的观察或经验。正是这些观察或经验打破了我们的习惯，促使我们创建可能解决异常现象的假设。溯因是推论程序，我们在其中创造推测，如果我们的推论正确，那么我们就能让令人意外的异常部分成为我们对世界的正常理解。例如，我可能会惊讶地发现"玛丽身体很强壮"这一事实。但是，如果我假设"所有运动员的身体都很强壮"，那么"玛丽是运动员"的结论就可以解释我的这一"不同寻常"的发现。这种溯因形式是理论构建的三种推理模式中的第一步（Lachs，1999：78-79）。

理论建构中的第二步是使用演绎推理详细阐述并确认假设的结果，以使结果能够接受观察。演绎包括将"规则"或假设应用于案例以获得"结果"。例如，规则可能是"所有运动员的身体都很强壮"，当把这条规则应用到"玛丽是运动员"的情况时就会产生"玛丽身体很强壮"的结果（Bartel and Garud，2003）。本章第二部分将探讨详细阐述理论所需的逻辑演绎推理的基本原则。

在演绎了理论观点的条件性结果后，我们就可以使用归纳推理继续评估并检测理论了。本章第三部分将从理论论证的优势方面论述一般如何评估理论的逻辑"有效性"。我们在下一章将考察如何在理论对世界观察结果的适合度方面评估理论的实证性"真理"。这需要检查预测的观察结果是否可靠。在这一过程中，我们通过确定成功观察结果的比率，不断反复评估假设的正确概率。产生的结果是对可能性做出判断。科学知识在很大程度上由这些判断构成，这表示我们不仅不能确信任何事情，而且随着时间的推移我们的判断还有可能会是错误的。

我按照顺序讨论了这三种理论构建活动和不同的推理模式。实际上，它们是迭代循环。使用溯因、演绎和归纳推理进行理论构思、建构和评估活动产生临时序列后，初始循环往往会在此之后产生。因为这些推理活动和模式是相互依赖的，随着时间的变化，它们之间会相互影响。在迭代循环的过程中，这种简单的时间序列转化为多重并行发展。理论构建一般需要多次循环往复。我从来没遇见过只需要重复一两次循环就能完成理论构思、建构和评估活动的过程。许多不同的实验通常会需要其他人参与其中，共同构思、建构并评估理论以得到能经受住现状批判的理论，从而促进对所研究问题相关的或被质疑的科学和实践知识的发展。

虽然学者们在构思、建构和评估理论过程中会有不同的偏好和风格，但对理论构建而言，这三种活动的开展都是重要的技能。有些学者强调构思理论（如 Alvesson，2003；Mintzberg，2005），有些注重建构和模型化理论（如 Blalock，1969；Whetten，2002），而另外一些学者则重视检验已经建构好的理论（Shadish et al.，2002；Singleton and Straits，2005）。当然，不是所有科学研究项目都需要对这三种理论构建活动给予同样的关注。例如，如果一项研究的目的是检验发表在文献中的现有理论，那么该研究只需要做理论评估。

4.1 构思理论

理论构建的第一步是构思一个可以成为理论的思想基础。该思想可以是"半成熟"的猜想，以回应有悖于我们对未知事物理解的异常现象。例如，大多数人认为工作中的打扰妨碍了组织中的团队工作进展。但是，我的同事玛丽·泽尔默-布鲁恩（Mary Zellmer-Bruhn）教授却在其现场研究（Field Study）[①]所观察的团队中惊奇地发现，团队工作在受到一些事件的中断或打扰后（如团队成员数量不够、工具和方法改变以及组织重构），反而能学习到更多的东西。怎么解释这种异常现象？她通过溯因方法推理出工作中的打扰对团队而言可能是反省手头工作的契机，帮助他们"跳出"对循规蹈矩工作流程的盲目遵从。如果这种思想是正确的，则她的结论是团队可借助工作干扰的机会学习更高效的新工作方式。这一洞见

---

① 在中文中常常被翻译成"田野研究"。——译者注

扭转了我们先前对异常现象的片面认识（Zellmer-Bruhn, 2003）。

通过意外的事情触发对异常现象的识别是经常遇到的，甚至是每天都会遇到的。这促进了我们对自身理论的质疑或对世界的理解。当然，我们不能研究遇到的全部异常现象。本书最后一章论述的问题提出过程的中心目的，是在众多研究问题和疑问中划分主次，选择最重要的研究内容。

从定义上说，异常现象就是对我们理论的否定。作为人类，我们受到各种偏见的制约，包括求证陷阱（Confirmation Trap），我们可以选择拒绝或忽视这些异常现象。按照 Carlile 和 Christiansen（2004）的观点，"如果你计划证明自己的理论，那么异常现象就是一种失败；但如果你的打算是改善理论，那么异常现象就是一种成功"。这种开放形式"让我们能够超越自己的狭小观点，发展出更全面认识世界的扩展意识"（Nagel, 1986: 5）。Schon（1987）仍然认为在模糊或新奇的情况中，"我们的思想会退回到令人惊奇的现象，与此同时也会退回到思想本身"。我们可以把这种行为称为溯因的行动反思（Abductive Reflection-in-action）。

实际上，这种反思是创造新知识的一种方式。发现或创造的逻辑（有别于验证或检验的逻辑）包括被皮尔士和汉森称之为溯因的推理过程，这种过程也被称为溯源法（Peirce, 1931—1958; Hanson, 1958）。这种推理模式起始于一些令人感到惊奇的异常现象或遇到的意外现象。而当一个新的假设或推测提出后，这种异常将不再让人惊奇。异常现象可以解释为假设产生的必然结果。因为假设可能可以解释与异常情况相关的现象，所以我们有充分理由进一步发展研究假设。

溯因推理假定，我们所获得的观察结果和事实都渗透着理论；换言之，我们需要从概念模式的角度来审视观察结果和事实。这一观点一部分反映了我们在特定情境下对术语附加的意义；另一部分蕴含了我们在特定情境中持有的普遍性前提、假设和方法论预设。我们现有的理论和方法使我们能够创造新的理论，用于解释异常现象；同时这些新理论也受制于现有的理论和方法。

Locke et al.（2004）指出，之前的研究可能是理解数据最为明显直接的灵感资源，他们的解释如下：

然而,在创新的富有想象力的研究中,理论在与数据的关系中不应该占据主导地位以及制约数据,理论从中强制和强化先前考虑好的概念顺序。作为对数据形成新理解的灵感资源,理论是多学科交叉的,需要从多个层面处理理论并使用它打开新的可能性。当把各种理论框架与数据紧密结合、各种理论框架间相互结合并与数据自身框架相互结合时,观察的互动与理论中的变化可以提供新的理论问题并完善理论重点。相互作用可以让我们有机会看到与普遍观点相冲突的新解读,或看到来自不同视角的全新诠释。而且,通过把某个学科以外的所学和所想带入我们的工作,对理论采用跨学科的研究方法,有助于有意识地创造相互对立的理论;随着我们整合并且再组合其他领域的洞见和研究工作,我们就产生了新观点和新思想,并根据这些新的理解重新组织熟悉的概念(Locke et al.,2004:3)。

鉴于观察结果和数据渗透着理论的性质,我们并非以一块"白板"为起点观察世界,而是从已有的理论观点或角度来观察现实。理论的作用在于把现象置于各种有意义的系统中。理论是概念组织的一种模式,通过解释说明现象让我们可以理解现象。从对某个现象所观察到的属性而言,我们依据主旨思想发展推理,现象的本质在这一过程中得以解释。因此,我们并不把理论创建看作类似于从头草拟论文的创作过程,而是把其看作删删改改并重新组合散落于多份论文中的思想,这些思想充满了我们及他人的经验、见地和沉思。这种类推完全符合创造力的当代定义,即以全新方式重新组合旧思想(Van de Ven et al.,1999:9)。

皮尔士和汉森认为,一个理论并不是从观察到的现象归纳拼凑起来的,也不是从一些公理或前提中推导演绎出来的;它其实是一个溯因过程,使我们可以观察到以某种特定形态存在的现象,以及其他相关的现象。Alvesson(2004)批判了把"扎根理论构建"(Grounded Theory Building)看作归纳过程的观点,这种观点建议研究人员不预想理论而直接开展现场观察,"让数据自己说话"(Glaser and Strauss,1967;Eisenhardt,1989;Strauss and Corbin,1994)。他认为这种从一块"白板"开始的实证理论构建形式曲解了理论创建的过程,通过强调程序、规则和从实证性现实(Empirical Reality)到经由数据获得理论的明确路径,给人以合理性的印象,让人觉得其代表了客观、公正的事实。依照皮尔士和汉森的观点，我认为研究人员和管理实践者是通过溯因过程创造或发现理论的，而非通过归纳或演绎方法。野中郁次郎观察到"人们不仅仅是被动地接受新知识，他们也会积极地解读这些新知识，使其符合自身所处的情境和观点。这就解释了不同环境中的人在接收到新知识后，这些新知识在具体背景中可以改变甚至失去其意义"（Nonaka，1994：30）。

虽然溯因过程起始于确认细分情况或异常现象，但是溯因过程结束于一致的决定（Coherent Resolution）。Agar（1986：22）认为：

> 一致的决定将①显示该决定是否好于可以想象到的其他决定；②把具体决定与构成传统的更广义的知识捆绑在一起；以及③起到阐明和启发的作用，促使不同传统的成员间产生"啊哈"这种豁然开朗的反应……成功的决定不满足于一个简单的异常情况，这个决定所产生的连贯性必然会被应用到后续情景中。

Bruner（1973、1996）探讨了已知信息之外的知识，这有助于思考"一致的决定"的创新性和普遍性。与皮尔士和汉森一样，布鲁纳注意到理论或模型是对现象关键特点的普遍性陈述。对杰罗姆·布鲁纳（Jerome Bruner）而言，这意味着扎根理论在现实中需要超越已知信息，从而随着适用性超出所观察到的情况后形成研究假设。这种创造性的溯因飞跃（Abductive Leap）有赖于学习。通过学习某个研究问题的关键方面，这样其他问题就可以在不需要进一步的研究或学习的情况下迎刃而解。这种溯因方法本质上是"清空操作"，在这一过程中，研究人员剥离或提取出在现实中观察到的特殊细节。这样一来，研究人员就能了解问题的一般情况，这种情况就可以普及到现实中更广范围的情景组合或更广泛的类型。

应用布鲁纳"清空操作"的一个重要条件是，它能够把已知的普遍性（Informed Generalizability）与纯粹的推测性（Mere Speculation）关联起来。开展这种"清空操作"的能力取决于学者的经验和理论框架。一个资深的学者，往往在提出研究问题和处理入世治学方面拥有多年经验，他（她）就能更好地实施带来真正意义上的启迪性的"清空操作"；相对较弱的则是资历浅的研究人员，他们在所研究问题领域的过往经验不足或没有怎么接触过其他不同的研究视角。

Weick（1989）为思考 Bruner（1996）的"清空操作"提供了有益的方法。他认可 Crovitz（1970）的想法，即学术期刊论文中所表述的模型包含两种词汇：一种是可能出现在任何论文中的普遍性概念（y 描述），另一种则是特定文章中的具体问题（x 描述）。x 描述与 y 描述的比率显示了某篇文章包含了多少"行话"（Jargon）（常用的学术用语）。如果一些学术文章超出了所给予的信息，那么充满行话的文章还没有被"清空"。例如，如果我们删除 x 描述（或把 x 描述重新概念化为 y 描述）并保留 y 描述，那么我们就对研究对象的理论化拥有了一个普遍性结构，而且跨越了不同的案例。布鲁纳关于超越已知信息的"清空操作"建议，重点在于删除附属于我们论点的特殊描述和想法，并着重关联那些可普遍化论点的 y 描述。清空附属于 x 描述理论的过程至关重要，因为这个过程通常让我们变得"见树即见林"。学者们之所以偏重简约的理论，其原因不仅仅在于其简洁性，更重要的是这些简约理论的含义超越了理论给定的信息，而且清空了那些从属的细枝末节。

"如果千言不如一画，那么一个精心构思的设想可抵上千幅画。"当然，一个精心构思的设想通常且更为正式的名称是"假设"。假设的重要性在于其来源于你已经知晓的东西，一些普遍性的东西让你能够超越已有知识……能"超越已知信息""搞清楚未知现象"是生活中少有的几项永恒的乐趣。学习的最大成就之一……就是在脑海里组织学到的事物，这种组织方式能使我们超越自身能力掌握更多的知识。而且这种组织方式需要我们进行反省，对自己已经知道的知识进行思考。反省的敌人是速度过快——对上千幅画一掠而过。（Bruner,1996：129）。

从识别异常现象到提出解决方案（或新理论）的时间存在很大差异。尽管皮尔士把溯因描述成灵感的闪现，Campbell（1988：410）则提供了更为合理的发展性解释，学者们通常需要耗费很长的时间才能构思或创造一个能够解释异常情况的理论。

出现了问题，就意味着我们必须为此发明一个解决方案。我们知道寻求思路所需要满足的条件,但我们不知道哪些意识流可以把我们指引到这些条件那儿。换言之,我们知道自己的意识流必定会停止,但却不知道如何开始。在这种情况下,我们可以明显地看到除随机开始外别无他法。我们的意识会跟随朝它打开大门的第一条路,我们会认为这条路是错误的、收回脚步然后走另外一个方向……在经历了数小时甚至数年的冥思苦想后,那些后来被追捧的思想才会展现在创造者面前。创造者在取得成功的过程中必定会走弯路;如果创造者认为自己可以毫不费力地取得成功,那也是因为获得成功的乐趣已经让其忘记了疲劳,觉得为取得成功所付出的没有结果的努力、痛苦都不算什么……学者们需要注意的关键点是:好的灵感和坏的灵感、高明的假设和荒谬的幻想在最开始是完全相同的。(Campbell,1988:417)

Campbell(1988)对随机变化持有"盲目"的观点。即洞见的起源是随机的,意思就是观察者通常对过程是一无所知的,他们不知道现实的变化是如何产生的。这种观点忽视了一个问题,即新思想产生过程中的统计模式是否遵循了随机过程。对于参与任务的某个具体的学者来说,溯因过程可能不是随机的。我们常常倾向于得出一些特别的洞见,这是因为观察的结果是理论,这又取决于我们的偏好、经验、学术背景。例如,在创造一个理论的过程中,社会学家以文化、叙述或批判理论作为切入点,而不是理性选择理论。成为学术界观点的这些理论规划了架构问题和可能的解决方案的方式。所以,虽然我们可能无从得知现实变化是如何发展的,但这些变化受我们解释现象倾向的引导,这种倾向的形成基于我们自身的经验和学科特点。

受到坎贝尔的启发,Weick(1989)把理论构建描述成一个思想实验,这是一个逐步演化的试错过程,包含合理猜想的变化、选择和保留,旨在解决问题或解释现象。在理论构建的过程中,"变化"(Variation)是指我们为了解释问题而发展出的各种猜想的数量。"选择"(Selection)是指学者们开发并应用多元标准,然后在这些猜想中做出挑选。"保留"(Retention)是我们对选定的猜想所提供的阐述和论证(请见本章的下一部分)。因为理论家有意识地引导了规范的想象力逐步演进,理论创造更像是人为选择而非自然选择。理论家既选择了问题陈述的形式(请见本书最后一章),也阐明了他们的思想实验在何种情况下可以解决问题（这是重点）。维克将这种理论构建的发展过程进行了如下描述。

4.1.1 思想实验的多样性

正如我们所看到的，当异常现象或问题出现时，我们会形成一些猜想以解释它们。通过依赖于已有的知识和经验的溯因推理，我们形成了这些猜想，通常是按照"如果……则……"的方式陈述。在形成猜想的过程中，这些思想实验在数量和多样性上可能发生变化；换言之，思想实验具有异构性和独立性。Weick（1989：522）认为，**相较于产生较小数量的同构性猜想过程，更多数量的多样化猜想更有可能会产生更好的理论。**

维克提出"鉴于人类表现出具有适宜性、习惯性、冗余思考的倾向，所以很难实现思想实验的多样性和独立性，除非应用规范的想象力"。维克所倡导的一个策略是使用强大的分类系统，其中事件或问题具有明确分类，或者可以按照一些明确的分类来考察事件或问题。相比于源自一个以上类别中的实验变化所产生的新发现，**由同一个类别中的思想实验变化所产生的重要的新发现应该较少**（Weick，1989：522）。

> 支持辩证对立（Dialectical Oppositions）（Astley & Van de Ven, 1983）、发展悖论（Cultivation of Paradox）（Quinn and Cameron, 1988）、多层次概念化（Conceptualization at More Than One Level of Analysis）（Staw et al., 1981）和微观—宏观关联（Knorr-Cetina and Cicourel, 1981）观点的人，可以将其看作这样的学者，即他们认为异构性思想实验比同构性思想实验更有可能解决理论问题。(Weick, 1989:522)

例如，斯科特·普尔（Scott Poole）和我提出了四种不同的构建理论方式，用以解决理论之间或者现实中观察到的异常现象与我们关于这一现象的理论之间的明显的悖论（Poole and Van de Ven, 1989）。第一，接受悖论和不一致，然后学着利用对立和"凡事中庸而行"之间平衡的原则，建设性地与这种悖论或不一致共处。第二，明确对问题产生不同视角所依据的参照系（如部分—整体、微观—宏观或个体—社会），并明确这些不同视角之间的关联。第三，当对立的假定或过程各自均对问题产生单独影响时，把探索的时间考虑在内。第四,引入新概念纠正逻辑中的意识流或为解决悖论提供更加综合的视角。这四种方式代表了分类系统,有助于我们在对现实中异常现象进行猜想的过程中开展多重独立的思想实验。

从各种学科专业、职能背景和角色定位的人们那里获得各种观点和视角,将会极大地促进对独立思想实验制定一个强大的分类系统。人们可以通过各种方式参与理论构建活动:他们可以是异构性或跨学科的研究团队的成员、研究顾问,或者仅仅作为头脑风暴会议的参与者。还可以评审参考文献和考察各种不同的方法或观点,虽然这些文献或观点已经被采纳用于解释研究问题。这里的关键点是,每个学者在分类系统中都有局限性。参与和利用独立思想实验一般需要向外延展,需要与他人进行沟通或阅读他人著作,这样有助于在问题领域提供有别于我们自身观点的不同观点和分类。Weick(1989:52)指出"能在思想实验过程中进行横向记忆、预见或偏好"的任何方法都能"增加这些实验的独立性"。

4.1.2 思想实验中的选择

面对参与者产生的众多猜想和独立思想实验,我们如何从中做出选择呢?维克的回答与对思想实验的回答一样——以一致的方式对各猜想使用多样化选择标准。具体而言,他提出了以下建议。

> 当猜想使用的多样化标准数量越多,所选定的猜想产生良好理论的可能性就越大。而且,必须以一致的方式使用选择标准,否则理论家就会面对各种各样的猜想,与他们在开始阶段面临的场面一样混乱。因为每个猜想都能满足部分标准,所以,如果在检验猜想时每次都更改标准,那么被拒绝的猜想数量将变得很少且不会积累多少对问题的理解。(Weick,1989:523)

如果说理论创造的改进有赖于以一致的方式、使用多样化的标准来选择猜想,那么接下来的问题就是应该使用什么标准。外行可能会建议选择最重要的标准,即能够经受住验证和检测的最有效的标准。但是,这样的回答是不成熟且具有误导性的。说它不成熟是因为猜想的有效性从来不是由溯因推理决定的,而且猜想的有效性也不是溯因推理的动力。尽管验证和检测猜想是归纳推理的核心评估标准,但验证却不是溯因推理的标准。Hanson(1958)首次区分了接受假设的理由与建议假设的理由之间的区别。接受假设的理由是验证假设的理由,而建议假设的理由是让假设成为合理猜想类型的理由——发现或创造的逻辑。溯因是为解决问题而构建的创造性假设推理。

> 这不仅仅是扩展了普通经验,更是提供了有别于普通经验的观点。事实上,溯因方法提供了那些组成某个研究对象的事物的新概念,出于某些原因新概念将取代普通的概念。而且,新概念不是最终的。进一步探索将揭露可以解决的问题,但这只能通过构建全新的概念才能实现。(Mounce,1997:17)

如果我们仅仅应用那些认为是有效的有效性的标准,则可能会误导并否定我们的猜想选择。为了满足有效性,猜想可能会变成没有创造力的、众所周知的、显而易见的。这样一来,这些"有效"猜想就不能促使我们对问题或异常现象形成新的理解。当然,这并不是说我们应该完全忽略猜想的有效性。毕竟溯因推理的目的是创建猜想,这些猜想可能会解决问题或以全新的方式重新构架所研究的问题。事实上,人们已经认识到有效的猜想难以(如果不是不可能)在其成为概念时就予以确定。但是,按照本章后文所述,研究后期可能会出现成功验证所选定的猜想并确定应该保留何种猜想。所以,猜想和假设的溯因不取决于它们的有效性。

这种溯因推理过程巩固了 Weick(1989:525)所得出的结论,即在选择猜想的过程中"合理性是有效性的替代物"(Plausibility is a Substitute for Validity)。如果在概念成型时不能确定猜想的有效性,那么合理性是另外一种最佳选择。当猜想显得恰当、可信、可靠或看似值得被赞同或接受时,该猜想就具有合理性,先不管它是否符合真实情况(*The Random House Unabridged Dictionary*)。另外一个建立合理性的方法是,由旁观者做出判定。合理性是多重维度的,体现了我们独有的假定和研究意向。例如,维克论述了其合理性标准,以此判定猜想在问题环境中的有趣程度、显著程度、关联程度、可信程度、完美程度或真实程度。

总之,猜想达到合理性的程度主要取决于参与研究过程中人们的主观判断,他们对问题领域拥有各种经验和知识。多样化的经验和知识提供了一个假定基础,用于模仿实验的检验来评估猜想。Davis（1971、1986）分析了假定如何引发什么是"有趣"和"经典"的判断，Weick（1989：525）对猜想的假定检验描述如下：

> 假定是对过去经验的一种精炼。当把假定应用到具体猜想时，现有假定会像实验一样检验猜想。当按照假定检验猜想时，检验的结果以以下四种反应之一为标志：结果是**有趣的**（中等强度的假定不成立）、结果是**荒谬的**（强假定被证明是不成立的）、结果**不相关**（没有激活任何假定）以及结果是**显而易见的**（强假定被证明是成立的）。这四种反应相当于显著性检验，而且可以被当作有效性的替代物。像"有趣的"这样的判断就会选择研究猜想，留作后用。这种判断既不是武断的，也不是任意的，原因在于其吸纳了之前检验结果的标准。该标准以假定的形式出现，在理论化期间研究猜想将与该标准做对比。

当一个猜想证实了某个强假定，该猜想可以看作显而易见的或经典的。至于一个猜想是显而易见的还是经典的，这个判断则因人而异。因此，Weick（1989）提出了如下问题：对哪些人而言，一个猜想可能不是显而易见的？对这个问题的回答有助于确认边界条件，在边界条件范围内的猜想具有合理性，边界外的猜想则没有合理性。

正如Davis（1971、1986）所描述的，为了理解上述用于选择研究猜想合理性标准的意义，我们应该总结所谓有趣和经典理论的基本构架。本质上讲，经典理论围绕受众的主要关注点或假定，而有趣理论围绕受众的次要关注点。Davis（1986）对经典理论的共性描述如下：

- 经典理论开始于异常现象，在这种异常现象中存在尚待解释的基本问题。
- 通过溯因，经典理论确认了导致异常现象的新颖因素，并在社会上跟踪了该因素的普遍效应。该因素与受众支持的假定（或拥有的价值观）相冲突并削弱了此种假定（或价值观）。
- 经典理论的精巧阐述提出了控制相关因素或与这些因素共存的方法。这种精巧理论对具备综合知识的人而言完全可以理解，无须揣测深意；但是精巧理论往往同时具有一个微妙的核心，其模糊性和复杂程度足以挑战并促使专家参与未来研究,以不断改进该理论。

与此相反,Davis(1971)论述了有趣理论如何否定受众所持的次要假定以及确认意料之外的选择。有趣理论拥有以下架构:初看似乎是"X"而实际上是"非X",如果"非X"被认为与"X"存在较小差异,那么构建的理论可能乏味或琐碎。如果"非X"被视为与"X"差异很大,那么该理论会被看作荒谬的"异想天开"。有趣理论往往否定了目标受众持有的弱假定(而不是强假定)。

戴维斯对经典和有趣理论的描述对选择研究猜想具有重要影响。其一,一个猜想的信誉度取决于对研究目标受众或使用者所拥有的假定的认识和了解。其二,成为有趣或经典研究的必要条件(但不是充分条件)是,形成的猜想否定了**目标受众**或强或弱的假定。所以,我们参与的程度越高,就越了解我们的目标受众,也就能越好地选择并架构我们的研究猜想,使其接近目标受众所普遍接受的假定。

4.2 建构理论

一旦溯因过程中出现了具有发展前景的猜想萌芽,我们的推理模式就转换为演绎,以详细阐述该猜想并将其建构成一个完整的理论。视情况而定,建构理论可能包括把猜想表达并详述成理论术语、关系和条件。逻辑演绎推理的基本原则为理论建构提供了工具。如果说溯因是构思理论的一种推理模式,那么逻辑演绎则为建构理论提供了工具。

随着确实主义在科学哲学中的没落,人们开始怀疑数学逻辑的使用,例如数理逻辑学中的"一阶逻辑",这个逻辑过程就是从理论的前提或公理中演绎出研究假设。大多数哲学家都总结得出,公理式的理论化可能适合解决数学问题,但不适合理论化真实世界的现象。这是因为真实世界中存在很少的(如果有)公理或科学法则,我们可以以此推导出社会理论(Giere,1999;Toulmin,2003)。然而,我们不应该混淆公理化句法技巧(Syntactical Techniques)与应用于理论构建的、更为普遍的语义技巧(Semantic Techniques)(Suppe,1977:114)。事实上,合理的逻辑推理始终是非常重要的,只有逻辑推理合理,才能阐述理论的语义含义,并确认概念边界及概念之间的关系。

逻辑提供了阐述一个理论的"构造"所必需的语言和核心原则。本节评述了用于描述理论的术语语言，以及关联术语所用的逻辑原则。它们体现了多年来演化的一些规范和约定，用以指导逻辑推理、区分逻辑学家的"有效性"和"真理"概念，并为解释某个研究问题找寻合理的替换模型或理论。①

理论简化并解释了现实世界中的复杂现象。一个好理论不仅会**描述**有关研究现象中的"是谁、是什么、在哪儿"等问题，也会**解释**有关现象"如何、何时、为什么发生"等问题（Whetten，1989）。**理论是在一系列边界条件范围内，对概念或事件之间相互关系的解释**。图 4.2 改编自 Bacharach（1989），是对理论定义中核心组成部分的一个图解。这些组成部分包括**术语**（概念、构念、变量或事件）、术语之间的**关系**（命题和假设）、**假定**（这些关系在时间、空间和价值背景下的边界条件）以及**解释**（为预期的关系提供论证理由）。

理论的另一个方面是术语和关系的**抽象程度**。理论中所使用的抽象的和理论的术语，不同于那些具体的和可观察的术语。正如图 4.2 所示，理论可以被视为包含了概念、构念或变量的一个系统，其中抽象概念和构念通过命题相互关联，而更加具体的变量或事件则通过假设相互关联。整个系统以一系列假定作为理论的边界，这个系统往往只明确地陈述了那些最为重要或最明显的假定，而大部分的假定是隐含的、不明显的。本节将讨论上述理论的各个组成部分。

4.2.1　术语和定义

逻辑分析中最基本的要素是**术语**。术语是词汇或短语解释的含义（Singleton and Straits，1999：41）。我们可以规定术语的含义，但不能肯定或否定术语的对错。

社会科学中的一个有益的惯例是按照术语的抽象程度来区分术语含义，范围从广义的和普遍的至狭义的和具体的。人类学家认为术语的抽象描述往往是"**客**

---

① 我得承认，读过这一部分内容草稿的一些读者感到有些枯燥、信息量过大。尽管我尝试尽量提高这一部分内容的可读性，但我也认为，对作为理论建构基石的逻辑原理的回顾在其应用之前可能不会变得活泼有趣和意味深长。我将会在后面章节中做相同的尝试。以下一些作者对科学推理的逻辑进行了有益和更为广泛的讨论：Kaplan（1964）；Stinchcombe（1968）；Freeley（1976）；Giere（1984）；Ramage and Bean（1995）；Singleton and Straits（1999）；以及 Toulmin（2003）。

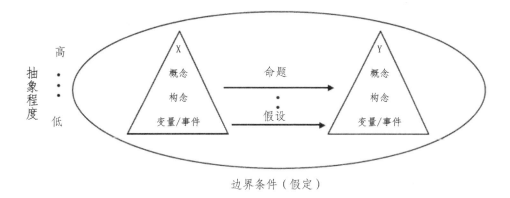

图 4.2 理论来源演示

资料来源:改编自 Bacharach(1989)。

位"(Etic)(远距离)、普遍的(宽泛的客观范围)且在环境中的嵌入程度低;而术语的具体描述往往是"主位"(Emic)(近距离)、具体化的(通常具有唯一的个人作用)且处于具体环境中。按照 Kaplan(1964)的观点,以下术语的含义通常根据其抽象程度进行区分:

- **理论概念**(Theoretical Concepts)。它是一个抽象术语,按照理论概念与其他非直接可辨术语的关联或使用情况从语义上予以定义。
- **理论构念**(Theoretical Constructs)。它是指概念构成要件的一个中层术语,但这些构成要件不能被直接观察到。
- **可观察变量或事件**(Observable Variables or Events)。它是一个操作术语,规定了衡量可观察变量或事件所需的活动或操作。

例如,**一个组织的社会结构**[①](Social Structure of an Organization)可以按照理论(概念或构念)和可观察(变量或事件)的抽象程度来界定,如下所示:

- 在最抽象的概念水平上,组织的社会结构可以被定义为组织中参与者之

---

① 这个例子中的定义是基于一个韦伯式的科层制(又称官僚制)观点,就如 Hage(1995)所讨论的那样。如果采用社会结构的理论来替代,那么这些定义会非常不同(参见 Scott,2003:18-20)。这个例子说明了概念化过程中的悖论,正如本书后面会讨论的:一个好的理论对概念的分类和定义是必要的,而构建一个好的理论也需要稳健的概念。

间已经存在的角色和权力关系正规化（不是非正规化）的配置。角色指担任组织职位的人员应该开展的一系列行为，权力指组织角色之间正式规定的权力关系。

- 在构念水平上，可以用分析的方式把组织社会结构划分为角色权力关系的三个组成部分：①决策制定权力的集中化程度；②角色、政策和程序的正规化程度；以及③复杂性或角色关系的数量和相互依赖性。
- 从具体水平上讲，可以通过衡量工作手册中对组织各种角色、职务制定的规则数量和专业性来观察规则的正规化程度（这是社会结构概念中的一个构念）。

亚伯拉罕·卡普兰（Abraham Kaplan）把术语分类为以上这三个抽象程度有助于区分宏大理论（Grand Theories）（普遍性和抽象程度极高的概念之间的关系）、中层理论（Middle-range Theories）（比概念的普遍性低但更具体的理论构念或事件之间的关系）和操作理论（Operational Theories）（可观察变量或事件之间的关系）。我在本章最后部分将论述宏大理论、中层理论和操作理论的优缺点，其中我会论述卡普兰的三个抽象程度。

一种更为简单的划分术语的方式是，按照抽象程度划分为理论术语（Theoretical Terms）与可观察术语（Observable Terms）。这种分类满足了大多数理论的构建目的。例如，按照图4.2所示，Bacharach（1989）把概念和构念称为理论术语，把变量称为可观察术语。在这种用法中，我们把**命题**（Propositions）看作一些概念与构念之间关系的陈述（即在抽象理论术语中的概念与构念），而**研究假设**（Hypotheses）则被定义为一些变量或事件之间的关系（即在具体可观察术语之间的变量或事件）。

正如上述对组织的社会结构进行定义的例子所示，从不同抽象层面定义术语的含义有两种基本方式：语义性定义（Semantic Definition）和构成性定义（Constitutive Definition）。语义性定义通过其与其他术语的相似性和差异性来描述术语的含义。引用同义词和反义词，以及隐喻和类比是制定语义性定义的有用启发方式。例如，概念A的肯定（Positive）语义性定义将为：概念A与概念B、

C 和 D 相似。概念 A 的否定（Negative）语义性定义将为：概念 A 与概念 E、F 或 G 不相似。例如，"组织的社会结构"这个概念的定义包括组织内部正式角色和权威关系的肯定语义性术语，以及排除了非正式外部组织关系的否定语义性术语。阐明一个概念的含义既需要肯定语义性定义，也需要否定语义性定义。肯定语义性定义确定了术语的属性，否定语义性定义则决定了术语的边界，"否定语义性定义的术语是确定的，未否定语义性定义的术语是不确定的"（Osigweh，1989）。

构成性定义根据术语的组成部分来对术语进行描述。例如，概念 A 由 a1、a2 和 a3 组成。构成性定义需要降低抽象的梯度。例如，上述的"组织的社会结构"这个概念的结构和变量构成性定义是通过指定该概念的一些组成理论和可观察术语来降低抽象的梯度。

语义性定义和构成性定义分别通过"外延"和"内涵"来对概念的意义进行归类，更通用的说法为"广度"和"深度"。① 语义性定义是通过外延（即概念如何与具有同一抽象程度的其他概念相似和不同）来规定概念的含义，而构成性定义是通过**内涵**来确定概念的含义（即概念包括哪些更低抽象程度的组成术语，以及概念从属于哪些更高抽象程度的集合术语）。

Osigweh（1989：585）提出了用于降低和提升术语的抽象梯度的两条准则：第一，通过阐述表征概念的属性的方式将抽象梯度从通用概念下降到具体的情境结构。第二，通过减少实例化或嵌入术语的字面含义中的属性和特性的数量，以保持精度的方式提升抽象梯度。Osigweh（1989）建议让概念引申，以便

---

① 在本书第 5 章中，我们将拓展对术语的语义性定义和构成性定义的讨论，这些术语用于发展基于变量之间关系的方差理论，以及基于事件之间时间进程的过程理论。这些变量或事件可能表现在个体、团体、组织或更高层次的集体行为上。在本章中，我重点讨论更为普遍的议题，即使用语义性定义和构成性定义。然而，区分这些术语所指的组织分析单元和抽象程度是很重要的。换句话说，我用来描述任何组织层级的单元属性的术语在其抽象程度上可能有所不同。

这里关于术语抽象阶梯的讨论也不应该与哲学领域的一个争论相混淆，即世界是否可以划分为形而上学的理想化和理论规律，以及实证性和工具性的客观事实这两个层面。本书第 2 章已经讨论了所有观察结果和"事实"其实都渗透着理论。这里所讨论的是跨抽象程度的术语表达和推理。"理论"是指术语的抽象表述，"可观察"是指该术语的具体表述。

其正好适合各种各样的应用——而不是毫无道理地延伸其含义。

当然，对术语进行定义的目的是将主题划分为明显不同的重要类别。正如现象的分类对于问题的形成至关重要一样，术语定义也是理论建构的核心。术语定义之所以意义重大的原因在于，术语定义将该领域划分为对理论而言至关重要的各种方式；或者如柏拉图所说的"在节点处雕刻"（Carve at the Joints）。"一个重要的概念会对其主题进行组合或分割，使其成为关于该主题的许多重要命题的一部分，而不是那些阐述分类本身的命题"（Kaplan，1964：52）。

将某个现象划分为某一个明显的概念，本质上讲是概念化的悖论。康德强调，科学领域中概念形成和理论形成是相辅相成的。如本书上一章所述，问题的适当概念化已经预示了其解决方案。我们需要适当的概念来制定一个好的理论，但与此同时也需要好的理论来得出适当的概念（Kaplan，1964：53）。主题分类越清晰，理论就越好；理论越好，主题分类也越清晰。

然而，Kaplan（1964）告诫人们不要过于强迫地进行明确的定义。概念的所有定义和分类在两个方面仍然含糊不清——语义开放性（Semantic Openness）和操作模糊性（Operational Vagueness）。

语义开放性是指这样一个事实，即许多术语的含义只能在如何与其他术语一起使用的情况下进行规定。因此，"以确定某个概念内容的努力为开端，以评估整个理论的真实性任务为终结"（Kaplan，1964：63）。需要整个理论来为其术语赋予含义，甚至那些没有明确出现的术语的理论部分。概念是通过如何处理理论中的其他概念和命题而隐含地进行定义的。一个概念的语义（或系统性）含义总是开放的，因为构成一个理论的分类和命题集从来不是完整的。此外，术语的语义含义是动态开放的，因为它们会不可避免地随时间变化而变化。

即使在具体层面，我们在提供明确的术语定义之后仍然会存在一些操作模糊性。"事实是无限期模糊的（Facts are Indefinitely Indefinite）：无论我们使用多么精细的网格，都仍会有细微的差异穿过测量网。而我们所做的区分越多，便为边界之间的分类误差创造了越多的机会"（Kaplan，1964：65）。因此，即使语义性定义和构成性定义的目的是清楚地规定术语的含义和用法，它们在某些方面始终是含糊不清的。出于足以解决该问题的务实目的，需要而且必须划定术语之间的界限。卡普兰指出，对精确性的需求可能会产生一些有害影响，如过早终止我们的想法或形成教条（而非明辨批判）的态度。对于科学探究而言，容忍模糊性是重要的。

4.2.2 概念之间的关系

命题是表达一些术语之间存在某种关系的陈述性句子。逻辑学家将命题分为以下四类。他们对术语定义和术语之间关系的系统阐述提供了更深入的洞见。

（1）**分类命题**（Categorical Proposition）将事物标记或划分成各种门类（类别），正如亚里士多德在声称"人终有一死"时所做的那样：我们把观察结果划分为各个类别时就产生了分类命题。例如，在上一章中，我们通过将社会行为分类为各种问题或疾病类别，以便开展诊断。

（2）**析取命题**（Disjunctive Proposition）（又称"选言命题"）将事物划分为相互排斥的类别。如"这个人是男人还是女人"这样的析取命题似乎没有问题，因为人只有两种性别。然而，将学生分类为"非常聪明或学习刻苦"的说法是可疑的，因为这些类别不是相互排斥的，并且学生可能并不属于这两类中的任何一类。析取命题是相异的，它们区分事物或理论的类别。析取命题是"关键命题"（Crucial Proposition）的先行者（稍后会讨论）。

（3）**合取命题**（Conjunctive Proposition）（又称"联言命题"）将事物划分为事物所呈现的多个类别，例如"Jane读了这个并发现它很有趣"。合取命题是整合性的，它们连接事物或桥接术语。对于那些具有多个反应类别的调查问题，合取命题是其逻辑；析取命题则基于具有答案规则的问题，迫使应答者只从多个选项中选出其中一个。

（4）**条件命题**（Conditional Proposition）包括以"如果"和"那么"分别引导并连接的两个简单语句。例如，"如果今天是星期五，那么明天是星期六"。在条件命题中，"如果"语句是前提条件，"那么"语句是结果。条件命题断言前提条件意味着结果。如果前提条件为真，则结果为真。在科学研究的叙述中，条件命题通常用于通过定义或原因来规定前提条件和结果之间的关系。

术语的构成性定义即一个条件命题，其结果产生于前提条件的恰当定义。例如，如果该图形是三角形，那么它有三条边。学者通常通过使用**演绎性**的**条件命**

题来将概念的构成部分定义为构念,然后再定义为可观察变量或事件,以此实现抽象梯度的下降。下面是一个高度精简的示例。

  如果:组织的社会结构这个概念包括正规化、集中化和复杂性的程度;

  并且:正规化这个构念可以被观察到,反映在规则的数量和人们遵守规则(变量)的程度;

  并且:集中化这个构念可以被观察到,反映在人们可以决定工作内容和完成方式的自由度;

  并且:复杂性这个构念可以被观察到,反映在组织参与者在工作中的相互依赖程度和数量;

  那么:组织的社会结构在操作上被定义为规则的数量、遵循规则的程度、工作任务的自由度,以及组织参与者之间的任务相互依赖性等指标。

构念效度(Construct Validity)是社会科学中经常使用的一个术语,对逻辑学家有着特殊的含义。演绎性条件命题的构念效度是通过显示每个结果遵循其前提条件的恰当定义而建立的。如果前提条件为真,则结果为真。

在因果条件命题(Causal Conditional Proposition)中,后果由前提条件导致。物理科学中的一个例子是,"如果将金属浸在硝酸中,那么它会溶解"。社会科学中的一个例子是,"如果一个组织的员工数量增加,那么组织的结构将以递减的速度分化成更多的部门和层级"(Blau and Schoenherr,1971)。在"如果……那么……"因果条件命题的这些例子中,前提条件(将金属浸入硝酸或员工数量增加)导致结果(金属溶解或组织结构分化)。社会科学中许多假设的逻辑结构便是这种形式的因果条件命题。如后文所述,因果条件命题的"效度"是通过论证确定的,而其"真实性"是通过实证确定的。

如果把概念的抽象程度看作一个由低到高的梯子,上面所讨论的对相关概念开展逐层次分析的原理,也适用于一个理论中术语之间的关系。我注意到,研究命题和研究假设的抽象程度有所不同:命题是理论概念或构念之间的关系,而假设是具体的可观察变量或事件之间的关系。尽管在许多期刊中术语"命题"和"假设"的用法多种多样,但是重要的是区分抽象的理论命题与建立在某个理论之上的具体可观察假设。卡普兰通过识别各种理论是连接形式还是层级形式对此加以区分。

连接形式的理论（Concatenated Theory）通常由一些概念组成，这些概念与研究假设的结构或模式相关。如图 4.3 的下半部分所示，这种模式通常聚集在一些中心概念或因变量上，每个自变量代表一个在解释因变量中起作用的因素。因此，连接形式的理论也被称为"因素理论"（Factor Theory）（Kaplan，1964：298）。由于这类理论拥有较少的互补性形容词来修饰，因而包括了用"符号列表"或"细目清单"式地列出理论内容（Bromiley，2004）。正如这些形容词所暗示的，连接形式的理论往往包括许多假设，很少推广到更为抽象的理论命题。连接形式的理论的解释倾向于关注结构因果模型中的自变量、因变量、调节变量或中介变量中的个体假设。连接形式的理论往往只关注一个抽象程度——通常是变量和假设的具体水平。这种理论很少尝试对假设相关的可观察变量进行推广和引申，以至普遍化到更多的抽象命题。因此，连接形式的理论往往为某个现象的理解提供了宽度和广度，而非深度和强度。

相比之下，根据开发和形成因果条件命题的原则，层级形式的理论（Hierarchical Theory）包含的假设是从单个或几个基本命题中演绎推理（或归纳总结）出来的。如图 4.3 的上半部分所示，层级表示概念或构念之间的逻辑关系，其抽象梯度经由归纳推理而上升或经由演绎推理而下降。根据 Osigweh（1989：585）提供的准则，我们通过扩展假设广度至更为普遍的命题来提升抽象梯度时，就会相应地减少假设内涵（从而提升简约性）。

连接形式的理论和层级形式的理论，反映了抽象梯度上的不同梯级。连接形式的理论往往反映可观察变量中的可操作假设，而层级形式的理论是理论结构中的命题。连接形式的理论可以通过提升抽象梯度的方式转化为层级形式的理论。当我们在抽象梯度上攀升时，就会获得具有或多或少普遍意义的命题，这也是从研究结论（假设）追溯其前提（命题和假定）的过程（Kaplan，1964：298）。

4.2.3 逻辑演绎推理

在逻辑学中，论证（Argument）是由两个或两个以上命题所构成的组合，其结论必然或可能遵循一定的前提。论证为我们提供了一种推理的方法，以解释理

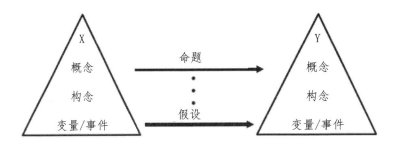

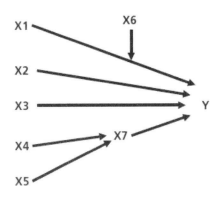

图 4.3　层级形式的理论与连接形式的理论

论命题或可观察的研究假设。论证的结论（Conclusion）或主张（Claim）就是研究假设。我们用来证明假设的所有其他表述是论证的前提。一旦假设的推理形成，就可以转换成论证的逻辑结构。通过展现有效论证的逻辑结论，可证明一个研究假设的合理性（Giere，1984：33）。

逻辑学家最常应用的论证是三段论（Syllogism）。它是由三个命题所组成的一个论证：两个前提以及这些前提在逻辑上所蕴含的结论。下面是三段论的一个基本结构。

　　大前提：人皆有一死
　　小前提：苏格拉底是人
　　结论：因此，苏格拉底也会死

为了分析某个理论推理的逻辑结构，我们首先识别为假设（结论）所赋予的前提，即推理、证据和假定，并将其排列成这种三段论结构，从而确定论证的有效性或无效性。鉴于术语是根据其含义来判断的，命题是根据其真实性来判断的，而三段论则是根据其有效性来判断的（Wheelwright，1962：14），三段论的有效性完全取决于其前提与结论之间的关系。我们不需要知道这些前提或结论在实证上是否真实。我们只需要知道如果前提真实，结论是否真实。三段论的有效性或无效性与其前提的真实性无关。因此，正如 Singleton 和 Straits（1999：43）所讨论的，即使命题是假命题，三段论仍然可以有效，如：

所有学生都是工商管理硕士。（假命题）
一些机器人是学生。（假命题）
因此，有些机器人是工商管理硕士。（有效，但属于假命题）

并且，即使命题为真命题，三段论仍然可能无效，如：

所有的蝴蝶都可以飞。（真命题）
所有乌鸦都是鸟。（真命题）
因此，所有乌鸦都可以飞。（无效，但属于真命题）

有效性是指前提和结论之间的关系，可以通过检查论证的逻辑结构来进行确定。在系列论证中，逻辑学家通常用字母"p"替代前提条件，用字母"q"替代"如果……那么……"条件命题的结果，用字母"r"替代其他前提。这些符号在下面用于识别科学推理中使用的形式，包括一些最常见的条件论证类型。每个论证下面的注释解释了该论证有效或无效的原因。

三段论的形式：因果条件论证（Causal Conditional Arguments）

1. 确定前提条件

如果 p，那么 q：如果一个公司践行了全面质量管理（TQM）[①]，那么它就会取得成功。

[①] TQM 是 Total Quality Management 的简称，它包括由戴明、朱兰等倡导的多种质量管理实践，以及已被世界范围内许多公司使用的六西格玛体系。

p：ACO 践行了 TQM。

因此，q：因此，ACO 将会取得成功。

注意：第一个前提说，如果 p（践行了 TQM）为真，那么 q（取得成功）将为真。第二个前提声称 p 为真（ACO 践行了 TQM）。如果这个条件语句为真，而且前提为真，那么结果也必须为真——这正是结论所指出的。简而言之，如果两个前提都为真，q 不可能为假。这满足了演绎有效的论证的定义。

2. 否认结果

如果 p，那么 q：如果一个公司践行了 TQM，那么它就会取得成功。

非 q：ACO 未取得成功。

因此，非 p：因此，ACO 未践行 TQM。

注意：第一个前提与第一个论证相同。但第二个前提说 q（取得成功）并非真实。所以，p（践行了 TQM）也不可能真实。如果真实，则 q 将为真（取得成功），但 q 非真。如下所述，否认结果的这种演绎形式与驳回假设的科学推理中的归纳论证非常相似。

3. 系列论证（假言三段论，Hypothetical Syllogism）

如果 p，那么 q：如果组织信任增加，那么交易成本减少。

如果 q，那么 r：如果交易成本减少，那么组织盈利能力增强。

如果 p，那么 r：如果组织信任增加，那么组织盈利能力增强。

注意：这样的系列条件论证（Conditional Chain Arguments）可以由任何数量的前提构成。一个系列论证有效的必要条件有两个：①每个前提的后件必须是下一个前提的前件；以及②结论必须将第一个前提的前件作为其前件，且最后一个前提的后件作为其后件。系列论证是从命题逻辑推导假设的最简单和最常见的方法之一。

4. 肯定后件的谬论（Fallacy）

如果 p，那么 q：如果一个公司践行了 TQM，那么它就会取得成功。

q：ACO 取得了成功。

因此，p:ACO 践行了 TQM。

注意：这个论证的第二个前提肯定了第一个前提的后件。虽然这种形式的论证通常听起来很有说服力，但是无效。

5. 否认前件的谬论

如果 p，那么 q:如果一个公司践行了 TQM，那么它就会取得成功。

非 p:ACO 未践行 TQM。

因此，非 q:ACO 未取得成功。

注意：这种形式的条件论证的第二个前提否认或取消了第一个前提的前件。虽然无效，但是这样的论证听起来很有说服力。这种形式的论证由于条件语句的含义而无效。条件语句表示，前件的真实性足以说明后件的真实性，但是并没有说明前件的虚假性足以说明后件的虚假性（Giere, 1984: 62）。

除条件论证外，还有许多其他形式的演绎论证。我们鼓励读者从 Giere（1984）、Ramage 和 Bean（1995）及 Freeley（1996）等文献中进一步了解。一般来说，Singleton 和 Straits（1999: 48）提供了以下三个有用的规则来评估真/假前提、有效/无效的论证以及真/假结论：

- 如果所有的前提都为真，并且论证是有效的，那么结论**必然**为真。
- 如果所有的前提都为真，并且结论为假，那么论证**必然**是无效的。
- 如果论证有效并且结论为假，则至少有一个前提**必然**为假。

记住这三条，它们会帮助我们对演绎推理进行评估。对那些涉及你知之甚少的主题的相关论点和研究提案，你可以借助它们把评审工作做好。Freeley（1996）提供了一个非常实用的文献评述，包括检验、说服力和障碍三个方面，使得三段论或论证更加清晰明了。

本节简要回顾了逻辑学家如何能够在不考虑命题真实性的情况下，分析命题之间的关系。但是，科学家在经验世界上创建知识的过程中有着更为广泛的目标。他们既需要评估其推理的有效性，也需要评估其陈述的实证真理。这就很容易看出，演绎逻辑与科学探究之间密切相关。"从理论到假设的推理在演绎上应该是有效的，这是因为**如果演绎可证明结论的论证是无效的，那么调查结论或假**

设的真实性就毫无意义了"(Singleton and Straits,1999:50)。

4.3 评估理论

上述对于理论构建的基本组成部分和逻辑原理的评述,已经引入了用于理论论证的大多数关键思想。理论可以通过两种方式来进行论证:通过使用归纳推理来检验其与经验世界的拟合,以及通过提出一个理论的逻辑有效性、可信度和说服力的修辞论证。对于论证一个理论的经验性(数据支持的实证性)和概念性基础而言,这两种方法都是必要的。因此,它们互相补充,而不是互相替代。接下来的两个部分将对论证理论的这两种方法进行探讨。

4.3.1 科学中的归纳推理

前文指出,为了实现有效性,演绎认证的结论不能超出其前提所涵盖的内容。因此,演绎只会告诉我们已知的东西,尽管我们可能在演绎推理过程展开之前并没有意识到一点(Kemeny,1959:113)。此外,归纳可能会得出超过论证前提所含信息的结论。正如 Bruner(1973)所讨论的,因为科学试图建立超越给定数据的普遍性知识,因此必须使用归纳推理。归纳推理表明,如果前提为真,那么结论可能为真。在其最简单的形式中,归纳论证具有以下逻辑结构:

> p 的所有观察到的成员为 q:观察到的 p 的 X% 成员为 q。
> 因此,所有 p 都是 q:因此,X% 的 p 是 q。

如下所述,如果观察到的实例越多而且 p 成员的差异越大,那么归纳概括的普遍性越强。

这种归纳论证的一般形式是科学推理不能产生确定性的一个原因。即使我们可以确定我们的前提,最好的归纳性科学论证也不能保证我们结论的真实性。因此,科学推理的本质产生了不可避免错误的可能性。Giere(1984:45)指出,正如 Bruner(1973)所论述的,归纳论证的另一个特征是知识扩展;也就是说,其结论包含的信息大于其所有前提的总和。正是由于归纳论证的这种特征,科学才能成为新知识的来源。这些归纳论证的错误与扩展特征是相关的。只有放弃真理的确定性,归纳论证才能扩展知识。

一个研究假设可以被否定，因为（正如我们已经看到的）归纳性地否认后件是有效的：

如果 p，那么 q：如果假设为真，那么预测的事实为真。
非 q：预测的事实不为真。
因此，非 p：因此，假设为假（有效）。

但假设无法得到证明，因为这将相当于肯定后件的谬误：

如果 p，那么 q：如果假设为真，那么预测的事实为真。
q：预测的事实为真。
因此，p：因此，假设为真（无效）。

对某个观察结果的解释可能不止一个，其他假设也可以对结果做出解释。

如果理论只能被反驳而从未得到证明，那么我们如何对理论的合理性获得信心呢？ 简而言之，答案是：①对假设进行多种多样的检验；以及②排除合理的替代假设。这两大策略可以强化"研究假设比替代假设更有可能性"这一归纳性结论，即使永远无法通过演绎的方式证明其真实性。

未能否定假设的检验数量和种类越多，该假设的可信度也就越高。 通过增加某个命题的不同应用的数量，从而强化研究结论，这样的想法代表了与理论论证相类似的情况，即像本书之前所讨论的那样——扩大思想实验的多样性与变化有利于理论创新。相比于数量较少的同构性推理或假设，数量较多的多样化猜想（假设）可能产生更好的、更令人信服的理论。例如，一个关于工作参与和生产力的研究命题，其适用于广泛情况和不同层次（例如个体员工、工作团队、组织民主和更大的社区网络）的优势，要明显大于其仅适用于单个研究对象。如果一个理论的多样化假设与命题比率（研究假设数/命题数）较大，那么这个理论与那些该比率较小的理论相比更具有合理性（Bacharach，1989：509）。也就是说，一个带有支持五个不同假设的命题的理论，比带有仅可证实一两个同构性假设的命题的理论更可信。

理论的可信度与其遭到否定的概率密切相关。**一个假设相对于当时除被检验的理论之外的所有已知的东西来说,肯定不可能是真的(Giere,1984:103)。虽然我们永远不能证明一个理论的真实性,但是当它经受更可能被否定的检验时,我们对其合理性或可信度的信心会有所增强。与那些基于我们现有的知识状态就可以确认极不可能(但不是不可能)成立的假设相比,模糊或平庸的假设是难以否定的,从而更不可信。正如Singleton和Straits(1999:53)所指出的那样:"**如果概括的范围和精度有限,更大数量的观察结果会产生更强的归纳论证。与既定知识相一致的归纳概括,比那些不一致的归纳概括更具可能性。**"

幸运的是,在理论构建的时候,归纳概括的强度或可信度可以被设计到理论中。Singleton和Straits(1999:52-53)讨论了构建理论的五个有用的设计原则,它们应被同时考虑。

(1)观察的相似性。从某个理论命题得出的可观察假设越相似,则理论越不牢靠。

(2)观察的不相似性。对于观察到的假设实例,如果彼此不同的方式越多,则论证越牢固。

(3)概括的范围和精度。理论的归纳概括越清晰,获得支持性证据的可能性就越小。归纳概括可以通过两种方式做出改变:一是通过指定假设所适用的实体或事物,二是通过改变归纳性结论的精度。"所有的人或X%的人都满意"这样的表述,与"大多数人都满意"这样的结论相比,虽然更精确但发生的可能性更小。

(4)观察的数量。观察到实例的数量越多,论证越有说服力。然而,如果观察到的新增实例都是相同的(如第一个原则所述),则结论发生的概率不会改变。

(5)已知的相关性。归纳概括与现有知识的相关性越大,论证就越有说服力。如果归纳性结论与既有知识不相容,那么这些结论就被视为不可靠的(Singleton and Straits,1999:52-53)。

提高理论可信度的另一种方法是排除貌似有理的替代假设。比较法可能是推进科学知识的最基本原则之一。理论的可信度或真实性不是通过评估是否存在假设关系而绝对确定的。如本书第6章所讨论的,对无效假设进行的具有显著统计学意义的检验在实践中很少具有显著性，因为先前的研究可能已经为此等关系找到了证据。重要的问题是，所提出的关系是否代表了对当前知识状态的重大推进。一个理论的可信度是通过在调查之时将其与对立的看似合理的替代理论进行比较来做判断的。为了实现可信度，一个新的理论至少应该为所研究的现象提供比现有解释更好的解释。Suppe（1977）和 Giere（1999）引用了培根（Bacon）最初的提议，将对立的、可能为真的替代理论进行比较。一个理论在与对立的替代理论的比较时，如果逻辑和实证证据都更好，则该理论越合理、越可信。

在任何特定的时间，文献中很少存在这样的替代理论，它们针对特定的研究现象确实提供了对立的解释。在我自己特定的研究领域，即组织和管理研究领域中，我通常发现只有两三个理论作为特定研究问题的替代解释是严重对立的。Collins（1998）在他对社会学知识的历史性回顾中发现，在某一时间点能够解释一个现象的理论数量一般不超过六种。在这些对立的替代理论中，不能通过逻辑论证或实证检验来证实的理论数量越多，保留下来的理论就越可信。对一个理论而言，如果它与对立理论相比在逻辑及实证证据方面更好，这个理论的可信度就更高。

Stinchcombe（1968b）讨论了应该如何应用这种基本的科学归纳过程，以引导学者设计重要的实验。即，支持某种理论的证据就意味着对立的替代理论被否定或否认。换句话说，我们应该仔细审视研究表述的后果，它们很有可能被替代理论或论证否定。这可能带来一个分离形式的条件命题，从而排除某个潜在的替代理论。

4.3.2 建立理论论证

Kaplan（1964：302）指出，如果一个假设能够像拟合到事实一样，很好地拟合到某个理论，那么它就能够获得同等的理论性验证。因而与其他理论相比，它就得到了该理论中所有其他假设的证据支持。论证方法可以提供一种修辞策略，以巩固该理论的概念基础。

进行论证的目的有很多。在本小节中，我将重点探讨科学和专业的话语，其中论证在表述（理论、命题或假设）的正式辩护中予以提出。正如这里所使用的，论证不是指人们有不愉快和毫无意义的争论或唇枪舌剑。相反，**论证**是指对理论的推理和证据的解释。从这个意义上讲，论证是一种重要的探究模式，因为它是一个必要的解释方法，用于说明为什么我们提出的理论要比其他理论更好。并非所有的理论都具有相同的质量。一些理论可以得到更好的推理和证据支持，并且比其他一些理论的限定性条件更少或遭到更少反驳。假如缺乏为论证所进行的必备的批判性推理的严格训练，你就很难使自己和他人相信你的理论与其他理论相比存在哪些优势（弊端）。

论证也是一个重要手段，它传达所提出的理论并试图向他人说服其正确性。一个新理论对人类知识作出的相对贡献或起到的推进作用，很少是不言而喻的，也不是通过坚持那些根深蒂固的信念或意识形态就能够实现的。如果所提出的理论被认为是可信的，那么需要将此理论与其他理论进行对比，进行可靠的论证，以便受众可以对这些论点进行评估，从而判断哪个理论更有说服力或更可靠。因此，一旦我们构思、构造了一个理论，就需要进一步对其进行论证，以便做出解释和辩护。

> 一个好的论证不仅仅是对结论的重复。相反，它提供了理由和证据，以便其他人可以自己决定……这是你说服他人的方式：提供说服你自己的理由和证据。拥有强烈的观点（信念）并不是一个错误，错误在于没有其他东西。
> (Weston, 2000: xii)

虽然精心准备某个论证为我们提供了许多机会，以便学习、修订和改进理论，但论证本身并不会反映学习和概念发展的旅程。Giere（1984：10）指出，使他人相信自己创造或发现事物的过程，与发现过程本身相比，是截然不同的。在专业科学期刊中出现的科学推理，并不描述与创造或发现某个理论相关的一些活动，也不包含独立思考实验（如本章前面所讨论的）。相反，这个科学推理通常仅包括对所提出的理论或陈述的理由、证据、条件和观察进行的论证。英国逻辑学家斯蒂芬·图尔敏（Stephen Toulmin）指出，论证是对理论追溯式的证明。

> 论证是为了证明我们的主张是可接受的结论……逻辑关系到我们所做的

表述的可靠性——我们为支持表述而提出的理由的坚实性,我们为其提供这种支持的坚定性——或者,为了改变隐喻,我们为其提供辩护所需要的案例。(Toulmin,2003:6-7)

如前所述,自亚里士多德以三段论的方式来分析论证的逻辑结构开始,它便成为一种惯例。三段论包括三个命题:小前提、大前提和结论。虽然分析起来简练而优雅,但Toulmin(2003:87)认为,三段论没有足够详细或直白地提出实际的实质性论据,且这种论证旨在说服观众,而不是分析形式逻辑。图尔敏对论证采用了一个基于受众的法庭比喻,其中由法律体系支配着法律主张如何提出、争论和确定。

图尔敏提出的法庭模式不同于形式逻辑,因为它假设:①所有的断言和假定都是可以由"对方律师"进行辩驳的;②所有关于相反论调的说服力的最终"判决"将由中立第三方、法官或陪审团做出。牢记"对方律师"迫使我们预期可能出现的抗辩内容和对我们假定的质疑;牢记法官和陪审团提醒我们无敌意地充分回答相反论调,且提出支持我们案件的积极理由,以及不信任相反判例的消极理由。最重要的是,图尔敏模型提醒我们不要构造一个只吸引那些已经同意我们的人的论证。(Ramage and Bean,1995:102)

这种法庭辩论模型同样适用于科学论述,其中法官和陪审团是专业或科学界的成员,而"对方律师"往往是那些认同在论证中被否定或被替代的理论或模型的人们。更具体地说,以期刊审稿过程为例,陪审团由每篇论文的两个或三个匿名审稿人组成,而法官则是期刊编辑。以那些竞争性的研究基金申请为例,陪审团是评审专家组,法官则是项目资金提供方。在许多其他论文和研究申请书竞争同种期刊版面和研究基金时,审稿人和评定人员还扮演了"对方律师"的角色。虽然政治和机遇影响了这个过程,但大多数科学家认为,在治理高度竞争的思想市场时,上述论证方式优于政治和机遇因素。

逻辑学和法理学有助于把理性的批判功能置于"这幅图画"的中心位置。逻辑规则不是法律,而是争论中的人能够达到或不能达到的论证成就标准,以及用于判断论证成就的标准。一个可靠的论证、一个有充分的根据或坚定支持的主张须经得起批评。(Toulmin, 2003:8)

图尔敏的论证结构由以下要素组成：背景、主张、理由根据、保证、支持性材料、限定条件和可能的反驳。图尔敏的论证方法或许已成为西方社会中传播和采用最广泛的论证形式。它是英语学校所教授的主要论证形式（Ramage and Bean, 1995），并被整个中等教育和高等教育领域的辩论俱乐部使用（Freeley, 1996）。图尔敏的论证结构中的说明可在许多精品教材 [Ramage and Bean, 1995; Freeley, 1996; Weston, 2000; 以及图尔敏自己于1958年至2003年所著的《论证的使用》(The Uses of Argument) 的三个版本] 中找到。一些教育工作者创建了可公开访问的网站，以引入和实践图尔敏的论证方法。①部分教材和网站所使用的关于论证中各种要素的术语略有不同，如下所述。然而，这些都是风格上的差异而不是内容主旨上的差异。

  背景(Background)：问题、疑问、主张的情境(Problem, Question, Context of the Claim)

  主张(Claim)：结论、答案或假设(Conclusion, Answer, or Hypothesis)

  理由(Reason)：大前提、保证或作为主张基础的逻辑(Major Premise, Warrants, or Logic Underlying the Claim)

  证据(Evidence)：小前提、理由根据或支持上述理由的数据资料(Minor Premise, Grounds, or Data Backing the Reasons)

  限定(Qualifiers)：主张成立时的边界条件和假定(Boundary Conditions and Assumptions when Claim Holds)

  保留（Reservations）：反驳主张的限制或理由根据(Limitations or Grounds for Rebuttal of a Claim)

我们现在讨论如何使用图尔敏系统的这些要素，进行一次支持我们创建理论

---

① 具体可访问 http://writing.colostate.edu/Google.com，输入关键词"Toulmin structure of argument"，跳转到更多相关网址进一步了解。

的论证。图 4.4 说明了这些要素是如何关联的。读者可以参考刚刚提到的其他教材和网站,以更广泛地处理和应用图尔敏的论证方法。

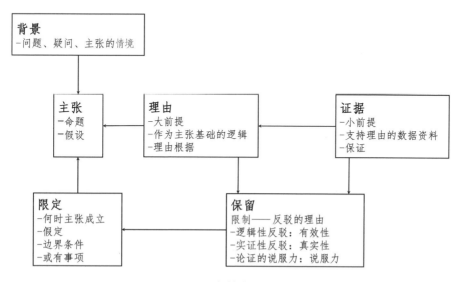

图 4.4 图尔敏的论证结构

资料来源:Toulmin, S. (2003). *The Users of Argument*, updated ed. Cambridge:Cambridge University Press.

4.3.3 背景

一个论证总是呈现在特定的环境或具体的背景中。首先,我们需要在特定环境中提出所需要探讨的研究议题或问题。我们需要做这样的背景陈述,原因有以下几点:

第一,如本书第 3 章所述,对需要探讨的研究议题或问题的性质和背景的理解,有利于激发论证。对议题或问题的解释——为什么它在其所在的环境中是重要的,过去是如何解决它的,以及过去的处理有哪些不完善或令人不满意的地方——可以打开听众的思维,并为回答这个问题而提出的新理论创建一个舞台。

第二,为了确定某个案例是否值得讨论,就需要背景的描述。在法律诉讼中,诉讼继续与否的必要环节是立案。这里的问题是,我们的理论化是否已经进展到了这样一个节点,即我们已经准备好了对某个理论或提议开展论证。我们往往过早地为那些构思或构造不够充分的案例进行论证，这种情况太普遍了！Hanson（1959：35）在导言部分中的引用值得再读一下："出于自身考虑，我们不仅要关注科学假设的形成过程，还要关注这些科学假设是如何被发现的。"本章前两个小节中所论述的一些迭代活动，通常可以用来"捕捉到"（即构思和创造）某个理论。正如大多数渔民都经历过的，如果在设置钩子之前就试图引来鱼，结果肯定会失去这条鱼。不成熟的理论被证明往往会破坏或损耗理论创造。

一个论证通常始于，提出需要针对的问题（或难解议题）和值得考虑的可能解决方案。为了确定我们是否拥有必要考虑的合理案例，图尔敏建议的常用做法是：①提出解决针对问题（或难解议题）予以考虑的替代解决方案；②识别和确定特定解决方案，明确地阐明理由和证据；③根据证据排除一些初步的可能性（Toulmin，2003：21）。

第三，在解决这些问题的过程中，考虑到目标受众的假定基础是很重要的。像法庭上的原告一样，我们对法官、陪审团和被告的假定了解得越多，我们就可以更好地制定和指导论证。① 受众中有些人可能没有意识到这个问题，或者不理解为什么这个问题重要。即使是那些意识到这个问题的受众，他们也可能不会分享关于该问题的类似假定和解决该问题的类似方法。任何沟通的有效起点都是诉诸受众的共享假定、价值观或他们认同的标准。如果受众接受我们的假定，那么我们就拥有了建立有效论点的出发点。如果我们的受众不接受我们的初始假定，那么有必要对问题、案例或信念进行重新构想和陈述，直到我们与目标受众达成共识（Ramage and Bean，1995：100）。

4.3.4 主张

主张就是我们针对所探讨问题（或难解议题）而提出的答案，它表现为理论、命题或假设。主张也是我们试图通过论证而确定的核心结论。一个主张要变得有效，就必须是明确、可辨别且简单的断言。例如，"小组的头脑风暴技术提升了小组的决策效力"这个主张就显得太笼统，而"名义小组的头脑风暴技术增

---

① 站在审稿人的角度思考，恐怕没有比这更好的方法来学习审稿人的思维方式了。科学期刊文章和研究资助的评审专家都是无偿的志愿者。大多数期刊编辑和研究项目组织者都在不断地寻找志愿者。如果这些志愿者的评论具有穿透力和建设性，那么他们会经常被邀请到编辑委员会或研究项目组。

加了问题解决任务小组所产生想法的数量"这样的主张则更为具体。然而，这些命题都没有辨别性，因为它们留下了未指明的替代方案和关键条件。一个更具辨别性的命题应该是"相比于传统讨论小组，在一个小时之内实施问题解决任务，由七个成员组成的名义小组和德尔菲小组应用头脑风暴技术会产生更多的想法。"命题需要具备辨别性，至关重要的是要有替代方案的比较，其中有的方案被肯定而有的则被否定。

这些例子均代表了相对简单的命题，因为上述每个例子都是以较容易理解的单一句子陈述的（对于那些知道头脑风暴小组的人而言）。那些牵涉到高度复杂的句子（往往包含很多形容词、限定语和介词），则表示了较为复杂的命题。如果一个主张需要重读多次才能明白，那么该主张也可能太复杂了。正如 Weston（2000：60）所建议的，你应该首先简单地陈述自己的主张或命题，然后再讨论论证的其他要素，以详尽地阐述主张或命题。

论证应集中在单一主张上。这是上一章所论述的层级形式的理论和连接形式的理论的一个重要意义。层级形式的理论能够清晰地开展单一主张的论证，并且有利于集中精力。其中，单一论证的重点放在核心理论命题上，我们可以从该核心理论命题出发，沿着抽象阶梯，向下朝着在逻辑上推导和解释许多不同具体假设的方向探索。相比之下，连接形式的理论很少通过沿着抽象阶梯向下朝着在逻辑上由命题推导假设的方向探索，也很少通过攀升抽象阶梯以推断各种假设是如何在概念上聚合从而反映理论命题的。

连接形式的理论由许多逻辑上不同的假设组成，而且很难证明。它们不仅需要做多次论证（一个假设做一次论证），还需要调解各种论证之间的不一致。这为支持者和受众制造了一个难以处理的复杂问题。鉴于相同的空间和时间限制，支持者更可能为命题做单一而且有力的详尽论证，而不是针对每个假设做很多同样有力的"迷你"论证。受众更可能跟随推理路线，并被单一、一致的论证说服；而不是被一系列更短、不同且通常不一致的论证说服。

4.3.5 理由及证据

理由是解释主张为何正确或真实的逻辑的陈述，即作为主张的基础；证据是指支持理由的各种根据，包括数据、事实、统计资料、证词或实例。就三段论而言，理由是主张的大前提，而证据则包括作为主张理由的根据的小前提。在大多数论证中，我们为主张提出若干理由，并提供各种证据以支持每个理由。例如，我们可能会说："我主张的理由有三，而且文献中有各种各样的研究支持每个理由。"接着，我们可继续讨论每个理由以及支持该主张每个理由的文献。

鉴于一个主张通常有很多理由和大量证据，所以问题是：哪些理由和什么样的证据应该在论证中提供？ 空间和时间的限制，迫使我们只能提供最重要的理由和证据。 如前文所述，为一个主张所提供的理由和证据在逻辑上应是有效的。 换言之，我们选择代表大前提的理由和反映小前提的证据，它们可以提供最有力、最直接的推理链，进而从逻辑上推导出主张。如果无法以逻辑上有效的方式进行论证，那么进一步追求论证可能就毫无意义了。①

例如，要证实"相较于德尔菲法，名义小组法能使参与者更加积极和满意地参与任务"这一主张的逻辑有效性，研究人员可以推论"相较于成员不面对面交流的电子讨论小组，面对面的小组会议可促进成员之间更大范围的社会心理互动、规范和情绪"（大前提）作为证据，他（她）还可以提出两个小前提：①名义小组以结构化会议的形式进行面对面讨论，但德尔菲小组成员并不是面对面交流，而是通过电子媒介提交他们对问题的看法；②已有研究，如 Van de Ven 和 Delbecq（1974）发现，名义小组的结构化形式（在纸上默写下想法、循环记录想法、讨论和独立投票表决）会抑制传统讨论小组的负面影响（比如，落入俗套，评估看法而不是提出看法，以及与地位更高的成员投一样的票），但是这种形式会促进属于小组的积极影响和提高对小组决策的满意度。来自这些大前提和小前提的推理链，就会引出对主张的逻辑推理。

4.3.6 限定和假定

一旦我们考虑到了主张的理由和证据，我们就可以通过说明边界条件来限制主张。在边界条件范围内，主张适用；在边界条件范围外，主张被视为不成立或不真实的。边界和假定都是至关重要的，因为它们为所提出的理论或主张的应用

---

① 本书第 8 章还将就这一问题做进一步阐述讨论，指出预期的受众可能不仅希望对某项主张做出合乎逻辑的解释，还希望这种解释是战略性的、深刻的，以回应他们在理解论点的含义和用途方面的实际兴趣。

设置了限制。Dubin（1976）强调所有的理论都是权变理论，因为每个理论都基于许多边界假定。它们包括研究人员和用户的价值观和兴趣，以及主张中规定的时间、空间和关系大小的相关分析限制。

价值观是指限制理论或主张的隐性假定。Bacharach（1989：498）引用韦伯的话指出："假定的价值渗透性质永远不会被消除。但是，如果一个理论要被恰当地使用或检验，则理论家关于构成理论边界的隐性假定就必须被理解。"幸运的是，越来越多的人认可韦伯的结论。Weick（1999）对十年的理论化工作进行回顾后发现，管理文献的反思性越来越明显。

理论更直接的边界条件为关于时间、空间和关系大小的分析假定。空间边界是指限制理论在特定分析单位中的使用条件，例如特定类型的组织、地点或环境。时间的权变性给定了命题或理论适用的日期和持续时间（Bacharach，1989）。

最后，Toulmin（2003）指出，对于支持主张的证据和理由时所用的确定性或信心程度，我们也需要做出适当的限定。限定语（比如"很可能""大概"或"比另一种选择更好"）说明我们的理由和证据符合所考虑的案例的程度，以及一些特殊事例是否可以使该事例成为该规则的例外，或者我们的主张是否符合特定的限定条件。

4.3.7 保留和限制

没有任何针对某个主张或理论的论证是完美的。每次论证都有一些可能的限制或异议，即反驳或驳斥主张的理由。如图4.4所示，有效性、真实性和说服力代表了反驳论点的三个常见理由。这些评估标准可以帮助我们检测、替换甚至修复我们论证中的缺陷。"作为倡导者，我们应以准备论证要素时的相同谨慎态度来准备可能的反驳。有效的反驳很少是即兴创作的结果，而是来自仔细的分析和准备。"（Freeley，1996：283）

如本章第二部分所述，一个论证的逻辑有效性是指主张来自大前提（理由）和小前提（证据）的推理链中的逻辑结论的程度。套用Freeley（1996：170-171）的话，有许多问题有助于评估逻辑推理：

- 理由真实可靠吗？是否提供了好的理由以建立主张的基础？是否使用

文献中更好的理由？
- 理由和证据是否足以证明主张的合理性？ 需要额外的证据和理由来支持主张吗？
- 是否提供了充分的理由和证据，以预测对论点的反驳或保留？

反驳论点的第二个常见依据是用于支持理由的证据被视为真实的程度（即通过实证检验）。基于长期的论证历史中积累的文献，Freeley（1996：127-148）讨论了可信证据的各种检验。它们被表达为问题形式，为论证中所用的证据的评估提供了一份有用的检查表：

- 证据是否相关、重要、足够？
- 证据是否清楚，是否自洽，是否与其他已知证据一致？
- 证据可验证吗？
- 证据的来源是否足够，是否无偏见，是否可靠？
- 证据是否具有统计学意义上的合理性、累积性和时效性？

最后，本部分所讨论的论证逻辑要素还将在第8章中予以扩展，包括论证的说服力。证明理论的合理性是一门艺术，旨在构建令人信服的论证。让论证令人信服从而被应用，则是一个修辞问题（Van de Ven and Schomaker, 2003）。修辞是指运用"说服"来影响听众的思想和行为。对于亚里士多德而言，说服的艺术包括三个要素：①喻理——传递的消息，尤其是其内部一致性，如本部分中所述（即论证的清晰度、理由的逻辑及支持性证据的有效性）。②喻情——激发受众的情绪、信念、价值观、知识和想象力，进而不仅引起赞同，还激发共鸣。③喻德——发言者在论证或传递过程中产生和发展的可信度、合法性和权威性（Barnes, 1995）。如本书第8章中所述，任何沟通的说服力都是由喻理、喻情和喻德这三者一起塑造的。一个理论的说服力不仅源于发言者，还体现在听众的"眼睛"里，应该理解受众或听众的背景和假定。

我们再次强调，学者们对于所提出的主张将服务于谁的观点和利益，应该抱持反思的态度。这个态度对于设计研究是十分重要的。在提出研究问题、陈述问题、选择有趣的猜想以及展示令人信服的理论论证过程中，了解研究目标受众中利益相关者的价值观和兴趣是至关重要的。一个令人信服的理论不仅具有展示有效论证的功能，而且代表着发言者的可信度以及能够激发听众情感的程度。

4.3.8 理论可以是普遍、准确且简约的吗？

通常有三个标准用于评价一个理论：它应该是普遍的（General）、准确的（Accurate）和简约的（Simple）。Thorngate（1976）曾假定，社会行为理论不可能同时是普遍的、准确的和简约的。和 Weick（1999）一样，我对这个假定是否成立也持怀疑态度。因此，接下来我们将应用本章所述的理论构建的逻辑原则，探讨开发普遍、准确且简约的理论的一些可能方法。

Weick（1999：800）挑选了以下来自沃伦·索恩盖特（Warren Thorngate）的引用，以概括他的假定：

> 理论简约性的假想意味着我们永远不会看到普遍、准确且简约的社会行为理论。为了提高普遍性和准确性，我们必须提升理论的复杂性。只有当社会行为的复杂性有条理时，复杂的社会行为理论才是可行的。然而，我们有理由相信，许多社会行为在"局部"或特定情景之外往往是没有条理的。即使一个理论在某个层面之外是条理清晰的，我们也很难相信这样的条理是简约的。为了使我们的描述条理清晰，我们可能会很容易地构建复杂的社会行为理论；但是理论的复杂性严重受制于研究的伦理规范和语言表达，这种限制使得复杂理论难以接受实证检验。但是，研究伦理学和语言运用则对可进行实证检验的理论的复杂性设置了严格的限制。于此，社会心理学学科极具讽刺的一面在于：精确且复杂的理论可以遵守保持普遍性和准确性的承诺，但是最终，它们像那些简单而模糊的理论一样，是不可验证的。（Thorngate，1976：134-135）

很多组织与管理研究学者都表示赞成索恩盖特的假设，即任何社会理论均不可避免地需要在普遍性、准确性和简约性这三者之间做出权衡取舍（Langley，1999；Pentland，1999；Weick，1999；Van de Ven and Poole，2005；以及其他）。例如，Weick（1979：36）使用一个钟面（"普遍的"在12:00，"准确的"在4:00，"简约的"在8:00）作比喻，阐明了索恩盖特的假设，如图4.5所示。Weick（1999：801）指出，这种表示方法是为了让大家看明白三个标准之间的权衡取舍。"一个解释如果满足任意两个特征，那么极有可能不满足第三个特征。"

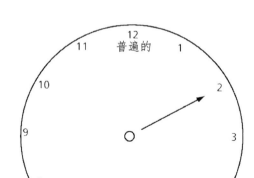

图 4.5　维克用钟面比喻索恩盖特的理论标准

资料来源：Weick, K. E. (1979). *Social Psychology of Organizing*, 2nd edn., fig. 2.1, p. 36.

索恩盖特的假设正确吗？ 或者维克的钟面比喻是否使我们陷入权衡取舍的思考而未关注普遍、准确和简约的理论之间的相互补充？"一种看见的方式也是一种看不见的方式"（Poggi，1965）。例如，维克的钟面比喻的另一种旋转是，一天中，理论会有两次看起来是普遍、准确且简约的——问题在于你什么时候看。 继续探讨这个有趣的比喻，这个钟面在世界的不同地方还可以代表不同的时间。由此，我们可以得出结论：一个给定的理论可以同时在欧洲和新西兰是普遍的，在印度和加利福尼亚是准确的，在亚洲和巴西是简约的——问题在于你在哪里看。 再进一步探讨这个牵强的比喻，可以得出一个合理的结论：理论的普遍性、准确性和简约性可能受到时间、相近观点和文化环境的影响。比喻的细微变化就可以使我们对事物的思考变得很不一样。

通过放宽他的钟面比喻，并应用本章中所述的一些逻辑推理基本原则，Weick（1999）改变了他的立场。他观察到索恩盖特的假设中存在以下矛盾。

如果，正如索恩盖特所言，对社会行为的解释不可能同时具有普遍性、准确性和简约性，那么这一论断是错误的。它之所以是错误的，是因为这一论断本身是普遍的（它适用于所有解释），是简约的（它以一句容易理解的话来概括),也是准确的(它是一条有效的预言)。因此,索恩盖特对于理论不可能同时具有普遍性、准确性和简约性的解释,本身就说明这样的理论是可能的。在发展理论时,像这样让自己卷入和摆脱这种纠结的人们,需要他们所能得到的一切帮助。(Weick,1999:802)

为了探讨我们可以如何以及为什么能让自己摆脱这种纠结,我们一起分析研究索恩盖特假设陈述中的二个命题(引用上文的)。

索恩盖特假设中的第一个命题是:"为了提高普遍性和准确性,我们必须提升理论的复杂性。"虽然这可能经常发生,但是如果我们正确地沿着抽象阶梯走,则并不需要。索恩盖特的命题可能是通过扩大概念来延伸和增加概念内涵,而不是正确地攀升抽象阶梯的结果,导致概念被延伸成为未必更复杂但却更模糊的伪概括,反而变得毫无意义。如果在攀升抽象阶梯的过程中,正确地应用逻辑步骤,那么提高理论的普遍性,应该通过降低理论的复杂性来保持其准确性。正如Osigweh(1989:584)所指出的,攀升抽象阶梯涉及在减少概念内容或内涵(从而提高概念的简约性)的同时,扩大概念的宽度(普遍性)。

索恩盖特假设中的第二个命题是:"只有当社会行为的复杂性有条理时,复杂的社会行为理论才是可行的。"然而,有理由相信,许多社会行为并不是在"局部"或特定情景之外组织的。在该陈述中,索恩盖特似乎反映了局部确定原则。卡普兰注意到:

> 人们常常认为,只有微观理论的发现才能对各种现象提供真正的科学理解,因为只有它才能为我们提供有关这种现象内在机制的深刻洞见。这种观点的基础是可以被称为局部确定原则的事物:解释范围的半径可以被收缩得无限小。局部确定就是决定论,只是包含了在空间或时间上对行动的否定:不管哪里发生的事情都可以通过参照那里的发现来解释。(Kaplan,1964:300)

简约的理论是节约的(Economical)。"但是,收缩解释范围的半径并非总是朝着节约的方向发展"(Kaplan,1964:300)。例如,我们很难看出,认知心理学对人类行为的解释比制度社会学解释更加简约、普遍或准确。局部确定似乎反映了研究人员对不同学科的倾向。虽然在理论发展中,研究人员的偏好是不能忽视的，但同时不可忽视的是研究问题或问题陈述的性质。选择一个理论解释范围的半径，即它的普遍性、准确性和简约性，也就是选择合适的视角和领域，使其符合主要利益相关者所感知到的问题领域。

上文引用的索恩盖特假设中的第三个命题是："为了使我们的描述条理清晰，我们可能会很容易地构建复杂的社会行为理论；但是理论的复杂性严重受制于研究的伦理规范和语言表达，这种限制使得复杂理论难以接受实证检验。"显然，理论的复杂性越高，接受实证检验的难度就越大。但是，索恩盖特的陈述仅仅从研究人员的角度解决了复杂性问题。他没有提及复杂性对理论的受众或用户而言有什么后果。对他们而言，复杂理论的限制因素不是它们的可验证性，而是人们可以同时处理的复杂信息的数量。

从入世治学的角度来看，受众心目中的理论复杂性（以及普遍性和准确性）比研究人员检验能力的复杂性（以及普遍性和准确性）更高。当理论的数量超过 Miller（1956）的"幻数"（Magical Number）（7 加或减 2）时，也就超越了大多数读者的信息处理能力。只要一个研究中的因素、假设或研究结果的数量超过了这个"7 ± 2"，受众中的成员就可能变得麻木，且会丧失这样的辨别能力——到底什么是社会行为理论中的普遍性、简约性或准确性。超过幻数的理论可能成为这样的产物——既不能清楚地阐述研究问题，也没法沿着抽象阶梯攀升，后者需要研究人员能够从一系列可能的解释性因素中创造出一个可以理解的层级形式的理论。

以上对索恩盖特假设的解释，将理论的普遍性、准确性和简约性与攀升抽象阶梯和目标受众所关心及考虑的因素联系了起来。与任何主张一样，这些连接是有边界的。一个重要的限定条件是 Merton（1968）所提出的关于发展中层理论（Theories of the Middle Range）的建议。罗伯特·默顿（Robert Merton）把中层理论描述得没有宏大理论那么抽象，这样的宏大理论常常太远离社会现象，以致不能准确地解释在特定经验环境中观察到的内容（比如帕森斯和恩格斯所提出的理论）。此外，与那些为了识别某个研究问题的类型或原型而观察到的特殊情况和具体事例相比，中层理论在更高的抽象层级，因为特殊情况只是其中的一部分。中层理论足够接近各种背景中的可观察活动，故而允许对命题进行实证检验和概括（Merton，1968：39）。

为了适应现有的知识体系，理论往往有意识地结构化和合理化。因此我们能够期待，正如 Merton（1968）所描述的，尽管中层理论不是由普遍性的抽象理论逻辑推导出来的，但是一经提出和检验，它们就可以为一个或多个普遍性理论提供重要的实证证据。这是因为，宏大理论往往结构松散、内部多样化并相互重叠，以包括若干中层理论。更准确和具体的实证证据以及中层理论的更加语境理论化，有助于改进普遍性理论并为此打好基础。反过来，这也有助于提高普遍性理论所包含的中层理论的普遍性或扩大其解释范围半径。因此，中层理论的贡献在于，既可以桥接，又能够增加科学知识。

4.4 结论

学者们经常就理论构建发表不同的观点，这个范围非常之大。有些作者强调理论创新，并认为一些平凡的理论纯粹是为了迎合实证研究方法的有效性，而这种制约恰恰束缚了想象力（Weick，1989；Mintzberg，2005）；有些作者强调对清晰定义、内部逻辑一致性和可验证性的需求（Bacharach，1989；Peli and Masuch，1997；Wacker，2004）。在一定程度上，这些作者正确地描述了理论构建的某项活动，但又可能错误忽视了理论构建中涉及的其他活动。只有当他们认识到理论构建不是单一活动时，诸如上述差异才会消失。事实上，理论构建至少涉及三项活动——构思理论、建构理论和论证理论。

本章研究了这三种理论构建活动，并讨论了它们如何涉及不同的推理模式：溯因被用于构思理论，逻辑推理被用于建构理论，而归纳推理和论证被用于评估和论证理论。我的总结是，通过理解和发展这些推理模式中的技能，可以学到许多关于理论构建的知识。

4.4.1 通过溯因构思理论

理论构建的第一步包括构思一个可能成为理论的思想萌芽，这是一个溯因推理过程。该思想往往是为了应对那些有悖于我们对世界理解的异常而创建的"半成熟"猜想。溯因是一种创造性的推理形式，起于遇到异常，止于选择可解决异常的可信或一致的解决方案。

Campbell（1988）和Weick（1989）所提出的思想实验的变化、选择和保留的演化模型，可以用来理解理论创建中溯因推理的活力。变化是指为弄明白在一个问题情景中所观察到的异常现象，而后提出的不同猜想的数量。选择涉及使用不同标准，用于在这些猜想中做出选择。保留是指详细阐述被选中猜想的理论并论明其合理性。

Weick（1989）将溯因推理表述为一个演化过程，并引入了多个有用命题，用以增加猜想生成和选择过程中的独立思想实验的数量，进而解释异常现象。具体而言，本章讨论了其中的三个命题。第一，猜想生成过程中的思想实验的数量及多样性，会增加得出更好理论的可能性。第二，猜想评估标准的多样性，会增加被选中的猜想产生好理论的可能性。第三，由于不可能在构思猜想之时就确定或检验该猜想的有效性，所以合理性是猜想选择过程中关于有效性的替代标准。

入世治学代表了一种实施上述这些命题的策略。应用和获得其他人的不同观点，将会提高思想实验的独立性，以提出合理的猜想并应用不同的标准来选择合理的猜想。此外，我们所吸收的主要利益相关者的观点和假设越多，对它们的了解越深入，就越能选择和构建出令研究目标受众可信的猜想。

4.4.2 用逻辑演绎推理建构理论

一旦溯因过程中出现合理的猜想，推理模式就转换为演绎，用以详细阐述该猜想，并将其建构成一个完整的理论。理论曾被定义为对一组边界条件内的构念之间关系的解释。在本章中，我回顾了一些逻辑演绎推理基本原则，因为它们提供了理论建构的实用工具包。理论建构包括：明确表述一个猜想并将其细化为多个理论化、可观察的术语，提出与这些术语相关的命题和假设，以及具体说明它们适用的条件。我还强调了，好的逻辑推理对于阐述理论的语义含义和确定概念及其关系的界限具有一如既往的重要性。我回顾了逻辑学家们如何辨别论证的逻辑"有效性"和实证"真理"。这样的辨别是非常重要的，因为如果一个理论在逻辑上无效，那么即使通过设计和实施方差或过程研究模型，检验它的实证结果也将变得毫无意义。

4.4.3 使用归纳推理和修辞论证来证明理论的合理性

我讨论了如何用两种方式来证明理论的合理性：用归纳推理检验理论与现实世界的实证契合度，以及对理论的逻辑有效性、可信度和说服力进行修辞论证。这两种方式是证明理论的实证基础及概念基础的合理性所必需的。因此，它们相互补充，而不是互相替代。

通过归纳推理，理论就只能被反驳，而不能被证明。如此一来，本书讨论了我们可以如何获得对某个理论合理性的信心。答案是：①对假设进行不同的检验；②排除那些貌似可信的替代假设。

- 不能否定假设的检验的种类和数量越多，假设的可信度也就越高。理论的可信度依赖于其被否定的概率。
- 提高理论可信度的另一种方法是排除貌似可信的替代假设。为了变得可信，一个新的理论应该针对某个现象至少提供一个比现有解释更好的解释。

这两种策略巩固了该假设比替代假设更有可能的归纳结论，虽然演绎永远不能证明假设的真实性。

Stinchcombe（1968b）认为，这种基本的科学归纳过程应该引导学者设计那些至关重要的实验。在这些实验中，支持理论的证据就说明了对立的替代理论被否决或否定。

论证为解释理论和证明理论的合理性提供了一个修辞策略。不是所有的理论都是同等的；相较于其他一些理论，某些理论可能有更好的理由和证据支持，并且有更少的限定条件和潜在反驳。如果一个理论缺乏论证所要求的批判性、明辨性的推理准则，那么这个理论通常难以使我们自己和他人相信，也难以跟其他理论一较优劣。

我推荐并介绍了图尔敏的论证结构，用以解释理论和证明理论的合理性。图尔敏系统将论证的各个要素做了如下整理：①研究的背景环境、问题和疑问；②提出的主张或核心命题、假设或理论；③支持主张的主要理由或解释；

④支持上述理由的证据;⑤限定条件,针对所提主张的边界条件和假定;⑥保留,包括反驳主张的限制或理由。为某个论证而开发上述这些要素的关键因素,在于妥善地考虑受众的假定和观点。这就再次提醒我们入世治学的重要性,即以反思的方式理解服务对象的观点、利益和兴趣。

本章最后讨论了评估理论的三个常用标准:普遍性、准确性和简约性。Thorngate(1976)曾假设,社会行为理论不可能同时具有普遍性、准确性和简约性。我和维克一样,也怀疑这个假设是否正确,所以我在本书中探讨了一些可能的解决方案,通过攀升抽象阶梯和接纳目标受众的观点,进而制定普遍、准确且简约的理论。能够满足上述条件的一个重要方法是默顿所建议的开发中层理论,中层理论介于那些包含可观察变量或事件的具体研究理论与那些包含各种抽象概念的宏大理论之间,而且可以桥接这两个层次的理论。

第 5 章

// 方差模型和过程模型 //

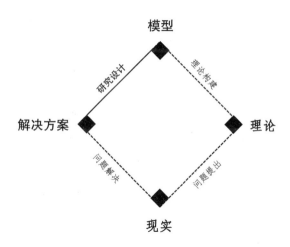

本章介绍入世治学（参与式学术研究）的研究设计，如图 5.1 所示。入世治学假定：实证研究旨在构建或检验某个理论，正如本书第 4 章所讨论的内容；实证研究也是为了验证相应的研究问题，恰如本书第 3 章所阐述的内容。因为一个理论并不能被直接观察到，所以它需要转化为一种可操作化的研究模型。本章引入两个基本模型：方差模型和过程模型，两者通常用于设计社会科学领域的研究，探究不同类型的问题和命题。它们采用不同的认识论假定、研究假设以及那些代表理论和研究现象的操作工具。遵循这个思路，以下两章将讨论方差模型（第 6 章）和过程模型（第 7 章）设计的操作步骤和决策。

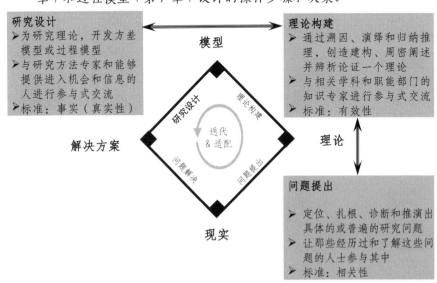

图 5.1　入世治学模型中的研究设计

首先，区分**理论**与**模型**是非常重要的。社会科学家并不直接观察或检验理论，而是验证模型（McKelvey，2002a）。模型是理论的部分代表或映射。此外，模型由许多工具、过程、假设和操作方法所构成，使用它们是为了应用观察和分析的各种科学方法。这包括本章讨论的所有方差模型和过程模型的假定。Morgan 和 Morrison（1999）称，这些模型不仅仅描述了理论的操作化；而正是由于模型包括了许多理论本身未体现的工具性假定和理论未能反映的实践，所以它们在科学工作中能够发挥独立的作用，即充当理论与数据之间的媒介。

> 我们通常认为模型完全来源于理论或数据。但是，如果我们仔细观察构建模型的方式，就会开始审视模型的独立性来源。因为模型不是模棱两可的，它既不是理论，也不是数据，而是通常同时包含两者（经常还有附加的"外部"因素），所以才能作为理论和世界之间的媒介。（Morgan and Morrison，1999：10–11）

从其功能、代表性和学习的视角来看，一个研究模型是连接理论与数据的工具。首先，模型就像工具或仪器，与它要发生作用的对象和连接的事物是相互独立的，例如锤子和把钉子钉到墙上这一功能是分离的。研究模型像工具或仪器，虽然独立于理论和世界，却在两者间起到媒介作用；正如工具，研究模型能被用于许多不同的任务中。模型还可当作了解世界、学习理论的工具。研究模型作为调查工具提供了某种方法，用于描述世界以及关于世界的理论的某些方面。

> 因此，模型的代表性使其不仅能发挥操作性的功能，还能告诉我们它所代表事物的一些信息……正如人们为了真正了解锤子的功能，需要使用或观察它一样，模型在显露其"奥秘"之前一定被使用过。从这个意义上说，模型具有技术的特性——只有被使用时才能显现其能力。模型的作用不仅体现在介入，也表现为呈现。在操纵模型时，这些组合特性才能让我们了解这种介入会产生怎么样的效果以及为什么。（Morgan and Morrison，1999：11–12）

方差模型和过程模型用于实证检验两类不同的研究问题，这些问题通常围绕正在研究的事情而提出：

- 事情的前因和后果是什么？
- 事情是**怎么样**随着时间的推移而产生、发展、壮大或结束的？

这些"是什么"和"怎么样"的研究问题代表了设计和进行社会科学研究的"分岔路口"。这两类研究问题需要不同的方法论，而方法论则是基于截然不同的假定和认识论。

"是什么"问题需要使用方差模型（Mohr，1982），或者需要"结果导向型"（Outcome-driven）（Aldrich，2001）的投入要素（自变量）的解释，这些投入要素能够在统计学上解释一些结果标准（因变量）。"怎么样"问题需要使用过程模型，或者基于某一故事或历史叙事而发生的一组离散事件的时序的"事件驱动型"（Event-driven）说明（Bruner，1991a）。在因果关系上，"是什么"问题需要存在于自变量和因变量之间的共生、时间优先以及没有伪关联（Co-variation, Temporal Precedence and Absence of Spurious Associations）的依据（Blalock，1972）。"怎么样"问题需要叙述（Narratives）来解释关于事件情节的观测顺序或潜在的生成机制，在现实世界及在特定环境或条件下，事件因这些机制运作而发生（Bruner，1991a；Tsoukas，1989）。

尽管迄今为止的绝大多数社会科学研究仍重点关注"是什么"问题，但对研究"怎么样"问题的兴趣却在增长。在探究动态的社会生活及其发展中，以及在检验那些论述社会实体是"怎么样"随着时间适应、改变和发展的理论中，过程研究起到了基础性作用。然而，因为多数研究人员已经学会方差建模的某种版本，且过程建模的方法可能发展得并不完善，所以研究人员往往将过程问题方差化。我们可以看到"锤子定律"的实例：如果给孩子一把锤子，那么所有物体似乎都要被敲击；如果给社会科学家变量和一般线性模型，那么所有事情似乎都要被因子分析、回归分析和拟合检验（Poole et al.，2000：29）。因此，研究人员经常会用错误的方法研究他们的问题。

例如，一个受过方差法训练的研究人员，在研究创新时倾向于把每个事件看作一个变量的变化，因而将创新事件分解为一系列投入——产出（比如产品创新的数量）分析，然后检验此变量的变化是否由其他一些自变量（比如研发投资）来解释。从方差理论的角度来说，事件代表了变量的变化，这些变化在投入——过程——产出模型中是过程的构件。但是因为过程问题并非关于变化是否发生了，而是关于变化是怎么样发生的，所以当创新由概念发展到实践时，我们首先需要一个描述发展事件序列的故事。一旦发现了事件在发展过程中的顺序或模式，我们就可以转向关于事件顺序的起因或结果的"是什么"问题。

鉴于"是什么"和"怎么样"问题的区别，及其分别与方差模型、过程模型密切的对应关系，我针对研究设计和开展社会科学研究提出三条基本建议：

（1）理解你的研究问题，选择适合检验研究问题的方法论（反之不成立）；

（2）当你选择方差模型和过程模型来检验研究问题时，识别它们的假定、优势和限制因素；

（3）根据方差模型和过程模型内在的要求来对其进行评估，而非其他因素。

本章将详细阐述这三条建议。首先，我们将概述方差模型和过程模型这两种截然不同的社会科学研究认识论。这两种模型充分体现了调查下面两类问题的社会科学研究间最基本的区别：①"什么引发什么"的方差或因果关系问题；以及②"事情是怎么样随着时间发展、改变"的过程问题。然后，我们将讨论不同模型背后的基本假定。这些不同的假定解释了方差模型和过程模型在某些方面是如何及为什么不可比较的。因此，与使用同一套通用准则来评估社会科学研究的普遍做法不同，我将在第6章和第7章中提出如下观点：过程模型和方差模型研究的设计和评估应当基于它们各自独特的标准。

其次，在区分了两种模型后，我认为理解两者的互补关系也非常重要。"是什么"问题的答案通常假设或假定了"怎么样"问题的答案。无论隐含或明确，方差模型答案下的逻辑是这样一个过程叙述：事件是怎么样按顺序展开，因此引起自变量（投入）对因变量（产出）产生影响的。因此，为显著提升"是什么"（方差理论）问题答案的稳健性，方法之一就是对解释为什么自变量导致因变量的假定进行明确的检验。

相似地，"怎么样"问题的答案往往会因为没有回答"是什么导致了它"或"它的结果是什么"等相对应的方差理论问题而变得没有意义。正如Pettigrew（1990）所言，对变化进行理论上可靠、实践上有用的研究时，应该探索情境、内容和随时间变化的过程。正如变化在相对恒定的状态下才可察觉，了解事件的时序也需要了解起始（投入）条件和最终（产出）结果。

5.1 两种基本认识论

两种基本认识论是"是什么"和"怎么样"研究问题所需的不同方法的基础。Bruner（1986）将它们区分为人类智力的两种基本类型：范式性的、逻辑科学的（方差）思维模式和叙述性（过程）思维模式。他是这样描述两者的：

> 认知功能模式和思维模式都有两种，每种均为梳理经验、建构现实提供了独特方式。两者（虽然互补）彼此不可简化……此外，每一种认知方式都有各自的运行原则和格式规范。它们在验证过程中截然不同。（Bruner，1986：11）

Bruner（1986）注意到，相较于有关范式性思维及其方式的大量文献，我们对叙述性思维如何运作缺乏了解。尽管近年来许多领域的研究正在弥补这一空隙，但仍有大量的工作有待完成。

根据结果导向型和事件驱动型研究，Aldrich（2001）将"是什么"和"怎么样"问题区分如下：

> 结果导向型解释是回溯式的，从观察结果意识到之前构成原因的重要事件。此策略产生两个相关的问题：第一，它通常会导致研究人员选择因变量，这是一个众所周知的研究偏见。第二，尽管我们也许会囊括所有组织——经历过和没有经历过事件的，我们仍然只是在某一时间点对它们进行观察。图5.2展示了在时刻1观察到结果，随之将结果反向关联到之前发生的事件。（Aldrich，2001：118）

> 与结果导向型解释相反，事件驱动型解释是前进式建立的，从观察或记录的事件到结果。研究人员挑选某几个前因事件，然后记录事件随时间发生的情况。这类设计没有简单易行的方法，而且有些事件会在不止一个叙述中出现。此外，我们观察的大多数事件也许并没有明显的结果，因此需要研究人员对预期的因果过程具有很强的演绎性理论基础。图5.3展示了随着时间发展观察事件，随之将事件前向关联到之后的结果。注意，之后发生的结果本身就是事

件,还有后续结果(Aldrich,2001:119)。

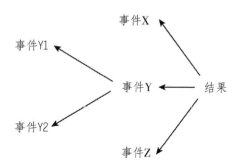

图 5.2　结果导向型解释

资料来源:Aldrich(2001),改编自 Elder et al.(1998)。

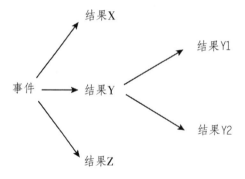

图 5.3　事件驱动型解释

资料来源:Aldrich(2001),改编自 Elder et al.(1998)。

Aldrich(2001)指出,研究人员经常因没有明确区分组织和其他社会过程到底是事件驱动型研究还是结果导向型研究而陷入困境。

其中一个影响因素可能是文献中经常会使用"过程"的两种不同定义:①有关行为和活动的概念或变量;②形容事情怎么样发展和变化的叙述(Van de Ven,1992)。当使用第一种定义时,过程通常与方差模型相关联(Mohr,1982),这时结果驱动型解释检验一组自变量统计上对结果标准(因变量)的解释程度。过程的第二种定义则采用事件驱动法,通常与对事件时序的过程研究相关联(Abbott,1988;Pentland,1999;Poole et al.,2000;Tsoukas,2005)。

Mohr（1982；Poole et al.，2000）首次区分了社会科学研究的方差法和过程法，对组织研究产生了很大影响。一般来说，方差模型解释了自变量和因变量关系的变化，而过程模型解释了一系列事件是怎么样导致某一结果的。两者导致了完全不同的对"变化"的概念化，意味着判断社会实体变化与发展的研究有着不同的标准。图5.4描述了这两种模型。

劳伦斯·莫尔（Lawrence Mohr）对方差模型和过程模型的观点虽然有影响力，但这种区分方式却有局限性。其他学者提出了对社会行为的方差代表性和过程代表性更为广泛的解读（Abell，1987）。Abbott（1984、1990、2001）比较了社会学的随机解释和叙述解释。Bruner（1991a）和Polkinghorne（1988）概述了人类科学的叙述理论，强调了社会科学中叙述解释与传统的因果分析的不同。Barnett和Carroll（1995）对变化的"内容"和"过程"加以区分。内容是指组织实体内部真正发生变化的是什么，而过程则检验变化是怎么样发生的。内容研究往往关注组织变化的前因和后果，而过程研究则检验组织实体内部发生变化时事件的先后顺序。Poole et al.（2000）详细阐述并讨论了叙述性过程和有因方差建模。他们指出了学者们在采用方差模型和过程模型时所提出的（或隐含或明确的）不同假定。

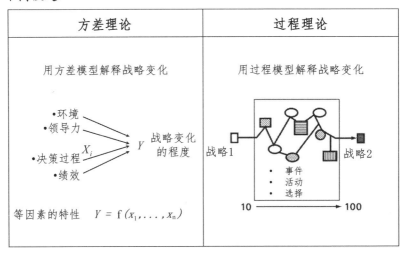

图5.4　解释战略变化的两种方法

资料来源：Langley（1999）。

贯穿这些论述的共同点是：给定某个特定的结果，我们是要科学地解释自变量导致因变量的变化，还是用叙述或讲故事的方式来解释发生的事件序列是如何产生这个结果的？

方差法寻求的是对以下情形的解释：自变量作用于因变量使其发生变化，确定的因果关系导致连续变化。Schoonhoven et al.（1990）的研究就是用方差法研究组织变化的一个事例。他们用事件历史分析（Event-history Analysis）来检验美国半导体行业的新企业在运送第一手产品、获得收入的速度上的差异。Schoonhoven et al.（1990）发现，具备以下条件的公司能够显著地预测运送一手产品（因变量）的速度：①技术创新水平较低；②每月支出较低；③建立包括制造和营销定位的组织架构；④市场上有更多竞争者；以及⑤它们在硅谷有基金会（自变量）。

相反，Gersick（1994）提供了一个组织变化的过程模型实例，用于理解一个创业公司的发展。基于对创业领袖和风险投资人的每月采访和董事会议的观察，她调查了创业公司是怎么样随着时间调整发展战略的，并分析了该公司随着时间推移的关键决策、事件和战略。Gersick（1994）发现，组织发展势头和战略变化的时间节奏存在两种形式：一种是基于时间，在时间转折点进行再调整；另一种是基于事件，在恰当的事件发生时采取行动。对创业公司而言，这两种节奏使其发展势头和变化模式产生了系统性的差异。

Schoonhoven（1990）的研究表明，方差模型解释了自变量和因变量关系的变化，而 Gersick（1994）的研究则表明过程模型解释了事件是怎么样随着时间依次展开的。这两种方式呈现了完全不同的对"变化"的概念化，意味着判断变化和创新的研究有不同的标准。基于 Poole et al.（2000）的讨论，表5.1提供了对两种方式的比较性总结。

表5.1 方差模型和过程模型的对比

方差模型	过程模型
有不同特性的固定实体	参与事件的实体会随着时间变化
基于有效的因果关系的解释	基于最终的、正式的和有效的因果关系的解释
普遍性取决于跨情境的统一性	普遍性取决于跨案例的通用性

（续表）

方差模型	过程模型
自变量间的时序并不重要	独立事件的时序至关重要
强调直接因果关系	解释被分层,包含直接因果关系和末端因果关系
属性仅有一个意义,即使时间推移也不会改变	随着时间推移,事件的意义会改变

资料来源:改编自 Poole et al.（2000:36）。

5.1.1 方差模型

如前所述,方差模型重点关注变量,这些变量用以代表研究主体重要的内容或属性。其解释采取的形式为因果关系陈述或包含这些变量的模型（例如 Y 导致 Z,X 导致 Y）。方差模型的一个隐含目标就是构建能带来结果的必备条件。方差模型以基于最常见统计方法的一般线性模型为基础,包括方差分析、回归分析、因子分析和结构方程式建模,采用实验研究和调查研究设计。

Poole et al.（2000）讨论了基于方差模型的六个关键假定。这六个假定相结合,使得变量间因果关系的研究在分析上更为精细。但是,这六个假定却高度限制了研究现象的代表性。

（1）**世界是由不同属性的固定实体所组成的**。在方差模型中,分析的基本单位是随着时间推移保持单一身份的实体。这些实体拥有一组固定的变量属性,假定其能反映实体的变化（Abbott,1990）。例如,在一项员工满意度调查中,员工被当作基本实体。研究的重点是员工的特征属性,比如性别、年龄、工龄、工作表现和激励措施等。某一员工样本中这些变量的变化和水平代表至关重要的测量任务,而且该研究的目标就是体现这些变量和其他变量之间的关系。

方差模型假定:任何被研究实体（如员工）的显著变化都能够用变量来充分体现。实际上,实体是变量发生行为所处的背景。为了形成合理的解释,有必要确定变量的属性,这对于研究的过程十分重要。变量构成了理论中使用的原始术语。因此,变化和发展的起因和结果都必须被框定为变量。使用这种模式的解释需要将世界"方差化",也就是说,将研究现象背后的顺序看作由相互关联的变量构成。

（2）**有效的因果关系是解释的基础**。亚里士多德区分出四种原因——从字面上,"原因"(Aitia)是为什么发生变化这一"问题的答案"(Aristotle,1941;Randall,1960)——质料因(Material Cause)、形式因(Formal Cause)、动力因(Efficient Cause)和目的因(Final Cause)。它们分别表明构成事物的原始质料(质料因)、构成事物的样式(形式因)、运动和休息的直接起因的来源(动力因)和事物生成的目的(目的因)(Ross,1949)。方差模型与动力因明确相关,因而往往会淡化其他的变化源。Mohr(1982:40)解释道,"动力因被设想为能够对分析单位(个人、组织或实体)起作用、使其成为某种结果变量(士气、高效等)或从原来状态改变的一种力量。它也许被认为是一种推动式因果关系。"例如,鼓励创新行为的组织奖励、高层管理团队的支持和创业氛围作用在个人身上,能够提高其成立新企业的可能性。方差理论中的每一个成因都被假定为一个动力因。其他种类的因果关系,如目的因,假设现象受其倾向的目的影响,这种因果关系则不被视为有效的生成机制。

(3)**解释是否具有普遍性,取决于它是否能在广泛的情境中一以贯之地应用。** 评价方差解释的一个标准就是普遍性。从方差角度来看,因果机制的普遍性指的是在某一范围的案例和情境中,该机制能使处于各个水平的自变量和因变量发挥一致作用。这个范围越宽泛,所提供的解释就越普遍。成因被假定以"相等速度"起作用且在所有案例中采用相同的方式(Abbott,1990)。同样地,假定生成机制始终有效,在过程进行时自变量始终对因变量起作用。当自变量和因变量之间的因果关系随着案例或时间出现不一致时,研究人员将在情境中寻找其他变量,也许能用来说明无法解释的变异。例如,当创业者特质变量和新创企业绩效之间的关系经证实不够稳定时,创业研究人员就会开始寻找其他变量来解释新创企业的绩效。

(4)**影响因变量的自变量之间的时间顺序对结果并不重要。** 当模型中包含多个自变量时,只要理论应用的时间框架能使自变量都发生作用或触发变量,自变量发生作用的时间顺序对结果的水平就没有影响。无论自变量 X 是否在另一个变量 Z 之前发生或反之,只要它们的影响完全作用到结果变量 Y 上,Y 就保持不变。 这与采用自变量的线性组合来预测因变量的一般线性模型是一致的。无论哪一个变量首先发生作用,这个组合过程都产生同等效果。

在不同时间框架内发生作用的变量通常被分成两个不同的解释性理论，用"宏观"层面和"微观"层面加以区分。例如，基于时距，影响创业的自变量可能被划分为三个集合——影响个人在企业中创业创新能力的变量，影响企业规划的变量，以及影响社会上创业和业务扩散的变量。最初的重点将是发展各个层面的理论或模型。一旦这个目标实现了，研究人员就会开始处理各个层面的相互关系。

方差模型同时假定最小的时间单位。因为许多方差模型假定因果关系是随着时间连续作用，这就引发了一个棘手的概念问题，即存在一些变量需要把时间细分到一定的单位长度（McGrath，1988；Abbott，1990）。对于将要连续作用在因变量上的自变量来说，所有的变量——因变量和自变量、类别变量或连续变量，一定在同一时间点对测量敏感，测量的时间单位对所有变量来说必须是相同的。否则，同一个模型中会包含不同状态下的变量。随着时间单位越来越精细，最终将精细到至少有一个变量无法在时间框架内实现、测量变为不可能，因而导致模型失效。

（5）**解释应该强调直接的因果关系**。方差模型的因果关系假定，模型中每一个时间点的变量包含预估其在下一个时间点的数值所需要的全部信息（Abbott，1990）。方差法减少了确定性模型或随机模型一系列结果的发展和变化："一组初始值将直面模型，然后再生成另一组直面模型的新数值，以此类推；不久的过去永远在创造未来……"（Abbott，1990：146）。正由于此，对于有效解释而言，并没有必要过度地延伸叙述或说明那些一长串的活动。在解释某个研究实体和研究对象时，无须知道其特定的历史曲折，因为任何影响现状的过去都被表达为这个实体的过去状态。例如，与新创企业绩效相关的创始团队在时刻3的特征，可以假定从时刻2的状态来预测。方差法并不考虑下面状况的可能性，即创业团队特征在随后时间中的独特影响，可能会以与先前状态不可预见的方式与企业状态相互作用。

（6）**随着时间推移，属性有且仅有一个因果意义**。因为方差模型随着时间持续且一致地发生作用，因而模型在处理每一个变量时，将它们视为在整个过程中都有同样的状态或意义。如果数据"拟合"模型，则模型中诸如创业导向之类的变量在时刻100需要有相同的意义，正如它在时刻1的意义。该假定是方差模型假定1的合理结果，因为随着时间推移，研究实体只有在其属性保持统一身份和意义时才能保持固定。

鉴于方差模型的普遍性，很容易推测它代表了社会科学领域最基本的、最客观的研究方法。但是，正如我们所看到的，方差研究是基于将世界分解为可研究部件的某种特定方式。在检验关于实体间比较或变量间因果关系等研究问题时，方差法显得极其有效。然而，在研究社会实体是怎么样发展和变化时，方差法的一些假定已经被证实有很大的局限性。在处理过程研究问题时，另一种可选择的方法论出现了。

5.1.2 过程模型

和方差模型一样，过程模型提供了对事物的普遍性解释，尽管普遍性的标准有所不同。和其他一些对方差研究持批判态度的观点不同，过程法并不反对定量研究方法。只要某种方法能帮助理解事物的变化和发展过程，过程模型都予以采用。但是，叙述性解释的形式对所使用数据的种类和所运用模型的性质有一定的限制。过程法还假定解释是通过指定生成机制发生的。叙述中的生成机制是过程建模的一种特殊形式，取决于和方差法不同的情节形式。

方差模型同样也依赖故事来加强叙述性。但是，这些故事只是提供了对因果过程的深入了解，从而可以更充分地论证变量间的联系，却没有形成解释本身必不可少的一部分。方差模型中的解释性工作是由连续运作的因果模型完成的。相反，过程模型通过事情发生的顺序及其发生过程的阶段来解释发展。在叙述方法中，故事本身的情节是生成机制。

因此，过程法提供了在某些方面与方差模型不同的一个科学解释模型。两种模型截然不同的假定如表 5.1 所示。研究变化和发展是怎么样产生的过程法以六个假定为主要特征，这六个假定与方差法的假定形成鲜明的对比。

（1）**世界是由参与事件的实体所构成的，这些实体最终也许会随着时间而变化。** 叙述法的分析单位是发展中的中心主体，该主体是使事件发生以及事件发生作用的对象（Abbott，1988）。实体的属性会变化，实体本身也会伴随一些过程发生变化——通过转化为一种不同的实体、与另一个实体合并、划分为两个不同实体、消亡或解体。例如，新企业随着时间发展会发生质变，包括在研究过程中分裂、分拆、终止或与其他公司合并。这些过程并不能通过一组变量充分体现，因为过程与实体的质变有关。"实体过程"（Entity Processes）（Abbott，1992）是通过一系列事件引发，并且自身可以被编码为宏观层面的事件，即代表质变的间断事件。

尽管变量的辨别性选择对形成方差模型很重要，但是过程解释取决于辨别中心主体和在这些主体中发生质变的事件种类。中心主体（Central Subjects）是单独的实体（人员、集体、组织、机器和其他人工因素等），围绕这些实体能编织叙述。重要的是，要注意"主体"这个词并非指人的主体性，而是指叙述中的参与者。

事件（Events）是社会过程的自然单位，是指关键参与者做了什么或身上发生了什么。由于过程内在的复杂性，过程观点明确关注事件而非变量（Abbott，1990）。方差法把事件视作许多变量特殊值的集合。Abbott（1990：142）说，"叙述分析者将事件视作简化社会过程的自然方式，而不是将复杂细节拆解为推测上的自变量属性……比如分析者将观察事件的直接概念化视作简化事件复杂流动的最佳方式。"Poole et al.（2000：41）补充道，过程法同样将事件视作发生在发展和变化过程中的最有效代表。

（2）目的因、形式因，再加上动力因作为补充，是解释的基础。过程理论重点关注关键事件和事件的结合，以此来解释发展和变化，所以过程理论依赖于必要的因果关系。每个因果事件都有一个特定的方向，将发展中的主体推向某一结果。对于按某一路线推进的发展和变化来说，这一影响至关重要。但是，随后发生的事件、集合和结果同样影响主体，也可能会改变之前事件所导致的方向。由于因果影响会通过一个或多个事件变得具有"事件方式性"（Event-Wise），而非连续性，所以在叙述性解释中没有某个"起因"是充分的。

叙述性解释利用动力因来解释特定事件的影响，并且经常用以解释事件间和更宏观单元间的过渡机制，例如阶段。但是，叙述性解释还承认其他形式的因果关系，尤其是目的因和形式因。微行动（Micro-moves）是从事件到事件（甚至一些更大的转变是可以用动力因来解释的）。然而，在解释为什么产生更大模式的演化时，研究者需要更广泛的因果方案。在 Mohr（1982：59）的术语中，叙述性解释需要拉动式因果关系（Pull-type Casuality）：X（Precursor，先质或前体）不必然包含Y（结果），但Y必然包含X。在Sarasvathy（2001）的术语中，拉动式因果关系取决于"有效化"（Effectuation）过程，该过程比因果过程更普遍。

例如，新创公司业绩的目的因和形式因系或者"有效化"，也许在创业者采取风险投资人所期待的系统和结构（比如制定详细的业绩目标等）时会发生。创业者渴望新公司能够被认为是合理正当的，即具有合法性。这种渴望也许会拉动创业者发展风险投资人所重视的目标，继而推动他们制定实现目标所需的系统和结构。

（3）**解释的普遍性取决于它的通用性**。和方差理论一样，过程理论根据其潜在的普遍性进行评估。但是，叙述性解释的普遍性并非源于统一性和连贯性，而是来自其发展模式领域的广泛程度，而且是在不修改其本质特征的前提之下。领域越广泛——理论可应用的案例、情境、事件和模式越多样化，解释就越具有普遍性。过程解释和方差解释的关键区别在于"包含"（Encompass）、"适应"（Adapt）等术语的使用；方差解释在使用术语时会使用"统一和连贯的运作"（Uniform and Consistent Operation）等词。叙述性解释过程试图了解一定范围内复杂且似乎截然不同的事件和顺序的这个过程，而上述这些过程术语则抓住了叙述性过程解释的这个基本特性。

过程叙述的一个重要特征就是其内在的复杂性。构成过程叙述的事件是复杂的。因为在具体案例中起作用的是起因和情境中的要素的特定组合，有同样"情节"的过程叙述通常在具体顺序上有很大差异。叙述性因果关系是"松散的"，因为它仅仅具体说明了在时间和空间上处理事件的模式或形式；因此它并不像动力因作用于方差理论那样，对事件施加确定性影响。而且，在过程理论中，动力因是以事件为中心的，因而会随着事件变得或断断续续或不均匀。因此，同一个理论可能有不一样的解释，体现在如何叙述所发生事件的性质和模式上。例如，新创企业发展的生命周期理论设想了一个普适性的分阶段的企业成长轨迹，几乎所有新创企业均会经历这些阶段，但是具体到某一特定新创企业，它所经过阶段的精确顺序或所观察到的在每一阶段度过的时间长短则各有不同。

（4）**事件的时间顺序至关重要**。前述假定表明，因果关系所带来的顺序在叙述性解释中非常关键。事件发生的顺序决定了动力因作用的时间；而事件的时距和事件的连续性则决定了动力因作用的时长。不同的时间顺序会导致很大的结果差异。

例如，在进行群体决策时，从一方面来说，如果从解决方案开始，方案定位起到了缩小参照系的作用，随后在尝试定义问题时一般会受到首次讨论解决方案的框架的约束。从另一方面来说，某个群体如果从广泛搜索对问题的认识着手，则不会受到这样的约束，因此会在随后解决问题阶段考虑到更为广泛的方案。事件的"解决方案发展"（Solution Development）和"问题诊断"（Problem Diagnosis）发生的顺序会带来不同的因果关系。在以解决方案为导向的集体中，有较强的框架效应（Framing Effect）。而问题导向的群体则是由促成和约束的搜索行为驱动的，之后才会经历方案框架效应。不同的时间顺序会导致截然不同的结果（Maier，1970）。

（5）**解释应该包含从目前到末端（from Immediate to Distal）的各层解释**。在任何时候，事物发展的解释都取决于所有之前的事件和关联的因果影响。在过程理论中，历史不能用所研究实体刚刚过去的状态来概括（如方差模型一样），因为之前事件的顺序和情境对叙述性解释来说很重要。在同一个叙述框架内，单个案例的特定历史会导致案例采取不同的道路、通向不同的结果。如果在一个常见理论中包含这些差异，就有必要说明每一个案例中各事件的顺序是怎么样导致了独特的因果历史，从而使叙述以不同的方式展开。

这就造成了一个有趣的情况：虽然在某个过程模型中，某一特定起因仅在某段有限的时间内运作，但在某种意义上，它从未停止对实体施加影响，因为它构成了实体历史的一部分。举例来说，刚成立了一个使技术创新成果商品化的新创公司，它接受了严格的监管，如履行新药物或安全装置等的联邦批准程序；而在该公司满足了所有的监管要求后的很长一段时间，它仍会受到监管制度的影响。产品的特性及其最终成败与否，是由其历史和应对监管的措施所塑造的。

事件的不同时距还有第二个原因：过程模型必须考虑到通用的因果分析。动力因与事件相关，如果此事件比彼事件持续更长的时间跨度，那么其因果影响也更持久。例如在一个儿童入托项目中,国家许可和监管过程也许会持续几个月甚至几年。但是,一个县政府机构减少融资的影响只会持续一段较短的时间。尽管时距本身与起因的重要性并无关联,但是不同时间范围的起因的可能性促使过程模型更多地回顾实体更久之前的状态。

(6)**一个实体、属性或事件的意义会随着时间的推移而发生变化。**如前所述,过程研究方法假定分析单位会随着事件发生质变。以新创企业为例,实体会在其生命周期过程中完全转化为不同类别的单元,与另一单元合并或不再存在。同样,实体在发展时其属性的基本含义也会改变;当一个小的新创企业发展成为更大的企业时,企业的战略性规划会变得截然不同,这种变化对小型企业的影响大于那些大型企业。最终,事件的意义也会改变。例如,相比于一个多年引领创新的项目团队,"拒绝出资"事件对于一个初期的产品开发团队具有完全不同的意义。对于一个年轻的新创团队来说,"拒绝出资"可能是威胁到项目生命的一个灾难;而对于有着丰富经验的团队来说,则是一个不幸而非致命的事件,后者可能立即启动另一个方案,并从诸如"准备金"那样的"软"资源中获得临时资金。这个案例并不代表对同一事件有不同的解读,而表明对两个团队而言具有完全不同的意义的两个事件。

5.2 总结讨论

我已经指出,不同的研究问题需要使用不同的研究模型。社会科学研究人员往往会关注两类研究问题:
- 某件事的前因或后果是什么?
- 某件事是怎么样随着时间发展和变化的?

方差模型适用于第一类问题,过程模型则是第二类问题所需。

本章回顾了基于方差模型和过程模型的哲学假定,讨论了两者是如何代表两种典型的研究模式的。研究假定、假设、程序在方差研究和过程研究中有不同的表现形式。尽管研究人员有可能认识到这些差别,但还是经常混淆这两种典型研究模式的不同原则。当涉及研究设计时,"细节决定成败"。因此,"存在这样一种趋势:通常由于尝试将两者混合和不可避免地未能将两者混合,导致不是脱离了这个目标，就是脱离了那个目标"(Mohr, 1982: 36)。根据 Mohr（1982）的建议，我将在第6章和第7章中分别重点关注设计方差研究模型和过程模型的步骤，将这两个模型分开处理。

研究人员有时会错误地采用方差模型来研究过程问题。因为大多数社会科学家学习的都是方差建模的版本，所得到的过程模型培训非常少，因而这种错误也是可以理解的。如本章中所讨论的，如果研究人员的全部技能仅限于方差建模，那么这将严重制约他们将过程动态用于变量的一般线性关系，这是非常不幸的。由于事件的复杂性、解释事件之间时间承接的需要、同一过程中不同的时间尺度（Time Scales）和过程的动态本质，过程模型往往比方差模型更加复杂。

如本书第7章中所讨论的，过程模型是通过直接观察、档案分析和多案例研究来识别或重建过程的一种兼收并蓄的研究设计。分析过程数据需要的方法应当：①能识别和检验事件之间的时间联系和整体时间格局（Poole et al., 2000）；②能处理经常发生在过程里的多种时间尺度（有些事件持续数年，嵌入其中的其他事件则持续较短时间，而其他则更短）（Langley, 1999）。

方差模型和过程模型都追求普遍性，但过程模型的普遍化取决于其通用性，体现为"在不修改其本质特征的前提下，其发展模式领域的广泛程度"（Poole et al., 2000: 43）。通用的过程解释能通过"延伸"或"收缩"来适应在速度和时间跨度上不同的具体案例。例如，组织变革的间断均衡模型（Tushman and Romanelli, 1985; Gersick, 1991）具有高度通用性，因为它能应用在一周、几年等各种不同时间尺度的过程中，包括组织变革、集团发展和技术进步。

尽管我们重点区分了方差模型和过程模型这两种基本类型，但认识到两者之间的互补性也很重要。对于理解组织变革来说，前述两类问题高度相关、都很重要。回答"是什么"问题，通常会假定或假说一个"怎么样"问题的答案。无论隐含或明确，基于逻辑的方差理论的答案是一个关于事件怎么样展开以引起自变量（投入）影响因变量（结果）的过程故事。例如，研发投资和创业导向带来新的公司业务，这个陈述就假定了一个组织中研发投资、机会认知和新的风险投资创业公司的顺序。因此，显著提高第一类问题（方差模型）答案的稳健性在于，明确地探究用于解释为什么自变量导致因变量的这个过程背后的假定。为此，需要打开投入和产出之间的"黑匣子"，检验事件顺序来认真对待过程。

同样地，在没有回答相应的方差问题时，过程问题的答案往往对使用者来说毫无意义。例如，假定新企业以不同顺序经历了一系列生命周期，这会引发是什么因素导致观察顺序不同的问题。如果要进一步回答企业是怎么样经历生命周期各个阶段这一过程理论问题，一种方法便是要寻找影响这些阶段不同变化的新企业的特性。如Pettigrew（1990）所言，对变化进行理论上可靠、实践上有用的研究时，应该探索情境、内容和随时间变化的过程。正如变化在相对恒定的状态下才可察觉，了解事件的时间顺序也必须了解起始（投入）条件和最终（产出）结果。简而言之，了解社会生活的投入、过程和产出，需要这两个问题的答案。

第 6 章

方差研究设计

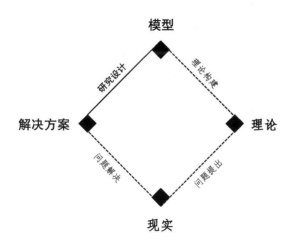

本章将探讨设计方差研究模型的基本步骤及相关决策。从本质上讲，方差研究模型至少包含一个因果条件命题。因果条件命题的基本结构包括有关一个或多个前因和结果之间关系，并按照"如果……那么……"的方式进行表达。正如本书第4章所述，当采用抽象的理论术语陈述前因和结果时，这种"如果……那么……"的表达方式被称作"命题"（Propositions）；当采用具体的可观察术语陈述前因和结果时，这种"如果……那么……"的表达方式被称作"假设"（Hypothesis）。在对理论命题进行实证研究时，需要将其转换为可以用可观察术语陈述的研究假设。因此，研究设计的核心任务是将理论转变成可操作的研究模型。

方差研究模型从特定的视角将理论描述为一种按照实验设计程序进行取样、测量和分析的变量单元之间的因果关系。本章将分别详细论述这种表达所涉及的术语，以便构建方差研究模型。表6.1列出了八个关键问题、决策和建议，用于阐明方差研究设计的组成部分。我们必须按照先后顺序对这些问题进行阐述，因为它们在很大程度上相互依存并且有必要使用迭代的方式进行处理。

方差建模是社会科学研究中最重要的类型。我们可以参考许多优秀的教材和资料，来回答方差研究模型设计过程所涉及的八个问题。本章旨在确定并建议如何才能使入世治学的原则最大限度地推动并引导针对这八个问题的决策的制定，而不是提出解决这八个研究设计问题的新方法。关于这些建议的详细内容，请参见表6.1的右列。

表 6.1　方差研究设计的关键问题、决策和建议

关键问题	决策	建议
1. 研究问题与视角	什么是因果条件命题或问题？ 为了谁，为什么开展研究？	方差研究主要面向采用"如果……那么……"式表达的因果关系问题 关键利益相关者参与研究设计
2. 分析单位	研究的对象（个人或集体共同特性）是什么？	阐明分析单位和观察单位 区分共同的分析性、关系性和整体特性
3. 因果关系模型	什么是方差研究模型？ 如何探索（而非证明）因果关系？	陈述方差研究模型中的因果条件关系，选择最接近的、可控的前因 变量之间的因果关系（表现为共变、时间顺序和不存在虚假因素）
4. 实验设计	它是否属于随机实验设计、准实验设计或非实验设计？	采用实验逻辑控制外部影响 采用随机实验设计可以获得最有力的因果关系证据
5. 样本选择与样本规模	在选择分析单位、构念、观察结果和情景设置时，应遵循什么标准？ 样本中应包含多少个体？	侧重理论抽样的构念效度；对于整群抽样而言，在抽样前应明确目标人群 选择达到满足统计显著性和实际显著性要求的案例数量
6. 测量	变量的样本测量指标是什么？ 指标的参照体系是什么？ 如何测量变量：操纵并使用一手或二手资料？	采用构成定义以获得构念效度 防止系统性或非系统性测量偏差 每种方法各有优点和缺点
7. 数据分析	在进行数据收集和数据制表时，应遵循哪种程序？ 应采取哪些方法分析和解释数据？	采用规范程序，对新颖的见解持灵活和开放的态度 采取适合的研究方法，与研究问题和模型相匹配；与关键利益相关者共同举办讨论会，获取研究结果的相关反馈
8. 效度	影响研究结果效度的事件或参数有哪些？	最大限度上减少研究的内部效度、统计效度、外部效度和构念效度所遭受的影响

本章的一个局限性是，只简要阐述了方差模型构建过程中涉及的问题。对于本章所述用于解决表6.1所列问题的具体技术细节，Shadish et al.（2002）以及Singleton和Straits（2005）提出了更为广泛和精细的处理方式，我会在章节中提到这些内容。

许多实例证明，从关键利益相关者的利益和视角出发，有助于了解设计方差研究的技术决策并对其进行换位思考。入世治学原则（确定并探讨关键利益相关者的视角，并使其融入研究）不仅有助于研究者了解研究目的和所服务的利益相关者，还有利于将他们的价值观、利益和隐性知识纳入研究的设计。我认为，相较"单独行动"的"出世"研究者来说，让其他相关人员参与研究设计与实施，更有可能围绕研究问题获得深入的、穿透性的理论与实践认识，并产生更大的影响。

研究者通常首先对方差研究进行模型化处理，以便从特定视角（关于拟议单位或实体变量之间的关系）出发探究问题或假设。表6.1所列的前三个问题侧重于解释三个关键术语。该表所列的其他问题则是研究设计的基础问题。

6.1 研究问题与视角

先前我曾提到过，任何社会科学研究基本都存在偏见或价值观的问题，它们不可避免地会对特定利益相关者的利益和价值观进行实例化处理（Instantiated）。大多数研究至少需要三类关键利益相关者的参与：研究者、（研究成果的）预期使用者或读者，以及研究的资助者。这三类关键利益相关者的利益和视角并不总是相同的。在这种情况下，入世治学者有必要确定、探讨并选择哪一类利益相关者的利益和视角在研究中起主导作用。如本书第2章所述，研究者倘若对研究问题持"上帝的视角"，那么他（她）就无法做到换位思考。更为确切地说，研究者如果持"入世"态度，从"参与者的视角"出发，则更有可能做出能够反映关键利益相关者在研究中所享利益的决策。入世治学者至少应该与利益相关者的代表展开交流，并在研究的设计阶段回顾并确认他们的决策。

在制定研究问题和做出（构建研究模型的）操作决策时，采用换位思考的方式非常有助于确定"顾问"或"合作伙伴"。这些决策包括选择分析单位，确定关键变量和关系，设计研究，访问、收集和分析数据，以及采用能够推动科学和实践发展的方式运用研究结果。做出这些决策通常需要特定情景下研究成果潜在使用方面的深层次隐性知识。翻阅有关研究问题的文献是一种必要的做法，但即便这样，还是需要与利益相关者共同探讨解决表6.1所列问题和决策的其他方法。

6.2 分析单位

被研究的实体（个体、集体或对象）被称作"分析单位"（Units of Analysis）。通常情况下，分析单位很容易被认定为研究所描述或分析的人或事。举例来讲，"个体"层面通常是将工作满意度、工作动机或领导力作为研究的分析单位；"组织"层面通常是将组织设计、结构、变革或绩效作为研究的分析单位。在这些示例中，研究问题规定了将要描述、分析和比较的人或事。

但是，有时候研究单位的确定过程就没有这么简单了，比如在探究具有嵌套层次结构的组织的集体特征，以及那些具有总体属性特征的社会集体时。组织的一些特性（如文化）是无法直接观察到的。研究者可能需要依靠各种社会产物，例如某些政策、特权、事件或实践；这些社会产物往往是反映组织文化的指标。另外，研究者可能还得依靠个体信息提供者的回复，并需要通过汇总这些信息，来描述组织文化所反映出来的更大的社会现象。但事实往往与理想情况相反，在获取组织内部个人信息方面，研究者只能获得组织层面的记录或者接触到组织层面的信息提供者（例如，高层管理人员）。

在这些示例中，观察单位不同于分析单位。依据从不同观察单位获取的信息得出关于分析单位的结论，可能会导致原子谬误（Individualistic Fallacies）和生态谬误（Ecological Fallacies）。倘若基于微观层面的数据对较大的集体单位进行错误推断，就会产生以偏概全（也被称作原子谬误）。举例来讲，基于"个体成员平均三十岁"的事实得出"组织已经存续三十年"的结论，就是一种明显的以偏概全。相较于以偏概全这样的谬误，生态谬误就更加常见了。倘若基于组织特性对个人进行错误推断，就会产生生态谬误。举例来讲，某个组织受到多项欺诈行为指控，并不代表组织内的所有个人成员都有欺诈行为。

为了明确区分嵌套在社会聚合体（个体、团体、组织和更具包含性或总体特征的集体）中的共同的整体特性、关系特性和分析特性，Lazarsfeld 和 Menzel（1969）提出了一个非常有用的框架。举例来讲，倘若分析单位是团体，它的**整体特性**（Global Properties）就是团体本身的宏观特征（团体规模、目标和存续年限），与个体成员的任何信息无关。团体的**关系特性**（Relational Properties）指的是描述团体成员之间相互联系的特征，例如团体成员之间的权力、互相依赖和冲突。团体的**分析特性**（Analytical Properties）指的是除关系特性和整体特性之外的成员特征，例如各成员的年龄、教育背景和工作任务。

整体数据（Global Data）无须汇总，因为它们的获取渠道就是集体本身。采用不同方法将成员数据（Member Data）和关系数据（Relational Data）汇总至集体分析单位，可以获得关于集体的其他信息。对成员数据进行数学运算（例如，计算均值或标准差）可以获得集体的分析特性；基于关系数据可以计算出结构特性。举例来讲，基于成员数据（如各单位成员获得的教育和培训量）可以计算出团体内部各成员的技能异质性（例如，成员之间的教育和培训标准差）。基于各成员与团体内部其他成员之间的沟通频率，可以计算出成员之间的沟通总量（即结构特性）或者绘制出团体内部沟通中心化程度的社会关系图。

将个体成员数据汇总为团体数据的基本误差来源，就是不能够明确团体特性是否与个体特性具有类似意义。在前述示例中，单位成员的平均参与量以及各成员之间的沟通总量分别是团体的分析特性和结构特性，对于成员及其所依据的关系特性而言具有相似含义。然而，技能异质性和内部沟通中心化程度仅适用于集体单位，而对个体成员单位而言并无相似含义。Lazarsfeld 和 Menzel（1969：507）指出，"相关性、标准差和其他类似的指标，通常对于团体层面、平均数和比例而言有特殊意义……但（这样的总体数值）在个体层面上可能有、也可能没有意义。"他们将此描述为"缺乏类似意义"（Lack of Parallel Meaning），并给出了"不能做出裁决的陪审团"的案例，即陪审团之所以无法做出判决，是因为个体陪审员各自抱有坚定的信念而无法达成一致意见。

对于在从个体层面转移至集体层面的过程中如何避免棘手的汇总问题，

Lazarsfeld 和 Menzel（1969）并未提出任何解决方案。通过个体层面的研究也许可以更好地解决这些问题；以此为基础，这些属性在个体和团体层面上的预期及观察意义也可以得到评估。

Rousseau（1985），Klein et al.（1994、1999）以及 Klein 和 Kozlowski（2000）针对理论构建、数据收集和分析过程中的多层次问题提出了实用且富有洞察力的处理方式。他们强调称，奠定任何汇总程序的基础都需要这样的假定，即微观与宏观特性在功能方面具有怎样的共同关联性。换句话说，个体成员和集体的属性在哪些特定情况下具有类似的或者不同的意义。这些功能关系的概念越明确，就越容易发现并纠正汇总错误，从而认识到不同分析单位概念的具体意义。

6.3 因果关系模型

从前文的论述中可以明显地看出，单位特征之间的关系是方差研究模型的重点。随着价值、类别或属性的不同而发生变化的单位特征被称作"变量"（Singleton and Straits，2005：48）。研究假设详细描述了单位变量或实体变量之间的预期关系。在方差研究模型中，这些研究假设通常包含因果条件语句。这些因果条件假设口头上一般会采用"如果……那么……"的方式进行表达（例如，"如果 X，那么 Y"，或者"如果 X 更加……，那么 Y 更加……"）。在数学中，它们常常采用函数方程的形式表达（也就是 Y=f（X），"如果 X 的值为……，那么 Y 的值为……"）（Singleton and Straits，2005：66）。无论是采用口头表达还是数学方式表达，对这种因果关系进行分析性陈述都是指导研究设计和开展方差研究项目的关键。

几个世纪以来，哲学家们一直对前因、后果和因果关系的意义争论不休（具体请参见 Shadish et al.，2002：3-7）。简单地说，他们争论的是因果关系的本质论（Essentialist）意义与概率论（Probabilist）意义。本质论侧重于导致结果的前因（Causes of Effects），它主张因果关系需要表明自变量是因变量发生结果的必要和充分条件（即，X 是造成 Y 的唯一原因）。相比之下，概率论侧重于前因导致的结果（Effects of Causes），它主张从操纵的角度考虑因果关系。也就是说，当实验者操纵 X 时，会导致 Y，并且从 Y 可以观察到结果。（这里并没有假定 X 是造成 Y 的唯一原因）。

Mohr（1982）在论述因果关系的必要和充分条件时，阐明了组织研究中对因果关系的本质论解释。他指出，"在方差理论中，前提（X）是结果（Y）的必要和充分条件"（Mohr，1982：38）。他认为，倘若 X 只是充分条件，那么因果理论是无法成立的，因为就算 X 没有发生变化，Y 也有可能发生变化（因为 X 不是必要条件）。当 X 不是前因的时候，什么会导致 Y 发生呢？我们可以将 X 推测为 Y 的前因，也可能找到 X 有时会导致 Y 的重要案例，但它无法成为 Y 的必要和充分解释。

大多数社会科学家采用概率论或操纵观点看待因果关系，并且对本质论持排斥态度（Cook and Campbell，1979：15）。这是由以下原因造成的：其一，大多数的社会现象无法从封闭系统中分离出来，而封闭系统则是本质论观点中评估因果关系的必要条件（Bhaskar，1975）。其二，考虑到人类行为的换位思考性质，外部变量通常会影响因变量，结果也会不可避免地受到（除研究假设所涉因素或事件之外）因素或事件的影响。因此，观察到的自变量与因变量之间的因果关系具有概率论性质。对于本质主义者来说，概率关系很脆弱。毕竟本质主义者寻找的是能够描述一系列可观察对象之间不可避免关系的明确功能准则，以便对某特定事件有完整的因果理解（Cook and Campbell，1979：15）。然而，用这种本质论观点看待因果关系其实是一种不切实际且具有误导性的想法。即，虽然所有社会科学都适用于探索，但不能证明因果假设（Campbell and Stanley，1963）。

皮尔士和休谟以及其他一些学者宣称，因果关系并非这个世界所固有的特性，而是作为人类理解世界的一种方式存在。它由事件之间可观察到的关联推断而成。方差研究通常将因果关系视作科学解释的核心。

即使无法通过实证来"证明"这种关系（就像无法通过科学证据来证明"普遍性"一样），（方差）研究者发现从因果关系的角度来思考问题（Blalock，1969：6）是一种非常有效的做法，并且采用因果关系的研究假设是一种非常有效的科学研究方式。（Singleton and Straits，2005：58）

我们如何才能知道前因和结果之间是存在关联的？对此，19世纪的哲学家约翰·S.穆勒（John Stuart Mill）给出了一个经典答案：确定前因和结果之间是否存在关联，主要看推断变量之间因果关系的三个标准：
- 所假定的前因与结果之间存在共变或相关性；
- 在结果之前所发生前因的时间顺序；
- 不存在可能混淆前因—结果关系的虚假因素。

现在，我们从制定研究问题或假设的角度来讨论这三个标准。

6.3.1 共变

倘若某个变量是另一个变量的前因，那么我们说这两个变量之间肯定具有统计关联性。倘若自变量的变化或操纵并未引起因变量的任何变化，那么自变量就不会产生或导致因变量。

当然，虽然各个变量之间的共变（也可以理解为协变）极少是完美的，但是统计意义上的相关性却是丰富的。

> 在社会科学中，因果关系往往隐含于相对"脆弱"的关联之中。社会科学中的许多测量相对而言并不精确，这是其中一个原因。但主要原因在于，我们在解释人类行为的过程中，有多种原因可能单独或联合产生相同或类似的结果。"弱相关"可能意味着我们只确定了这几个原因中的某个原因，或者意味着因果关系是存在的，但并不存在于某种条件下，或者在总体人群中存在的弱相关关系无法在取样人群中观察到。(Singleton and Straits, 2005: 58)

在制定研究问题的过程中运用共变标准，需要进行双重判断：①各变量之间的关联是否隐含有意义的因果关系；②是否需要考虑其他更为重要的、更为相关的因素。因果关系的最大实践意义往往涉及可操纵因素和假定因素，而它们通常处于我们触手可及的范围之内，因此我们能够针对它们开展相关工作。通过探究造成某种结果的直接和可控因素来解决研究问题的研究模型，胜过那些探究远端因素和无法控制因素的研究模型。

举例来讲，从管理者的视角对提升组织创新能力（因变量）的问题开展研究时，相较于其他潜在的组织外部因素（如行业、地区或国家等前因变量，这些因素太过遥远，以致管理人员在短期内无法影响），选择组织内部的前因变量（如投资额、关注、沟通以及为创新行为设立的奖励）则更为直接和可控。一般情况下，相较于远端和无法控制的因素而言，直接和可控因素更有可能与预期结果产生共变。

6.3.2 影响的方向

潜在因果关系的第二个标准就是前因必须发生在结果之前，或者至少影响方向是从前因到结果（反过来则不成立）。这项标准至少要求对研究假设中各变量之间的影响方向进行明确的阐述和解释。组织研究中某些因果关系仅按一个方向设想。举例来讲，组织产生时的创始特征会影响到它后来的行为以及生存的可能性（Stinchcombe，1965）。我们很难想象因果关系在相反方向上将会如何表达。

但通常情况下，确定社会科学研究中的影响方向并非一件易事。以下列命题为例：权力下放可以提升组织绩效。这是因为相较于集中决策，参与影响工作决策的人越多，他们所做的决策就越准确，并且越有动力执行这些决策。然而我们也可以从相反的方向开展辩论，高组织绩效导致权力下放，这是因为高绩效导致组织的懈怠，从而也就减弱了集中控制。

这个例子表明，应当用合理的论据阐明并解释研究假设的因果关系。只要有可能，方差研究还需要对相关关系的方向进行实证研究。在实验中，通过操纵可以实现这一目标；但在问卷调查设计中，需要对拟研究变量进行反复观察。统计程序通常需要考虑时间顺序，也就是对自变量和因变量之间的领先—滞后效应进行比较。在验证研究假设的因果关系方向时，自变量对于因变量的领先效应明显强于滞后效应。

6.3.3 非虚假关系（消除对立假设）

"相关性不能证明因果关系"，这是一句著名的格言。根据前文可知，这是因为相关性无法反映出关系的方向。此外，相关性无法排除关于两个变量之间关系的其他解释。推定的因果关系可能来源于外部因素，从而使得拟议的因果关系成为虚假关系。因此，想要从观察到的相关性推断出因果关系，应该有充分理由使我们确认，不存在可能造成变量间偶然或虚假关系的混淆因素。

Singleton 和 Straits（2005：60）给出了一个例子：参与灭火的消防人员数量与损失之间呈正相关。这并不意味着参与灭火的消防人员越多，火灾的损失就越大。之所以说它们之间存在相关性，是因为火灾的规模决定了参与灭火行动的消防员的数量及损失。换句话说，前述消防人员数量与损失之间的关系是火灾规模这个前因变量的附带后果，在这个例子中就是前因的外部变量。

提出非虚假的研究问题或假说，需要仔细分析考察可能混淆因果关系的外部因素。当然，我们也不可能将所有因素都纳入考量范围。我们能做的，就是基于从先前研究和开展研究的特定背景中获取的信息，对那些最突出的干扰因素进行考量和评估。针对某个可能混淆假设因果关系的外部干扰因素，我们可以采取多种方式来处理。

首先进行随机选择，实验的三大特征有助于控制外界干扰因素：①将研究单位随机分配到实验组和对照组；②操纵推测的因素（实验组）并测量实验组和对照组的结果；③比较观察原因的变化是否与结果的变化有关。随机选择可以降低由外部因素导致的实验组与对照组之间观察值差异的概率。

在非实验调查设计中，处理外部因素的方法通常是在对原因—结果关系进行统计分析时将外界因素视作控制变量。当然，从统计学角度而言，我们能控制的只有那些被当作研究的一部分进行了测量的变量。任何未知和不可测量变量的效应都是无法评估的。

在制定因果研究问题或假说的时候，研究者不仅应考虑控制变量，还应尽量找出可能影响所研究原因—结果关系的调节变量和中介变量。因果关系的大小可能在不同的情况或突发事件中发生剧烈变化。换句话说，这些突发事件的不同级别或类别可能会使得因果关系变弱。举例来讲，Burns 和 Stalker（1961）的组织权变理论认为，机械式（Mechanistic）组织结构在稳定且可预测的环境条件下可以带来高绩效，而有机式（Organic）组织结构在不稳定且不确定的组织环境中可以带来高绩效。根据这个理论，倘若我们未将环境突发事件的先行调节效应纳入考虑范围，那么组织结构与绩效之间的关系可能就是虚假的。

外部变量（控制变量）还可能干预自变量与因变量之间的关系。确定关联自变量与因变量的干预变量或机制，可以强化因果关系：

> 事实上，除了共变、影响方向和非虚假关系，这有时也被视作确定某变量导致另一变量的第四项标准……举例来讲，倘若以"香烟的某些化学制剂会产生癌变细胞"这一事实为基础，人们会在更大程度上认为吸烟会引起肺癌。了解吸烟引起肺癌的因果过程可以为研究者提供反对虚假相关性的最后一丝证据。（Singleton and Straits，2005：63）

确定中介变量，可以更加深入且直接地了解可能解释因果关系的干预机制。

6.3.4　因果建模过程

Whetten（2002）提出了一个有用的图示化策略，用于解决研究问题过程中的因果关系模型的构建和呈现。他借助便利贴和活动挂图（或海报）提出了构建因果关系模型的四个步骤。图 6.1 阐明了这些步骤。

（1）列出因果关系模型中的变量。在每张便利贴上写一个变量。从你试图了解的核心概念开始，将它放在海报的中心位置。接着，添加可能代表核心构念的原因、结果和相关关系的相关构念。将因变量（结果）放在右边，将先行变量（自变量或前因变量）放在左边。将中介变量放入它们所调节的变量之间，将调节变量放入它们据信能够调节的关系之上或之下。

（2）绘制箭头，指示模型中各变量之间的不同关系。在模型中呈现出直接因果序列，核心原因的箭头从先行变量（左边）指向核心构念，结果的箭头则指向核心构念的结果（右边）。插入往返于中介变量的箭头，指明预期因果关系之间的间接关系，箭头从调节变量指向正在调节的关系。

（3）在方框外列出假定和边界条件，也就是围绕模型画出一个方框，并在方框外写下概念和语境假定。相关表述应当阐明可以将因果关系模型普遍化至理论和总体的程度。

（4）在方框内列出可能是核心构念之外或对立解释的其他干扰因素。我们可能需要对这些因素进行测量，实施统计控制或者将对立的解释与因果关系模型中提出的解释进行比较。

Whetten（2002）的图示化策略为参与模型构建的人员（包括研究团队成员

和利益相关者）提供了具体的方法指导。研究者向所有参与者分发便利贴，每位参与者可以展开头脑风暴，在便利贴上写下关键变量，将它们粘贴在白板上，并且解释和探讨在构建因果关系模型过程中纳入所写变量的原因。然后，进一步开展小组讨论并对模型中的变量进行编辑。如此，可以集体地构建并了解研究项目正在探究的因果模型。

1. 列出模型中的变量（每张便利贴上写一个变量）：
   - 核心构念、潜在原因、结果和相关性；
   - 评估变量的范围、抽象层次和类别；
   - 分析单位（个体、团体、组织、行业和国家）。
2. 绘制关系图，阐明构念在模型中的作用：
   自变量、因变量、调节变量、中介变量、分类和顺序效应。
3. 在方框外列出假定和边界条件。
4. 在方框内列出其他对立因素和控制变量。

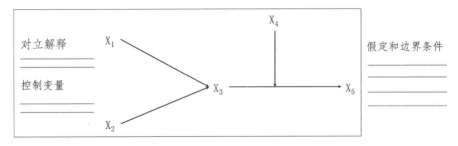

图 6.1　因果关系模型构建步骤

资料来源：Whetten, D.（2002）. "Modeling-as-Theorizing: A Systematic Methodology for Theory Development," in D. Partington（ed.）, *Essential Skills For Management Research*. Thousand Oaks, CA: Sage, p.58.

6.4　实验设计

社会科学中的因果关系模型通常分为随机实验（Randomized Experiment）设计、准实验（Quasi-experiment）设计及非实验（Non-experiment）设计，这主要是受到 Campbell 和 Stanley（1963）、Cook 和 Campbell（1979）以及 Shadish et al.（2002）的影响。这些文章的作者就这三种基本研究设计的分类依据各持己见，在我看来，这三种实验设计的定义具体如下：

（1）**随机实验**：这类研究随机地将研究单位分配到实验组和其他对照组之中，供研究者审慎操纵或者顺其自然地观察相关效应。

（2）**准实验**：这类研究中不可以随机分配研究单位，也无须审慎操纵前述处理情况和其他情况。相反，它们源自自然发生的事件，以及通过比较观察相关效应。依据此处所述定义，准实验通常被称作"调查研究"。一些调查设计仅仅是变量间关系大小的相关性研究。

（3）**非实验**：可能缺乏对照组的一种描述性案例研究。研究者依据一些自然发生的情况或事件对单位或案例进行观察和比较。

通过这三类实验设计，我们可以探究某个时间点的静态因果关系模型，或者该模型在几个时间点发生的变化。其他方差研究设计请参见图6.2。下面，我将概要阐述这三类实验设计的关键特征。

研究设计	静态比较	时序比较
非实验设计	案例研究 X O	测试前与测试后 O X O
准实验设计	横断面调查 X O $\vdots$ $\vdots$ X_n O	纵向调查 $X\ O\ X\ O\ ...\ X\ O$ $\vdots\quad\vdots\quad\quad\vdots$ $X_n\ O\ X_n\ O\ ...\ X_n\ O$

随机实验设计	测试后对照组
	
	R ⟨ X O
	     C O
		测试前与测试后对照组
		
		R ⟨ O X O
		     O C O

图6.2　方差研究设计类型比较

6.4.1　随机实验设计

随机实验的关键特征包括：研究者操纵不同的处理方式（前因自变量）、随机（例如，投掷硬币或者使用随机数字表）分配研究单位（个体或团体）到实验组中，然后比较测量的效应（因变量）。随机实验的关键特征请参见图6.3。

关键因素：
1. 被操纵的自变量（实验组X）；
2. 被测量的因变量（Y）；
3. 实验组和对照组得到的处理方式完全一样（接受实验处理方式的组除外）；
4. 将单位随机分配到实验组中；
5. 观察到的差异（Δ），归因于实验所带来的效应。

图 6.3　随机实验说明

若实施得当，随机分配会产生平均来讲概率上相似的两组或多组单位。因此，在研究结束时，我们在这些组之间观察到的结果差异其实应当归因于处理方式，而不是研究开始时各组之间已经存在的差异。此外，如果满足一定的假定条件，就可以通过随机实验估算具有理想统计特性的处理方式效果的大小，并且估计真实效应在所定义的置信区间内的可能性。(Shadish et al., 2002:13)

Shadish et al.（2002）探讨了随机实验设计的多种形式。图 6.2 的底部显示了两个最基本的设计。如对照组后测设计所述，基本的随机实验至少需要设置实验组和对照组，将单位随机分配至这些组中，并对这些单位进行后测评估。这种对照组后测设计非常适用于探究非时间性（或静态）研究问题，即实验组和对照组是否对选定的结果指标（因变量）产生了可观察的效应或差异。相比之下，对照组前测—后测设计可用于探究时序问题，即从效应或因变量标准出发，观察实验组和对照组随时间推移产生的相对变化。将前测与后测进行比较，可以测量单位（被随机分配到实验组和对照组中）效应随时间推移的相对增长、下降、衰退或稳定性。

随机实验可在实验室或可控现场开展。按照美国食品药品监督管理局（US Food and Drug Administration）的要求，在各类医疗器械、干预措施和药物获准公开发行及应用之前应通过随机临床试验确定它们的安全性和有效性。它们也已经成为评估研究的首选方案。图6.4阐明了随机实验设计的原则和程序,用以评估社会项目(如Suchman,1967)的开发情况。

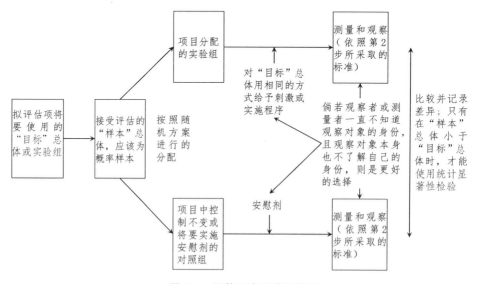

图6.4　评估研究实验设计图

注:该流程图阐明了如何通过有效的实验设计评估健康项目过程中需要遵循的最优原则和顺序。转载自Greenberg,Bernard G. & Mattison,Berwyn F. (1995). "The Whys and Wherefores of Program Evaluation", *Canadian Journal of Public Health*, vol. 46, p. 298。

资料来源:Suchman, E. A. (1967). *Evaluation Research*. New York:Russell Sage, p. 92.

无论是在"现场"还是在实验室开展随机实验,这些工作能够合理地反映出构建因果关系的标准。

- 它论证了自变量与因变量之间的共变。
- 它阐明了自变量与因变量变化的时间顺序。
- 进行随机化处理之后,它可以排除最为虚假的效应或者第三变量解释。

有关随机实验设计的更为详细的探讨与应用,请参见Shadish et al.(2002)。

6.4.2　准实验调查设计

准实验的关键特征在于探究世界上自然发生的效应,具体方法是观察并将其分组，基于一系列测量的结果标准对效应进行比较。图6.2的中部基于横断面调查和纵向调查对准实验的关键特征进行了阐述。无论实施哪种实验设计，研究者首先需要确定世界上自然发生的效应，并将总体分为不同水平或不同情况。然后，从不同水平或不同情况的总体中随机选择单位（如有可能）。所有单位（或案例）均按相同方式处理并对所有变量进行测量（通常采用调查方法）。在干扰变量被控制好之后，采用统计程序分析推定的自变量和因变量之间的因果关系。

准实验研究的目标与随机实验类似，即获取关于自变量和因变量之间因果关系的实证证据。但是，准实验研究可能会造成更大的问题，这是因为相较于随机实验研究，准实验研究面临的因果推论风险更大。之所以出现这种情况，是因为准实验研究缺少随机分配这一操作以及对于实验组与对照组缺乏操纵控制。研究对象（被测试者）可自行选择处理方式，或由教师、管理人员、监管机构等单位来分配，或依照一些非随机行政选择标准分配至实验组或对照组中。此外，我们可能无法采用统一的方式处理自然发生的效应。因此，准实验研究的有效性会面临很多挑战（如下文所述），这些挑战又会限制将观察到的结果归因于不同处理方式（分配到实验组或对照组）的程度。

举例来讲，在一项有关六西格玛质量改善实践效果的管理研究中，研究者可找出并比较总体中实施和没有实施六西格玛项目的公司。但是，前测可以揭露（各组内部及之间）公司之间的较大差异（具体从它们实施和没有实施六西格玛项目的方法和程度出发）。这可能使得研究者将自变量从"六西格玛实验组和对照组"转变为"关于六西格玛项目实施程度的区间尺度"。根据推定，该尺度内的每个区间都能够反映出样本公司实施六西格玛项目的不同的自然发生的水平或情况。假设可以开发可靠量表，研究者接下来应当在调查中将其与其他选定的适用样本中所有公司的结果标准进行比较。基于对调查数据的分析，研究者需要解决如下问题：从六西格玛实施水平和结果标准之间观察到的关系可以得出什么样的因果推论？

在（类似的）准实验中，研究者需要逐一罗列其他解释，选定可信的解释，然后使用逻辑、设计和测量来评估哪种解释可能适用于任何观察到的效果。其中的具体困难包括：我们永远不可能完全提前罗列出其他解释，其中的一些解释对于正在研究的背景而言是特有的，为消除相关争论所采取的方法可能因其他解释和研究而异。但是,准实验研究者仍然可在很大程度上控制指标的选择、进行非随机分配的方式、对照组(与实验组进行比较)的类型以及处理方式等方面。(Shadish,2002:14)

由于准实验并不进行随机分配或者控制性地操纵分组情况,研究者必须依赖于研究设计和统计控制原则,证明其他解释是不合理的。就研究设计而言,研究者可以添加设计元素(例如,前测的多时间点观察、其他对照组和其他可信的解释变量),以避免混淆处理方式效应或其他因素(如下文所述)对于因果推论有效性的威胁。除了设计控制(Design Control),准实验研究者还可以实施各种各样的统计控制(Statistical Control),以消除因果关系估计的混淆因素。Shadish et al.(2002)针对设计控制和统计控制方法进行了详细的综述。社会研究者可采用这些方法通过准实验得出有力的因果推论。

6.4.3 非实验案例设计

由于案例研究通常缺乏随机分配、对照组以及足够数量的案例,因此难以从统计学角度探究因果关系。许多期刊审稿人甚至怀疑这种设计支持因果关系的潜力(Shadish et al.,2002:18)。然而,Yin(2003)探讨了一系列有成效的结果,即从一些自然发生的情况或事件出发,描述某个单位或案例,以揭露先前未被研究过的一种现象,构建扎根理论,或者将研究结果普遍化、提升至理论。Yin(2003)基于这些结果,对开展案例研究的概念和方法进行了有益的探讨。

他指出,对特定案例(例如,某个组织)进行比较分析,通常可以比较一些基于子单位或嵌套于整体的案例,也可以从参与者角度出发,针对所调查的研究问题对比分析两个甚至多个案例。这些比较通常依赖于定性数据。相较于定量测量变量之间的差异及其统计关系,这些数据有助于研究者以更加深入且细腻的态度了解现象的发展本质。因此,非实验往往比案例研究更有助于构建扎根理论并进行理论推导(构念效度),实验设计则有助于理论检验并进行样本推导(外部效度)。

比较分析方法(Method of Comparative Analysis)是实现这些非实验目标的关键,也可能是科学调查中最为基本的元素。比较分析方法强调,关于任何现象的知识永远不是绝对的，它始终涉及另一个案例或标准。有时，这些标准可用于评估观察到的现象或基于理论预期推演的假说。由于理论清晰明确，案例研究可用于驳斥理论的复制逻辑。举例来讲，倘若某个理论假定所有天鹅都是白色的，但案例研究观察到了黑天鹅的存在，那么该理论就不具有可复制性，它肯定是错误的。

使用复制逻辑（Replication Logic）驳斥理论的不仅仅是大多数社会科学案例。相反，详细的定性和民族志（Ethnographic）案例研究同样被用来为理论的构建奠定基础。如本书第 3 章所述，扎根理论的构建通常开始于对细分情况或异常情况的确认，这些情况并不符合我们有关世界运转方式的理论，我们也无法应用这些理论对其进行解释。在这种情况下，丰富的定性案例研究，可以加深我们对研究现象的熟悉程度，进而提供开展"溯因推理"所需的信息。溯因是进行推测的一种创造性飞跃，如果使用得当，就可以解决或应对异常情况。这样的推测是创建理论的第一步，这种推测为认识世界如何运转提出了新的但未经检验的解释。

还有一种研究者可能偶尔遇到的异常情况，就是出现或确认一种全新的社会形式或模式。这种新奇的现象对于世界而言是如此之新颖、造成的误解是如此之深，需要研究者或实施者对其进行详细、系统的描述。这种启示性案例会提供新的实证数据。后续研究者在开展相关研究以及领域专业人员在进行相关实践时，需要将这些数据纳入考虑范围。因此，描述性的启示性案例研究有可能对推进科学知识和专业实践发展做出重要贡献。

6.5　样本选择与推广

社会科学研究者一般在具体和特定的背景中开展研究，但也希望将研究结果推广至最为广泛的潜在理论和总体领域。受制于资源约束和现实的必要性，研究者往往只能探究有限范围内的单位（例如，样本只包括总体中能够并同意参与研究的个体）、构念或处理方式（例如，操作研究模型只探究少量的潜在处理方式或者源自所依据理论中的变量）、观察结果（例如，只用少量的可观察指标来测量理论构念），以及背景（在特定地点和时间不可避免地开展研究）。

某个特定研究只能提供具有局部意义的研究结果，而研究者则希望通过该研究得出更为普遍化的推论,这两者其实迥然不同。研究者通常想要将他们的研究结果推广至比给定研究对象更为广泛的单位、构念或处理方式、观察结果和背景(Cronbach,1982)。他们常常试图将研究结果与那些概念适用广泛的理论联系起来,这就需要将给定研究中表示这些构念的操作模型和处理方式普遍化至抽象的理论构念。此外,他们还想将因果关系推广至比特定研究对象更为广泛的人群(单位)、观察结果和背景。Cook 和 Campbell(1979)以及 Shadish et al.(2002)将这两种基本因果关系的普遍化分别称作构念效度和外部效度。**构念效度**(Construct Validity)指的是在某个研究操作模型中相关理论与构念被正确地体现的程度。**外部效度**(External Validity)指的是能够将研究结果推广至不同个体、背景、处理方式和测量方式的程度。

抽样是解决上述矛盾的基本策略。抽样是从子集中选择单位、构念或处理方式、背景、观察结果的过程,为的是将研究结论推广至全集。尽管关于研究方法的教材通常只注重抽样背景和被抽样群体,但抽样的思路同样适用于为理论中的构念选取合适的变量及处理方法,以及在被试中如何测量这些构念。下文的测量部分主要阐述了变量和构念的抽样指标,总结了从理论中选取变量和从目标总体中抽取样本单位及提取背景信息的注意事项。

鉴于观察理论中的所有构念或者目标总体中的所有案例往往是不切实际的,对构念、单位和背景进行抽样的主要考量是为了确保目标理论和总体中的一系列变化在研究中得到充分体现。如前文所述,构念和案例抽样取决于研究问题以及研究中正在观察和比较的分析单位(个体、团体和项目)。下文的论述侧重于探讨应该以何种方式、选择多大规模的群体进行研究。

6.5.1 理论抽样(Theoretical Sampling)

本书第 4 章讨论了采用演绎条件命题来确立术语的本构性定义(Constitutive Definitions),以及理论构念和可观察变量之间的抽象程度。上述想法将被应用于从一个理论的抽象构念中抽取操作变量或研究模型。

第 4 章强调,术语的本构性定义是一种条件命题,其结果是通过前因的定义由所述前因推断出来的。将理论构念转变成可操作变量,需要通过演绎条件命题来降低抽象梯度,从而将概念的本构部分确定为构念,进而确定为可观察的变量。例如，应用韦伯的官僚制理论时（Hage，1965；Hall，1972），可通过以下演绎条件命题确定组织结构这个概念的操作变量。

如果："组织结构"这个概念是指一个组织的规范化、集中化和其他一些构念的程度。

并且："规范化"（Formalization）这个构念是可以通过组织规则的数量和人们遵守规则的程度（变量）来观察的。

并且："集中化"（Centralization）这个构念可反映在一些可观察的变量，以及组织内部人们可决定工作内容和开展方式的自由度上；

（并且）……（组织结构）这个概念结构的其他构念是通过其他变量来显示的。

那么：组织结构从操作上被定义为规则数量、遵守规则的程度，以及人们对任务的判断力……（及组织结构这个概念所包含其他构念的可观察变量）。

这组演绎条件命题的构念效度是通过前因的定义本身由所述前因条件建立的。如果前因是成立的，则结果也是成立的。

正如此示例所显示的，许多其他构念和相应的可观察变量也可用于从操作上定义韦伯提出的组织结构这个概念。并且，其他组织结构理论的本构定义也可以引出许多其他操作变量。问题是，任何研究模型中所包含的变量代表着来自某一特定理论或多个不同理论的某个构念中的许多可观察变量的抽样情况。既然如此，一个十分关键的任务是挑选出那些对处理所调查的研究问题而言最重要或理论上最相关的操作变量。

这一原则还适用于从各命题中进行研究假设抽样，因为改变概念抽象梯度的原则同样适用于研究命题。本书第 4 章强调理论由抽象梯度不同的命题和假设构成：命题是不同理论构念之间的关系，假设是不同可观察变量之间的关系。假设是通过因果条件命题从一项或几项基本命题中进行的抽样推论。依据 Osigweh（1989：585）提出的准则，我们通过将假设的概念幅度（Conceptual Breadth）拓宽到更加普遍性的命题，同时降低其隐含意义（Connotation）（即增加简明性）来攀登这个抽象阶梯。在攀登抽象阶梯的过程中，即从结论（假设）转换到其支撑条件（命题和假设）的过程中，我们看到的命题越来越少，普遍性就越来越高（Kaplan，1964：298）。

可以想象，一个理论命题可能推导出无穷的假设（Dubin，1976），但是，任何研究模型都仅包括了能够从一个理论命题演绎或归纳出的一小部分的可观察的研究假设。鉴于此，Stinchcombe（1968b）和Giere（1999）等推荐了一个抽样策略，即只选择能代表一个命题不同测试结果的假设。支持该命题的不同假设数量越多，该命题的可信度越高。另一个提升理论命题可信度的方法是，从命题中推导出来的一些可选择性假设中排除那些对立的假设。如果要证明从一个新命题中推导的假设是可信的，则该假设提供的解释至少应比现有的假设所提供的解释更好。Stinchcombe（1968b）讨论了科学的基本归纳过程应该如何引导研究者设计关键实验（Crucial Experiments），在这些实验中，支持一个理论命题的证据意味着反对或否定另一个对立的替代命题。

在实际研究过程中，研究者对其研究的概念领域的理解通常会发生变化。理论抽样几乎都不是静态的，而是一个逐步意会的过程（Ongoing Sensemaking Process）（Weick，2005）。Shadish et al.（2002：21）提出：

> 研究试图用于代表现实的分类、实际开展的研究、研究结果以及之后的解释，随时间的推移都会发生微妙的相互影响。这种相互影响会让研究者的思想发生改变，来自读者反馈的影响也是如此：我的这个研究究竟可以在哪一个层次上更加概念化、抽象化？然而，无论出现什么样的概念重建，因果关系普遍化的首要问题都保持不变：我们如何针对示例和与之关联的数据模式，从一个样本推广到它们所代表的特定构念上？

6.5.2 整群抽样（Population Sampling）

除了在理论上进行推理，研究人员还希望将研究发现推广到一个总体中不同的个体（单位）、背景和结果中去。如果感兴趣的研究总体是已知的，那么确定该群体的分析单位、背景和结果的变量就变得可能。所采取的基本抽样策略应能够确保所研究的观察样本能够充分体现目标总体的变化范围。Singleton and Straits（2005）曾整理综述了一个比较实用的计划，用于如何在抽样设计中选择观察案例。该计划涉及三个主要步骤：①确定研究总体；②建立抽样框架；③实施概率或非概率抽样策略。

第一步的目的是确定研究目标总体，具体是收集研究者希望得出研究结果的研究单位和背景。Singleton 和 Straits（2005：113）支持社会学家肯尼思·贝利（Kenneth Bailey，1982）的观点，经验丰富的研究者和新手之间在抽样方法上存在重要差异：

> 经验丰富的研究者通常能够在抽样之前对总体的情况了如指掌，因此他们实施的是一种自上（总体）而下（样本）的研究程序。相反，新手通常自下而上地开展研究。他们不是对其希望研究的总体进行清楚说明，而是选择一定数量的比较方便获得的案例（样本），并假定这些样本与目标总体的基本情况是相同的。例如，分析一个周六下午在购物中心"随机"选择的路人所构成的样本。这样一个样本能代表什么呢？如果不先确定目标人群的范围，这样的取样是毫无意义的。（Singleton and Straits，2005：113）

确定研究目标总体，取决于分析单位和研究问题，还涉及应该纳入总体或应该从总体中被排除的对象。如果分析单位是个体，那么接下来的典型做法就是把自变量与基本人口学变量（如年龄、性别、种族和教育背景这样的人口学特征）结合起来分析。例如，在一项关于医护人员和管理人员如何解决问题的研究中，Schultz（2001）将其目标总体分为获得了医学学位（医学博士）和管理学学位（工商管理硕士或医疗管理硕士）的个人，并按年龄、性别和担任医疗系统管理职位的工作年限进行细分。在这个实验中，作者将目标总体按两个教育学位随机分为两组，再按年龄、性别和工作年限对其结果进行比较。

上述例子显示，确定目标总体与建立抽样框架密切相关。框架中确定的所有案例都应该来自实际所选取的样本（Singleton and Straits，2005：116）。这是第二个步骤，可通过列出总体的所有案例或制定规定总体成员范围的规则来完成。由于通常无法确定一个研究目标总体中的所有成员，所以涵盖目标总体所有成员的普遍调查结果很难存在。相反，研究者通常依靠一个标准来对目标总体中的成员进行筛选。例如，Schultz（2001）制定并采用了一个规则，即其目标总体中的所有成员须在医疗系统中担任高级管理职位，任何不满足这一标准的人都将被排除在目标总体之外。然而，这个抽样框架与目标总体的地理位置这一因素关系不明确。这样做的结果是，用来指定其抽样框架的规则并没有为来自美国和其他国家不同地区的抽样个体提供地理基础，众所周知他们拥有不同的医疗文化和实践。

第三个步骤是从第二步确立的抽样框架所规定的目标总体中选择案例。Singleton 和 Straits（2005）讨论了两个一般程序——概率和非概率抽样——通常用于选择可代表研究目标总体的样本。概率抽样包括简单的随机抽样、分层随机抽样及分组抽样。

- **简单的随机抽样**（Simple Random Sampling）包括从总体中随机选择，使得其效果几乎等同于从目标总体的任何案例组合中抽样。例如，采用一组随机数据，从总体中选择研究案例。随机抽样具有采用概率抽样理论原则以计算抽样误差并估算样本精确度的科学性优势。
- 在**分层随机抽样**（Stratified Random Sampling）中，目标总体被分为不同的组，然后从各组中选择独立随机样本。这一策略尤其适用于选择和比较自然发生的事件，这些事件的目标总体一般是难以进行实证性操纵的。例如，为了对比已婚和离异夫妻的子女抚养行为，研究者只有通过将目标总体分为已婚和离异夫妻两个小组才能开展，然后再从各组中随机选择夫妻来研究其养育子女方式。
- 当无法列出目标总体所有成员时，通常采用**分组抽样**（Cluster Sampling）的方式。分组抽样过程中，目标总体被细分为多个案例群体，被称为群组（Clusters）。群组由按照地理概况、地区和城市或组织类型划分的多个自然群体构成，如大学、教会和企业。

非概率抽样指的是研究案例的非随机选择。Singleton 和 Straits（2005）讨论了多个非概率抽样程序，包括方便性抽样（Convenience Sampling）、目的性抽样（Purposive Sampling）和配额抽样（Quota Sampling）。因为非概率样本通常不是随机选择的，所以它们存在两个弊端：①无法控制研究者在选择研究单位时产生的主观偏差；②无法根据概率抽样理论预测样本单位之间的变化。

6.5.3 样本规模

最终的抽样决策是确定一项研究抽样中所选择案例的适当数量。样本规模的影响因素有：①总体的异质性；②确定效应大小时所需的精确度；③抽样设计的类型；④资源的可获得性；⑤数据分析中的分组数量（Singleton and Straits，2005：140）。本章未纳入有关数学统计分析的讨论。研究者可通过统计学教材和相关网站获得计算样本规模的方法，以估算不同统计模型中显著性检验的效力。①

在确定样本规模时经常被忽略的注意事项是，将假设检验的统计显著性等同于实际显著性。Walster 和 Cleary（1970）指出，传统假设检验方法并不足以引导研究者做出合理的决定。他们认为，问题不在于传统方法，而在于对其的使用方式。一个假设检验中用传统程序测得的效力和统计显著性不同于假设检验的实际显著性。一个广为人知的事实是，研究者可通过操纵样本规模来控制检验的统计显著性。但是，不应该将这种形式的统计显著性和实际显著性相混淆。后者反映了研究的实际使用者对研究发现的判断，即他们认为影响效力的程度和概率水平究竟是微不足道，还是大到足以说服他们改变其行为。为了使得研究发现与使用者更加相关，Walster 和 Cleary（1970）建议研究者选择样本规模时应将实际意义与统计意义视为同等重要。

6.6　测量与参照体系

一旦选好了代表研究模型建构的一系列变量，研究者就可以开始对这些变量进行测量了。测量是将数字或标签分配至单位变量，以便体现出它们的概念属性（Conceptual Properties）的过程（Singleton and Straits，2005：76）。从根本上讲，测量属于概念化问题。通常情况下，第一步是沿着抽象阶梯向下，将理论构念重塑为可观察变量，并且选择程序和相应的指标，以可信（即可复制）和有效（即反映出预期的含义）的方式测量这些变量。

---

① 请参考下面的网站信息——匹兹堡大学的"Supercourse–Survey sample size"课程（http://www.lib.umn.edu/libdata/link.phtml? page_id = 1187&element_id = 34881）；哈佛大学的"Statistical considerations for clinical trials"（http://www.lib.umn.edu/libdata/link.phtml? page_id=1187&element_id = 34882）；加州大学洛杉矶分校的"Statistics Calculator"和"Power Calculator"（http://www.lib.umn.edu/libdata/link.phtml? page_id =1187&element_id =34884）；创新研究系统（Creative Research Systems）中的"The Survey System"（http://www.lib.umn.edu/libdata/link.phtml? page_id=1187&element_id = 34885）。

在自然科学中，变量通常采用标准化工具来测量。例如测量实物的温度、质量、密度和力量。相比之下，社会科学家探究的个体和集体属性通常是无法直接观察到的，这些属性复杂到任何个体都难以观察，并且不存在相关的统一或标准化指标。如本章"分析单位"一节所述，许多个体的态度和行为（如工作满意度和学习）的衡量要基于无法直接观察到的心理学构念，这要求个人通过问卷和访谈的形式表达出自己的主观看法和态度。此外，对于研究者而言，观察集体分析单位的许多属性太过复杂。举例来讲，组织通常包含目标、结构和活动不同的许多个体、团体和组织层次。通常情况下，测量这些集体属性必须依赖信息提供者，例如高层或中层管理人员。然而，研究表明一些管理人员的观念通常无法推广至整个组织（Dearborn and Simon，1958；Porter，1958）。

个体在回答问题时的参照体系，在很大程度上影响着他们的判断（Guilford，1954；Smith et al.，1969）。在面对相同的情况和刺激时，两个人如果采用不同的参照体系，他们就会从不同的判断角度对这种情况做出不同的总结性评估。其中，参照体系指的是一个人用于描述或评估某种情况时所采用的内部标准或认知筛选器（Cognitive Filters）（Helson，1964）。比如在心理测量领域，我们最好有必要探究至少两个影响信息提供者参照体系因素的问题：①信息提供者所面临刺激或情况的直接特征；②信息提供者因既往经历、个性和角色在应对刺激或情况时所采用的系统和非系统方式。

第一个问题需要探究测量工具本身（组成部分），以及信息提供者提供信息时所处的环境对信息提供者的影响。具体来讲，如表6.2顶部所示，问题的性质、复杂程度、所指对象和时间以及测量问卷的锚节点在测量时对于信息提供者的参照体系具有显著影响（Smith et al.，1969；Van de Ven and Ferry，1980）。只要测量工具将这些因素明确纳入考虑范围，研究者就可以控制信息提供者参照标准变化的一个主要来源，由此更好地理解信息提供者关于个体和组织现象的判断。Van de Ven和Ferry（1980：57-74）对问卷或访谈中构建问题参照体系时需要考虑的关键因素进行了有益探讨。

表 6.2　测量工具的开发与评估

开发测量工具

决定人类判断的感性选择性(Perceptual Selectivity)是非常戏剧性的。参照体系就是信息提供者用于回答问题的认知筛选器：
①问题的时间维度
②行为、认知或者情绪化现象
③描述性或者评价性指标
④测量问卷中的区间数量或点数
⑤测量问卷的锚节点或者线索
⑥分析单位
⑦信息提供者的角色

评估测量工具

(1)内在效度——指标是否正确反映预期的构念？
① 信度估计
- 重复测量、并行测量、折半测量及多次测量
- 阿尔法系数和指标中的项目数
- 所测量构念的广度

②聚合效度和区分效度(Convergent & Discriminant Validity)
- 对多个指标所有测量条目的因素分析
- 多性状、多方法矩阵
- 与其他条目的相关性
- 并行测量

(2)外部效度——工具中的指标有什么用处？
①符合理论
②区分不同类型的单位
③预测或解释标准或结果
- 同时效度(Concurrent Validity)
- 预测效度(Predictive Validity)

资料来源：Van de Ven and Ferry(1980)。

除了测量工具本身的构成和实施所带来的效应，参照体系还会面临系统和非系统效应，后者源自信息提供者的地位、既往经历及偏好。系统效应包括信息提供者的已知个体差异（源自先前的理论或研究），以可预见的方式影响信息提供者的判断。举例来讲，如果信息提供者在组织中处于不同地位或级别，那么他们对组织中个体和团体行为的判断将会存在系统性差异（Porter，1958；

Ghiselli, 1973; Bouchard, 1976）。针对组织中不同地位和角色开展信息提供者抽样，制订并实施相应的数据收集计划，可以消除这些系统性差异。基于所测量的变量，比较多位不同信息提供者的答案，取平均值即可得到组织团体的总分数。除非有合理理由认为某特定信息提供团体的判断比另一个团体的判断更加重要或准确，否则应等量加权不同信息提供团体的答案，得出集体的总分数（Van de Ven and Ferry, 1980）。

在关于工作满意度和其他组织态度特征（例如氛围和士气）的研究中，组织中拥有不同年龄、性别、教育、社会背景和工作年限的信息提供者存在系统性差异（Smith et al., 1969; Dunnette, 1976）。在报告测量工作以及组织的各种态度维度的规范时，通常将这些个体差异因素用作分类变量。之所以这样做，在一定程度上是为了评估测量工具时，对信息提供者的不同参照体系进行统计控制。当这些个体差异因素未被明确列入研究模型中时，它们通常按照控制变量或外部变量（如前文所述）进行测量和处理。

参照体系面临的非系统效应，包括信息提供者众多的未知偏好、性格取向和情境因素，这些因素以不同方式影响着信息提供者对于给定刺激的个人判断。举例来讲，家庭成员疾病缠身，最近发生了极度开心或悲伤的事情，以及信息提供者在数据收集过程中的心理情绪，无疑会对他（她）的答案产生影响（Guilford, 1954）。但是，由于这些影响具有随机性且通常分布在信息提供者样本之中，在对判断进行平均处理的过程中因统计而被抵消，因此它们对于参照体系的影响具有非系统性特征。参照体系受到的这类非系统干扰为"获取众多信息提供者的观点来准确测量组织现象"这一论点提供了依据。经典检验理论表明，信息提供者的人数越多，测量结果越为可靠（Lord and Novick, 1968）。

开发和评估测量工具及程序还涉及许多其他任务，这已超出了本章范围。表6.2的底部列出了评估测量工具的一些任务。有关社会科学研究测量过程的有益探讨和示例，以及评估测量工具各种信度和效度指标的程序，请读者参考Singleton 和 Straits（2005）及 Van de Ven 和 Ferry（1980）等文献。

6.7 数据分析

科学探究涉及理论观点与实证证据之间反复的相互作用。在比较研究模型和数据时，研究者必然需要对数据进行分析。研究者在整理或理解观察结果时，必然需要进行这种比较。我在下文强调，入世治学者不应该单独行动。倘若他（她）能够动员其他研究同事、研究成果使用者和所研究组织中的成员参与其中，便能获得极大的帮助。

不同的数据分析方法适用于不同的方差研究模型。鉴于有多个良好资源可提供指导，这里无须逐一列举这些方法。Yin（2003）以及 Miles 和 Huberman（1994）针对制表、显示和分析案例研究数据（源自文件、档案记录、访谈、参与观察及物理记录）提出了多种有效方法。Singleton 和 Straits（2005）强调了调查研究方法，并探讨了在分析数据之前，在计算机文件中编辑、编码、输入、清除和记录调查数据的方法。Pedhazur 和 Schmelkin（1991）以及 Neter et al.（2005）详细探讨了采用描述性和推断性统计的示例及软件分析多元因果模型（附有问卷调查数据）的过程。最后，Shadish et al.（2002）着重阐述了通过数据分析从实验和准实验设计中获得普遍化因果推论的过程。

无论比较何种数据分析方法和研究模型，有一点是明确的：想要一次性完全了解数据和模型是永远不可能的，通常需要大量迭代，而动员他人参与每次迭代会在很大程度上推动这个过程。我发现以下方法比较实用：对研究问题、模型和数据分析先进行初步分析，然后再举办两次讨论会（一次邀请研究同事参加，一次邀请主要使用者或所研究组织的成员参加）。与研究同事共同举办讨论会往往可以产生非常有益的反馈，有助于改善研究模型的分析步骤、数据分析程序并通过研究文献发布研究结果。与使用者和组织成员共同举办的讨论会往往可以产生不同类型的反馈，有助于了解关于研究结果的潜在应用和影响。这种讨论还可以帮助研究者探索模型的修改和数据的修正，从而以更加深入并且相关的方式探究所研究的问题。有时可能需要进一步收集数据，前提是有关机构非常乐于提供这些数据（由于他们提出了进一步的研究问题）。我通常会应用以下方式来结束这类讨论会：阐明研究团队会进一步研究最有可能性的建议，并且会再次举办讨论会与大家分享调查结果。同时，我会请求愿意提供帮助或为研究团队提供建议的志愿者们开展研究数据分析的下一次迭代。

然后就这样展开了整个过程中的下一次迭代，再举办第二轮讨论会，报告并探讨修改之后的研究结果。第二轮讨论会提供的反馈通常有助于完善研究报告并得出研究结论。我的研究团队会多次受邀,在研究同事、使用者和组织成员的支持与协作之下继续开展研究或将其扩展至纵向研究。

在举办研究讨论会方面,我总结出了如下几点经验:第一,邀请他人反馈研究结果很容易将研究主题的范围蔓延至意想不到或让人分心的方向。在对他人的建议持开放态度时,必须首先明确自己的研究问题和主题,然后以能够为研究目的增加价值并提供指导的方式对这些建议进行探讨。第二,与研究同事、使用者和组织成员共同举办讨论会,确实让我获得了很棒的见解和学习经验。说实话,我的研究团队在单独行动时(即未动员他人参与研究结果的分析和报告时)从未获得过这些东西。通过讨论会,我们学会以不同的方式解释和建构研究结果,了解到干扰研究效度的因素(具体请见下文)以及减轻这些干扰的方式。尽管相较于"单独行动",入世治学原则(即动员他人参与到数据分析和解释之中)需要开展更多工作,但从研究同事、使用者和组织成员那里获得的洞见和经验绝对是无价的。

6.8 效度

Shadish et al.(2002:34)将效度定义如下:关于推论或知识主张的近似真实性,前提是有证据表明这种推论是真实的或正确的。他们把效度置于对应理论的基础上,如果某个知识主张对应于观察到的世界,那么它就是真实的。哲学家们认为,对应理论是一种退而求其次的选择,因为与某一知识主张进行对照的数据本身渗透着理论,所以数据本身并不能够提供对该知识主张的无理论检验(Kuhn,1962)。虽然意识到对应理论很容易受到这种批判,但他们指出,对于方差研究者而言,这种对应理论"是一种近乎普遍的科学关注,即收集数据然后评估知识主张匹配世界的程度。科学家们还会判断某个给定的知识主张,与公认现有理论及先前研究结果中其他知识主张的统一程度"(Shadish et al.,2002:35)。

唐纳德·坎贝尔(Donald Campbell)及其同僚(Campbell,1957;Campbell and Stanley,1963;Cook and Campbell,1979;Shadish et al.,2002)利

用多年时间开发出已经被社会科学家们广泛采纳的效度类型,它包含四个标准(用于评估四种推论,通常源自实验研究提出的因果推论)。Shadish et al.(2002:38)将这些标准定义如下:

(1)**统计结论效度**(Statistical Conclusion Validity)指的是合理利用统计来推断假定的自变量和因变量是否发生共变。

(2)**内部效度**(Internal Validity)指的是它们的共变是否作为一种因果关系的结果。

(3)**构念效度**(Construct Validity)指的是指某个研究的推论是否可以从所研究的样本提升至更高层次的构念。

(4)**外部效度**(External Validity)指的是因果关系的推论是否在个体、背景、处理方式及测量变量的方法存在差异时仍然适用。

因此,统计结论效度和内部效度侧重于某项研究中的因果关系是否明显;构念效度和外部效度则分别侧重于将研究结果推广至理论及总体。用于评估实验结果质量四个标准的详细探讨,请参见 Shadish et al.(2002)。表6.3简要列出了用于评估实验结果四类效度所面临的干扰因素。

表6.3 评估实验结果效度所面临的干扰因素

统计结论效度:结果是否纯属偶然?潜在干扰因素包括:
(1)统计效力:观察结果的抽样数量有误时,其统计显著性与实际显著性不相匹配
(2)盲目调查:进行大量的统计测试以获得显著性的最大机会
(3)测量的信度
(4)处理方式的信度——缺乏标准化程序
(5)实验背景的随机不相关性
(6)信息提供者的随机异质性
内部效度:是否具有因果关系?自变量缺乏任何处理或变化时是否仍然存在这种关系?干扰因素包括:
(1)历史
(2)成熟度
(3)工具
(4)测试
(5)统计回归
(6)选择

（续表）

（7）死亡率（退出率）
（8）因果关系方向模棱两可
（9）组之间的均衡性被污染

构念效度:模型研究结果是否可推广至理论层面？潜在干扰因素包括：
（1）理论和实证术语的本构定义无效
（2）单方法偏差——只采用一种方法计量变量
（3）假设猜测——参与者猜测假设
（4）评价顾忌——参与者想要留下正面印象
（5）实验者的预期可能使得数据产生偏差
（6）混淆构念层次
（7）不同处理方式之间的相互作用
（8）测试（尤其是前测试）与处理方式之间的相互作用
（9）在相关构念中进行的普遍化受到限制

外部效度:研究结果是否可推广至预期总体？潜在干扰因素包括：
（1）在使用多种处理方式时，不知道是哪种处理方式造成了结果
（2）前测试效应处理方式是否限制了实验参与者范围之外的推论
（3）推论结果是否超出了所选参与者的范围
（4）推论结果针对的是否为探究范围之外的其他背景或组织
（5）推论结果适用不同的历史背景
（6）处理方式具有未曾发现过的副作用

资料来源:Campbell and Stanley(1963),Cook and Campbell(1979),以及 Stanley et al.(2002)。

6.9　结论

本章探讨了设计方差研究模型过程中的一些基本问题、决策和建议。方差研究模型指的是有关单位变量（按照实验设计程序取样、测量和分析）之间因果条件关系的理论。纵观整章内容，我探讨了方差研究的设计过程中通常需要解决的八大问题。具体如下：

（1）所有研究均反映出特定利益相关者的视角，并且假定特定研究背景或情境包含了许多隐性知识。研究者通常不会意识到他们科学实践中所隐藏的价值观和基本假定。只有在动员关键利益相关者参与制定研究问题、确定研究模型中的关键变量和关系以及设计研究时，研究者才会慢慢意识并了解到这些东西。动

员关键利益相关者参与前述过程，可以增加研究结果反映出不同视角和隐性知识的可能性。这些视角和隐性知识通常嵌套在所探究的研究问题和模型之中。

（2）研究应当明确分析单位，也就是所研究的实体或对象。通常情况下，研究问题规定了探究的实体或对象。但是，在探究具有嵌套层次结构的组织集体特征，以及探究那些更具整体性质的社会集体时，研究单位的确定过程就没有这么简单了。在这些情况下，分析单位可能不是观察对象，因而应该采取特别方法，防止原子谬误和生态谬误的发生。

（3）方差研究模型包含一个或多个因果条件命题（即"如果……那么……"），并且假定这些命题在特定情况下成立。大多数社会科学家采用概率的或操纵的观点来看待因果关系，并且依据"共变""时间顺序"和"非虚假关系"这三个标准来推断自变量与因变量之间的因果关系。在处理干扰或外部因素时，研究者通常会在因果关系模型中添加大量的控制、调节和中介变量。这使得模型本身更加复杂并且难以进行实证探究。一般情况下，精简模型较复杂模型更受研究者青睐，这是因为前者更便于理解和进行实证探究。如果有多个因果关系同时起作用，那么研究者可以只考虑关键研究单位或使用者视角中最为直接和可控的因素。

（4）通过各种随机实验设计、准实验设计和非实验设计，可以对因果关系模型进行科学检验。尽管随机实验设计中的因果关系最为明显，但特定研究通常不会采用随机分配或操纵处理方式。由于受到许多现实因素的制约，研究者需要采用不太理想的设计解决研究问题。既然如此，研究者有必要对任何一个研究评估其效度易于遭受干扰（请参见下文的第8点）的程度，并找到相应解决方法。

（5）在大多数社会科学研究中，研究的局部和特定性质与研究者希望通过研究得出的更为普遍化的推论之间存在矛盾。对所研究的单位、构念、观察结果和背景进行抽样，可以解决这种矛盾。这些抽样决策应当由（推广至预期理论的）构念效度和（推广至目标总体的）外部效度引导。此外，选取的样本规模或者所观察案例的数量应当使得假设检验的统计显著性与实际显著性相匹配，研究的关键利益相关者和使用者往往关注实际显著性和现实意义。倘若统计显著性结果无法得到关键利益相关者的重视，那么研究本身其实并无多大意义。

（6）从根本上讲，测量属于概念性问题。通常情况下，测量的第一步是将理论构念定义为可观察变量，然后选择程序和指标，并以可靠且有效的方式测量这些变量。参照体系在很大程度上影响着个体回答问题并向研究人员提供信息的方式。如本书第1章所述，社会科学研究者只能获得组织参与者或信息提供者愿意提供的信息。研究者越了解信息提供者的参照体系，得到的测量和解释效果就越好。如表6.2所示，测量工具中问题的构成在很大程度上决定了解释答案的方式。此外，各种个体差异因素（年龄、性别、角色、经历和性格）也以系统的方式影响着参照体系。为了探究因果关系，研究者通常对这些系统因素进行测量和统计控制。最后，如果样本规模和回答的分配呈正态分布，则可以假定统计方式会抵消参照体系面临的非系统效应。

（7）在比较研究模型和数据时，需要对数据进行分析。针对如何通过数据分析来探究不同的方差模型，许多研究方法论教材已经提出了大量方法和统计程序。本章侧重点在于，建议研究者采取适用于研究问题和模型的方法。为了引导整个过程，我建议研究者与研究同事和关键使用者或实施人员共同举办讨论会，获取关于初步研究结果的反馈。

（8）没有十全十美的研究。每项研究的统计结论效度、内部效度、构念效度及外部效度都受到不同干扰程度的因素影响。基于本书所述的一些标准（具体请参见表6.2）对研究设计进行评估，有助于了解研究的优点与缺点。

对于那些在实验研究设计和统计方面受到训练的研究人员而言，研究设计通常只是一个技术性项目。对于科学探究而言，了解实验设计、抽样、测量、统计分析和推论中的技术性因素是至关重要的环节。所幸本章所述示例从研究的关键利益相关者的利益和视角出发，阐明了他们需要在整个过程中做出的技术性决策。入世治学原则（即，确定并探讨关键利益相关者的视角，并使其融入研究）不仅有助于了解研究的目的和所服务的利益相关者，还有利于将他们的价值观、利益和隐性知识纳入研究的设计。出世治学的研究者往往"单独行动"，而秉承入世治学理念的研究者则会让相关人员参与研究设计与实施，后者更有可能进一步深入研究问题，从而获得对理论与实践产生更大影响的研究结果。

第 7 章

过程研究设计

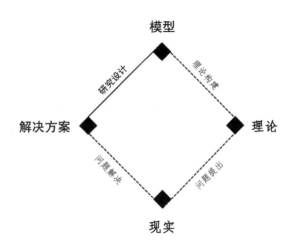

如今我们越来越需要理解个体、群体、组织及其他社会团体的变化和发展过程。而过程研究关注的正是事物如何随着时间的推移而变化和发展。本书第5章回顾了过程研究的哲学基础以及与方差模型的不同之处。而这一章将讨论设计过程模型的实际操作问题，这将有利于进一步完善或检验过程理论。如表7.1所列，操作性问题包括：阐明过程含义及相关理论、设计解决过程问题的实地研究方案、观测并记录过程事件随着时间发展的相关数据，以及分析数据并形成有条理性和实用性的过程理论。① 本章将按顺序讨论这些操作问题，但在实际应用中，它们都是彼此独立的，应逐一做出反复考量。关于这些问题更详细的说明可参考 Poole et al. (2000) 的相关书籍。

在对表7.1所列过程研究的相关问题进行讨论之后，本章将举例说明如何研究和评估由拉瑞·格雷纳（Larry Greiner）教授提出的组织发展模型（Greiner, 1972）。这个实例还将阐述，研究设计过程中的沟通交流可以产生有价值的想法和学习机会；这个沟通交流的例子指的是过程理论家（格雷纳教授）和模型绘制者（我）之间的交流。最后，本章结尾给出了一些鼓励性话题，以回应许多青年教师和博士生在过程研究上投入大量时间、资源和沟通联系时的各种顾虑。

解答有关事物变化和发展过程的问题就需要纵向数据，数据可以从

---

① 这并不涵盖过程研究者面临的所有问题，但以我的经验，这些已经涵盖了组织创新和变革过程研究中的大部分关键问题。更多关于组织过程研究设计的学说还包括 Galtung (1967), Huber and Van de Ven (1995), Kimberly and Miles (1980), 以及 Miller and Friesen (1982) 的学说。

表 7.1 实地过程研究中的关键议题、决策和建议

关键议题	决策	建议
构建过程研究方案		
1.过程含义	是一类概念还是一个发展过程?	过程研究适用于研究"怎么样"的相关问题
2.过程理论	是研究一个模型还是研究多个模型?	运用和对比多个可能的模型
3.反思性	反映了谁的观点?	选定一位参与者的角度观测变化过程
4.调查方法	是使用演绎推理、归纳推理还是溯因推理?	反复使用演绎推理、归纳推理和溯因推理
5.观察方法	是使用实时数据还是使用历史观测数据?	持续观测直至得出结论
6.变化原因	是历史原因、同生群原因还是瞬时原因?	采用平行、同步和历时性研究方法
7.样本多样性	是同质还是异质?	尽可能对比多种类样本
8.样本规模	事件和案例的数量?	重点关注事件的间隔数量和间隔尺寸(精细度)
9.过程研究设计	使用什么数据分析方法?	根据案件和事件数量采取相应的数据分析方法
测量和分析过程数据		
1.过程概念	关注什么概念或事项?	从敏感性概念入手,并通过现场观测不断完善
2.事情和事件	哪些活动或事情是哪些事件的指标?	事情是可被观察到的,而事件是观察不到的构念
3.确定事情	定性数据有哪些?	确定编码归类的方法
4.测量事情	有效的事情有哪些?	利用信息来解读和核验有效的事情
5.确定事件	现场数据的整理方法有哪些?	采用定性和定量搭配的数据分析方法
6.建立过程理论	如何将单纯的观察发展成为过程理论?	认识叙事理论的 5 个特征

历史档案文件或实时的过程研究中获得。无论从何处获得数据，我建议研究者都不应独自开展研究，而是应该多与其他同样参与过程研究或有机会接触纵向过程数据的学者交流合作，尤其是那些有经验的同事。

7.1 构建过程研究方案

7.1.1 阐明过程含义

过程研究主要关注实体或事物怎么样发生变化。本章将举例阐述关于组织变化的过程研究方法。组织变化（Organizational Change）是指组织实体在形式、质量或状态上随时间发生的变化（Van de Ven and Poole，1995）。实体可以是个体工作、一个工作团队、一个组织的子单位、方法策略、产品、组织本身、社群或组织总体。变化可以通过相关维度中两个或多个时间点的纵向观察证明，然后分析有无明显不同之处。如果有，我们就可以称这个实体发生变化了。大量关于组织变化的文献著作都将重点放在了变化的实质和变化的过程上。

"过程"有两种不同的定义：①它是行为和活动的一系列概念或变量；②它是对于事物发展和变化的一种描述（Van de Ven，1992）。如本书第5章所述，当采用第一种定义时，过程尤其与变化理论（Mohr，1982）相联系，变化理论是结果驱动型理论，即试图检验一系列自变量从统计意义上解释因变量变化的程度。过程的第二种定义是与过程理论相关的事件驱动型定义，过程理论解释了基于故事或叙述的变化时序（Abbott，1988；Pentland，1999；Poole et al.，2000；Tsoukas，2005）。这两个定义反映了关于过程的两种不同观点，研究者采用的定义将影响他们提出的研究问题、采用的研究方法以及得到的研究结果。因此，在研究之初就应该明确过程的定义。

7.1.1.1 过程定义为概念类别

社会科学领域的过程研究，通常将过程定义为个体或组织行为的一种概念类别，比如沟通频率、工作流程、决策机制、战略形成和实施及风险投资等。在这种定义之下，过程是不同于其他概念类别（如组织环境、结构和绩效）的一组概念。但同其他概念类别一样，过程概念可以被当作变量操作，这些变量特性的不同可以通过数值大小来衡量。采用此定义的研究者通常需要分析变化的前因与后果。如本书第5章和第6章所述，这类问题需要采用方差研究方法，即起因（自变量）从统计意义上解释结果（因变量）的变化。

一些坚持将过程定义为概念类别的研究者认为，实验中可以对所观测的事项序列进行分解，并按投入—过程—产出模型进行分析，把每个事件当成变量的变化（比如，不存在于实体的初始阶段却出现在最终阶段这一变化），然后分析是否有其他自变量共同造成这类状态的转变。根据这个方法，事件代表进程中的变化以及投入—过程—产出模型中的结果变量，通过测量这些变量能够获得自变量的重要影响，然后采用随机方法如事件历史分析法（Tuma and Hannan, 1984）预估变化发生的可能性。但是如果研究的问题是"变化如何发生"而不是"是否发生"，那么我们就需要阐述变化发生时的事件顺序。一旦发现发展过程中存在固定顺序或模式，我们就可以进而思考过程模式中事件发生的前因与后果。

因此，为了更好地了解变化的过程，研究者应该转变建模方式和研究方法。研究者应该首先以叙述一段历史或一个故事的方式归纳过程，而不是以变量归纳的方式。只有这样才能保存事件发生的时序特点，才能对社会变化发展的过程进行理论性归纳。

7.1.1.2 过程定义为发展性事件时序（A Developmental Event Sequence）

根据第二种定义，过程是用以描述事物如何变化的事件或活动时序。第一种定义描述的是变量随时间发生的变化；第二种定义立足于历史发展，关注被研究实体发生的事件、活动和所处不同状态的时序。表7.2用一个著名的过程模式（涵盖决策、战略规划和组织发展）来解释说明过程的含义。

尽管表7.2展示的是不同事物的发展，但它们有两个共通点。其一，除了Cohen et al.（1972）的垃圾桶模型，其他模型都是建立在大量组织典型案例观察或历史性案例回顾的基础上。每个模型中活动所处的阶段是从组织的历史自我报告中推断得来，或从组织群体中归纳得出来的。我的理解是，在任何情况下，没有任何一个组织单位实际上经过了表7.2所示的任何模型的所有状态或阶段。因此，过程模型的验证和阐述十分需要系统化的纵向研究。

表 7.2 战略管理文献中发展性过程模型举例

作者和简介	开始	活动阶段或状态	结束
战略决策模型 Mintzberg et al. (1976) ——25 种战略性非结构化决策过程的实例研究	1. 识别阶段 ——决定识别程序 ——诊断程序	2. 发展阶段 ——搜索程序 ——设计程序	3. 选择阶段 ——筛选程序 ——评估一选择程序 ——授权程序
Cohen, March and Olsen (1972) ——垃圾桶决策模型	决策是组织内部相对独立的各因素的概率性重合：——选择 ——问题 ——解决方案 ——参与者的能力		
Quinn (1980) ——9 种主要公司类型的案例研究	以需求识别为首的 14 个过程阶段将最终进入承诺和控制系统，流程通常是有序的但不一定有固定次序，也并非断续连续的，通常有以下几种过程阶段：1. 识别需求 2. 培养意识和理解 承诺	3. 提出局部解决方案 4. 增强支持 5. 达成共识	6. 正式承诺
战略规划模型 Gluck, Kaufma & Walleck (1980) ——120 个公司正式规划系统的研究	1. 基本财务规划 ——完成预算目标	2. 预测性规划 ——预测未来情况 3. 外部规划 ——战略性思考	4. 战略性管理 ——创造未来
Lorange (1980) 公司战略规划的模型规范	1. 设立目标 ——备选其他相关战略性目标 2. 战略性规划 ——设定实现目标的规划	3. 设定预算 ——设定近期详细的实施规划 4. 检测 ——衡量战略实施的进度	5. 奖励 ——设立奖励机制促进目标达成
Scott (1971) ——公司发展阶段	1. 单一产品、渠道和企业结构	2. 单一产品、渠道和职能结构	3. 多样产品、渠道和部门结构
Greiner (1972) ——演化和改革后的组织发展阶段	1. 创造型发展 ——领导型危机 2. 指导型发展 ——自治型危机	3. 分权型发展 ——管控型危机 4. 协调型发展 ——程序型危机	5. 合作型发展 ——什么样的危机?

资料来源：Van de Ven (1992). "Suggestions for Studying Strategy Process: A Research Note", *Strategic Management Journal*, 13: 171.

其二，和过程的第一种定义不同，变量并不是表7.2所展示的过程模型的重点。相反，发展性过程模型关注的是组织实体在不断变化过程中经历的活动或事项（比如它们的实质、序列和顺序）。如表7.2所示，线性次序是过程模型中较为常见的发展阶段的排列顺序。比如一个合理的决策过程通常将一系列独立阶段（如需求识别、搜索、筛选和选择行为）按时间排序，并根据过渡惯例在各阶段之间做出调整（March and Simon, 1958）。许多社会过程的阶段排列比线性次序要复杂得多。

还有许多其他进程形式都对思考和观察发展性过程有帮助。比如由儿童发展心理学家提出的发展性过程体系（van den Daele, 1969、1974; Riegel, 1969; Flavell, 1972），远远超越了简单的一元阶段。如表7.3所示，这个体系包含了发展性过程中趋同、平行、趋异活动中多重的、累积的、联结的和反复的过程体系。它有助于理解不同形式的发展性过程，进而理解过程的第二种定义。它为明确地区分表7.2中的过程模型提供了所需要的分析术语。

单一进程（A Unitary Progression）是 U→V→W 这种形式的简单线性次序，其中 U、V、W 代表活动或行为中性质不同的各模式和阶段。此模型假设每个阶段都包含不定数量的活动子集，但这些子集须发生在有序的进程中。如果一个发展性过程随时间发展没有超过一个事件子集，那我们称之为单一进程，如表7.2所示的两个战略规划模型和 Scott（1971）的公司发展阶段模型。

多重进程（Multiple Progressions）假定发展性过程有多个路径。多重进程的三种常见事件次序形式为表7.3所示的趋同、平行、趋异过程。

在多重进程中，事件的时间序列可能反映了有序进程中某一时间段的多种发展路径。如表7.2所示，Mintzberg et al.（1976）提出的战略决策模型中，各独立阶段如识别、发展和选择阶段都涵盖了多个有效的路径（或程序），比如决策诊断、搜索和评估。这些路径在各阶段的开始是趋异的，然后平行发展，最后在结束阶段趋同。这个例子表明，任何同时拥有多个平行路径的发展性过程都被称为多重进程。关于多重进程中事件是如何趋异，接着平行发展，最后趋同的描述有助于更好地陈述发展中实体的各特定阶段和整体发展模式。

累积进程（Cumulative Progressions）（单一或多重模型中）假定发生于早期

事件或阶段中的元素是在一系列的事件或阶段中叠加和累积而成的（表 7.2 中所示的 Lorange（1980）和 Scott（1971）模型）。完全累积是指发展过程中各阶段开始到结束时所有事件的累积。当然这是少数情况，通常由于记忆缺失、犯错误、走弯路和路径中断，造成部分累积或替代性过程（如表 7.3 最后两栏所示）。部分累积也呈现在 Quinn（1980）提出的逻辑增量模型中，这个模型包含了 14 个阶段的长序列过程，这使得它不同于理性决策模型中的累积过程。

表 7.3　探讨发展性过程的各种术语

事件的进程

- 简单的单一进程
  - 一个序列形式　　　　　　U→V→W

- 多重进程
  - 发展遵循多条途径
  - 形式：平行、趋异、趋同

  平行：
  U→V→W
  U→V→W
  U→V→W

  趋异：
  U 分支到多个 V，再到多个 W

  趋同：
  多个 U 汇聚到 V，再汇聚到 W

- 累积进程
  - 某一时间点有属于相同单元的多个阶段
  - 形式：通过增加、替换或修改

  U ⊃ a → V ⊃ ab → W ⊃ abc
  U ⊃ a → V ⊃ b → W ⊃ bc
  U ⊃ a → V ⊃ ab → W ⊃ c

- 联结进程
  - 一个路径中的事件，是与多重进程的另一个路径中的事件相关，或影响后者
  - 相关的或影响关系可能是概率的、兼容的或间接的

- 反复进程
  - 一段时间内重复出现的事件串

资料来源：改编自 van den Daele（1969）. "Qualitative Models in Development Analysis", *Developmental Psychology*.

累积进程也有增加、替换或修改的形式（Flavell, 1972）。在增加形式中，后期发生的事件也可能补充前期发生的事件。事件 1 和事件 2 的结果有可能是共存的，并且可通用于事件 3。比如，在 Scott（1971）提出的公司发展阶段模

型中，多产品部门结构制是通过第一阶段的单一产品创业型结构叠加（辅以修改）第二阶段的单一产品功能型结构而成。通过替换，较后发生的事件结果大部分地替换了前者。更准确的表述应该是，事件2消除或削弱了事件1的影响，并替换成事件2本身的影响。比如在Greiner（1972）提出的组织发展模型中，各阶段末期的危机都会导致组织重心的转变（或替换），朝下一个新性质阶段发展。在修改形式中，后期发生的事件代表了"差异化、普遍化或者前期事件的更稳定化"（Flavell，1972：345）。这种情况下，事件1的结果在事件2中得到了修正。比如表7.2所示的Gluck et al.（1980）提出的战略规划模型中，规划过程以及前期所有阶段的重心都在下一阶段中得到了修正和完善。

联结进程（Conjuctive Progressions）（在单一、多重或累积模型中）假定子集中的元素都是相互关联的。联结事件都是因果相关的事件，这意味着多重进程中某个路径的事件能够影响其他路径的事件。当然某一时刻有关联的事项在另一个时刻可能会被视作无关联，因此事件间严格的因果关系是很难存在的。

事件关联可以是概率的、兼容的或间接的。多个活动路径发生重合时会产生概率性关联。这种关联形式也正是Cohen et al.（1972）提出的垃圾桶模型中的各影响力量：选择、问题、解决方案以及参与者能力之间的联结关系。兼容性联结指前期发生的事件融入后期事件，通常可见于计划评估和审查技术表（PERT）。比如Lorange（1980）的战略规划模型就表现了将阶段1的可选事项逻辑融入阶段2的战略方案。间接性关系指前期发生的事件或元素是后期事件或元素发生的导火索或奠基石（Flavell，1972：345）。即从事件1发展到事件3之间必须有事件2，这也有助于推断更多路径的可能性。正如在Greiner（1972）的模型中，危机事件是企业转型的转折点，是连接不同发展阶段的桥梁式事件。

反复进程（Recurrent Progressions）（在单一、多重、累积或联结模型中）是一系列随时间发展不断重复发生的事件或活动。虽然上文讨论的过程模型都被视作非反复序列，但是大部分或全部事件都是会重复发生的。比如，Mintzberg et al.（1976）的战略决策模型与表7.2中其他模型的不同处在于，它注意到了决策过程中常规事务或进程的重复性。Abbott（1990）讨论了用于概括和衡量反复与非反复事件数据的多种技术。

表 7.3 中的各种过程模型并不是独立存在的。每一个发展性过程模型中，单一或多时序事件之间都直接或间接地有着累积、联结或反复的关系。这些时序关系有助于学者以更具操作性和更有辨识度的方法，更好地阐述他们的过程模型。然而这种对事件的时序分析，如果忽略了其他阐述特定发展过程的过程理论，就不可能得到长远发展。

7.1.2 阐明过程理论

过程的定义表明了关于过程的用途，而过程理论则解释了过程随着时间是如何以及为何发展的。过程理论不仅为过程研究框定了概念基础，也为实证分析提供了设计和实施的方向。因此，设计过程研究的第二个基本步骤是阐明实质性研究所依据的过程理论。

但这并不代表我认为研究者需要在进行实证研究之前就有明确的过程理论，并以此进行检验。以我的经验，我从未能确定哪个过程理论能解释实地观察。正是由于这种无法预知的不确定性，组合所有可能的模型才更有助于反映现实。如路易斯·巴斯德（Louis Pasteur）所言，"机会总是青睐于有准备的头脑"。

把过程看作一个发展的进程，普尔和我提出了四种基本理论，用于解释组织发展和变化过程的理想类型（Van de Ven and Poole, 1995）。图 7.1 显示的每一个理论都认为发展过程以本质不同的变化事件进程展开，并由不同的发生机制或动力机制所支配。

- 生命周期（Life Cycle）（或调节）论描绘了一个实体的变化过程，这个实体必须在其中经历一系列必要的阶段或时期。按上文讨论的分类，典型的生命周期过程属于单一的、累积的和联结的阶段序列，因为各阶段和时期的内容及历史时序是由组织制度、自然法则或逻辑程序等因素所支配和调节的，而这个过程则在周期开始时就被预设好了。

- 目的（Teleological）（或计划性变化）论阐述的是实体根据已知或计划情况，进行目标制定—实施—评估—调整这样的周期活动。这种序列存在于组织实体内个人目的性的实施和社会建设中。目的论发展模型融入了等效性（Equifinality）的系统理论假定，即有多种等效的途径可达到同一个

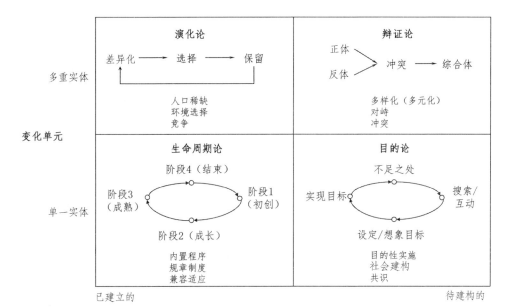

图 7.1 关于组织发展和变化的过程理论

注:箭头代表了事件之间的可能性顺序,并不是事件之间的因果关系。

资料来源:Van de Ven and Poole (1995). "Explaining Development and Change in Organizations", *Academy of Management Review*, 20(3): 520.

目的。这里并没有关于历史必然性的假定。确切地说,这些模型都依靠代理人这一解释原理:它们假定组织需要的一套功能或目标,为了满足需求,它首先必须真正实现需求。此处认为的发展是朝着目标、目的、功能或理想状态前进的运动。

- 辩证(Dialectical)发展模型中,对立面的实体产生冲突、相互碰撞而产生综合体,这个综合体在新一轮的辩证发展过程中,又成为新的正、反体。对立主体之间的对抗与冲突产生了这种辩证循环。辩证过程理论中的稳定和变化都是由对立方之间力量的相对平衡造成的。稳定是因为双方力量的斗争和迁就维持着现状。当双方的价值、力量或活动失去平衡时,就造成了变化。相对较强的力量或具有合法性的反体将发展到足够推翻已有的正体或时态，并形成新的综合体，在过程的辩证循环中成为新的正体，并继续过程。
- 演化（Evolutionary）论认为变化是特定群体中，实体间差异化、选择和留存的反复、累积和概率的过程。演化过程是因有人口栖居的实体间对稀缺环境资源的竞争而产生的。在生物进化中，变化在差异化、选择和留存的过程中延续。差异化产生了新的物种，通常被认为是任意或随机的，只是恰巧发生罢了。选择发生在物种竞争中，大自然挑选那些能够优化或适应环境生态资源的物种。留存涉及使组织形式得以持续存在的（惯性的或永久性的）力量。留存可以抵消差异化和选择之间的自我增强循环。

图7.1中的两个维度有助于区别四个过程模式：①变化是涉及单个还是多个实体；②变化模式是已建立的指定途经还是待构建的路径。生命周期论和目的论理论讨论的是单一实体（Single Entity）。在生命周期论中，任何实体的发展都是按照内部模式或规则制度进行的。外部环境和其他实体也会塑造和影响实体的改变，但是它们都将服从实体的内部发展力量。目的论也是通过实体的目标、社会建构或设定目标状态，解释单一实体的发展过程。目的论可以针对某个组织的多个成员或一系列组织，只要组织成员拥有这样的共识，即把多组织或成员视为同一个组织性实体。相反，演化论和辩证论针对的是多重实体（Multiple Entities）。演化力量是依据其对人口的影响进行定义的，在个体层面上没有任何实质意义。辩证理论则需要至少两个实体担任正反两股势力。

四种过程理论的产生机制在第二种维度上也有所不同，即其中的变化时序是已存在的还是随着变化过程建构产生的。已建立的（Prescribed）变化模式引导实体朝着既定的方向发展，将变化形式调整得更为明确和可计算。待建构的（Constructive）变化模式将产生前所未有的新形式，并且回顾来看，通常是不同于以往的不连续的和无法预计的形式。已建立的产生机制根据既定的行为程序形成事项的变化时序。待建构的产生机制形成新的行为程序，进而可能给实体带来新的结构重组。生命周期论和演化论属于已建立的发展模式，而目的论和辩证论属于待建构的发展模式。

大多数研究者采用单一模型或理论进行研究，这有利于集中数据采集和分析。单一模型或理论也有利于数据的操作和调整。但是在本书第 4 章中我曾提出，两个或更多模型更有利于研究者在不同模型假定的研究中得出更强有力的推断。不同模型间的对比还有一个优点，那就是研究者不会因为一个模型的无效结果或者获得不可能的结果，而陷入研究的死胡同。

大多数的组织变化过程都十分复杂，远比文献资料中单一过程理论所解释的要复杂。通常需要许多不同的模型来表现同一个过程的不同方面；它们互相补充才能更好地全面展现所研究的过程（Pettigrew，1990）。另外，当只有一种观点或理论时，研究者和实际工作者容易扭曲和合理化事实，以便迎合他们的模型（Mitroff and Emshoff，1979）。因此，我认为应该同时建立并发展多个理论，然后决定哪一个能更好地解释数据，或者这些理论该如何整合。

比较法也有利于保持研究的集中性及可控性。它降低了复杂性，因为在没有概念指导的情况下很难分析大量的现场数据。这种方法强调，检验过程理论应该基于所有现有的、可用于解释现象的理论的相对解释力。这也符合这样的一个原则：知识是通过对各种相互竞争的理论连续近似和比较而发展的（Lakatos，1978）。

7.1.3 研究问题的参照体系

当过程的定义和理论都确定之后，研究者就可以根据基本概念的要素来设计过程研究，讨论关于变化是如何发生的问题。研究开展的关键在于反映研究者的角色和观点。如本书第 2 章所述，研究者只能观察和叙述发展过程中所发生事件的一部分（Schein，1987）。那种认为科学观察可以是公正的或超然的观点已经遭到了严重的质疑（Popper，1972）。如今许多社会科学家都承认没有研究是价值中立的，任何研究者都应该表明观点和立场（Van Maanen，1995；Alvesson and Skoldberg，2000）。

选择观察某一件事，就意味着已经做出了许多个不去观察别的事件或观点的决定。每一个话题或问题都可以从不同个人或利益相关者的角度去分析。有的观点能被研究者接受，有的却不能。即使并非不可能，研究者也很难提出公正和不含个人情感的观点假定，或者在复杂的组织变化过程中平衡代表所有利益相关者。最好明确说明支持（和反映）哪些利益相关者的利益和观点，这比沉默或不知道研究支持或忽略了谁的利益要强。

根据这一建议，持入世治学观点的学者应该从过程的特定参与者或利益相关者的角度出发看待组织发展过程。这不仅需要情感分离的处事角度，还要求研究者积极地参与到所研究的人们的生活和研究情景中去（Singleton et al., 1993）。

这要求与关键利益方形成一定程度的接触和互动，虽然很少有研究者能做到。研究者很难接触到利益相关者，因为研究者很少置身于那些赞助研究或希望使用研究结果的利益相关者的切身状况中。在实地研究中，管理者是一个公司的典型利益相关者，如果没能从管理者角度观察变化过程，那么研究者将很难理解主导变革的管理者所面临的变化，也很难提出推进管理理论和实践发展的新知识。如果公司人员不理解研究的重要性，他们也就缺乏与研究者交流和提供信息的积极性。问题不在于研究者要变成咨询顾问，如本书第9章所讨论的，而在于要深入接触研究的关键参与者，以提出有吸引力、能调动学者和参与者积极性的重要研究问题。

以明尼苏达创新研究计划（Minnesota Innovation Research Program, MIRP）（Van de Ven et al., 2000）为例，与从事类似于变化过程或其他新研究的管理者进行定期会议有利于纵向实地研究的开展。会议上，我们讨论研究问题（比如创新为何以及如何随着时间的推移而发展）的意义和影响，探索研究的方法以便能够从管理者角度推进理论和实践的发展。这些会议产生了许多对研究有指导意义的观点，许多与会者也表示同意帮助开展研究。另外经过商谈，部分与会者答应担任研究顾问、协调人或合作研究者的角色。

7.1.4 调查方式

关于研究方式和主题阐述方法，研究者可以基于研究理论和数据采用连续的研究策略。大部分研究者都熟悉演绎推理这个以理论驱动的研究方法，但可能并不熟悉溯因推理及其与归纳推理之间的关系。如本书第4章所述，归纳推理是根据对现象的直接观察得出对该现象未来发生概率的推断。溯因推理指用于解释观察所得的异常现象而提出的相关解释假设（Peirce, 1955）。这些假设常常超越了特定情况所提供的信息（Bruner, 1973）。由于溯因推理比归纳推理更能准确地描述扎根理论中的推理模式,所以我将使用溯因推理代替归纳推理。

根据演绎推理的方式,研究设计的基本步骤应该是采用一个或多个变化过程理论(见图7.1),建立理论的操作模板并用以观察过程与理论的接近程度。而根据溯因推理的方式,研究步骤应该包括观察研究实体的动态变化与稳定过程,将数据进行合理分类,对观察结果进行分析解释,用其他样本或不同时间段的同一个样本进行巩固佐证。

在扎根理论的构建研究中,演绎推理、溯因推理和验证确认之间存在紧密的反复循环。Strauss(1987)强调,任何科学理论都应该经过构思—阐述—验证的过程。"几乎没有科学家会认为这是简单的顺序关系……许多人错误地以为扎根理论就是'归纳推理理论'……探究的三个方面(归纳推理、演绎推理和验证确认)都同样重要"(Strauss, 1987: 11-12)。在纵向研究过程中,大部分研究者会轮换使用这三种研究方式。

7.1.5 实时观察过程还是依靠历史数据?

变化的定义是随时间发展所观察到的组织实体发生的差异,因此过程研究有必要收集相关纵向数据。这些数据可以通过实时观察变化事件所得,也可以通过历史档案数据获得。大多数组织的变化研究都是回顾性的,研究结果在收集数据前就已经得出了。回顾性研究的好处在于掌握了研究的全局面貌——事物是如何发展的,以及产生了什么结果。事后得知(Post Hoc)的知识有助于解读已发生的事件,也有助于对过程的阐述。当研究者对变化过程开展实时观察时,就缺乏了事后得知的优势,很可能会遗漏一些后来被认为很重要的事件。我们只有掌握了过程的全局面貌,才能够辨别哪些信息是重要的,哪些是不重要的。

然而,研究者关于组织变化结果的已有知识也有可能左右研究,尤其当最终研究结果需要评判变化结果是成功还是失败,是有效还是无效的时候。研究者倾向于筛掉那些与结果不符合或不匹配的事件,比如不去审查那些小众观点。

一个可行的方法是在过程结果趋向明显之前使用历史研究数据。更好的是对变化过程开展实时、实地的观察。这样的方法将最大可能地捕捉到短暂出现却有重要影响的因素。如Pettigrew(1985)所说:"我们对当今事件观察得越多,就越容易辨认出变化;我们对新兴事件观察得越久,就能在追根溯源上走得越远，也越能发现其中的连续性。"大多数关于组织变化的实地研究需要包括纵向数据的多种收集方式——历史档案、回顾性观察和实时观察。

7.1.6 变化起因

在人类发展研究中，Schaie（1965）讨论了时序变化的三种起因：

- **年龄（Age）原因**：年龄或个体在测量周期内的时间维度。这个变量代表了生物或组织性过程中的发展和变化。

- **同生群（Cohort）原因**：同一时间段出现并经历类似发展过程的所有个体的特征集合，比如学校班级集体。这个变量代表了塑造某一同生物群发展过程的共同历史条件。

- **瞬时（Transient）原因**：在测量过程中，对观测结果或因变量产生影响的暂时或即时的、非累积因素。

Schaie（1965）认为组织的变化研究十分重要，因为它可以理清三种变化起因——是年龄、组织发展过程中的外部因素（同生群）还是即时的外部原因（观测时间）。内在机制所引起的发展性变化也有可能受到群体因素或观测时间内某些特别因素的影响。比如，与以前的水平相比，突然的士气变化可能源于观测时间内社会情绪的普遍改善。将其解释为发展文化的凝结是不正确的，尽管我们很容易理解那些在研究中只关注组织的研究者为什么会这么认为。同样地，一个看似普遍的发展模式也可能是受群体影响或某个组织群体在特定时间和地点发生的独特事件造成的。比如，按照此逻辑，将处于相对平和的20世纪50年代的创业公司发展模式推广到竞争激烈的90年代是有风险的，因为它们属于不同类别的组织群体。它们在不同程度的资源制约下成立和运营，它们拥有持不同观点态度的员工，也面对着不同的外部环境因素。

这不意味着我们无法归纳出关于变化和发展的普遍性结论。相反，辨别变化原因、排除其他解释是很重要的。当然，考虑到结论的局限性也同样重要。综合考虑年龄因素、群体影响、观测时间以及组织形式和背景都有利于得出有效可行的研究设计。

Barley（1990）提出的研究设计如图7.2所示，它为不同变化原因的系统化研究提供了一个很好的例子。在关于大脑断层扫描技术（CT扫描）应用的实地研究中，Barley（1990）分别对两个医院的放射技术进行同步（同一时间点）观察对比，以及对放射科医护人员的扫描技术进行历时性（Diachronic）（随着时间不断重复）观察对比。通过研究设计，S. R. 巴利（S. R. Barley）认为研究问题与对比分析方法的不匹配不利于得出正确结论。

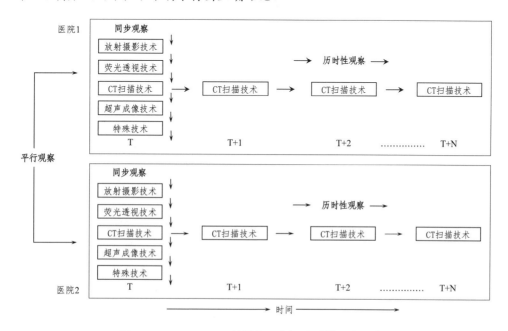

图7.2　Barley(1990)的平行、同步、历时性研究设计

资料来源：Barley, S. R. (1990). "Images of Imaging: Notes on Doing Longitudinal Research", *Organization Science*, 1(3): 226.

比如，同步性数据似乎反映相似的结果是出自相似的过程。然而，相似的结果也有可能出自不同的过程，而不同的结果也有可能源于相似的前因变量（Barley, 1990: 186）。只有历时性数据能够解决这个难题。一组事项、事物或行为的平行研究也可能产生类似的错误结论。假设我们通过调查一定数量医院中的CT扫描技术以研究新科技产生的影响。尽管我们发现所有CT扫描仪都存在相同的现象，我们也不能确定这个发现是适用于所有电脑成像设备还是仅适用于CT扫描仪。对多个技术进行连续的同步分析可以解决这个难题。换言之，同步观察、历时性观察和平行观察代表了对比观察的三个方面，三种观察方式的同时使用有利于研究者更清晰地观察研究的时空界限（Barley，1990：227）。

7.1.7 抽样多样性：同质或异质举例

过程研究没有唯一的、最优的抽样方法。同质抽样的好处在于能缩小对于发展过程不同解释的范围。尤其对于冗长的事件序列，因为它很容易受意外或偶然事情影响而改变发展过程。研究者应该尽可能在多方面进行对比，这有利于确定变化过程是取决于某瞬时事件还是在不受群体影响的基础下由基本发展模型决定。同质抽样也有利于深入调查和发展每一个精确的和集中的研究问题及假设。因此，当一个明确的组织变革理论或组织发展理论可供研究者应用时，同质抽样是合适的。而当研究者需要确定变化原因是受时序发展、群体影响还是瞬时因素影响时，大范围的异质抽样更适用。

比较法可能是建立和评估科学知识最通用和最基本的方法了。这个方法需要在总体范围内选择合适的对比组以及符合研究兴趣的概念类别。Kaplan（1964：52）指出，科学知识的完善需要在一切可能的范围、种类、条件和影响上将研究主题划分成切中要点的概念和案例。只有这样，研究者才能够发展和评估研究的界限。

组织变化这一过程发生在不同的组织环境中，由此也造就了不同的专业领域或学派。在不同领域和学派的想法之间，多种抽样方法的综合运用使研究者能够搭建实证性的连接。比如，小型初创公司、企业内部创新项目或跨企业合资项目中创建企业的组织结构都是不尽相同的，因此很多人认为在这些不同的组织背景中业务创新过程也多有不同。我们所开展的明尼苏达创新研究项目（MIRP）研究不认同这种观点，我们认为尽管组织情况不一样，但业务创新的过程是一样的。我们收集了相关的实证证据来证明这一论点（Van de Ven et al.，1999），研究结果表明，初创公司的业务创新理论为企业内部创新项目及跨企业合资项目提供了有利的借鉴，反之亦然。

为了达到同质抽样和异质抽样的平衡应用，Pettigrew（1990：275-277）为抽样研究提出了四条参考建议：

- "选择极端事件、严重事件和社会戏剧性事件"（Go for extreme situations, critical incidents and social dramas）。这些不同寻常、影响重大和关注度高的实例都有易于观察的发展过程。但是这类实例由于不同寻常，因而很难得出可普遍化的特征。

- "选择两极分化的样本"（Go for polar types）。选择在过程研究方面情况完全相反的事件。比如选择比较成功和失败的两个初创企业。或者选择与以往案例有不一样发展模式的实例。两极分化的持续取样有助于囊括更多可能的样本。
- "选择有较多历史经历的样本"（Go for high experience levels of the phenomena under study）。即选择有丰富过程经历的实例。这个方法可能不适用于部分情况，如初创企业更容易受经验不足的创业者的启发，因为创业者所犯下的错误和所经历的成长是每一个初创企业想要成功所必须经历的。
- "对可能的抽样场地做出更明智的选择，以增加协商获取的可能性"（Go for a more informed choice of sites and increase the probabilities of negotiating access）。样本的选取还应该考虑谁会愿意配合，而不仅仅考虑最优抽样情况。当然这造成的抽样偏差情况应该在研究结论中加以考虑。

7.1.8　抽样数量：事件和（或）案例的数量

在方差研究中，样本规模选择主要考虑的是用于收集数据的案例数量（如本书第6章所述）。在目标总体中抽取的样本数量越多，所得到的结果就越具有推广性，当然其前提是样本抽取具有代表性。另外在实验设计中，研究者应该保证抽样数量能够进行统计检验，以同时满足数据意义和假设检验中的实践意义（Walster and Cleary, 1970）。实际上，抽样数量还取决于抽样现场的可操作性以及数据采集的成本。

在纵向的过程研究中，样本规模选择主要考虑的是时间间隔数量（Number of Temporal Intervals）或者每个过程案例中发生的事件数量。时间间隔和事件数量取决于组织变化案例中的事件的本质属性。组织变化过程的持续区间（Temporal Duration）和事件精细度（Granularity）各不相同。就持续区间而言，有的变化过程，如群体决策，发生在几小时的委员会议上。其他变化过程，比如技术和管理上的创新，则可能历时数年。

事件精细度是指在研究案例的持续区间内所发生事件的精确数量。不同案例的事件精细度差别很大,有的案例中可观察的事件可能有 5—20 个,在另一些案例中有可能达到几千个。事件精细度会随着变化过程的微观分析细节的增加而增加。

需要耗费大量观察和编码精力的事件,通常比那些耗费较少精力的事件更容易在短时间内被观察到。因为样本事件的持续区间和事件精细度是内在平衡的,对于精细度较高事件的研究主要关注较短持续区间内的变化过程,而历时较长的变化过程则较多选择抽样精细度较低的事件。

7.1.9 过程研究设计

过程研究中观察到的案例和事件数量,对研究设计和数据分析有着重要的意义。Poole et al.(2000)在他们的过程研究中设计了类型分类(见表7.4),并讨论了其中的影响。

比较案例研究中典型的抽样设计包含**少案例、少事件**(Few Cases, Few Events)。事件少并不是因为缺乏数据,而是因为真实发生的事件就很少。比如在对战略决策的比较研究中,关于搜索、筛选和选择行为的单独例子本身就很少。在历时较长的案例中,关键事件(比如冲突)的发生概率也小。假如有足够多的案例可以用于系统比较和归纳推理,Yin(2003)的比较案例分析设计就可以实现了。

表 7.4　Poole et al.(2000)的过程研究设计分类

	少事件	多事件
少案例	案例研究总结	案例研究总结 阶段性案例研究 时间序列分析 马尔可夫分析法
多案例	多变量分析 最优匹配的阶段性分析 事件历史分析	汇总数据的多变量分析 最优匹配的阶段性分析 马尔可夫分析法 时间序列分析

多案例、少事件(Many Cases, Few Events)的研究也有许多比较研究的方法。概括性指标可以通过整合时间维度上的数据而得,如统计创新阶段发生的冲突数量,不考虑具体的发生时间;或从时间顺序的其他测量所得,比如冲突是发生在

创新过程的前半阶段还是后半阶段？这些指标作为变量使用并应用传统的统计学分析研究方法。然而数据整合容易忽视在其他过程研究中起重要作用的时间顺序。

最优匹配（Optimal Matching）是一种保留时间顺序信息的方法，它将具有相似序列的案例聚类。Poole et al.（2000）认为一旦相似群组被建立，就可以作为变量的基本依据，随后进行传统统计分析。Tuma 和 Hannan（1984）讨论了如何用事件的历史或生存性分析来判断关键事件是否会发生，前提是关于事件发生前的时间长度都有记录。其他辅助分析在某些情况下能够得出事件发生的起因（Willett and Singer，1991）。

少案例、多事件（Few Cases，Many Events）的研究采用不同的研究设计，其中一个就是采用了 Yin（2003）设计的定性案例比较分析。事件可以被解析成多个连贯的活动阶段，每个阶段包括两个或多个连续事件。这些阶段随后可被用于案件研究的时间划分，如 Holmes（1997）的人质挟持情况研究以及 Van de Ven 和 Polley（1992）的生物医学创新研究。当每个案例存在多个事件时，还可以使用许多其他的时间序列分析方法。通常需要将事件顺序转化为连续的事件形式。另外，Poole et al.（2000）讨论了马尔可夫分析法的实际应用，这个分析方法对事件的分类使研究者可以追踪事件之间的时态依赖性。

多案例、多事件（Many Cases，Many Events）的研究可以采用许多十分有效的数据统计方法。与多案例、少事件的情况一样，事件发生频率的叙述性总结有利于观察发展性过程中各阶段的情况。然而，这样的数据汇集方法，可能会丢失那些在大多数过程研究中起重要作用事件的时间顺序。最优匹配可以在事件序列中抽取出相似的测量标准，这些标准可以至少用两种方法来分析。其一，如 Poole 和 Holmes（1995）所指出的，这些测量可以用于聚类分析方法（Cluster Analysis Techniques）和多维标度法（Multidimensional Scaling Techniques），以整合具有相同时序的事件；然后整合而得的事件群可用于定义因果分析和相关性分析中的变量。其二，这些间隔可以检验造成序列差异的原因。Poole et al.（2000）还讨论了如何运用趋势分析或多重时间序列方法来确定各案例中的变化模式，前提是案例中的事件能够确定连续变量。马尔可夫关于多个案例的分析提供了不同事件时态依赖性的分析依据。马尔可夫回归法或其他更简单的研究设计都可以用来分析造成时态依赖性的原因。

7.2 测量和分析数据

任何纵向研究的核心都在于测量和分析数据。其中涉及收集数据、制作图表、分析数据等技术。典型的纵向实地研究中，数据的收集包括以下步骤：

- 每六个月由所有参与者完成调查问卷；
- 每六个月与关键管理者和关键参与者进行面谈；
- 定期召开例会进行直接观察；
- 记录与参与者的非正式会谈；
- 存档新闻媒体和公司的文件报告。

不管运用哪种数据收集方法，不管是从实地还是从档案数据去观察变化过程，随着时间的推移，收集到的数据都会海量般激增，再聪明的头脑都无法承受超额的数据处理负担。谨慎的推理需要摒弃对原始数据的鲁莽判断。但是对实地分析方法进行重构是很难的，因为关于实地研究的出版资料很少有相关的详细记录。我们不可能简单地依葫芦画瓢，效仿研究者从成百上千页的实地观察报告中归纳出结论，尽管有的报告中会有公司参与者生动且个性化的引述。正如方差研究，过程研究的数据测量和分析方法也需要明确和细致的关注。本书第 6 章讨论了较为成熟的心理测量程序，用于开发和评估问卷调查表。本章接下来的部分会介绍类似的数据测量和分析程序（见表 7.1），尽管不如心理测量程序那样完善。

7.2.1 过程概念

无论是建立还是检验过程理论，纵向数据的收集都首先需要一套分类框架或分类概念。这些概念使得变化过程的观测能够有选择性地开展；我们不可能对所有事情都进行研究，不同的框架会产生不同的研究结果。在建立或了解某个特定过程模型之后，我们需要将理论构念操作化为构念的实证指标，从而建立分类。扎根理论构建方法得以确立后，初始分类应作为探索性研究的"敏感性构念"（Sensitizing Constructs）。这些分类会逐渐清晰，因为它们扎根于实地观测。最后，可以将这些扎根概念编码到一个完整的类别系统中。

扎根理论构建策略提供了从原始数据中建立基本概念和想法的第一步。这个策略的提出者，Glaser 和 Strauss（1967），以及 Strauss 和 Corbin（1990）认为扎根理论构建包括以下步骤：首先从小单位数据（事件）入手，然后建立能够描述观察现象的类别或概念系统。分类目录可以在特定事件的调查、编码和对比中，不断完善和扩展不同的子目录或维度。随着分类目录的发展，新增数据可以用于检验分类系统的属性。最后需要得到少量的核心类别，整合数据所体现的理论概念。

以明尼苏达创新研究项目为例，我们一开始为创新发展研究提出了六个"敏感性构念"：想法、人员、交易、情境、结果和过程（Van de Ven et al.，2000）。和其他纵向研究一样，我们对于这些概念的假定和定义随着时间的推移发生了显著变化，也随着实地观察变得更加清晰。表 7.5 反映的是创新概念的前后对比。相较演化前简单、有条理的概念，演化后的概念揭示了与此不同的真实情况。如本例所示，研究构念的发展涉及概念化、观察和重塑的反复过程。

表 7.5　明尼苏达创新研究项目中创新概念的演化

	从文献所下的定义开始	从实地研究中所见的情况
想法	一个有待实施的发明创意	多个想法的再创造、扩散、再植入、放弃和终止
人员	一个有长期稳定雇员的创业者	多个、非专一的、参与或不再参与的、扮演不同角色的创业者
交易	固定的一群人（或公司）共同实施一个发明创意	日益扩大的利益相关者群体对各种创意想法的趋同或趋异
情境	大环境为创新过程提供了机遇和挑战	受多重大环境制约和激发的创新过程
结果	结果导向型：组建形成稳定的顺序	有待确定的最终结果；许多待完成的评估和衍生分析；新旧秩序的整合
过程	包含不同发展阶段的累积顺序	从单一进程到包括了趋异、平行和趋同路径的多重进程；有些进程是关联的或累积的，有些则不是

资料：Van de Ven et al.（1999）。

7.2.2　事情（Incidents）和事件（Events）

区分过程理论中的事情和事件（Abbott，1984）同区分方差理论中的变量和构念（如本书第6章所述）一样很有必要。事情是可操作的实地观察所得，而事件是特定或编码事件群的抽象概念。事情流，即直接观察而得的第一级活动集合，会被转化为事件流，即抽象的第二级构念。这表示事情会被划分进不同的概念范畴，并构成不同的事件。

不同事件有不同的时空差异，因此事情有的时候代指多个或重复事件。比如，与Q公司开会可能代指"和合作伙伴开会"这个事件，也可能代指更长的事件，如"与Q公司进行关于合作关系的商谈"。不同类型、不同范围的事件可能会相互交织。事情和事件对于理解变化过程同样重要，因为多方面论述会比单方面要强。如Abbott（1992）关于社会职业发展的研究提道："我尝试解释为什么美国精神病院没有精神科医生。从1900年到1930年的人口迁移不仅反映出每年可见的合理个人迁移，还反映了十年间才有明显变化的社区门诊发展，以及更长时间才有的知识和社会管控上的明显变化。"

另外的复杂之处在于，事情和事件之间的关系有可能会随时间的推移而发生变化（Abbott，1984）。事件的重要程度会发生改变。同样的变化会发生在不同的事情—事件关系中。如与潜在合作方的第一次接触可能标志着公司项目的拓展，但是到第六次接触就意味着对创意想法和资源的需求。因此，虽然事件是由一些事情表示出来的构念，但是定性数据的指示关系比定量数值的指示关系更为复杂。心理测量学和测量理论假定受访者和他们的回答是一致的，然而这个假定未必适用于定义事件的数据。定量分析认为是错的结论可能是定性数据中貌似微小、但恰恰是极为重要的部分。

7.2.3　定义事情：一种定性数据

在调查研究中，定量数据（Quantitative Datum）通常被视作：①回答某个问题的数值，它们服从于一定的分布；②关于研究对象（分析单位）；③某个时间点的测量数值；④（与研究对象的其他变量一起）录入定量数据记录（或案例）的变量；⑤被编码和分类成为某个理论构念的指标。

相对地，定性数据（Qualitative Datum）则被定义为：①一串概括起来的单词字符，用于捕获信息的基本元素；②关于一个离散的事件或事情（分析单位）；③它们发生在某个特定的时间；④作为一个独特的记录（或案件）录入定性数据档案；⑤被编码和分类成为某个理论事件的指标。

定性数据的基本组成元素是一串关于独立事件的文字信息。从现场观察或文档资料中收集的关于事件的原始文字、语句或故事都不能直接录入定性数据档案，而需要首先分类编辑成为数据。原始文字信息的分类编辑，需要有反映研究目的的明确决策规则。

在我们的明尼苏达创新研究项目中，创新发展过程中对于事情的定义就是对文字进行分类的规则（Van de Ven et al.，2000）。事情发生在以下五个关键概念产生变化时：创新想法、人员、交易、情境和结果。事情确认后，文字描述需要包括发生时间、涉及的参与者或对象、发生的活动或行为、事件后果（如有）以及信息来源。与其他决策规则一样，为了能以统一的操作方式去定义创新事件，研究者之间进行讨论是很有必要的。

决策规则可能会在其所构造事情的特异性和持续时间上有所不同。精细度较高的定义规则将每个动作都当作独立事情进行解读；而精细度较低的定义规则关注事情的较长时间跨度。不同事情精细度的选择取决于不同过程的发展速度，以及与速度相关的不同研究问题。

比如，Knudson 和 Ruttan（2000）发现杂交小麦的发展是受到生物学规律支配的，从基础研究技术开发再到市场导入这一过程需要几十年的过程。自从 20 世纪 50 年代末他们开始观察杂交小麦起，他们按照"生物时钟"所进行的创新过程已持续了 40 年。在生物医药创新研究中，Garud 和 Van de Ven（2000）观察到创新速度受"制度化时钟"的制约，生物医药设备的设计、测试和商业上线都需要经过美国食品药品管理局的严格审查和批准，通常耗时 5 年。然而，如群体决策（Poole and Roth，1989）或新型行政程序等其他过程的发展速度会更快，似乎只是受制于创业时间和付出努力的不同。正如这些差异所示，企业变化的时间范围应该与实地观察中的事情精细度相匹配。Zaheer et al.（1999）在开发时间性测量标准方面，对上述和其他方面因素开展了启发性讨论。

7.2.4 事件构建的信度和效度

将原始数据分类成为事情，这一过程的可靠性（即信度）很重要。另一个同样重要但经常被忽视的关键是分类过程的有效性（Folger et al.，1984；Poole et al., 1987)。研究者通常假定事情的含义是明确的，并认为建立可靠性就是表明编码的意义是明确的。然而，编码者之间认为的可靠性只是代表设计编码系统的研究者能够明白事情的含义，但是其他研究过程的参与者或核心利益相关者不一定明白。因此很有必要实地检验研究者的分类是否与其他参与者对事情的理解相吻合。如果检验显示不吻合，那么其他参与者对事情含义的理解就是无效的。研究者仍然可以从理论层面保持对事情的理解，但是关于事情"社会现实"的说法都是不适当的。

有两个基本步骤可以提高事情编码的信度和效度。第一，由两个或多个研究者对原始数据进行事情编码。编码者之间的共识能够确保对事情确认规则的统一性解读。第二，事情编码应通过企业关键信息提供者的复核。信息提供者能够帮助确认是否有事情被遗漏或错误解读。根据信息提供者的反馈，应该对事情清单进行符合事情定义规则的修改。这两个步骤能够对所研究的变化过程提供更为完整的事情清单。

7.2.5 从事情中识别事件的定性策略

下一步是从事情数据中寻找具有理论意义的事件。由于事件时序是过程数据的重要构成部分，这一步需要在事情数据中确定事件的顺序。有几种方法可以用于在事情数据和事件时序分类中来回切换。

（1）溯因推理法。首先在数据（事情）中对不同实例进行筛选，运用常用的比较方法从头开始对数据进行概念分类（Dougherty，2002）。Langley（1999）则讨论了另外两种分析过程数据的方法：

第一，可视化映射（Visual Mapping）。有句话说得好，"一张图能胜过千言万语"。一张示意图有助于整理事情数据，用于展示事情是如何根据不同类别或事件参与者进行分类的。可视化图表集中展现了大量信息，同时有助于过程数据的分析，因为它同时显示了多维度信息、往期信息、平行过程信息和所需时间。Miles和Huberman（1994）举例说明了几种可视化图表的构建方法。Meyer（1991）展示了变化过程可视化在医疗服务系统中不同程度的创意应用。

第二，时序归类（Temporal Bracketing）。可视化映射中得到的不同事件类别可以根据时间划分为不同时期、阶段或特定时间里发生的活动。比如在关于小型制造企业的科技应用研究中，Langley 和 Truax（1994）将决策、活动和背景事件按三个时间段进行分类：项目和管理层人员变动之间的竞争（1987），财务和技术难题及工会罢工（1988），以及消费者导向的大型项目投资（1989）。他们观察了每个阶段中活动发生的连续性和各阶段之间的间隔。更为重要的是，这些时间段并不是可预测的过程时序，而是按照事件所描述的内容来划分的（Langley，1999）。

（2）演绎推理法。利用理论来指明事情类别的预期顺序。

第一，模板匹配（Template Matching）。这个方法利用一个或多个过程理论的操作模板，如图 7.1 和表 7.2 所示，以检验事件时序是否与每个理论相匹配。Allison（1971）运用这个方法来检验古巴导弹危机中的决策如何反映三个理论模型——理性行为者模型、组织过程模型和政治模型。他总结后认为第二个和第三个模型更为准确地阐述了所观察的决策过程。

Pentland（1999：719）对模板匹配提出了怀疑，他问道："我们如何辨别哪一种起因（或理论）起驱动作用？"（根据图 7.1）许多组织变化的具体理论是由两种或两种以上基本起因主导的（比如生命周期理论和目的论）。问题在于，这些过程理论中的深层次结构都无法通过直接观察而得。实地研究只能得到能观察到的"表面结构"。这就是检验构念有效性的难处：如何从一些数据中得出潜在的构念？在将事情编码成为事件构念的指标或者将事件编码成为更高一级构念的过程中，有哪些方法能够帮助提升信度和效度？在构念编码过程中，先确定操作性定义和编码规范，定期与研究者和其他同事召开会议，以便评估各定义的构念效度。

我认为会议中应该首先介绍所研究的概念模型，然后对模型中的每个构念和测量指标进行定义（Van de Ven and Ferry，1980）。随后可以让参与者根据"如前面所述的定义，提出更好的指标来衡量这一构念"。评审人员遵循名义小组分析方法，在一定时间内进行思考并以书面形式进行反馈（Delbecq et al.，1975）。最后开展小组讨论，从而获得小组意见。评审环节所得到的定性书面评价，有助于理清复核人员对于构念和事件指标的不同解读。

第二，合成法（Synthetic Strategy）。过程数据分析的另一个演绎推理方法是对时序数据进行汇总统计，比如：整个或部分过程中所有事件类别的事件总量，或过程中的阶段总量。Langley 提出的"合成法"可以和方差分析一起被用来检验发展中的模型。虽然这种方法已被广泛使用（Eisenhardt，1989），我们仍然需要注意保留所研究变化过程中出现的时间顺序。研究者使用的分类往往与数据重叠，这就使得重要的过程时序信息可能会被遗漏。

Poole et al.（2000）指出，在实际应用中，这些方法通常和溯因推理法同时使用。他运用这个方法衍生出了群体决策编码系统（Poole and Roth，1989）。文献搜索功能将衍生出一个事件分类和编码的方法，分类类别经过数据检验会调整得更可行并且信息丰富。这使得理论驱动的方案得以产生并根据数据需求不断完善。Bales 和 Strodtbeck（1951）运用这个方法开展他们的交互过程分析。

7.2.6 事件时序数据的定量编码策略

上文所述的定性策略适用于事件过程的排序和解读，有助于识别和展示时序数据中的固定模式。这就是定性策略的用途。然而分析组织变化事情的纵向数据远远比分析定性数据要复杂得多。信息简化策略通常用于从数据中分析过程模型。

许多定量编码系统的缺点在于将具有丰富意义的定性数据削减到只有单层面意义。在多维度数据中进行变化过程分析的一个方法是将数据按照概念类别进行分类。Poole（1983）在小群体决策过程的研究中使用了这种根据事件分类进行事情编码的方法，其中所用的三大类编码系统充分考虑了每件事情对群体工作过程和群体关系的影响，并将事情按照不同主题进行分类。通过将事情按照相关概念维度进行自动编码，他获得了比以往研究更丰富的群体过程描述。

Abbott（1990）阐述了用于分析已编码的事件数据的时序、顺序和因果关系的方法。这些方法采用不同的形式将按时间顺序编码的事情转化成事件构念的多重指标。将定性数据转化为不同变量的过程使用了多种统计方法以检验事件构念中与时间相关的关系模型。时间序列分析（Sequence Analysis）属于分析事件时间顺序相关问题的一种方法，对于特定研究十分有效（Abbott，1984）。方差分析研究不同空间顺序（变量）之间的差异和联系，与此相似，时间序列分析研究的是不同时间顺序（独立事项）之间的异同。

Poole et al.（2000）回顾了几种用于识别可解读性的时间模型，以及时序数据间的关系的统计方法。其中包括：

（1）随机建模方法（Stochastic Modeling Techniques）（如马尔可夫分析和对数分析法），用以分析事件的发生概率关系。

（2）格兰杰因果关系（Granger Causality）和向量自回归法（Vector Autoregression），用以识别二分编码事件可能的因果关系。

（3）阶段式分析（Phasic Analysis），用于时序数据的时间模型中。

（4）线性时间序列回归分析（Linear Time-series Regression Analysis），用于有固定时间间隔的事情以分析编码事件时序的因果关系。

（5）多种诊断程序（Diagnostic Procedures），用于分析事件时间序列的非线性动态模型。

还有其他方法可用于研究编码事件中的时间跨度和时间序列。比如更新理论（Renewal Theory）可以分析变化过程中，两个连续事件之间的时间间隔是以何种概率分布形式分布的，是指数概率分布还是更普遍的威布尔概率分布（Weibull Distribution）。另外，Tuma 和 Hannan（1984）则展示了如何根据一系列预测性变量计算出"失败率"（Hazard Rates），进而确定特定编码事件的发生概率。

7.2.7　从事件排序到故事叙述

对组织变化进行纵向研究的一个基本科学目标是开发出一个关于变化的过程理论。过程理论需要透过描述的表面，深入提炼时间过程背后的逻辑。这需要确定导致事件在现实中发生的原因机制，以及该机制所处的环境（Harre and Madden，1975；Tsoukas，1989）。

因此，当我们从表面观察深入到过程理论时，我们就是从描述深入到解释。解释需要借助故事，而故事可以理解为过程理论（Pentland,1999）。在叙述性理论中，故事是抽象的概念模型；它对产生机制进行定义。故事至少需要对事件的过程或时序进行描述。但是叙述性理论中的故事不只是关于事件时序。过程理论中的故事尤其需要具备以下方面的特点（Pentland，1999：712-713）：

（1）时间顺序（Sequence in Time）。叙述性故事需要有开头、过程和结尾……时间顺序是主要的故事组织方法，叙述性故事中的事件或活动通常默认为按发生的时间顺序进行描述。

（2）一个或多个关键参与者（Focal Actor or Actors）。叙述性故事向来是关于某人或某事的。通常会有一个主角，也经常有一个对手。其中的角色可能并没有名字，但是提供了时间线索将事件联系到一起进行叙述。

（3）可识别的叙述声音（Identifiable Narrative Voice）。叙述是某人在讲述某事，因此叙述的过程必须有一个可识别的声音。这个声音要明确反映出根据决策3（表7.1）选定的关键参与者或利益相关者的观点立场。

（4）规范或评价参照体系（"Canonical" or Evaluative Frame of Reference）。叙述承载着重要意义和文化价值，因为它直接或间接地传递了角色评判的标准……尽管不是明确的道德标准，但也是关于对错、合适与否等的标准。

（5）其他内容指标元素或情境（Other Indicators of Content or Context）。叙述性文字通常不止包含单独的事件，还应该包含一系列用以指明时间、地点、角色特征、情境特征等的文字元素。这些指标元素并不会推进情节发展，但为解读事件提供了有用信息。比如，认识到当下的场景是婚礼，"我愿意"这句话的含义便随之改变了。

在理论构建的过程中要实现这五步，说时容易做时难。包含以上要素的过程理论需要巧妙和富有创意地运用本章所介绍的方法。Bruner（1986、1991b）和Polkinghorne（1988）在对社会行为进行叙述方面提供了多样且有效的看法和观点。随着各项技术的发展，叙述性理论的建立需要对这些技术性方法进行不断的使用和实践。

7.3 过程研究设计案例以及拉里·格雷纳的评论

这一节将举例说明过程研究设计的几个步骤和考量，以及参与过程评估研究设计的学者之间的互动模式。此处呈现的例子由Van de Ven（1992）首先提出，主要关注Greiner（1972）提出的著名的组织发展模型，如表7.2的底部所示。

我将此文的初稿寄给了南加利福尼亚大学的格雷纳教授，他给我反馈了许多十分有用的建议，不仅为我在模型初步解读上提供了进一步阐述、引申和纠误,还举例说明了第 7 章中过程研究的含义、体系和研究方法,促进了学习和了解以组织变化为主要研究动力的学者之间更深刻和更具建设性的对话。为了向读者展现我和格雷纳教授之间的对话,我没有改动交由教授审阅的模型评估初稿。经过格雷纳教授同意,在文本相关地方,将他的评论加入脚注。

格雷纳模型所采用的显然是过程的第二种定义,即事件的发展性时序,并通过五个步骤的演化和改革提出组织发展过程:①创造力和领导力;②管理指示和自治;③授权和控制;④协调和繁文缛节;⑤合作和复兴。①

在评估格雷纳所运用的理论时,要注意到他间接地从三个理想的过程理论中借用了概念元素。因此,格雷纳的模型存在一定的概念性异常现象,进而意味着在理论构架上有进一步的发展空间。基本上,此模型以变化的生命周期理论为基础,认为历史因素(公司年龄、规模、发展速度和演化及改革的阶段)塑造了组织的未来发展(Greiner, 1972: 166)。发展需求在模型中代表的是待发展的目的论元素。格雷纳认为,"组织的未来更多地由组织的过去而不是由外在因素所决定……行为主要是由过去的而不是还未发生的事件和经历所决定"(Greiner, 1972: 166)。除了这个介绍性说明,格雷纳基本没有讨论发展的预期结束阶段,也没有讨论能通过什么方法以到达所预期的结束阶段。"演化"这一词大致用来形容发展过程中无明显变动(或变革)发生的阶段。因此,格雷纳没有从进化理论中借用概念元素。然而他采用了辩证理论,认为"在组织发展的不同阶段,每一个演化阶段都创造了新的革命"(Greiner, 1972: 166)。格雷纳没有使用生命周期论中"危机是由各演化阶段内在决定"这一观点,他没有解释这些不同的力量是如何在各阶段的单一进程中出现的,也没有解释这些对立力量

---

① 格雷纳:你可能需要为我的文章提供关于时间和地点的背景信息——文章写于 1972 年,是当时首批提出这类模型的文章之一,发表在《哈佛商业评论》(*Harvard Business Review*)上。《哈佛商业评论》不接受理论探讨式的文章,因此当时我没办法进行学术性和理论性的解释,也没办法以更简单而且杂志审稿人和编辑允许的方式来解释实证方面……(我还想补充的是,我认为这个模型哪怕不是第一个"间断均衡"的模型,也是"间断均衡"模型的先驱——至少图什曼这么跟我说过)。

是如何按辩证理论所指，通过融合和碰撞形成新一阶段的正体。① 正如这个十分精简的评论所示，评估和扩展过程应用模型的有效方法是将分析立足于基本和普遍的过程理论。

从发展过程的角度对格雷纳模型进行实证分析，会遇到这样的问题："组织发展是否通常遵循格雷纳所提出的阶段顺序进行？"回答这个研究问题的关键概念性步骤是，将格雷纳提出的阶段当作事件类别，而不应该假定各事件类别已经按照过程时序发展。因此我们不仅仅将组织发展视为基于生命周期论的线性序列中的单一进程。相反，如果从事情发展的各种其他模型和变化过程理论的角度来看待组织发展的过程，那么就更有可能获得充分的实证材料。

其中一个方法是运用图7.3中所展示的研究设计。与格雷纳的初期模型不同，此研究设计重新定义了组织发展的五个阶段和各阶段中的四个变革性危机，并将其分成九个概念类别或事件类别②，同时将对时间的考量从垂直方向转变为水平方向。这使得研究者能更好地理解组织演化和改革过程中发生的事件，以及各事件类别之间的关系，从而控制组织发展的整体过程。

---

① 格雷纳：这(句)话有点伤人，因为其实我曾有意识地对演化阶段和危机进行辩证的解释(只是没有和《哈佛商业评论》的读者提起罢了)。如果你翻阅每个阶段描述，你就能发现这一逻辑，比如关于阶段二的描述，在结尾处写道："虽然新的指令式管理方法会促进公司高效地发展(正体)，但是始终不适合管控更大型、更复杂的组织。底层员工会觉得受到烦琐的中央集权制度的限制……因此当低层管理者要求更多的自治权力时，危机也由此引发(反体)。"接着我在阶段三中提到"分权"(虽然可能不如我想象中的直接)：底层员工获得更多的自治权力(虽然这并不是他们想要的形式)，作为综合体在新一阶段中变为新的正体。你，或者其他人，可能不认同我对辩证法的使用方法，或者是我没有充分地解释明白，但是我可以说我还是对此很在意，我觉得我的解释比你看到的要更为明显。事实上，我曾经与多位辩证社会学家探讨过程模型中辩证法的使用，辩证法当时还没有广泛出现在管理学文献中。我也认为，辩证法的确增加了现实冲突的力量，也使得这篇文章在管理领域获得热烈的反响。

(但是我同意你的观点，)我的模型将生命周期论与辩证理论(而不是目的论)进行了相当明确的融合(对于应用型商业杂志而言)，我认为生命周期论解释的是各阶段的表现形式，而辩证理论解释的是事件的深层动态变化。比如我在模型中放入了"危机"概念，因为我没有找到有关数据表明各阶段在自然而然地进行演化。因此，这个模型并不存在明确的预ām或结束阶段(其中还有许多本模型没有讨论的发展路径，比如组织未能解决危机或者在危机中消亡)。我之所以说此模型不属于目的论，是因为促进过程发展的并不是一个可预见的最终结果，对我而言促进过程发展的是组织内部的动态变化：各阶段的正体相互融合，遇到阻力(反体)，需要重新调整以解决冲突。实际上，这个模型是无穷尽的，始终以问号结尾。

② 范德文：对格雷纳模型中这九种实证事件分类的重合部分进行细致的分析，有助于实现数量更少、更易于管控的分类类别。但是，这一个理论建设步骤并不会在此例子中完成。

实质性事件分类
创造力(商业想法)
领导力(创始人—管理层的转化)
专业管理指示
员工自治需求
授权
高层管理者的管控尝试
分权单位的协调
繁文缛节(制度性组织的发展障碍)
合作(团队建设活动)

随时间发生的事件

图 7.3 格雷纳组织发展模型的研究设计

资料来源：Van de Ven(1992)."Suggestions for Studying Strategy Process: A research Note", *Strategic Management Journal*, 13: 185.

在本研究设计的指导下，可以进行关于不同组织从建立到成熟的纵向研究。首先需要按照时间顺序收集组织各个发展过程中发生的活动或事件数据。然后，可以将观察所得的活动或事件按照图 7.3 中所示的九大事件进行编码。比如说创造力这一类别，不仅涵盖组织创立阶段的初期商业想法，还包括一切对于初期想法进行再创新、再发展和再适应的事件。再比如授权这一类别应该包括一切与职责分权相关的事件、利润中心建立、限制高层管理者实现特殊化管理和格雷纳提出的其他类似的分权活动（1972:170-171）。显而易见，图 7.3 所列的各分类中的事件都有可能在组织的整个生命周期重复地发生，而且通常没有固定时间顺序。将事件按照不同类别进行分类（而不是按照以往的单一类别）使得我们不用受限于烦琐的生命周期论，认识到组织并不是按照单一阶段顺序发展的。

事件时间序列分析，可以放在实地观察完成总结之后，然后将事件按照概念分类进行编码。时间序列分析需要确定各个组织的事件发展顺序，然后与格雷纳模型提出的事件顺序进行比较。对格雷纳模型的一次强有力的检验就是，所有①属于创造力和领导力类别的事件首先发生，其次发生的是管理指示和自治，再次是授权和控制，又次是协调和繁文缛节，合作和复兴排最后。

我怀疑是否真有这样的实验能够提供符合格雷纳模型的实证证据，因为在创新发展研究文献中至今没有符合单一阶段顺序的实证支撑（见 Van de Ven，2000）。然而这个结论依然是不成熟的，因为（如上文所述）关于策略性变化过程的整体纵向研究太少，而且据我所知，至今没有一个研究将组织发展过程按照此事件顺序进行明确分析。②

最后值得一提的是，以此讨论为例，与学者间保持高水平的互相尊重和信任是搭建有建设性且重要对话的基础。格雷纳对我们的讨论进行了如下总结。

> 部分内容你们可能并不知晓，因为我无法在文中对其进行明确的讨论。我认为我的建议不会改变你的基本观点，同时希望我的建议提供了进一步的解释……对他人的作品进行评判是一件很考验技巧的事情。但我希望你能理解我的本意是好的，正如我也知道你的本意是好的。
>
> 你可能会想为什么我之前从不做这样的事，我也不知道，但我过去几年的确有做过关于专业服务公司的研究……我想如果我当时读了你的文章，可能会对我的研究有所帮助。有趣的是这个研究领域竟然未被深入探讨过。

7.4 结束语

研究设计总是需要亚里士多德所说的"实践智慧"。任何项目的设计都没有

---

① 格雷纳：我唯一的顾虑是"所有"这一词的使用，至少我是不同意如此使用的，我认为"绝大部分"或"一半数量"的事件应该遵循这个顺序。《哈佛商业评论》向读者展示的图片描述中，各阶段的开始和结尾都绘有图形线，但我总是说阶段与阶段之间应该有超越界限的联系——比如对"自治"的关注并不会因为"授权"的初步实施而突然中止。

② 格雷纳：我的样本很小，主要是二手数据，且集中在工业和消费品公司。因此需要更大的、更系统化的研究——但有趣的是，这么多年没有一个研究者针对我的模型或相关问题开展实证研究。这类研究不能局限于确定阶段和危机的线性发展顺序是否存在，更重要的是研究不同产业是否存在不同的发展阶段，以及那些没有成长的企业是经历了不同顺序的发展阶段，还是未能解决现存的危机。

未来的研究并不需要对各假设阶段的方方面面都进行衡量和分析。比如，各阶段都有关于组织结构的明确陈述，这属于公开信息。简单地进行查阅便能得到我们想要的信息。而属于组织内部信息的其他方面数据可能比较难获取。

绝对的最好，更好地关注某方面就意味着可能放弃了其他方面的数据。我在本章中列出了几种做法，将研究重心从事件的观察数据转移到一个能充分展现过程理论或故事的多样性、动态性和复杂性的过程模型上。另外，作为示范，我设计了一个过程模型以实证考查 Greiner（1972）的组织发展模型。此模型以及我与格雷纳的讨论展现了多种过程研究设计的可能方法，代表了过程理论家和模型构建者的观点。每个方法都在不同程度上降低了研究的复杂性，我们重点关注的是对分析有指导意义的关键领域。

Thorngate（1976）和 Weick（1979）主张权衡各理论的准确性、普遍性和简约性。基于此，Langley（1999）总结了不同方法的优缺点：

> 有的方法严格运用原始数据，有的则允许抽象化表述。Weick(1979)称严格的数据拟合为"准确性"。但是准确性有时与普遍性相悖，普遍性指理论使用的可能范围，也是个十分重要的属性。简约性涉及的是理论中要素和(或)关系的数量，反映了理论的美学属性。简约且富有解释能力的理论要好于复杂却没有解释能力的理论；正如 Daft(1983)所说，好的研究不像小说而更像诗歌。（Langley,1999：694-695）

幸运的是本章所讨论的方法是可以共存且互为补充的。每种方法可以为其他方法在下一个分析步骤中的使用提供有用信息。这些方法就是构建过程理论的组成部分。我的经验是在设计和分析组织变化过程的实地数据时，充分运用分析问题的所有方法策略。实践中，我的目标是结合定性和定量数据去更好地理解组织变化过程。定量数据提供的是结构规律的框架，通常是没有生机和灵魂的。定性数据则像变形虫，有很强的生命力但是缺乏明显的轮廓框架。只有将这两组数据进行平衡和综合，我们才能在不同的规律中理解生命的丰富性。

最后，事物是如何随时间变化和发展的？回答这一过程问题需要应用纵向数据。年轻教师和攻读博士学位的学生们经常担心在纵向过程研究上需要投入大量的时间、资源和沟通联系。这样的担心是合理的，但也反映出研究者计划独自完成研究的心态。基于入世治学的主基调，我建议研究者与其他学者（特别是经验丰富的同事）共同合作，这些学者可以是已经参加过程研究数年的、与其他学者和参与者有紧密可信赖关系的人,并且欢迎其他合作研究者参与并共享纵向过程研究所获得的成就。

正如本章所讨论的,纵向数据有两种获取途径:一是随着变化过程开展实时实地调研;二是通过公开的历史档案或者从其他收集过相关数据的研究者那儿获取。一手资料比二手资料在获取时要花费更多的精力和时间,因为前者需要在实地调研中与参与者建立联系,协商获得研究权限,同时对纵向数据进行收集和制表。其间通常需要几年的时间与参与者和利益相关者进行反复沟通,建立信任和形成对纵向研究有学术和实践双重意义的研究主题。纵向实时数据的收集也是一项劳动力密集且长时间的工作。与其独自完成,我建议研究者,尤其那些刚开始研究生涯的新手,应该与已经持续开展纵向过程研究的经验丰富的研究者进行合作,并向他们学习。

如果选择分析二手数据,就用不到数据收集的工作了。但是设法获取档案数据,并分析出数据是如何被收集、解读及编码的以解决过程问题,也是十分有挑战性的任务。研究者需要进行仔细的研究,并和创建及维护这些二手数据档案的专家进行认真细致的沟通。幸运的是,如格雷纳所说,研究者没有必要对过程模型的方方面面或所有的研究问题都进行衡量分析。对那些通常是公开可得的历史档案数据的初步分析,就可以告知我们很多关于所研究过程的基本信息了。

总而言之,不管纵向过程数据是一手所得还是二手所得,我都建议研究者不要独自开展研究,而应与其他也正开展过程研究或掌握纵向数据的学者,尤其是有经验的学者一道开展交流和合作。

第 8 章

研究知识的传播和使用

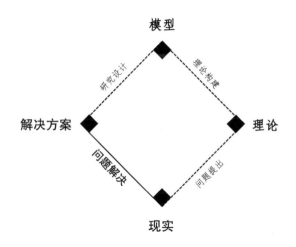

为谁求知? 为何行动?

(Suchman, 1971)

许多社会科学研究的提供者和使用者都不满意,前者是因为他们没有被倾听,后者是因为他们没有听到很多他们想听的东西。

(Lindblom and Cohen, 1979: 1)

前面章节中讨论的研究问题提出、理论构建和研究设计活动为入世治学模型中的问题解决提供了舞台，如图 8.1 所示。解决问题需要进行各种活动来与受众沟通、应用研究成果。这些研究成果想必提供了实证答案，并进一步激发对某项议题的科学研究。我们同时也假定这些研究成果既符合实践相关性，又符合科学严谨性，并且有可能促进科学和实践两类知识的发展。为了实现这个研究潜力，本章所讨论的问题是如何传播这些研究成果以及这些研究成果如何被预定的科学界和相关专业团体使用。

8.1 引言

为了回应上述问题，研究者通常撰写研究成果报告，既包含对理论的贡献，又讨论对实践的影响。许多研究者认为，一旦他们在科学期刊上发表过报告，在专业会议上做过口头展示，以及引导赞助过该研究的组织团体或实践工作者，他们的传播任务就完成了。

这样的回应假定传播研究成果需要从研究者向受众单向传播知识和信息。

根据此观点，"有效沟通"的研究者以最小的溢出效应将想法传递给受众（Eisenberg and Phillips, 1991）。词语包含信息、语言传递思想和感觉、受众从传播中萃取思想（Axley, 1984）。（这种观点）简单、容易、直接地唤起了沟通的图像。当没有收到信息或收到的信息不是发送者想要的信息时，就会发生沟通失误。根据此观点，接收端通常是被动的反应者。(Putnam et al., 1996: 379-380)

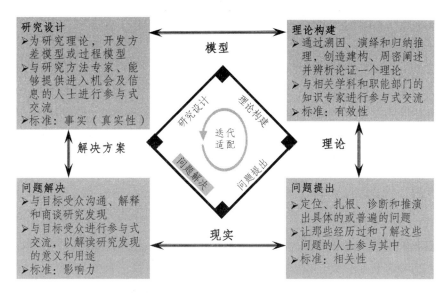

图 8.1 入世治学模型中的问题解决

这种观点的基本假定是：如果一个想法足够好，那么它就会被应用。但是有相当多的证据表明，基于可靠的实证研究得到的知识往往并未如科学家或从业者所认为的那样被应用或采纳。在本章中，我的观点是：如果研究成果要对科学和实践的进步产生影响，就需要更深层次地了解知识的跨界交流与沟通，以及研究者与受众之间的参与型关系。

8.1.1 社会研究对科学和实践的影响

衡量一项研究成果所产生的影响和应用，其中一个指标是作者发表的成果论文在其后续研究中被引用的次数。鉴于需要在过去的学术行为背景下表达和构建当前的研究，所以"引用"表明了当前学术研究和过去学术研究之间的关系。Starbuck（2005）使用社会科学引文索引（Social Sciences Citation Index，SSCI），在美国和欧洲管理期刊上发表了引用次数计算方法。他发现，这些管理期刊中的论文平均每年每篇文章只被引用了 0.82 次。美国期刊中的文章往往比美国之外期刊中的文章引用次数更多，特别是相较于那些非英语类的期刊。从这些数据中我得出的总体结论是，在这些期刊上发表的论文没有被引用或被充分利用来推进后续科学的发展。对一篇已发表的文章而言，除非其他科学家引用它并做进一步的构建，否则它就对科学发展没有什么意义。

对引用的统计忽略了以前学者引用方式的重要问题。Golden-Biddle et al.（2002）研究了三篇获奖文章中知识的使用情况，这三篇文章在6年内被引用了489次。通过分析每篇焦点文章的引用记录，他们开始质疑一个普遍的观点：在从原始文章到后续引用过程中知识主张保持不变。他们发现，知识的性质和用途在被采用和套用的过程中发生了巨大的变化。为了服务自己的研究目的，适应特定的情景，或者反映其与实践社群的关系，用户有选择地解释和使用所引用的知识。他们得出结论：

> 选择性是我们应用知识方式的最重要的特征，所以不可避免地会导致知识在使用时被分解破坏。选择性地使用知识主张是应用先验知识的必然的、通常的和可靠的方式。但是与其将这些解释为对引用规范的偏离，我们更建议他们强调创造知识的方式……这项研究呼吁我们学者对之前引用的作品和创造知识的规范手段有所反思和认识。其目的不是引用比之前作品更全面或更同质的知识主张，而是要注意我们创作作品的方式，包括对先前知识主张的选择与具体化。（Golden-Biddle et al.，2002：30-31）

那么，从业者是如何使用科学研究的呢？ 研究表明，包括医学（Denis and Langley，2002；Dopson， 2005）、人力资源（Anderson et al.，2001；Rynes et al.，2002）、社会工作（Small and Uttal，2005）和管理（Tranfield et al.，2003；Rousseau，2006）等领域在内的从业者通常不能采用研究结果。其中一个原因是管理者通常对此研究并不熟谙。Rynes et al.（2002）的报告称，不到1%的人力资源管理者定期阅读学术文献；Rousseau（2006：261）则指出，甚至他们的咨询顾问都不大可能这么做。一种常见的解释是，科学知识不是以一种容易应用于实践环境的形式呈现的。Dopson（2005）指出，虽然研究者和从业者都承认基于证据的实践是一个好想法，但两者之间存在认知边界。例如，研究者会提出与实践相对分离的问题："数据是什么意思？"相比之下，从业者则会提出与实践相关性更强的问题："数据对我意味着什么？"两者都根据其职业利益和兴趣来看待问题，他们都在维护自我形象，认为自己正在从事一项很棒的、很有价值的工作。

以 Argyris 和 Schon（1996）为代表的行动科学家则专注于研究者的行为，以解释他们为何无法将研究知识应用到实践中。他们认为，只有研究者、咨询顾问和从业者共同参与研究成果的解释和实施，科学知识才会得到应用（Whyte，1984；Schein，1987）。学术研究者因为很少注意将自己创造的知识进行转化而遭到批评（Beyer and Trice，1982；Lawler et al.，1985）。例如，Beer（2001）建议，研究者必须负起责任来，明确如何将他们研究所创造的知识付诸实施和应用。他还讨论了传统习惯的知识转化为实践的方式，会阻碍解决方案的实施。这些阻碍的因素包括：知识传授过程中使用专制或强制性手段，教师和研究者的防御性惯例（Defensiveness Routines），以及管理咨询顾问为了保持或增加客户对咨询服务的依赖所提出的利己性建议。

Mohrman et al.（2001）应用实证研究考察了在研究者并不扮演行动导向的干预角色的情境下，从业者对研究成果的有用性感知。他们发现，来自10家处在变革期的公司的从业者认为，如果他们有机会和研究者共同解释研究结果并基于此而自主设计行动，研究成果会非常有用。Mohrman et al.（2001：369）总结道，"有用性感知不仅仅需要在相关领域进行研究"，而且"似乎研究者也不只是与组织成员共同合作来了解研究成果。如果他们希望促进有用性，他们就必须成为组织的一部分，自我设计活动"（p.370）。

正如这些观察和研究所表明的，写一篇研究论文是一回事，而要在科学界和从业者社群之间搭建沟通桥梁以推动研究发现的转移、转化及应用又是另一回事。Estabrooks（1999：15）指出，"许多因素妨碍了研究的应用，并且根据经验，我们几乎不知道是什么因素促进或阻碍了研究成果的应用"。学者已开始重新定义知识转移，将其定义为一个由预先存在的知识和经验塑造新知识的学习过程。个体不是简单的"海绵"，不经过滤或处理便吸收新信息。"知识的应用是一个复杂变化的过程，其中'让研究参与进来'只是第一步"（Nutley et al.，2003：132）。科学家和从业者都无法单独应用科学研究，他们只有在讨论中合作并"入世"到实践中，才能积极阐述其科学研究的价值。

没有"证据主体"（the Body of Evidence）这样的东西：证据是一个有争议

的领域,并处于不断"变化"的状态。因此,很少有研究是不证自明的,而是根据其被接收和开展的背景而变化。成功的践行包括关注具体的想法、实践和态度,这表明确保(潜在用户——参与社会研究的科学家和从业者的)兴趣和参与度是关键。(Nutley et al.,2003:133-134)

本章将介绍一个框架和方法,以促使科学家和从业者参与科学研究成果的解释和学习。而这个介绍的一个重要的先决条件必须得以澄清,即开展社会科学研究具有多重目的。因此,对于传播和应用研究成果而言,有必要采纳相关性和应用的不同标准。

8.1.2 相关性

无论是科学性知识还是实践性知识,在应用于使用者的特定领域和兴趣时,都需要满足实践相关性和科学严谨性的双重标准(Pettigrew,2001)。当然,科学性知识和实践性知识适用不同的相关性和严谨性标准,这是由于它们的目的、过程和背景是不同的。如本书第9章所讨论的,这些不同的研究目的可能是用来描述、解释、设计或干预问题情境的。每种形式知识的实践相关性应根据它处理问题情境或所针对问题的好坏程度来判断(Dewey,1938)。

管理学者就这些和其他相关性标准展开了争论。正如 Brief 和 Dukerich (1991)所指出的,辩论经常会以知识对管理学者和从业者是否有用开始,同时认为这种有用性应该聚焦控制和干预,包含规定如何解决问题的可操作的知识;或者是否应该更广泛地包含其他标准,描述或解释某种现象的知识,从而为"可能是什么,而不是首先推测将是什么"提供一个观察与理解模型(Brief and Dukerich,1991:328)。Argyris 和 Schon(1996)、Beer(2001)、Starkey 和 Madan(2001)以及 Cummings 和 Jones(2004)认为,如果知识对管理者有用,那么它一定是可执行的。March(2000)、Grey(2001)、Kilduff and Kelemen(2001)、Weick(2001)警告,不要用控制标准来限制有用的知识,因为标准过于狭隘、工具化,可能会使人关注那些肤浅和目光短浅的性能改进问题,而非解决更重要的根本性问题。

相关知识的上述标准并不是互相排斥的。事实上,Baldridge et al.

(2004)以实证经验数据为依据,以发表在顶级学术管理期刊文章中的120篇文章为样本,发现了学术质量(引用数目)与实际相关性(由执行总监、咨询顾问及人力资源专家组成的小组评审)之间的正相关关系。然而,他们警告称,这种相对较低的相关性(r=0.20)为判断出现分歧或毫无关系的情况留下了重要的空间(Baldridge et al.,2004:1071)。

学术质量与实际相关性之间的关系,也经常随时间而发展。Thompson(1956:110)警告大家要注意立即可应用的研究结果的压力,因为"它无须考虑一般理论,能够以低抽象程度促进常识性假设的形成……从而降低研究对管理科学的最终贡献。此外,它还经常促进另外一些想法的应用,这些想法带来的意外而且未被认识到的成本可能比其积极贡献还要高"。

8.2 管理知识边界

如何跨越知识领域的边界,与不同的受众或团体沟通其研究成果? 知识管理的最新文献为研究者提供了重要的进展。这些团体可能包含不同职业与学科背景等专业领域的人士。在我们将研究发现中遇到的问题传达给目标受众时,我重点关注学术研究者与实践管理者之间的边界。下面所讨论的框架同样很好地适用于其他知识领域的跨界交流,如在作者与编辑、老师与学生、咨询顾问与客户,以及不同学科或职能的人们之间。

人们之间的交流需要语言层面的句法(Syntax)(结构)、语义(Semantics)(意义)和语用(Pragmatics)(应用)的共同知识,这样才能理解彼此特定领域的知识。语言学、句法学、语义学和语用学代表了沟通的困难等级。最基本和最普通的等级是句法,它是单词和短语根据序列(Sequence)、顺序(Order)和排列(Arrangement)组成的具有语法结构的句子语言。下一个解释层面是语义学或者以单词和句子形式表达的意义。最后是最具体的个体层面——语用学,其中行动者将其交流的意义应用到特定环境和背景下的实际应用中。语义意味着句法的理解,而语用则指交流各方之间的句法和语义理解。

Carlile(2004)提出,人与人之间在特定领域内知识的差异性、依赖性与新颖性的增长,为行动者在句法、语义和语用层面的沟通理解与表达创造了日益复杂的边界。这些较复杂的边界反过来需要知识转移（Transfer）、转化（Translation）和转型（Transformation）三个渐进复杂的过程。本节将介绍 Carlile（2004）的命题，本章后续内容会将此命题应用于研究成果在科学和实践传播与应用中所面临的问题。

根据 Carlile（2004），在某个知识边界之内，人们所拥有的特定领域的知识差异性、依赖性与新颖性决定了其跨界交流的复杂性。

- 差异性是指所拥有知识独特性的数量（例如，新手和专家之间）以及处于某个特定界内人们所拥有专业领域知识的类型。如果在特定领域的知识没有差异，就没有沟通边界。但是，随着人们在不同特定领域知识的不断增加，就需要更多的努力来分享和评价彼此的知识。

- 依赖性是跨界的人们为了实现其目标，认为需要采纳彼此观点的程度，如论文的合作者、教师和学生、咨询顾问和客户以及演讲者和听众。没有依赖，差异便不会产生影响。随着资源和任务发生变化，不同知识边界之间的人们由于相互依赖就需要一种能力，以发展一种充分的共同知识。相互依赖性越大，越需要通过更集中与更丰富的沟通，并采取更深度的协调。

- 新颖性指由于边界上人们具有不同的文化和背景，因而他们或缺乏共同的认知，或在传达新颖的研究成果时呈现新的特定领域的知识。新颖性的出现往往意味着缺乏共同的认知来充分分享和评估特定领域的知识。随着新颖性推动知识矢量的扩展，想要分享和获取知识的复杂性便会增加，所需付出的努力也随之增长。

Carlile（2004）使用如图 8.2 所示的倒三角形来描绘边界上个体之间差异性、依赖性和新颖性的增长方式所造成的句法、语义和语用沟通的困难，从而促进了形式更复杂的跨界沟通。

当共同的句法和词汇充分规定了该边界上人们之间的差异性和依赖性，证明该边界是"无问题"的时候，知识转移可以采用常规的信息处理视角。

然而，当出现新颖性时，简单的知识转移就会遇到问题，这是因为当前的词汇不足以代表现在所呈现知识的差异性和依赖性。由于对某一共同词汇的

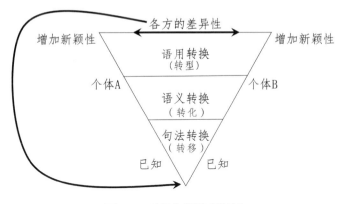

图 8.2　跨界知识管理框架

资料来源：改编自 Carlile(2004)．"Integrative Framework of Managing Knowledge Across Boundaries," *Organization Science*,15(5):555-568.

处理被认为是有充分的共同认知,信息的处理方法因此会受到限制。因此,虽然一个共同的词汇总是必要的,但这并不是形成共同认知进而分享和评估特定领域的知识的充分条件。(Carlile,2004:558)

当新颖性造成某些差异性和依赖性不明确或含义模糊时,便会产生从句法到语义边界的过渡。当研究成果存在意义上的解释性差异时,就需要采用一种解释性的沟通方法(转化或转译),以强调在行动者之间分享共同认知的重要性。"采用解释性方法的研究者认识到不同的领域(即意识世界)如何自然地产生解释性差异,因而更加强调有助于创造'共享意义'(Shared Meanings)(Dougherty,1992)的过程或者'调和意义差异'(Reconcile Discrepancies in Meaning)的机制(Nonaka and Takeuchi,1995：67)"(Carlile,2004:558)。

当互动使行动者之间的不同利益浮现时,从语义到语用边界的过渡便会产生。当人们拥有不同的利益诉求时,他们便不再对彼此的依赖关系漠不关心。在这些情况下,特定领域的知识和共同认知可能都需要转型,以便在边界上共享和评估知识。语用主义的边界强调知识就是力量,而对于那些创造知识的行动者来说是"利害攸关的"(Carlile,2002)。

当利益发生冲突时,某一领域中形成的知识便会在另一领域产生消极影响。此处提到的任何行动者的成本不仅包括学习新知识的成本,还包括转变正在使用的"当前"知识的成本(即共同的和特定领域的知识)。这些成本对行动者做出改变的意愿就会产生消极的影响。(Carlile,2004:559)

Carlile(2004)着重指出,在语用边界上知识管理通常需要多次迭代(如图8.2中的箭头所示)。通过在知识边界处的多次沟通活动,人们能更好地形成充足的共同知识来分享和评估彼此的认知。如前面的章节所述,本书所倡导的入世治学模型呼吁研究者在问题提出、理论构建、研究设计和问题解决等阶段与关键的利益相关者进行沟通。随着研究者在入世治学过程的每个阶段上与利益相关者的沟通,"他们能更好地识别何种差异性和依赖性对知识边界具有重要意义。为了共同形成更充分的共同词汇、意义和利益,他们不断改进。通过这种迭代能力,投入知识的路径依赖特性可以转型"(Carlile,2004:563)。

表8.1为Carlile(2004)的跨界知识传播提供了一个总结性框架。他指出,边界之间的过渡往往不容易为参与者所识别。此外,他将图8.2中的边界关系看作逐渐复杂的层次结构。也就是说,如果要在一个更为复杂的边界层面沟通,则需要具备下一个边界层面的能力。例如,知识转化假定了知识转移为其基础,知识转型也需要知识转移和转化过程。由于知识转移、知识转化和知识转型适用于研究成果的传播,所以现在我更详细地讨论下三者的边界。

表8.1 知识跨界沟通的方法对比

	跨句法边界的知识转移	跨语义边界的知识转化	跨语用和政治边界的知识转型
环境	已知行为者之间的差异性和依赖性	新颖性激发不同的意义和阐释	新颖性激发行动者之间的冲突利益,阻碍其沟通知识的能力的发挥
沟通	从发送者到接收者的信息处理与知识传递	人际对话与话语来阐释与转化文本的新意义	协商和谨慎的和解来转变利益或"套利"多元利益

(续表)

	跨句法边界的知识转移	跨语义边界的知识转化	跨语用和政治边界的知识转型
原因	共同的词汇和句法是必需的,但不足以分享和评估跨界知识	对信息的共同理解经常需要创造新的意义	在知识跨界沟通时,"利害攸关"的知识就是力量;在行动者统治特定知识的"权利"受到威胁时,他们会保护和捍卫其利益

资料来源:改编自 Carlile(2004). "Integrative Framework of Managing Knowledge Across Boundaries," *Organization Science*,15(5):555-568.

8.2.1 知识转移

跨越理论与实践之间的边界通常会形成一种知识的转移过程,这里的沟通可以从信息处理的角度来分析,例如研究者通常通过书面报告或口头演讲的形式将研究成果转移(发送/转送/传达)给受众。Carlile(2004)指出,当发送者和接收者都拥有共同句法以分享特定领域内知识的差异性与依赖性时,知识转移是一种充分的沟通形式。这种情况下知识转移的主要挑战是,使用能够传递丰富信息的传播媒介(Daft and Lengel, 1984)来传达思想。某些形式和沟通途径无法充分传达消息的丰富性,导致接收者只能获得信息的简化、缩减或过滤部分,这样一来接收者可能会认为该消息不值得考虑或采纳。

有关创新研究的采纳和传播为知识转移提供了有用的指导方法。创新通常被认为是新想法形成和实施的过程,当研究成果被他人采纳来代表理论与实践的新想法时,这些研究成果便是创新。Rogers(2003)从 4 000 多项研究中提取出研究成果,表明了采纳创新(新想法)不仅取决于参与的行动者,还取决于创新交流的社会背景,以及所研究创新的具体特征。上述研究也适用于研究成果的传播,以下三个命题总结了这类研究的主要内容。

第一,**当研究成果与现状相比具有相对优势,还与当前对事物的理解相容、易于理解、内容明确、可观察且可以实施时,该成果将更可能被采纳和传播**。根据该命题所述,研究者可以通过制作报告的方式来直接影响研究结果被采纳的可能性。相反,如果研究报告没有提供以下任何证据或讨论,研究成果则不太可能被采纳:①与现有或合理的其他理论或实践相比,研究成果具有相对优势;②研究成果与其相关的现有知识和理论相符合且兼容；③用简单和普遍理解的语言来阐述研究成果的意义；④有明显的方式和示例展示研究成果如何在特定背景和情景下应用和实施。

第二，当研究报告吸收和反映了受众社群主要成员的观点时，它们更有可能被采纳。在入世治学的每个阶段，利益相关者（这里被视为潜在的使用者）的参与不仅增加了吸收他们观点的可能性，而且提升了他们在研究成果中的发言权。一旦需要传播研究成果，这些利益相关者常常成为"意见领袖"（Rogers，2003），他们可以向社区中的其他人提供关于研究成果的可靠信息和建议。作为"跨边界者"（跨越划分同事边界的相关人），他们通常在其他群体中扮演"大使"的角色，向可能的用户展示研究成果。当然，意见领袖可能无法扭转对研究结果的负面反应，特别是当报告没有完成首要命题时。但他们可以增加或减少研究成果传播的契机，有时甚至可以改变研究成果被采纳和传播的轨迹。

由于相似的行动者更有可能说同样的语言，分享相同的知识和假定，Adler和Kwon（2005）讨论了社会相似性如何促进信任和交流。与来自其他社区的想法相比，人们通常更愿意接受他们自己社区成员产生和使用的新想法。制度理论在讨论模拟同构性时强调了这一因素（Dimaggio and Powell，1983）。在那些视自己与他人相似的行动者中，更容易出现模仿。Burt（1987）认为相似性也可以是网络结构上类似位置的产物，而非直接的互动。这些因素都有助于解释在创新的扩散中观察到的跟风效应（Abrahmson and Rosenkopf，1993）。

刚刚提出的两个命题表明，研究成果的采纳和传播是由研究成果（命题1）和潜在采用者的特征（命题2）所拥有的内在优势来驱动的。二者虽然非常重要，但是尚欠强调传播过程中起到重要作用的修辞。行动者之所以采纳新的创新想法，是因为他们认为这些想法是有效的（Strang and Macy，2000）。修辞学观点认为，这些信念不会在社会的真空中出现；从修辞学层面来讲，信念是由传播者和受众共同塑造并促进的（Green，2004）。下一个命题反映了这种修辞观。

第三，当研究报告在修辞上以说服力强的辩论形式呈现时，将更有可能被特定受众采纳。因此，使信息令人信服从而被采用的是反问句（Van de Ven and Schomaker，2002）。修辞是运用说服力来影响受众的思想和行为。对亚里士多德来说，说服的艺术包括三个要素：①喻理，即信息，特别是信息的内在一致性（包括论证的清晰性、理由的逻辑性，以及证据的有效性）；②喻情，指激发受众情绪、信念、价值观、知识和想象力的力量，以便引起同情和共鸣；③喻德，指演讲者或传播者在论证或传递信息的过程中产生和形成的可信度、合法性和权威性（Barnes，1995）。如图8.3所示，喻理、喻情和喻德是修辞三角形的组成元素。这三个元素共同决定了沟通的说服力。

资料来源：Van de Ven and Schomaker（2002）."The Rhetoric of Evidence-Based Medicine," Healthcare Management Review.

体现喻理、喻情和喻德的论证

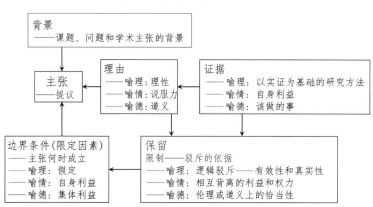

资料来源：Toulmin, S.（2003）. The Uses of Argument, updated edn. Cambridge：Cambridge University Press. Green, A.（2004）."Rhetorical Theory of Diffusion," Academy of Management Review.

图 8.3　修辞三角形

说服力存在于接收者（而不仅仅是演讲者或传播者）的"眼中"，研究者需要理解受众或听众的背景和他们的已有假定。例如，Davis（1971、1986）认为，影响读者判断理论是有趣的还是古典的，往往是作者对读者假定的挑战程度。简而言之，经典作品往往讲述读者的主要关切或假定，而有趣的理论则讲述接收者的次要关注。有趣的理论否定了接收者已有的假定，肯定了意料之外的假定。因此，知识转移不仅具有支撑信息的逻辑和数据的功能，而且体现了传播者作为证人的可信赖程度以及影响接收者情绪的能力。

有鉴于此，从修辞学的角度来看，**研究者在撰写研究报告时，使用喻理、喻情和喻德来证明研究成果以增加影响其目标受众的可能性。**图8.3的底部用修辞论证元素反映了喻理、喻情和喻德。

Green（2004）解释了喻理、喻情和喻德证明是如何塑造我们对研究成果的采用与排斥及其背后合理性的。

> 喻情诉求与个体的情绪（例如，恐惧、贪婪等）有关。它们是充满激情的诉求，直接呼吁目标受众的自身利益，从而建立和建设务实的合法性……情感上的诉求可以抓住行动者有限的注意力，激发其想象力和远离现状的直接行为。情感的诉求虽然最初具有说服力，但不能维持行动者有限的注意力。因此，与情感诉求有关的实践具有短暂的说服力，很可能如昙花一现。（Green, 2004：659）

> 喻理诉求通过唤起人们对有效行动的渴望来证明行动的正当性，像喻情一样，它有助于建立务实的合法性。喻情诉求往往一开始就能够引起强烈的反应，而喻理证明经常需要手段和目的相结合的方法论积累，因而吸引行动者注意力的速度较慢。最初，对效率或有效性的呼吁不如强烈的喻情诉求（像恐惧）那般强大。但是，热烈的情感诉求往往很快就会消散，理性的逻辑诉求则能维持其说服力。（Green, 2004：660）

> 喻德诉求通过呼吁社会接受的规范和习俗来证明行动的正当性。它们所形成的道德上的合法性，其判断标准并不在于某一既定活动是否有益于评估者，而在于该活动是否是"正确的事情"。喻德诉求对理所当然这种观点有最持久的影响，很可能是最强大的诉求。对喻情和喻理的证明强调个体的关切和利益，而喻德诉求则关注社会和集体利益。由于与对个体利益的直接诉求相

比,喻德诉求通常需要更复杂的认知过程,且有时需要为社会利益牺牲个体利益,所以其说服见效可能较缓慢。(Green,2004:660)

Green(2004)认为喻理、喻情和喻德这三者的诉求可以结合起来使用,以促进信息的采纳和传播。他指出,"一个修辞序列如果始于喻情、随之喻理、终于喻德,将会带来初始的快速采纳、随后的传播广泛以及最后的缓慢放弃"(Green,2004:661)。换句话说,在传播实践的整个生命周期内,他建议对所传递的信息采用适当的时间序列方法,对应于修辞三角形的不同元素。"喻情可以加速变化,喻理可以推进实施,而喻德可以维持,所以不同类型的诉求可能适用于整个高效传播周期中的某个特定时期"(Green,2004:651)。在编写某个特定的报告时,上述时间序列可以压缩成报告的开始、中间和结尾。为了吸引读者的注意,引言将从喻情开始,文章的主体将阐述信息的喻理,然后结论部分将突出信息的喻德。

8.2.2 知识阐释与转化

即使是在丰富的修辞三角交流时,知识转移通常仍然表现为信息从发送者到接收者的单向传递。Green(2004)修辞理论的应用尽管强调了预测受众的需求以及假定的重要性,但是该过程仍然以演讲者向受众传达信息的方式为中心。受众在知识传递中的作用仍然相对较小。如果受众无法理解或解释研究者所提出的研究成果,将会发生什么? 受众如何将统计调查成果应用到某个特定的情境中? 相比研究报告中的问题,如果受众有更加感兴趣的话题,又该怎么办? 通常,如果不与研究报告的读者或听众进行对话,研究报告的作者不会知道这些反应。正如这些问题所表明的,研究报告通常是学者与潜在用户进行对话的第一步而非最后一步。因此,学者们需要更广泛和更深入地理解研究成果的意义。

在Carlile(2004)的框架中,来自传播者和接收者的新颖信息,都可能使得两者之间的差异性和依赖性变得不清或某些含义变得模糊,这便会发生从句法转移边界向语义转化边界的过渡。 当研究成果的意义或影响存在解释性差异时,便需要一种解释性的传播方法(即转化)。这种方法使对话或会话能在行动者之间共享知识。此处的会话是指研究者和从业者之间关于研究成果的交谈、对话或谈话。我们需要用会话来创造共同的意义,作为解决行动者之间解释性差异的方式(Carlile,2004)。

区分知识转移与转化的关键特征在于研究知识的生产者和使用者之间的对话、意会和协作。Putnam et al.(1996)和 Huff(2002)使用对话隐喻来描述知识转化。在对话隐喻中,社会话语和阐释(Social Discourse and Interpretation)成为沟通的主要过程。沟通包括相互联系的交流,例如,消息—反馈—回应,行动—反应—调整,象征性行为—阐释—反思,以及行动—意会(Putnam et al.,1996:384)。Weick(1979)所提出的双重反应沟通模型,提供了一个有效沟通与组织的基本构件。两个行动者之间的双重反应包括"行动—反应—调整",该反应形成了解释信息可能含义的连锁互动循环。

维克模型侧重于个体的认知经验,它的一个改进是在演讲者和接收者之间进行集体沟通,从而形成共同创作的过程。参与者通过合作,产生共同的意义并协调具体的共识(Putnam et al.,1996:385)。意义往往产生于回溯意会(Retrospective Sensemaking)、共同建构解释(Co-constructing Interpretations)和合作叙事(Collaborative Storytelling)等方式中。

演讲者和接收者是建构和理解彼此之间互动与交流的共同作者。对话是研究的本质和产物。在很多方面,对话为科学界和实践领域的参与奠定了基础。Putnam et al.(1996:393)指出,参与对话的人员往往会暂停防御性交流,开始相互分享和学习经验、促进深度探究、抵制简单的综合或妥协。他认为研究报告不是一个社会事实,而且也没有"固定的"含义。相反,研究文本应该为相关参与者(包括传播者和接收者)打开大门,乐于接受多重、无限的意义、解释和行动。

与受众一起参与对话和交流,往往需要研究者采取诠释学的"参与者观点",而非研究成果的"上帝的视角"。如本书第 2 章所讨论的 "上帝的视角"描述了这样的研究者:他在展示明确真实的研究成果时具有专家权威。在西方文化中,这类研究者通常因强调教条式论证、激化冲突和偏狭而具有思维闭合效应(Hendrickx,1999:341)。相反,当学者以参与者的参照体系开展分析推理时,他(她)便是同他人一起探索会话中关于研究成果的阐释、理解与使用方式的其中一个参与者。"参与者的参照体系不是将读者和作家按其了解的多少来分类，而是按照其是否了解不同的知识进行分类"（Hendrickx，1999：347）。

然而，重要的是要认识到这些诠释学观点可能会受到文化的约束。一个研究者在多大程度上采用参与者视角或上帝的视角，部分取决于沟通边界处人们的文化。Hofstede（1980）的国家文化概念中的两个维度——个人主义与集体主义，以及权力距离，可以解释沟通礼仪和礼节方面的重要差异（Lincoln，1986）。在一个高度个人主义的社会中，个体之间的联系较微弱，自我概念是基于个体特征定义的，个体身份来自个人成就；相比之下，在集体主义社会中，人们之间的关系较紧密，自我概念是基于社会和文化情境定义的，而个体身份则源于小团体及其成功（Gibson and Zellmer-Bruhn，2001）。权力距离是成员对组织权力分配不平等情况的接受程度（Hofstede，1980）。这两个维度具有正相关性，它们反映了世界上主要文化的概况（Bhagat et al.，2002）。个人主义社会往往具有较低（小）的权力距离，集体主义社会则具有较高（大）的权力距离。

Yu（2006）讨论了文化价值观是如何影响预期的交流模式的。在个人主义和权力距离较小的文化中，人们强调自由和挑战，不喜欢权力集中或专制的领导风格，期望无论处在何种等级位置上都能表达自己的声音。在这样的文化中，人们更喜欢学者在讨论研究成果时采取参与者的观点。相反，上帝的视角可能更适用于那些根植于权力距离较大的和高度集体主义文化的人际沟通，这种文化更容易接受不平等和专制主义。在这种垂直分化的文化中，做出负面评论、直接提出议题或问题以及与较高职位的人争论往往被认为是冒犯性行为（Yu，2006：13）。因此，为了最小化信息损失，正式的沟通往往比非正式的讨论更有效。

跨文化沟通强调的是接收者对传播者敏感性和可信度的需求。三十年前，在蒙大拿州米苏拉市的印第安社区行动计划部落委员会中，我艰难地学到了这点。该会议为期两天，主题是名义小组头脑风暴技术（Van de Ven and Delbecq，1974），旨在识别公民在社区规划的需求。在开幕式后的休息时间，部落委员会的领导对我说："白人，你没什么对我们讲的。带上你的'哔哔沟通'，滚出镇子！"我马上照做了！那时我认识到当地领导力的重要性。跨文化沟通中，外部人有时不能"单独行动"。我应该与部落内的土著居民建立关系、共同计划，并以部落委员会成员认可的、可信的方式来展示研究成果。

与文化边界类似，研究者和从业者之间存在许多其他解释性差异。对于从业者而言，科学研究很少是不证自明的。研究报告如何被接收和安排的情境，影响着受众对研究的理解。因此，研究成果的成功实施需要关注从业者具体的想法、实践和态度。这就表明，确保从业者对信息意义阐释过程的兴趣和参与十分关键（Nutley et al.，2003：133-134）。

研究者和从业者之间解释性差异的一个常见来源，是统计学意义上的广义科学研究发现与其可能适用的特定个体情境之间的差别。研究发现通常代表了两个极端之间的效用权衡，分别是人类的普遍性知识和针对某个特定情境的具体知识。除非有人了解特定案例在总体分布中的位置，否则案例样本的统计结论很少能应用于特定案例。例如，如果研究发现表明，高层次的教育能提升工作绩效，那么得分低于样本平均值的员工将会从接受更多教育中获益良多；然而那些得分高于平均值的员工则可能从接受更多教育中获益甚微。此外，总体层面的研究发现对处理具体的个案通常没有多少作用。例如，循证医学（Evidence-based Medicine）指南对于检查室的内科医师治疗个体患者通常是无用的（Dopson，2005）。这是因为循证医学指南主要是基于人口统计，十分浅显，与特定患者的丰富和详细的历史情境相脱离。尽管一般的循证医学指南可能是正确的，但它忽略了应该适用于每个患者的特定情境因素。只有通过研究者和从业者之间的对话交流，参与者才能解释和理解一般的科学发现与特定的个体情境应用之间的复杂和相分离情况。

研究者和从业者之间解释差异性的另一个常见来源是，有用的研究发现往往有着不同类型的解释。本书第4章指出，科学研究的受众通常需要一个实用的解释模型，作为逻辑演绎解释的补充。解释是由诠释社会学或理解界定的，这种解释往往产生于由传播者提供答案和受众提问的对话中。论证的目的是让对话中的传递者向受众展示其理由，以令其接受他（她）所质疑的主张。在这样的对话中，传播者预测了受众主张的"为什么"，并且提出一系列推论展示该主张是如何从主要和次要前提中产生的。Walton（2004）认为这个推理序列是一种跟踪性解释（Trace Explanation），这种解释揭示了促成推理结论的推理序列。但是，他也注意到，受众可能对跟踪性解释不感兴趣，因为他们可能不是专家，所以没有丰富的知识来了解当前所讨论主张的"手段—结果"因果链。

相反，受众可能寻求这样一种解释，将他（她）愿意接受的主张理解为事实。换句话说，解释的目的不是消除真实的主张，而是更深入地理解它的含义。Walton（2004）建议，在某些情况下，策略性解释（Strategic Explanation）可能会有用。策略性解释描述了这样的行动，即遵循针对所述主张的问题解决策略。

例如，关于名义小组头脑风暴技术研究的策略性解释可能如下。"如果你的目的是产生群体满意度和实施问题解决方案的努力，那么可以使用名义小组法。这是因为与实施别人的解决方案相比，人们更愿意实施自己的方案，特别当他们的解决方案是通过全体成员平等、公平和公开的参与过程而形成的"。根据受众正在执行的任务，策略性解释通过应用和解释主张的含义，形成行动导向。从这个意义上讲，策略性解释在使用主张时可能被视为实用的建议，而跟踪性解释则为主张的形成机制提供了手段—结果分析方法。

最后，Walton（2004）讨论了第三种类型的深层次解释（Deep Explanation），这种情况下传播者使用接收者的知识库，而不仅仅是主张的前因后果。深层次解释要求传递者能够确定受众已经掌握却不知如何解释的主张。这样做很难，因为传播者需要走出他（她）自己的知识库，与接收者的知识库连接起来。入世治学的中心目标是形成研究发现的深层次解释。深层次解释最接近于解释的目的，通常被视为在传播者和接收者之间传达理解。这种更深层的解释始于传播者和接收者之间面对面的口头对话，并且可能以书面的解释报告结束。为了口头呈现他们的研究发现并参与讨论，以期对彼此的观点和对研究成果的理解产生共鸣，学者安排与目标受众的评审会议，这也使得更深层次的解释得以实现。

对深层次解释的要求很可能会出人意料地产生。例如，我在读博期间曾随导师安德烈·德尔贝克（Andre Delbecq）教授开展一系列的街道社区会议，目的是了解威斯康星州戴恩县低收入人群的需求。它提供了场地设置来形成和尝试所谓名义小组法的各种步骤（Delbecq and Van de Ven，1971）。我记得一位怀里抱着婴儿的母亲说："德尔贝克博士，你能检查一下我生病的孩子吗？"德尔贝克教授暂停了会议，说他不是医生，问会议室内是否有医生。一名在场的护士带着母亲和她的宝宝进入另一个房间进行检查。这位母亲问了一个深刻的问题，极大地改变了房间里的与会者以及我对沟通和学习的理解。受此事影响，一位年长的绅士走进会议室，热切地呼吁解决低收入人群的医疗保健需求，于是保健问题成为社区会议的首要议题。名义小组会议后，我和这位老人交谈。他告诉我："这是我人生中首次表达自己的心声。"德尔贝克教授在会议上的行为教导我从人们所在的地方出发来思考深入的问题，而不是从我本人所在的位置出发。此外，学问只有在需要的时候才会出现。如果你希望向受众学习，那么请允许他们说出自己的想法。

总之，研究成果总是具有多重意义和解释。正如科学期刊中的研究报告经常预期的一样，跟踪性解释通常为研究发现的起源提供因果关联和证据。这种传统形式的科学解释往往需要做进一步的延伸和补充，为从业者做出策略性解释和深层次解释。鉴于研究者和从业者在理解研究的意义和用途上通常有着不同的应用兴趣，因而需要形成不同的研究报告与他们进行沟通。考虑到研究发现的不同含义、解释和应用，入世治学者应该参与面对面的会议，与潜在用户开展讨论，以便在撰写这些报告前与每位受众构建和总结学习经验。

8.2.3　实用性和政治性知识转型

知识传播与交流通常不仅解释和转化研究发现的意义和用途，还在利益相关者之间进行利益谈判与权衡。在利益性冲突的情况下，创造共同的意义是不可能的；所需要的是参与者进行谈判并愿意将自己的知识和利益转换为适应集体领域利益的过程。"在出现不同的利益时，形成适当的共同知识是一个谈判和界定共同利益的政治过程"（Carlile, 2004: 559）。

Evans（1999）为从事相同组织变革研究而又具有不同利益的研究者和从业者提供了一个优秀的实例。

在组织环境中，针对人力资源、组织设计或流程重组等方面的问题，管理者和员工对于理解"什么是发挥作用的因素"有着特定的实际兴趣和利益。一方面，管理学者在组织设计和人类行为相关理论的检验中，尽管兴趣和利益不完全相同但有所重叠。由于职位背后不同的兴趣与价值观念，这些兴趣和利益往往是重叠的而非完全相同的。在某种实际意义上,它们符合与因果本质相关的两个基本哲学:活动理论(Activity Theory)和本质主义理论(the Essentialist Theory)(Cook & Shadish, 1994)。前者认为,人们只关心是否发生了变化,却很少会思考这种情况是否适用于其他情况;而后者则认为,人们对为什么发生变化感兴趣。这导致人们对于可能发生的、对研究效度产生的各种威胁具有不同程度的侧重。管理者关心发生变化的事件是否会在其他情况下重复发生;研究者则对研究的内部效度更加感兴趣:是特定的刺激干预带来了变化,还是变化的产生有着不同的原因?同样,管理者会对制定引起变化的一揽子刺激计划更感兴趣,而研究者则想要精确地探索该一揽子计划的各要素如何运作。当然,两者都希望将真正的变化与"偶然性规律"区分开来(Evans, 1999:325)。

正如这个例子所表明的,当沟通揭示了行动者之间需要解决不同的兴趣和利益时,便会产生如图8.3所示的从语义到语用边界的过渡。当行动者有着不同的兴趣和利益时,它们之间的依赖关系就会不同(James, 1907)。知识来源于实践,因此它对那些已经形成一定认知的行动者来说是"利害攸关的"(Carlile, 2002)。当发生利益性冲突时,某一个领域形成的知识可能会在另一领域产生负面影响。任何行动者的成本不仅包括学习新知识的成本,还包括转换"当前"使用知识的成本,即通用的和特定领域的知识。这些成本可能会对行动者做出这种改变的意愿产生负面影响。

多年以前我在通过访谈专业人士为一个规划公司做项目评估研究的过程中,艰难地学到了这一点。在与规划公司的董事会成员及执行董事查理会面时,我报告了该研究发现。通过总结自己听到的和没听到的,辅以我自己的规划理论,我展示了这项研究发现。没想到我的展示惹怒了查理,导致他三年不与我说话。我立刻认识到我犯了一些严重的错误,却不知道是什么错误。回顾此次让我感到痛苦的事件,我意识到不管是作为研究者还是咨询顾问,我没有单方面的权利在未经知情同意的条件下,强行使用我的理论来评价查理或任何其他组织。任何模型或理论都反映了多重意义和利益,而其中一些则可能与使用者或主体所理解的意义和利益产生冲突。因此,使用任何理论或模型都需要经过评估人的协商同意。

Schultz 和 Hatch（2005）为跨学科的编辑提供了一个具有指导意义的例子，可以用于克服沟通困难。

> 我们邀请具有不同学科背景、不同兴趣与利益的学者写出各自的组织身份、形象、文化、声誉和企业品牌。虽然这个群体的成员高度同意，所有这些构念都是重要且相互关联的，结果却表明界定一些譬如身份和形象这样最基本的术语都是一个极大的挣扎，因为我们所遵守的不同学科规范都有其自己的定义。虽然这些学科相互重叠，但远不兼容。在我们努力理解相互关联的概念差异时，最终使用通天塔（Tower of Babel）神话来描述我们这个群体的观点：他们在寻找一个失落或者尚未发现的共同语言。更具体地说，我们使用空间隐喻来论证每个术语的含义取决于观察者所处的概念地形中的位置，每门学科偏好不同的位置。这一经验使我们对管理者在执行企业举措时所遇到的跨职能困难有了直接的了解。（Schultz and Hatch, 2005：340）

在协调明尼苏达州创新研究项目时，我经历了类似的困难。该项目涉及来自八个不同学科的从概念到实施的纵向领域研究的十四个创新项目，有三十多名教师和博士生参与其中（Van de Ven et al., 1999; Van de Ven et al., 2000）。明尼苏达州创新研究项目的研究者在一年半的时间里通过月度会议，就研究创新过程的五个核心概念达成一致，即创新过程包括人员（People）在**交易**（Transactions）或人际交往中形成的新**想法**（Ideas），以及根据**结果**（Outcomes）和变化的外部**环境**（Contexts）进行判断以指导其行动过程中形成的新想法。像舒尔茨和哈奇所描述的情况一样，所有明尼苏达州创新研究项目的研究者就研究创新之旅的这五个关键概念达成了一致意见，但没有就操作定义及测量达成共识。与其在所有研究中强制或授权使用共同的操作定义（我们认为这样做并非必需），不如项目的研究者在不同创新活动中可以套用或利用这些概念的不同含义及测量结果，这些差异反而带来了学习机会。

回想起来，这是一个明智的决定，因为它赋予以下内容可行性：项目成员在研究创新过程中的几个创造性形式，成员分享其不同但相关的研究成果的小组会议,以及在集体学习体验中研究者的动机。当不同的兴趣和利益出现时,形成适当的共同知识是共同利益协商和界定的一个政治过程。有时候,只需要在总体性的工作原则方面形成共识,包括参与者之间达成的关于不适宜的操作细节的共识。在多元化情境下,参与者之间可以细心调节其关系,利用差异所提供的建设性学习机会,相互借鉴而获利。

与舒尔茨和哈奇一样,多年来我也与多家公司合作,将研究结果的循证实践用于预测跨职能的企业变革方案,例如营销、工程、研发和人力资源管理。不同职能的人员通常具有不同的竞争力、方法和心态,而且兴趣与利益也有所不同。因此,研究发现经常被解读为带有表达竞争、冲突甚至悖论行为的含义。尽管如此,像明尼苏达州创新研究项目的研究者一样,从业者拥有一些可以跨越不同职能边界的、重要的共同利益。例如,对经济生存的共同利益促进了人们之间的合作,以便形成组织变革以响应客户的需求和竞争性的市场环境。在一些情况下,研究证据有助于跨界合作。这些情况的出现需要满足下面的条件:从业者将研究结果视为中立,并在此基础上认识并协商他们的分歧以便采取行动。

协商研究知识中的冲突性利益,对相关各方(研究者和从业者)而言都是有风险的。没有一个研究发现或研究应用具有完全的确定性。对知识的所有解释和使用都是推理。例如,我在克利夫兰的一个大型人力服务组织中进行了一项研究,并与管理者讨论了我的研究成果,其结论是需要经过董事会批准予以改变相关政策。当我们走到董事会的会议室提交变革政策时,我永远不会忘记执行董事对我说过的话:"范德文,如果无法奏效,我不会放过你的。"谢天谢地,它奏效了!

促使组织和现实世界的问题变得复杂的,通常是它们本身存在的自相矛盾(悖论)的本质。所以,这些组织和问题的研究成果应该反映出这些矛盾。普尔和我敦促学者相信悖论性发现成果,因为它们为学习和理论的形成提供了重要的机会(Poole and Van de Ven, 1989)。具体而言,我们提出了四种不同的方法来处理从实践中观察到的明显悖论,而且我们由此现象还提出了相应的理论。第一,接受悖论或不一致,并学会遵循尊重和平衡对立以及"凡事适度"的原则,从而在多元化的世界中有建设性地生活。第二,澄清产生问题的不同视角或利益的参照层次（例如，部分—整体，微观—宏观或个体—社会）及其彼此之间的联系。第三，考虑到所需要的时间，用于探究每项冲突性利益或过程对于所研究问题可能产生的单独影响。第四，引入新的概念，或纠正逻辑上的缺陷，或提供一个解决悖论的更综合性的视角。如本书第4章所讨论的，这四种方法代表了一种分类系统，它能够为理解异常情况的推测开展多重独立思想实验。

不幸的是，研究含义的讨论往往过于单纯甚至倾向于幼稚的简约。Schultz和Hatch（2005：341）指出，组织管理研究者"常常将深刻的理论思想和实证研究成果解释为对实践具有直接的、无冲突的含义，错误地认为这就是从业者想要的"。这种淡化对立和悖论特征的做法，可能存在这样的风险，即管理者和员工可能根本就无法认识和理解研究者所描述的组织生活。Schultz 和 Hatch（2005：343）得出如下结论："在讨论我们的研究发现所带来的影响时，我们应该对嵌入在管理实践中的悖论持开放态度。"

最后，处于不同边界的行动者之间所存在的不同兴趣和利益，清楚地表明了知识和权力是密切相关的。Carlile（2004：565）指出：

> ……即使相关行动者具有平等的能力，并且使用共同的知识来有效地共享和访问彼此特定的知识领域，能力仍然在被表述……如果使用共同知识的能力不相等，或者所使用的共同知识不能代表特定行动者的知识和兴趣（利益）时，就会出现不匹配的现象……因为专业知识是跨领域分布的，而且不可能总是同时同等地表现出来。知识依赖性的时间维度就意味着，处于知识下游的人士很难在分享过程中较早地表达出来，处于知识上游的人士则在政治上是有更有力的位置。正是由于上述因素，我们不应该假定处于不同知识边界的行动者在相互表达知识时在政治上占有同等的地位。

认识到知识和权力密切相关之后，一些批判理论家和后现代学者将沟通视为一个政治过程，它表达和抑制着不同边界上的不同声音。权力和含义相结合会歪曲声音。即使这些声音可能被听到，也往往是附和精英们的情绪。因此，沟通反映了处于意识形态边界的行动者之间存在竞争而非统一的立场，而竞争的方式是或明或暗的（Putnam et al.，1996：389）。但是，没有权力的知识是无力的。强大的知识既可以用于建设性目的也可以服务于破坏性的目的。绝对不能忘记的是，沟通中有道德和伦理的喻德是一切的必要条件。

8.2.4 多重会话的需要

在语用边界上管理知识需要进行多次迭代。问题的解决无法通过一次尝试就实现，而需要一个迭代的过程来共享和评估知识，创造新的共识，并在需要的时候做出调整。入世治学要求利益相关者反复参与研究过程的每项活动：问题提出、理论构建、研究设计和问题解决。"随着行动者参与每个迭代阶段，他们能更好地识别何种差异性和依赖性对知识边界具有重要意义。为了共同形成更充分的共同词汇、意义和利益，他们不断改进。通过这种迭代能力，投入知识的路径依赖特性可以转型"（Carlile，2004：563）。由于在沟通边界的人们已经数次登临"通天塔"，如果他们相互尊重并愿意倾听和学习，他们便开始对彼此的地位进行更深度的欣赏。"如果缺乏这些基本特征，学术界就会建立各自的城堡并捍卫自身的领地。我认为这个原则也适用于学者与从业者之间开展面对面的交流"。

8.3 本章小结

研究者投入大量的资源和精力，发现并创造新的知识。这显而易见地反映出以下步骤所需的大量时间和精力，包括研究问题提出、理论构建、研究设计和问题解决。不幸的是，这种研究所创造的成果往往并不用于推进科学或实践。本章探讨了入世治学模型中"问题解决"阶段的一些内容，重点是如何使得研究发现与成果更有效地为预期的受众对象所交流并使用。广泛的证据表明，简单地编写、发布和提交研究报告通常不会导致科学家或从业者使用研究报告，无论是出于描述、解释、评估还是干预的目的。我认为，如果研究工作要产生影响，推进科学研究和组织管理实践，就需要对跨越不同边界的知识交流有更深入的理解，而且研究者与其受众之间应该建立更加密切的关系。

本章内容以 Carlile（2004）的知识转移、转化和转型为框架，因为这个框架为研究者提供了有益的洞见，与不同的受众就研究成果进行有效的知识交流。该框架强调，沟通需要语言在句法、语义和语用层面的通用知识，以了解彼此的特定领域知识。随着人们之间关于特定领域知识的差异性、依赖性和新颖性增加，知识意义和潜在用途的交流沟通就需要更为复杂的知识转移、转化和转型过程。Carlile（2004）强调，这些沟通边界中存在一个附加特性。也就是说，在更复杂的边界之间开展有效沟通就需要一些能力和过程。

当处于某个知识边界的人们为了理解各自不同而且相互依赖的特定领域的知识时，他们会使用相同的通用句法，然后便可以通过书面或口头报告的形式，使用传统的信息处理理论从而实现从传播者到接收者的知识转移沟通。知识转移的主要挑战在于，创造充分丰富的信息以使得传播者向接收者传达信息的新颖性。例如，传播者和接收者之间的书面报告、口头表述和面对面交流互动代表了三种越来越丰富的知识转移媒介。此外，喻德、喻情、和喻理则代表了三种越来越丰富的信息维度。

基于创新采纳与传播的研究和修辞理论，本章得出了五个命题，作为知识转移有益的指导方针。

- 当研究成果与现状相比具有相对优势，还与当前对事物的理解相容、易于理解、内容明确、可观察且可以实施时，该成果将更可能被采纳和传播。
- 当研究报告吸收和反映了受众社群主要成员的观点时，它们更有可能被采纳。
- 当研究报告在修辞上以说服力强的辩论形式呈现时，将更有可能被特定受众采纳。
- 在撰写研究报告时，使用喻德、喻情、喻理的原理来证明研究成果以增加影响目标受众的可能性。
- 在某个报告和一系列报告的撰写过程中，有效的修辞序列是这样安排的，从喻情开始来吸引受众的情感注意力；然后再转移到喻理，以提供理性的解释和证据；最后以喻德结束，以感染他们的道德合法性和社会规范。这样可以达到初始时被迅速采纳、随后广泛传播和最后缓慢放弃的效果（Green，2004）。

但是，尽管在丰富的修辞三角情景下，知识转移通常仍然表现为信息从发送者到接收者的单向传输。知识转移中的接收者保持相对的沉默，但绝不是处于不活动状态。研究报告的作者往往并未认识到这一点，除非他们与报告的读者或听众进行对话。因此有一点很清楚，接收者通常会对新颖信息产生与传播者预期所不同的解释和含义。研究报告不应该被视为社会事实或具有某种"固定"的含义。相反，它在文本参与者（传播者和接收者）之间具有多重乃至无限的意义、解释和行动。因此，当传递研究发现时，研究报告应该被看作研究者与潜在使用者之间开展对话的第一步，而非最后一步，这样才能更广泛和更深入地了解研究成果的意义。

当研究成果的含义存在解释性差异时，则必须引入一个更复杂的语义边界——"知识转化"。在这个边界上，传播者和接收者展开对话和交流，以相互分享、解释和建构他们对研究发现的意义。传播者和接收者可以相互建构和理解他们之间的互动，从而成为共同作者。在知识转化的边界上，对话是研究的本质和产物。与受众一起参与对话和交流，要求研究者采用诠释性的"参与者观点"，而非传统研究发现的"上帝的视角"。

本章讨论了研究者和从业者之间存在解释性差异的几个可能来源。

- 跨文化沟通在很大程度上影响了沟通的模式。一方面，在个人主义和权力距离较小的文化中，人们强调自由和挑战，偏好不太集中和非专制的领导方式，从而更喜欢研究者在讨论研究发现时采取参与者的观点。另一方面，上帝的视角可能更适用于那些根植于权力距离较大的和高度集体主义文化的人际沟通，这种文化更容易接受不平等，偏好权威主义。
- 研究者和从业者之间解释性差异的另一个来源，是统计学意义上的科学研究发现与其可能适用的特定个体情境之间的差别。对于从业者来说，科学研究发现很少是不证自明的，而且根据其被接收和应用的情境而变化。研究发现的实施需要关注从业者具体的想法、实践和态度，这表明关键是要与从业者展开对话以解释研究的意义和潜在用途。
- 科学家和从业者经常对不同的研究解释感兴趣。科学家倾向于强调"跟踪性解释"，阐明形成理论结论的推理顺序背后的逻辑原因和证据，而从业者则往往更加愿意接受那些具有事实性或真实性的结论，因此需要策略性解释和深层次解释。策略性解释通过揭示研究发现所蕴含的问题解决策略来执行任务，并将问题置于一定的情境下提出行动。深层次解释解决来自受众的知识库的问题,而不仅仅是研究结论的前因后果。形成策略性解释和深层次解释,通常要求研究者与从业者进行面对面的对话,以便使双方就彼此的观点和研究发现的解释产生共鸣。

- 无论是科学界的受众还是业界的受众,在理解研究的意义和用途时通常有着不同的实际兴趣和利益,这就需要使用不同的研究报告并与他们做相应的沟通。考虑到研究发现的不同含义、解释和用途,撰写这些报告的一个先决条件是,与研究的潜在用户展开对话,从而为不同的受众群体构建和总结相应的学习体验。

在知识转移和转化过程中,可能会显现出不同的冲突性利益。跨越这个更为复杂的现实沟通边界,需要各方进行谈判协商,并将他们的知识和利益从政治视角转换到共同领域。正如 Carlile(2004)所述,"当不同的利益产生时,达成一项充分的共同认知是谈判和界定共同利益的政治过程"。我在本章中举了一些例子来说明在学术界人士和从业者之间的政治边界上就研究知识进行谈判和转换的难度。虽然社会科学家倾向于避开政治话语,但培养这种技能显然需要学会在政治边界中传达研究知识。基于个人的经验,我提出了以下几点见解。

- 无论是学者还是从业者,协商和转换冲突性利益的难度似乎都相似。当出现利益性冲突时,学者和从业者似乎都参与相同的政治斗争。如果不对知识进行有效的建设性管理,对某一领域创造它的人而言是"利害攸关"的知识,对另一领域则可能产生负面影响。
- 当利益性冲突出现时,跨界沟通需要一个谈判和界定共同利益的政治过程。有时候,只需要在总体性的工作原则方面形成共识,包括参与者之间达成的关于不适宜的操作细节的共识。在多元化情境下,参与者之间可以细心调节其关系,利用差异所提供的建设性学习机会而获益。
- 如果证据是用来告知职能经理新的行动方案,研究证据可以促进跨界的政治谈判和协作。当从业者意识到研究发现是中立时,他们便能够识别和协商其差异性,进而借鉴获益、采取行动。
- 协商研究知识中的冲突性利益,对相关各方(研究者和从业者)而言都是有风险的。没有一个研究发现或研究应用具有完全的确定性。在科学研究和管理实践中，关于研究成果使用（或者不使用）的所有决策都存在固有的风险。
- 研究报告应当讨论冲突的利益和悖论。在绝大多数的情况下，研究者"常常将深刻的理论思想和实证研究成果解释为对实践具有直接的、无冲突的含义，错误地认为这就是从业者想要的……在讨论我们的研究发现所带来的影响时，我们应该对嵌入在管理实践中的悖论持开放心态"（Schultz and Hatch, 2005: 341, 343）。
- 利益冲突表明知识和权力密切相关。没有权力的知识是无力的。强大的知识既可以用于建设性目的也可以服务于破坏性的目的。以道德和伦理准则为基础的沟通是最重要的，永远不应该被遗忘。

最后，跨界人员之间很难仅仅通过一次沟通就实现知识转移、转化和转型。知识的分享和理解、新意义的创造，以及不同利益的协商仍然需要大量的互动与交流。本章所讨论的入世治学实践提供了逐步实现这样目的的一种策略，即利益相关者反复参与研究过程的每项活动：问题提出、理论构建、研究设计和问题解决。

第 9 章

践行入世治学

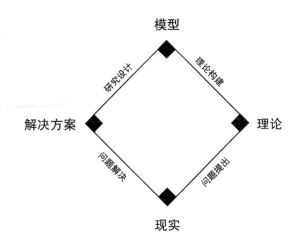

理论联系实践并不是简单的把戏,一旦联系起来,便会碰撞出璀璨的思想火花。

(乌比冈湖大学的故事)

如果你有机会去向其他团队成员学习不同的工作方式,那就好好把握这样的机会。

(Burt,2005:245)

在总结篇章的开头，我要讲一个发生在虚拟的乌比冈湖大学关于入世治学的故事①，这个故事采用美国国家公共电台名人盖瑞森·凯勒（Garrison Keillor）的作品《牧场之家好做伴》的形式。我希望以此来为我们这个很严肃的话题增添一些乐趣，也给践行入世治学的社会思潮增加一些见解。在故事之后我会讨论一些入世治学的可选形式、相应可能的实践场景，以及特定研究中涉及利益相关者时应该注意的一些实际问题。

9.1　一个来自乌比冈湖大学有关入世治学的故事

这是在乌比冈湖大学平静的一年，所有教职人员都进行全球化思考、本土化行动，而行政人员则开展全球化行动、本土化思考，所有学生变得比教职人员更优秀。这是因为所有女人都很健壮，所有男人都很俊朗，而所有小孩都很出众。

乌比冈湖大学坐落在哈德逊河的西岸、哈德逊湾的东岸——也许你已经看过地图了，在那片广阔天地的某处，有一块不规则的领域叫作中心地带。不像哈德逊河大学和湾区大学那般熙熙攘攘，乌比冈湖大学一年四季都很平静。

也许正是这种宁静让这里的人们认识到，人类组织是喧闹嘈杂、繁花似锦而令人困惑的。没有一个人或是一种观点能够解释清楚它们。你

---

① 关于这个故事一些早期的版本出自1997年在辛辛那提市以及2004年在新奥尔良市召开的美国管理学年会组织管理理论分论坛。

在锲而不舍地追求某一观点,却很难看清楚问题的本质。然而,如果你只是自言自语,你就不会意识到这种问题。正如 Poggi(1965)所言,一种方式的理解也意味着另一种方式的不理解。你需要通过与别人交谈、聆听以便理解他们的观点,从而理解你自己的观点。有些学者担心与同行的交流可能会导致他们丧失独有的竞争性,但他们错了,你只有通过与他人交流才能确定和建立起你的特色。

也许乌比冈湖的天气有助于人们理解这个事实。今年,乌比冈湖经历了破纪录性的寒冷、洪水以及酷热。平均水平意味着无所成就,只有极端情况才是现实。"确实很冷——那还用说! 这是我们去年夏天天气晴朗的惩罚"(法戈市的俚语)。大自然强劲的力量是毋庸置疑的,它使得现实不可否认。我们不需要维克的意义建构来解释这个事实。但是,我们需要他的观点来解释我们的社会和纷繁复杂的社会问题,而这就需要彼此之间的交谈与聆听。

极端天气里,待在室内的人们通过挨个儿与别人说话来打发时间,午餐室、研讨会、座谈会、走廊……谈话大都是这样开始的:"天气如何啊?""挺好的,天气晴朗,但是我们会为此付出代价的!"

他们在家里聊上班的事,在上班的时候讨论家里的事。"蒂莫西的感冒怎么样了?""哦,这种天气害他感冒更严重了一点。"霍兰德教授在家里吃完饭后讲了他在学校里教授的行为科学课程,霍兰德太太问她七岁的儿子:"你知道行为科学的意思吗?"他回道:"那当然! 好好表现,否则我就让你体验一下科学!"

他有他的观点。从幼稚的孩儿嘴里,我们听到了他们说的话,但这往往并不是我们想要表达的。

9.1.1 一场酝酿中的学术争论

在美国管理学年会上,一位发言人说道:"即使是居住在最荒凉的南极洲的隐士,如今也得担心管理学理论和实践脱节的问题。"而与会者说:"你觉得他指的是我们? 不好这么确定。我听说过,因此肯定是真的。但是越无事可做,实际要做的事情越多。我们有更重要的事情要担心。"

无论如何,这场争论的导火索是一个学术委员会探究为何管理学院的教授们所做的研究对实践的作用微乎其微,以及管理学会应该为此做些什么。事实上，这个问题已经存在了数年，并且成为许多学术期刊①专刊报道的热点话题。据报道，学术研究对于解决实际问题的作用越来越小。一些期刊表示，学术研究也并没有使用或引用以推动科学知识进步。科学与实践之间的隔阂似乎越来越大了。

有人说，这种隔阂代表了一种知识转移问题。当你想要表达什么时，用这种方式去理解是有帮助而且合适的。但佩蒂格鲁告诉我们，如果错误的问题已经被提出，知识转移和传播就太迟了。他说，学者和从业者需要以一种更深层次的方式来共同创造有价值的知识，并将其转移给科学和实践。

9.1.2 乌比冈湖大学的一切并不都是安宁平静的

像许多希望成为博士生的候选人一样，蒂莫西·斯马特正在准备他的博士生资格考试——从早到晚每天18个小时。他埋头苦读、死记硬背各种理论、研究。组织管理理论是一个喧闹嘈杂、繁花似锦而令人困惑的世界。斯马特尽力把那些理论都揉进2x2的纵横格里。

在挫败与绝望中，斯马特整理了所有他认为在他的教育经历中错误的事情。他列出了95条"控诉"清单，钉在了路德教堂的门上。

- 在这个喧闹嘈杂、繁花似锦而令人困惑的世界里，你把我教育得糟糕透了！
- 你用静态的线性模型、因果模型和实验设计来训练我，但是社会组织是动态的、非线性的、复杂且多元的，单一的理论和线性方法无法解释。
- 你强迫我去阅读那些连真实世界万千变化的2%—10%都解释不了的研究。你并没有告诉我统计意义（显著性）和现实意义的差别所在。
- 我们学了很多关于组织管理的理论及模型，但是很少学习有关组织和管理的知识。教室就像一个回音室，里面回荡着各种声音，包括权变理论、资源基础观、资源依赖理论、制度理论、交易成本理论、代理理论、网络理论、组织生态学理论和复杂性理论。

---

① 这些期刊包括《管理学会期刊》(*Academy of Management Journal*)（2001），《英国管理学会》(*British Academy of Management*)（2001），《管理学会高级管理人员读物》(*Academy of Management Executive*)，《管理科学季刊》(*Administrative Science Quarterly*)（2002）等。

- 你把我们丢在那些理论中，但又不让我们从中去粗取精。我们怎么知道哪些观点较好，哪些较差呢？

……

研究生项目主任跟斯马特谈了有关他的"控诉"："我很抱歉你会有那样的感觉，那很糟糕！也许你应该第二天再考虑。去睡吧，在胸前涂一些维克斯达姆膏①，在脖子上围上围巾。然后深呼吸，你一定会感觉好起来的！"

9.1.3 直面现实，从现实中学习

乌比冈湖大学的教授们都在讨论斯马特的控诉。"好吧，那你希望怎样？学生在毕业前，学校就握住了一支笔。现在我们有了新的'高校—产业'博士生训练项目，学生可以有机会接触真实的社会。你怎么可能让他们在巴黎见过世面之后还肯待在农村里？"

斯马特的很多控诉暴露了学生在博士生课程中学到的理论，与他们从实地观察到的实践之间存在重大脱节这个问题。理论联系实践并不是简单的把戏，一旦联系起来，便会碰撞出璀璨的思想火花。

在"高校—产业"项目中，像斯马特这样的博士生会在一名公司管理人员及一名导师的指导下深入公司学习。例如，斯马特和其他两名博士生获得了奖学金，对一个最近合并的医疗保健机构进行关于组织整合的研究。在学校上课期间，他们到医疗保健机构参加公司经理、专家的例行会议，进行阶段性的采访、调查，以及实地考察机构成员和单位。

偶尔，他们也会一起去见公司的总经理切尔博士（来自医疗保健机构）和导师霍兰德教授。他们会被提问："你们现在在学什么？你们在研究什么问题？"斯马特回答："他们没有一个简单明确的目标或政策来指导组织变革。"霍兰德教授打断道："不，那是解决方案，问题是什么？你们看到了什么？"

在随后的评审会议上，斯马特汇报道："我们看到了巨大的疲惫、困惑以及管理者、医生与高层管理者之间的众多冲突。高管们努力把药品企业化，以便创造一个标准化的高效医疗保健体系。他们尽可能地收购诊所、合并医院和健康项

---

① 一种感冒药，涂在胸前能够使感冒者呼吸通畅。——译者注

目来提升竞争力和市场份额。临床医生则表示，他们对于医疗实验的自主性及掌控力越来越弱。他们担心医院利益化会导致病人看护质量的下降。一名医生质疑：医疗保健体系是因其本身而存在，是为了对抗市场竞争者，还是为服务患者而存在？"他说："如果想要提高社区的健康水平，那么我们的敌人就是疾病，而不是其他医疗保健服务的提供者。一个完整的体系是一条出路，而不是这个大目标的终结。"

霍兰德教授点评说："你们现在已经在进步了，你们开始描述现实。那么，什么理论或模型能够帮助我们解释这一现实呢？"斯马特回道："这是一个多元化的组织，医生和管理者当下为了获得这个机构的注意并试图控制它而展开竞争，他们源自不同的意识形态、价值观念和模型。对于医疗体系长期的适应性和生存而言，不同的观点好像都具有其合法性和必要性。"

切尔博士评论道："不错，我们继续。如果这些都结束了会怎样呢？"斯马特答道："这与几乎所有的管理原则都相悖，这些原则都依赖于共识。目前不存在这样的统一共识。为了获取稀缺的资源及病患留存率，管理团队和医疗团队是彼此互相依赖的。他们需要相互影响，彼此之间谨慎地相适应来创造协商性秩序。管理团队好像拥有更多权力，如果他们压制了权力稍弱的医生，你就没有医疗保健体系了——或者说最多你就只能有一个通常水平的体系。"

霍兰德教授则评论："很好，你们已经开始面对现实了，这里有一个重要的问题——管理一个多元化的组织。我们该如何设计出这样一个多元化的组织，让彼此竞争的模型相互包容、尊重、协商、之后获得利于全体的建设性结果呢？将你们的研究聚焦于这个问题上，这会是管理学理论和实践一个重大的新进步。"

对于霍兰德教授的评论，切尔博士这样回复："我没有用这种方式想过这个问题。我有点被你的判断吓到了，虽然那可能是对的。如果医生们拒绝了我们的监管，我们该怎么办？ 这是一个需要研究的关键问题。这样的研究会到什么程度，又是如何开展的呢？ 或许我们应该成立一个由医生、管理者及大学师生组成的研究咨询委员会来指导你们的研究。"

9.1.4 小结

现阶段管理学理论和实践之间存在隔阂的问题,或多或少类似于这个医疗体系。我们中的很多人,例如斯马特,努力地去理解从组织中看到的嘈杂喧闹、繁花似锦而令人困惑的世界,以及学术中备受争论的理论。你不觉得如果我们以入世的态度来治学,在实践中去探索研究的问题,让从业者参与到问题提出、理论构建、研究设计和问题解决中来,那么管理学理论会更加丰富、管理专业领域也会受益匪浅吗?

好了,以上就是来自乌比冈湖大学的故事。在那里,所有女人都很健壮,所有男人都很俊朗,而所有小孩都很出众。

9.2 入世治学模型的总结

专业学院学者的核心任务就是做能够推进学科发展、启发专业实践的研究(Simon,1976)。但这种所谓的理论与实践的隔阂表明,这个任务仍处于一种让人无从捉摸的想象状态。正如乌比冈湖大学的故事给我们的启发,理论联系实践并不是简单的把戏,一旦联系起来,便会碰撞出璀璨的思想火花。这就提出了一个重要问题:学者们该如何设计研究来解决世界上的复杂问题? 本书提出了一种入世治学的观点和模型,期望创造有助于理解复杂问题或现象的知识。

入世治学是一种让不同领域的关键利益相关者(研究者、用户、客户、赞助商和从业者)参与复杂问题,从而创造知识的研究方式。通过利用学者和其他利益相关者因各自不同的背景而对某个问题所产生的知识差异,入世治学方式比起学者们或从业者各自研究问题,更能创造透彻深刻、富有洞见的知识。

以往关于协作研究的论点往往是片面的,而且重点关注学术研究与实践的相关性。正如乌比冈湖大学故事所传达的,我在这本书中更关注的问题是:与实践相融合的学术是如何推动基础科学知识发展的? 我们所倡导的并不是为了实践而开展的学术活动。入世治学意味着一个根本的转变就是学者如何定义他们与所在社群的关系,包括大学的其他学科以及相关专业领域的从业者。它强调研究不是一项孤立的工作,而是一个集体成就。入世意味着学者们走出自己熟悉的圈子,去获取并知悉他人对每个研究过程步骤(问题提出、理论构建、研究设计和问题解决）的解读。

正如图9.1的钻石模型所示，我认为学者们通过相关领域的人员参与到以下研究活动中，可以极大地增加这样的可能性——提高对复杂现象的根本认识：

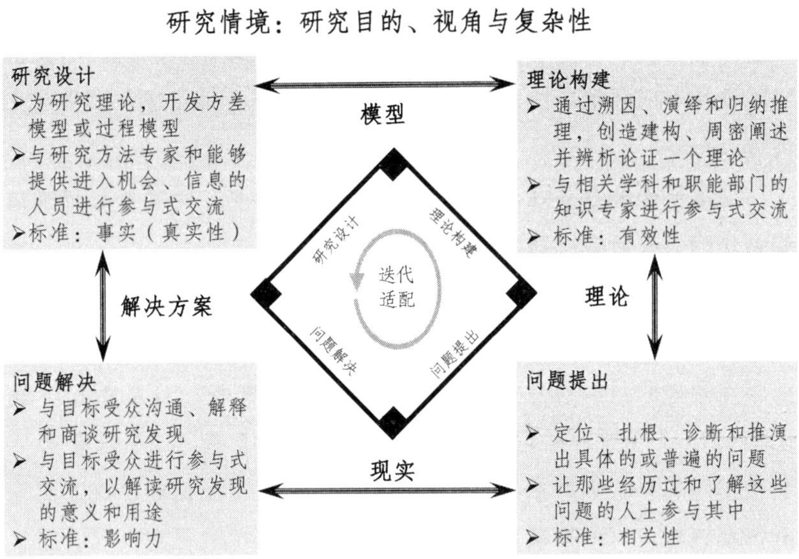

研究情境：研究目的、视角与复杂性

研究设计
- 为研究理论，开发方差模型或过程模型
- 与研究方法专家和能够提供进入机会、信息的人员进行参与式交流
- 标准：事实（真实性）

理论构建
- 通过溯因、演绎和归纳推理，创造建构、周密阐述并辨析论证一个理论
- 与相关学科和职能部门的知识专家进行参与式交流
- 标准：有效性

问题解决
- 与目标受众沟通、解释和商谈研究发现
- 与目标受众进行参与式交流，以解读研究发现的意义和用途
- 标准：影响力

问题提出
- 定位、扎根、诊断和推演出具体的或普遍的问题
- 让那些经历过和了解这些问题的人士参与其中
- 标准：相关性

中心：迭代适配（研究设计、理论构建、问题提出、问题解决）

四角连接：模型、理论、现实、解决方案

图 9.1　践行入世治学

- 问题提出——通过确定问题是什么、在哪里、何时、为什么，以及问题如何存在，来定位、扎根、诊断和推断所研究的问题。如本书第 3 章所述，回答这些新闻记者式的问题不仅需要回顾与该问题相关的文献，还要与对该问题有相关经验和了解的人员进行面谈。
- 理论构建——通过溯因、演绎和归纳推理来创造建构、周密阐述并辨析论证一个理论（见本书第 4 章）。构建这个理论及其合理的替代方案不仅需要对相关文献进行回顾，还要与解决这个问题的相关学科和管理实践的知识专家进行对话。
- 研究设计——开发一个方差模型或过程模型来实证地检验不同的理论。如本书第 6 章和第 7 章所述，这种做法通常需要从研究方法专家和可以提供数据的人士那里获得建议，当然还包括信息的受访者或信息提供者。

- 问题解决——在更好地回答研究问题的不同模型中传播、解释和应用实证结果。本书第8章认为，各种边界之间人们的知识差异性、依赖性和新颖性的增加，需要更复杂的交流形式。从书面报告和演示文稿开始，然后进行对话以解释报告的不同含义，之后是开展实用性和政治性协商以协调可能的兴趣和利益冲突。

这些步骤可以按任何顺序进行。虽然在本书中我按照决策或问题解决惯用的顺序展开讨论，但其实还有许多其他可能的起点和顺序。例如，一些学者可以从理论开始，然后寻找可能适合理论应用和评估的问题场景；其他学者则可能倾向于方法论，他们乐于利用方法工具来发现问题和拓展理论，例如社会网络分析的早期发展。这些不同的初始动机和行动方向在研究过程中迅速融合在一起。因为四项活动之间是高度依存的，很少一次就能够完成，通常整个研究周期需要经过多次迭代和修订。

在执行这些任务时，保持适度平衡很重要。鉴于开展研究的资源有限，我建议学者在问题探索、理论构建、研究设计和实施以及问题解决上尽量分配同等的时间和精力。在一两个研究活动上投入过多时间或精力往往会导致不平衡或偏差：某些环节是"过度完成"，而其他环节则未能完成。

本书提议用同等的投入来开展四项研究活动的建议，有别于社会科学的许多研究方法论所介绍的内容。后者往往倾向于聚焦研究设计，而相对较少地关注问题提出、理论构建和问题解决的过程。此外，虽然这些材料为研究设计提供了良好的技术性处理，但它们在很大程度上忽视了在问题提出、理论构建、研究设计和问题解决的过程中利益相关者的参与（如图9.1所示）。在本书中，我强调四个研究活动环节在研究开展中是同等重要的；并且每项活动都包含一系列多样化的任务，有利益相关者加入一起完成，相比研究人员单独去实施，每项活动中不同任务的完成效果将会更佳。

本书第3—8章讨论了问题提出、理论构建、研究设计和问题解决中的注意事项和任务。图9.1顶部所展示的情境因素——研究目的、视角与复杂性则较少讨论，这一部分奠定了利益相关者参与性质和程度的基础。根据不同的情景和环境，入世治学的理念可以表现为多种形式。乌比冈湖大学故事中所展示的只是其中一种。本章将列举一些入世治学的可选形式及常见情景，我还将讨论在一个特定的研究中，在决定采取什么参与方式时应该注意的一些实用建议。

9.3 入世治学的形式

入世治学根据目的不同可以分为不同的方式。例如，研究者让利益相关者参与研究的原因可能有以下几点：①在进行基础性社会科学研究时获得他们的观点和建议；②开展协作型研究，共同形成彼此关心的问题的知识；③让他们参与设计、评估政策或项目；④干预和实施变革以解决客户的问题。本节将讨论践行这四种学术活动的方法和形式，这些不同形式取决于所开展研究的目的、视角和复杂性。

首先，我将讨论构成上述分类的基础——研究目的和研究视角。研究目的主要聚焦于是否描述、解释、评估或干预正在调查中的某个问题。研究视角指的是研究者在探究问题时在多大程度上将自己视为外部观察者或内部参与者。

入世治学四种践行类型的差异性受到研究复杂性的影响。研究复杂性与研究的规模、范围以及可能受其影响的利益相关者的数量有关。与一两个研究者进行的小型研究相比，可能涉及不同项目、学科和国家的"大科学"研究项目需要更多的参与和协调。接下来我要讨论研究目的、研究视角和复杂性如何影响各种形式的入世治学。

9.3.1 研究目的：问题陈述和研究问题

套用一句粗话来说，这本书的基本主题就是关于研究问题的，这不愚蠢嘛！你对某个问题或议题的了解越少，就越需要让那些能够指导和解决问题的人员参与进来。参与不仅仅是为了提升社会接受度、说服力和趣味性，相反，正是因为认识和理解问题本身需要参与。正是研究议题领域的研究问题推动了入世治学的进展。

研究问题和议题可能来自任何渠道——实际事务、理论性学科或某项追求解放的社会事业。如本书第3章所讨论的，所有研究问题都渗透着一定的理论；而决定研究是被视为问题驱动的还是理论驱动的，则取决于你的观点和开展的研究活动，即问题提出或理论构建。研究问题的具体情景定义了入世治学的边界条件，无论是源于理论、实践还是其他领域。特别需要注意的是，研究过程的每一环节该如何开展、需要哪些人员参与等问题，应该由所研究议题相关的研究问题来决定。

社会科学研究倾向于探讨以下四种研究问题中的一种或多种（Rescher，2000：105）：

- 描述（回答问题领域的特性及它是如何发展的过程）；
- 解释（解决问题性情境的产生机制、原因或后果）；
- 设计或评估（探索问题设计、策略或情境的预期和评估的规范性问题）；
- 干预或控制（探讨为了控制或应对问题性情境而可能采取的干预措施的相关实践性问题）。

这些问题在社会科学研究中都会得到检验，而检验所得的答案都可以为推进科学研究和社会实践做出重要贡献。正如下一节所要讨论的，这些问题意味着不同的研究目标、入世治学形式和评估标准。用于描述或解释问题及现象的研究倾向于反映基本的研究目标，而设计、评估和控制类的问题则倾向于应用而且针对特定情境。

9.3.2 研究视角

某个研究的议题或具体研究问题既可以从内部的视角也可以从外部的视角展开探讨。Evered 和 Louis（1981）将这些探究模式与表 9.1 中列出的多个维度进行了对比。这个关于内部和外部的区别是由 Sayer（1992）进一步开发的，把研究分为"内涵专注"（Intension）和"外延拓展"（Extension）两类。Chandler 和 Torbert（2003）认为，研究者是以第一、第二或第三人称的角度表达和开展研究的。从外部或外延拓展的视角所进行的研究，其研究者是作为独立、公正的旁观者，基于先验的理论类别和测量工具收集不同情境下的许多数据单元，以便开发或检验某个普遍性理论。相反，从内部或内涵专注的视角所进行的研究，其研究者是作为参与者沉浸在研究系统内的行动和经历中。通过反思研究案例中其他参与者的经验和互动，内部研究者开发基于特定情境的知识，用于指导即时情境的行动，并为研究假设提供素材，以指导进一步的探究。

表 9.1　内部探究和外部探究的区别

差异维度	研究模式	
	从外部	从内部
研究者与场景的关系	独立性、中立性 ←→	"设身处地"、沉浸式
有效性基础	测量和逻辑 ←→	实验
研究者角色	旁观者 ←→	行动者
类别的来源	推论 ←→	实验
探究目的	广泛性和普遍性 ←→	情境相关性
所需知识的类型	普遍的、法则性的 ←→	特定的、意识形态的
数据和含义的性质	真实的、无语境的 ←→	解读的、语境嵌入式

资料来源：Evered, R. and Louis, M. R. (1981). "Alternative Perspectives in the Organization Sciences: 'Inquiry from the Inside' and 'Inquiry from the Outside'," *Academy of Management Review*, 6(3): 389.

正如这个总结所表明的，这两种模式的探究产生了不同类型的知识。外部视角的研究试图创造那些通常被称为外延的科学知识的知识，而内部视角的研究则产生内涵的实践知识（Sayer，1992）。Evered 和 Louis（1981）讨论了从内部和外部获得知识的互补性。例如，在本书第 3 章讨论的问题提出方面，内部研究提供了在某个特定情境下所研究问题或议题的真实性基础，而外部研究则提供了问题普遍性及边界条件的实证证据。这两种知识都需要建立在这样的研究问题基础之上，既从近距离又从远距离的研究视角来审视。

许多学者指出，理论联系实践的关键，是将内部研究和外部研究所产生的不同知识联系起来（例如 Lawler et al. ,1985；Ragin，1987、2000；Louis and Bartunek，1992；Sayer，1992；Adler et al. , 2004）。他们还讨论了研究目的和问题如何影响研究过程。图 9.2 试图通过提出四种形式的入世治学来综合这些文献。正如刚刚讨论的，这些形式在研究问题和研究视角方面存在很大的不同。表 9.2 概括了四种入世治学形式的特征。接下来将详细讨论这些不同形式的入世治学实践，然后讨论影响不同形式入世治学的研究者及利益相关者之间关系的因素。

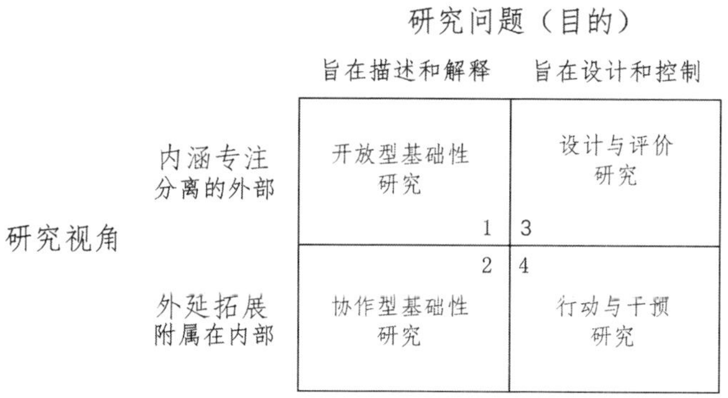

```
                      研究问题（目的）
                  旨在描述和解释   旨在设计和控制
                 ┌──────────────┬──────────────┐
         内涵专注 │  开放型基础性 │   设计与评价  │
         分离的外部│     研究     │     研究     │
                 │              │              │
                 │      1       │      3       │
研究视角          ├──────────────┼──────────────┤
                 │      2       │      4       │
                 │  协作型基础性 │   行动与干预  │
         外延拓展 │     研究     │     研究     │
         附属在内部│              │              │
                 └──────────────┴──────────────┘
```

图 9.2 入世治学的不同形式

表 9.2 入世治学形式的比较

	开放型基础性研究	协作型基础性研究	设计与评价研究	行动与干预研究
概述	研究者在利益相关者的建议下开展、控制研究	由内部和外部人员组成研究团队，共同开展研究活动，创造知识	研究者为专业客户制定并评估政策、设计或规划	研究者干预和实施变革来解决客户的问题
研究问题	为了描述或解释	为了描述或解释	为了设计或评估	为了现状诊断和治疗
与利益相关者的关系	咨询式 和（with）	合作式 和（with）	交换式 为（for）	交换式 为（for）
控制流程和成果的人	研究者	内部或外部合作伙伴	评估研究者	研究顾问
研究视角	独立、外部	附属、内部	独立的评估人	嵌入式变革代理人
例子	由利益相关者提供信息的传统基础性科学	高校产业合作 内部—外部研究团队	政策、设计科学 循证实践 评估研究	行动研究、临床研究
主要参考文献	本书	Louis & Bartunek (1992)；Mohrman et al. (2001)；Pettigrew (2003)	Weiss(1998)； Romme(2003)； van Aken(2005)	Argyris et al. (1985)； Lawler et al. (1985)； Adler et al. (2004)

9.3.3 开放型基础性研究

开放型基础性研究是一种类似于传统社会科学的形式，学术研究者对被考察的社会系统采取独立的外部观点，但向关键利益相关者和内部信息提供者就图9.1所列示的每项研究活动征求建议和反馈。这种参与形式的层级可能各不相同，可能是简单的非正式谈话，或者是与利益相关者进行更正式的评审会议。无论研究实践的层级如何，信息提供者和利益相关者的角色都仅仅是咨询性质的，研究者指导和控制所有研究活动，包括编写最终报告。

乌比冈湖大学的故事是基于一个真正的"大学—产业"博士生培训项目，这个项目是我与正在经历变革的医疗保健体系的高管共同协调成立的。它为像斯马特这样的博士生提供了访问企业员工（组织参与者）和观察组织活动的机会，学习如何进行实地调查研究那些与组织变革相关的话题。在这个项目中，博士生没有义务向主办组织交付研究成果，但是他们可以在组织中进行基础性研究并且得到相关建议。研究者保持对自己研究的权威和控制，但接受组织赞助者和大学导师的反馈和建议。当然，有一个默契或非正式的认识是，研究者将与组织赞助者分享他们的研究成果。

你可能会发问，为什么组织专业人员和高管想参加学问型基础研究呢？由于我对这个问题的研究还不够深入，我只能凭借个人经验试着回答。根据我多次邀请组织管理人员和专业人士参与研究被拒的经验，我想说的是，大多数人没有时间或兴趣参与开放型基础性研究。然而，几乎所有自愿参加我研究的"反思性"从业者都说他们喜欢这项研究，参与的收益超过了成本。一旦建立了关系，从业者倾向于将我和同事视为友好的外部人，我们有助于推动他们对自己的境况形成明辨性的理解。反思性的从业者想让他们的经历变得有意义并且能从中学习（Schon，1987）。他们寻求学习成长的机会，与值得信任的外部研究者讨论、反思他们的个人经历，他们把这些研究者视为可靠、公正的聆听者和意见参谋人。这为他们提供了一个解答维克式问题的思路："我如何才能知道我想表达的，直到我听到我所说的？"此外，与研究者讨论基础性科学问题和议题为从业者提供了一种保持在专业领域的活力以及提升吸收能力的方式（Cohen and Levinthal，1990）。从业者倾向于欣赏学术研究者能将相关理论和案例的想法带到正在研究的环境中，从外部探析和反思这些想法并反馈给组织参与者，从而为明辨性分析和讨论创造机会。例如，在我们对医疗保健体系变革的纵向研究中，一个组织的总裁告诉我们，她期待我们的定期访谈，"以得到因组织收缩而需要的心理治疗"。

在本书第3—8章，我提到了这种开放型入世治学，因为从不同角度研究问题的首要任务是获得各利益相关方的建议。此外，本书主要面向准备开始研究生涯的博士生和年轻教师。由于各种现实因素的影响，人们通常更希望他们开展基础性、描述性和解释性问题研究来推动科学的发展，而并非某个实践领域的问题。随着一个崭露头角的学者的职业生涯逐渐走向成熟，他（她）就会准备开展更多形式的入世治学，正如接下来我们所要讨论的。许多社会科学家采用这种开放型基础性研究作为开展研究的正常过程。对他们而言，这种开放型基础性研究可能不是什么新鲜事。但是正如本书第1章所指出的，这种参与式研究往往没有反映在顶级学术期刊上发表的研究论文中。这些分离脱节或"出世式"的研究，通常表现出以下特征：①提出了研究议题或研究问题，但没有提供证据表明问题的性质和普遍性，问题的边界条件，以及为什么值得调查；②提出了某个单一的理论模型，但没有考虑到合理的替代模型或处理研究问题的方法；③研究设计依赖于统计分析问卷或二手数据（例如个人信息管理、专利数据或人口普查文件），而研究者并不与本领域的任何知情者或受访者交流；④虽然研究结果展示了统计显著性检验，但是很少或不涉及实践的意义和影响。

我鼓励期刊编辑和审稿人修订或拒绝具有这些特征的研究论文，因为它们与实践相脱节。由于这些论文既非扎根于"现实"的基础，也非由关键的利益相关者提供信息，它们常常导致甚微的科学进步，甚至拉大理论与实践之间的距离。Anderson et al.（2001）描述这种非入世（或"出世"）的学术为"薄利多销科学"（Puerile Science），它们的相关性和严谨性常常都很低。学者们只要简单地走出自己的书斋，与一些知识渊博的人讨论研究问题提出、理论构建、研究设计和问题解决，就可以在很大程度上减少这些理论脱离实践的问题。通过走出自我，研究者可以获得一个更完整、更知情的视角来开展研究。

9.3.4 协作型基础性研究

比起开放型基础性研究，协作型基础性研究需要研究者和利益相关者之间共享更多的权力和活动。合作研究团队通常由内部人员和外部人员共同组成，他们一起开展如图9.1所列的各项活动，以共同提出、描述或解释复杂问题或正在探究问题的基本知识（Louis and Bartunek，1992）。他们之间的分工通常是经过协商决定的，以利用研究团队成员间不同的技能进行互补。权力或责任的平衡可能在合作者之间来回转换，因为开展这类研究活动需要各种不同的观点视角和接触联系。这种合作形式的研究往往侧重于那些与合作伙伴之间形成长期利益相关的基本问题，所以相比于设计（评估）或干预形式的入世治学活动，它的应用性要弱一些。各方参与协作型研究的动机也可能不同。但是，在大学、企业和研究机构开展的基础性研究和开发项目中通常发现，合作者之间往往存在强烈的共同好奇心，并且都有创新和适应的切身需要（Adler et al.，2004）。

例如，在启动明尼苏达创新研究项目（参见Van de Ven et al.，2000）时，我们首先成立了一个成员来自大学不同院系的跨学科学术研究小组，他们都对研究创新感兴趣。经过几次会议，从自然的现实背景中培育出共同兴趣，以探析从想法到实施这个创新过程，学术研究者请求管理合作伙伴开展协作型研究。协作型研究是通过与各种组织的管理者进行一系列群体会议实施的，而这些组织通常正在推动创新或者属于新创企业。

他们采取"滚雪球"的抽样方法来邀请管理者和创业者参加会议。一开始，项目组通过研究者（特别是资深教师）①邀请那些在过去研究项目、高管教育项目、咨询实践和讨论组中所熟悉的从业者。这些管理者进一步提名而且常常亲自邀请他们的同伴，鼓励他们参加随后的会议以探索参与研究项目的兴趣。

在与创新管理者和创业者的碰面会议上，我们探索了协作型研究的兴趣，探讨"创新是如何以及为何随着时间的推移从想法到实施的"。创新管理者分享了他们对研究问题的意见，讨论了研究项目对他们的重要性以及研究可能开展的方

---

① 研究团队的年轻成员当然不得不依赖资深研究者的关系网络，因为他们不光没有经验，也缺乏与管理实践界从业者的结构性关系。从这个事例中我们能够学到的是，年轻学者不应该试图单独去完成某项研究，而应该利用好资深研究者的关系网络，去联系和接触从业者和其他利益相关者。

式。这样的讨论清楚地表明,对于研究项目而言,研究问题是有趣而且重要的,它虽然不能为从业者或学者带来立竿见影的成效,但学者和管理者在研究问题时可以各自提出有用的想法。这些会议产生了许多有用的想法,对后续开展的纵向研究起到了指导作用。参加会议的很大一部分创新管理者也对以下事项表示出兴趣:以合作者的身份通过不同方式参与这个研究,提供他们在自己公司开展研究的机会。

我从这些会议中认识到,在设计一个协作型研究项目时,正在解决的研究问题是最为重要的,对研究问题的前瞻性解决方案只是次要的。评判一个重大问题的良好指标在于其激发学者和从业者注意力和热情的不证自明的能力。事实上,正如 Caswill 和 Shove(2000b: 221)所述,"吸引从业者的往往是新的想法和概念,而不是实证材料"。

管理文献提供了丰富的协作型研究实例和处理方式(Lawler et al., 1985; Bartunek and Louis, 1996; Rynes et al., 1999; Amabile et al., 2001; Anderson et al., 2001; Mohrman et al., 2001; Adler et al., 2004)。如果研究团队中有一个或多个成员是内部人员,其他成员是外部人员,那么这种团队具有独特的优势,可以整合关于调查问题或现象的不同研究视角(Van de Ven and Ferry, 1980; Evered and Louis, 1981; Louis and Bartunek, 1992)。虽然协作型研究团队的组成可能随研究项目和问题的不同而变化,但它们通常由来自不同学科和管理实践的合作研究者所组成,他们不断会面交流以设计和开展研究、解释其研究结果,以促进对研究项目或问题的深入认识(Bartunek and Louis, 1996)。

这项活动的核心是合作伙伴之间的集体学习经验。通过在某个较长时间段内举行多次会议,团队成员对共同关心的问题和主题分享不同但互补的观点,进而相互认识和尊重彼此。此外,他们可以互相促进和鼓舞,以更丰富和更具洞察力的方式来认识和理解问题。①

这种研究形式的基础是,协作型研究有助于学习,并提升了克服研究质量和研究相关性这双重障碍的可能性,这恰恰是学者和从业者所希望的

---

① 研究者可以从研究过程中收集的数据中学到很多,他们也可以从研究团队的不同成员所掌握的知识中学到很多。我们将在本章后面进一步讨论从不同的视角学习而实现"知识套利"的这个想法。

(Hatchuel，2001；Pettigrew，2001）。Anderson et al.（2001）和 Hodgkinson et al.（2001）认为通过纳入多个利益相关者的多样性观点，可以提高研究的公正性。纳入这种多样性的研究合作通过接触各种假定、目标和观察现象的方式（Rynes et al.，1999），以及通过处理现实世界问题的动机效应（Lawler et al.，1985）来刺激新颖性和创造性。

合作可以有不同的形式，如建立研究团队、研究评审小组和专家咨询委员会。这是美国国家科学基金会和国家卫生研究院所做的"大学和行业研究倡议"的一项既定政策，也是英国两个主要社会研究委员会（ESRC／EPSRC）资助的英国高级管理研究所倡议的。例如，我参与了一个"大学—产业"研究联盟，其中研究申请提案的选择标准规定，每个项目团队的成员应至少由两个或更多的大学以及至少一个赞助公司所组成。受资助的项目团队同意每年报告其资助项目的进展情况，并根据评审小组的反馈调整其工作。每个项目的评审小组由项目领域的顶级学者和公司的从业者组成。

年度评审包括由评审小组进行为期一天的实地访问。通常，每个项目团队在早上对包括评审小组的成员以及来自公司和大学社区的其他感兴趣的成员之内的人士进行单独展示。下午，项目团队会与评审小组会面，讨论其反馈和建议。在这次会议之后，评审小组向项目的专家咨询委员会（由大学团队和公司高管组成）提交一份书面报告。资助项目是否继续，取决于评审小组的反馈和咨询委员会对进展的总体评价。该项目引发了一些政府资助的后续项目以及由个别公司资助的几个项目。参与此项目的研究者反映，这是他们职业生涯中最有成效的学习经历之一。

关于在研究合作中现实问题的研究，存在一些担忧，包括如何符合内部效度和外部效度这样的常规科学的要求（Cook and Campbell，1979；Sackett and Mullen，1993）。从业者的参与可能会使得学术研究者在独立性和客观性方面做出妥协（Beyer and Trice，1982；Hackman，1985；Grey，2001）。参与的组织可能将研究成果看作其专有的，不能在公共领域传播（Lawler et al.，1985）。这样的担忧以及其他担忧，反映了任何协作型研究事业所固有的风险（Rynes et al.，1999）。 其中一些风险来源于项目在一开始时的设计和协商方式。目标不明确或协作型研究经验不足的研究者可能会不知不觉地陷入困境，因为他们没有与所有参与者仔细商谈研究项目的初步条款和认识理解。Hatchuel（2001）强调，研究合作需要明确的目标，并且对于参与者的身份和作用、参与和不参与的规则以及研究结果的传播和使用都要进行仔细讨论。协作型研究项目就如一个合资企业，许多协商和管理战略联盟以及组织间关系的原则都对其适用（Galaskiewicz，1985；Ring and Van de Ven，1994；McEvily et al.，2003）。

Amabile et al.（2001）指出，研究项目往往是个人或团队之间的合作，他们并不是来自同一个组织，而是来自不同行业、学科和业务职能。他们开展了一项研究，探讨这种"跨职业"合作的成功是否以及如何受到协作团队、环境和过程特性的影响。基于四年团队事件和动机（Team Events and Motivation）的案例研究，他们发现，创建一个成功的合作型研究团队是困难的。他们为设计一个学术研究团队提出了五条建议：①仔细选择学者和从业者，以获得多样化、互补的技能和背景，考虑问题的内在动机以及与具有不同认知风格和不同专业文化的人员共事的意愿；②在开始时阐明承诺、角色、责任和期望，并在其发展时不断更新；③建立定期、便利的沟通，特别是当团队成员不在同一地点时；④鉴于可能存在的文化差异，学者和从业者们采取各种手段和方法，让彼此认识并建立信任；⑤偶尔留出时间让团队反思自身并公开地讨论任务、过程和人际冲突。这些建议似乎适用于任何由不同类型人员所组成的工作组（Hackman，1991）。

Mohrman et al.（2001）应用实证方法研究了当研究者不扮演行动导向的干预者的角色时，从业者对研究有用性的感知。正如本书第8章讨论中所预期的那样，他们的研究发现，来自10家正在进行变革的公司的从业者在与研究者共同解释研究结果时，当从业者有机会根据研究结果自我设计行动时，他们往往认为研究结果是有用的。Mohrman et al.（2001）的结论是，"有用性感知远非简单地在相关领域进行研究就能获得的"（p.369）。此外，"为了更好地认识和理解研究成果，研究者看起来必须做的不仅仅是与组织成员之间的合作。如果希望这些组织成员推动研究的有用性，也许他们必须成为自我设计活动的一部分"（p.370）。

9.3.5 设计与评价研究

第三种形式的入世治学旨在研究一些规范性问题，如针对政策、项目或模型的设计与评估，以解决有关专业的实际问题。这种研究形式被称为"设计或政策科学"或"评估研究"，它不仅描述或解释一个社会问题（如前两种形式的入世治学中所讨论的），还寻求基于证据获得的关于应用问题的可选解决方案的效力或相对成功的知识。

在《人工智能科学》(The Sciences of the Artificial) 中，Simon（1996）讨论了"解释性科学"研究（即本章前面内容所讨论的试图描述、解释、预测社会系统的研究）和"设计科学"研究（创造用于解决医学或工程实践的实际问题的人工产品、政策或程序的人工知识）之间的根本区别。设计科学"关注事情应该是什么，通过设计结构来实现目标"（Simon，1996：133）。设计科学的基本思想包括开发和评估解决社会问题的政策、程序或人工产品，例如医疗程序（Glasgow et al.，2003）、组织设计（Dunbar and Starbuck，2006）或管理实践（Romme and Endenburg，2006）。这种设计研究主要集中于实用的研究问题，例如"它会有效吗？""它比现有解决方案更好还是更差？" Romme（2003）和 van Aken（2005）指出，设计科学的核心使命是创造可以由专业人员使用的知识以解决他们的实地问题。"了解问题的性质和原因可以极大地帮助设计解决方案。然而，设计科学并不局限于理解，还可开发关于替代解决方案优缺点的知识"（van Aken，2005：22）。

评估研究方法通常用来评估某个政策的实证有用性或评估某个项目的影响（Weiss，1998）。评估研究的先驱之一 Suchman（1967）将其定义为"确定政策或计划在实现预定目标方面的成功价值或数量的过程"（p.28）。就入世治学模型而言，评估研究通常包括制定政策或项目目标（问题提出），确定衡量成功的价值和标准（研究设计），确定和解释成功程度的步骤（理论构建），并为进一步的项目活动（问题解决）提出建议。爱德华·萨奇曼（Edward Suchman）强调评估研究者使用的方法，应该尽可能地接近公认的科学方法。这些研究方法通常包括数学模拟建模、案例研究、控制实验和自然实验。

但是 Suchman（1967：20）补充道："之前用来发现知识的相同程序，正在被用以评估人们应用这种知识的能力。"他指出，评估研究和基础研究是出于不同目的而进行的。基础研究的主要目的是利用传统的科学方法来发现知识，以开发和检验假设，通常不会设想也不需要管理行为。评估研究增加了额外的挑战，即在现实政治和管理的制约情况下，探讨针对某个项目或政策相关研究发现的潜在效用，以改进正在评估的计划或政策。"评估研究者很少能够在'手术成功了，但病人还是去世了'这一事实中感到安慰"（Suchman，1967：21）。

近年来，有一种趋势是鼓励专业人士开发和实施"循证"（即遵循证据）模式，广泛分布在医学、心理健康、社会工作、教育、警务、管理和其他许多领域（Denis and Langley，2002；Small and Uttal，2005；Rousseau，2006）。循证实践是在严格的研究设计、多个研究和多种环境中证明有效的设计或干预。最早使遵循证据的专业实践制度化的领域之一，是采用随机临床试验（RCT）的医学（Dopson et al.，2002）。为了确定几种药物、装置或治疗中的哪一种是安全和有效的，决策者使用RCT来证明某项实践的合理性，以获得从患者护理机构到医疗提供组织直至政府政策的认可（例如，国家老年人医疗保险制度）。

诸如RCT的大多数评估型研究，并没有回答如何治疗具有特定问题的个体病例的问题（例如，如何治疗个体患者）。即使在理论与实践之间的中间层，实现普遍性也需要放弃为特定情境和应用实例开发知识的能力（Guyatt et al.，1986；Marvel and Amodei，1992）。后一种知识来自解决手头特定问题的临床经验，就如接下来将要讨论的另一种入世治学形式。

构成设计科学和评估研究的基础模型或政策，通常涉及问题或原型的类型比从业者在现场所面临的特定问题更具普遍性；与科学家经常探讨的问题领域相比，设计科学和评估研究所涉及问题或原型的类型则缺乏集成性或具有较小的普遍性（Johnson，1993；Dunn，1994；Hammond，1999）。例如，从业者只是专注于糖尿病的特定医学治疗，或土木工程的桥梁建设模型，或用于设计社会项目或组织结构的替代方案。

在进行这些评估研究时，研究者通常对被评估的设计和政策采取保持距离和外部的视角。外部的调查是必要的，因为基于证据的评价需要分析比较多种情况，并且因为评价结果被认为是公正和合法的，这就需要与任何一个具体的个案保持一定的距离。然而，利益相关方参与正在评估的方案具有重要的作用。原则上讲，他们专注于为利益相关者提供参与机会，因为所评估研究的相关决策可能会影响他们。就入世治学而言，这些决策包括评估研究的目的（问题提出），用于评估相关项目的标准和模型（研究设计），以及如何分析、解释和使用研究结果（问题解决）。

在20世纪70年代设计和进行组织评估研究时，我直接参与了这些挑战（Van de Ven and Ferry,1980）。当时，研究方法论的教科书通常将评估研究者视为外部专家，他们以客观和公正的方式设计和开展评估。但在实践中，我们了解到，在做出三个关键决策时，需要考虑许多利益相关者的利益和价值判断：①谁决定采纳什么标准用于评估组织或项目？②应使用谁的概念框架来指导评估？③应如何开展研究，从而促进被评估组织内的从业者学习并应用评估研究的结果？

如本书第8章所指出的，我认为，如果评估研究者没有让那些受决策影响的相关人员知情，那么他们没有单方面的权利去强迫相关人员接受这些问题的答案。任何一个模型或理论包含了多重含义和多种利益，其中一些还可能与用户或被研究对象发生冲突。因此，任何理论或模型的使用都需要协商并获得同意。过去的一些研究项目开展了多次讨论，涉及被评估组织的管理者和员工代表。这样做不仅使我获得了同意和认可，还提升了评估设计，并且使我们得以在整个组织展示并解释研究发现（Van de Ven and Ferry,1980）。

9.3.6 行动与干预研究

第四种形式的入世治学，通常被称为行动研究，主要采取临床干预方法诊断和处理特定客户的某个问题。所研究问题可能是患者的医疗状况、组织的绩效下降或者执行者的战略变革方案。正如这些例子所表明的，两个特征将行动研究与之前讨论的其他形式的入世治学区分开来：①研究的是个体客户经历的应用临床和应用性议题或问题；②通过参与和干预客户的环境来解决问题。

行动研究的先驱库尔特·勒温（Kurt Lewin）（1945）提出了一种学习策略：既入世参与，也干预客户的社会环境。这个学习过程的基础是客户参与解决问题，使用系统的数据收集、反馈、反思和行动的方法（Passmore，2001）。自从勒温时代以来，行动研究已经在许多专业领域发展成为多样化的研究策略，例如商业、教育、人类服务和各种社会事业。

例如，Small 和 Uttal（2005）指出，女性主义行动研究学者在社会学、心理学和家庭研究中使用了一系列行动研究方法来整合知识和行动，以提高妇女的政治、社会和经济地位。一些社会解放和赋权议程通常使用行动研究方法来增强意识，为个人和社区团体提供知识，帮助他们掌握自己的事务并促进社会变革。在企业研究中心，一种用于知识生产的"模式 2"形式的行动研究已经成为大学研究的"模式 1"形式的替代品（Gibbons et al., 1994）。这些不同形式的行动研究所拥有的共同点是有研究者和客户的共同参与，而目的在于学习如何解决某个问题或议题，同时创造科学知识（Lawler et al., 1985；Shani et al., 2004）。

行动研究项目倾向于通过诊断个体客户的特定问题或需求来开展研究。研究者尽可能地利用从基础性科学或设计科学、基于证据的实践或临床质量指南获取的各种知识来理解客户的问题。然而，这种知识可能不适用，或者可能需要很大的调整才能适配客户的问题，因为这类问题通常具有结构不良或依赖特定情境的属性。此外，行动研究项目通常包括单病例随机对照（N-of-1）①的探讨，其中系统的对比证据只能通过使用一段时间的试错法获得。在这种情况下，行动研究者认为理解某个社会系统的唯一方法，是通过深思熟虑的干预以及对干预反应的诊断来改变它（例如，Argyris et al., 1985；Schein, 1987；Argyris and Schon, 1996；Beer, 2001）。这种干预方法通常需要研究者在客户的环境中与他人进行密集的交流互动、训练和咨询活动。

行动研究者还认为，知识必须是可操作的以产生实用效果。Argyris（2000）指出，要使知识成为可行的，命题应该明确：

- 预期后果；
- 产生后果的行为或行动顺序；

---

① 单病例随机对照实验通过随机方法安排治疗期和对照期顺序，进行三轮或三轮以上的治疗周期，应用于单个病例的自身对照双盲治疗研究。每两轮治疗之间有一段时间的空白期，也称"洗脱期"，以消除前一次干预措施残余的影响。使患者和实施治疗的医生对治疗顺序处于未知状态的双盲法是实验必不可少的重要条件。——译者注

- 行动与后果之间的因果关系；
- 行动设计的相关支配性价值观念（Argyris，2000：425）。

当然，这些有用的、可操作的知识的标准，也适用于解决和控制临床问题。为了干预并控制某个客户的特定问题，行动研究者需要借助因果条件命题形式——如果存在 E 条件，则 X 可实现 Y，但要注意 Z 的副作用。为了实现这样的命题，行动研究者必须经常扮演变革者的角色，高瞻远瞩并积极主动地帮助客户解决问题。

9.4 讨论

以上讨论的四种入世治学形式代表了开展社会科学研究的不同方法。每种形式旨在解决不同类型的研究问题（描述、解释、设计或控制某个存在问题的情景）。有时候，某种特殊形式研究的倡导者会贬低其他形式的研究，而后者是为了探讨不同的研究问题而开展的。这是非常不幸的。以我之见，入世治学的四种形式都是合法且必要的。至于哪一种最合适，这取决于研究问题和检验问题的视角。实际上，研究问题的方法和答案的相关性，应该根据它们解决问题的好坏程度来判断（Dewey，1938）。

不同形式的入世治学所探讨的基础性和应用性问题是相互依存的。对某个社会系统所存在问题的描述和解释，通常需要在自然条件下仔细和独立地观察其行为。然而，设计、评估和干预的问题通常需要对被调查的系统进行更多内部的和直接的干预。此外，项目设计和干预的应用性问题，通常依赖于那些用于描述和解释基础性问题的已知答案，因此重要的是，需要理解关于这些研究问题的知识发展在时间上的相互依存性。一般来说，这些问题之间存在循环关系。项目设计和干预是基于对被调查系统的过程和因果关系的正确描述和解释。当干预或预测不能按照计划进行时，就需要对其进行更加仔细的描述和解释。

在实践中，上面讨论的四种入世治学形式存在许多变化和重叠情况。这里的内容太多，我们不在此展开讨论。Bartunek 和 Louis（1996）讨论了各种内部团队和外部团队研究设计，其中包含了协作和行动研究模型的要素。Bevan et al.（2006）一直使用设计科学方法（包括行动研究方法），在英国国家卫生服务

（British National Health Service）中进行大规模有计划的变革干预。同样，Trullen 和 Bartunek（2006）在研究组织发展干预策略时，讨论了设计科学方法与行动研究的内容重叠情况。他们指出，Romme（2003）的设计科学方法结合了由 Argyris（2000）提出为开发可行性知识的行动研究方法。最后，一种形式的入世治学可以在随后的研究项目中过渡到另一种形式。例如，Tushman et al.（2006）讨论了他们在 IBM 的例子，一开始他们开展的是开放型基础性科学研究项目，而在几年后转变为一个合作型研究项目。在这个项目中，研究者和从业者彼此认识，分享共同的研究问题和兴趣，并联合在一起共同创造知识，推动了有计划的组织变革。

入世是所有上述各种研究形式的共同标准。同时，它也提出了一些挑战，这在传统的社会科学研究方法中往往并不突出。这些挑战包括：①协调在入世和三角验证过程中产生的不同观点和视角；②建立和加强与利益相关者的关系，以协商研究关系；③反思研究者在某个具体研究中的作用与角色；④在实地研究现场投入更多的时间。我们接下来讨论这些挑战。我将从学术研究者的角度来展开讨论，这或许对那些在大学里面工作的学者们有益，因为他们需要吸纳利益相关者来参与研究。

9.4.1 入世治学和三角验证法的挑战

入世治学的一个基本前提是，研究者可以通过获取所涉及利益相关者的观点，包括问题提出、理论构建、研究设计和问题解决等方面，而不是单独执行研究活动，从而推进科学研究和社会实践有更具穿透力和富有洞见的进步。问题越模糊和复杂，越需要吸引其他人参与进来，他们可以提供不同的观点来揭示问题领域的性质、情境和启示。入世提供了一种对研究问题进行三角验证的方法。

三角验证是在研究中使用多种方法和信息来源。三角验证的概念由 Campbell 和 Fiske（1959）引入社会科学研究，它是通过应用多相多重矩阵以建立测量的收敛效度和区分效度的过程。Webb et al.（1966）认为命题的有效性可以通过使用各种方法，包括非反应性测量（Nonreactive Measures）来增强。Denzin（1978）通过使用多个数据源、调查者、理论模型和调查社会现象的方法，将概念扩展到包括四种类型的三角验证。虽然使用多种方法和数据源是三角验证中最常见的类型，但是本书所倡导的入世治学强调研究者的三角验证，即从事研究的学者通过获得研究过程中其他研究者和利益相关者的观点来开展研究。这些类型的三角验证是互补的。例如，来自其他研究者和利益相关者的观点通常包括，在给定研究中哪些替代模型、方法和数据源是最合适和可行的建议。

然而，有必要澄清一点，入世治学的三角验证是基于不同的假定和三角验证的使用，而不是通常讨论的那样。Mathison（1988）指出，三角验证的论据通常基于这样的假定：当与其他来源结合使用时，任何特定调查者、数据、模型或方法来源的固有偏差将被抵消，剩下的则是相关研究可靠一致的事实。

然而在实践中，从三角验证获得的信息可能并不趋于一致；甚至相反，可能是相互矛盾的。当不同的信息提供者、方法和数据源产生的一系列观点或数据，没有聚合在关于所研究的问题的单个命题上时，就会出现信息不一致的情况。或者相反，证据可能会支持替代命题，即包含了对正在研究的社会现象的不同甚至相反的观点。

鉴于这些不同的结果，S. 马西森（S. Mathison）提出了一个问题，即三角验证的论据是否混淆了信度与效度。由于数据源（信度）的偏差，不同来源和方法产生的证据可能不同，或者可能是不同的来源和方法挖掘了所研究现象的认知（效度）的不同维度或领域。如果我们将自己局限于三角验证的可靠性视角，那么我们只会报告所有数据源和方法都一致的研究发现。"这样做，在对社会现象做出有效的声明时，必然会有不当的限制"（Mathison，1988：16）。Buchanan（2003：18）指出了一个更为重要的批判性后现代立场——"没有揭露变革过程中冲突观点的那种单一、连贯的解释，将会深受怀疑"。

通过三角验证策略，一个几何学比喻可能有助于区分关于某个现象的有效表示和可靠表示。在几何学中，为了表示更复杂系统（或绘制所有点）所需的维度也随之增加。例如，一条线上的所有点可以在一个维度上完全表示，正方形上所有点（或者沿着两条轴线）的表示需要两个维度，立方体或方格上所有点的表示则需要三个维度，等等。问题是，需要多少个维度来表示（或绘制）被调查问题的关键特征呢？为了保证有效性，研究者所使用方法的维度应该与观察的现象相匹配。当使用单维方法来研究多维现象时，结果显然是对该现象的局限描述，只有此现象的一部分得到有效的表述。相反，使用多维方法来检查单维现象将以可靠的方式收敛所观察的现象的维数。有效的测量首先需要确定被调查现象的维度或复杂性，然后检查各种不同方法在表述该复杂程度时的信度（或收敛度）。

某个问题的维度或复杂性，并不是像上述几何比喻所示的那样，"就在那里"客观存在着。相反，如本书第3章所讨论的，所有被研究的问题都渗透着理论，并且反映了观察者的社会建构。维度是用于表示问题而不是问题本身的模型或理论的属性。相比于多个观察者通过不同视角来表述问题，单个观察者（具有给定的心态）倾向于以较少的维度来描述问题。如果是这种情况，把各个利益相关者的观点结合并用三角验证法处理将增加挖掘问题领域更多维度的可能性。三角验证增加了问题表述的丰富性（和复杂性），同时也减少了浅薄表述的可能性；其他利益相关者可能认为这种浅薄的表述是对"现实世界"情况的偏见和误解。当不同的利益相关者在问题的相同维度上趋于一致时，这种信度提供了对问题有效表述的信心。但是当不同利益相关者的观点不一致时，这表明问题领域的维度尚未以有效和可靠的方式体现出来。所有人都可以得出这样的结论："这个问题的领域比我预想的更大。"这种认识会促使研究者更深入和更广泛地探索问题领域，然后提出解决问题的理论或模型。因此请注意，研究问题表述的丰富性或质量，依赖于入世治学和三角验证法的应用，以结合不同利益相关者的观点。

Mathison（1988）提出了一个与入世治学概念相一致的三角验证观点。她说，"三角验证的价值不是数据收集和问题分析的技术解决方案，它作为一种技术，提供了更多、更好的证据，研究者可以从中建构关于社会世界的有意义的命题。三角验证的价值在于提供证据，使得研究者能够对他们所描述的社会现象做出解释"（Mathison，1988：15）。

使用不同信息提供者、来源和方法来研究问题的学者，不应该期望采用上述这些不同方法产生的研究发现能够自动聚合在一起，从而产生统一的答案。Patton（1980：331）提出的三角验证观点是"研究和理解什么时候以及为什么存在差异"。通过不同利益相关者参与的三角验证，为理解问题提供了不同的图像，从而增加了研究解释的"效力"或效度（Mathison，1988：13）。

因此，考虑到三角验证的不同结果，研究者如何理解从不同来源和方法中得出的收敛、不一致和对立的证据？

在证据趋于一致的情况下，通常更容易建构有意义的解释。例如，Azevedo（1997）倡导使用多个模型来反映正在调查的问题，并认为可靠的知识在多个模型间是不变的（或收敛的）。收敛的解释依赖于解释调查中的问题或议题的相似性、共识和中心趋势。收敛的解释倾向于将差异及不一致性视为偏差、误差、异常值或杂乱信息。

当不同的数据源产生不一致或对立的信息时，就会出现复杂难懂的解释，但往往也带来更富有洞见的解释。在这种情况下一个有效的策略是，参与者通过相互借鉴、相互学习而获利，他们需要从基于同一现象的不同陈述中开发出整体的、综合的解释。Friedman（2000：24）指出，在学术界和其他领域，"在高度细分、狭隘的专业领域中存在一种根深蒂固的思考倾向，即忽视了现实世界并没有分割成这样规整的狭小专业领域"。他认为认识、理解和解释世界上复杂问题的方法是，通过套利的方式将分散的点、小块和信息片段系统地连接起来。套利是指"针对处于不同情景、不同时间的不同视角给定不同的权重；但是在这个过程中需要始终认识到的是，正是这些不同视角的相互作用，才能真正定义所研究（系统）的特征……从而把杂乱无章变得条理有序"（Friedman，2000：23-24）。在Wilson（1999）看来，套利是一个调和（Concilience）的过程，即将那些有助于解决问题的零散观点和知识点整合到一个更大的格式塔理解中。套利是一种解释分歧的策略，需要观察问题的不同维度、边界和情境之间的相互依存性以及所嵌套的网络。

最后，不同来源的对立信息可能代表着多元利益相关者对所调查问题或议题的价值观念和现实利益。对同一个问题领域的不同解释，必定会在观察时明显地反映出来。本书的第8章总结了通过悖论进行推理的四种一般性方法，即平衡对立、调整分析层次、随着时间的推移而改变视角，以及引入新的概念来消除悖论（Poole and Van de Ven，1989）。而且，正如本书第3章所讨论的，不一致和对立性的发现通常被视为异常现象，进而推动溯因推理的应用而构建理论。

简言之，三角验证法要求入世治学的研究者尽可能清楚地了解从不同利益相关者、模型、方法和数据源中获得的信息。研究者不仅要报告三角验证的过程，还要报告有关研究问题的解释所依据的收敛、不一致和对立的信息。这样的解释应该依赖于现有的数据。它还依赖于全面性地理解问题本身及其历史，行动者的意图以及他们在不断变化的情境中不断演进的关系，这需要通过吸纳多个利益相关者的参与而获得。马西森总结道：

> 必须运用上述方法所有层次的信息，才能为应用三角验证策略所收集的数据提供良好的解释……通过详细分析这三个层次的信息，解释的逻辑性和合理性是公开的而且可以开放讨论——这是社会科学研究的最低标准。如果不披露这些信息，人们当然会对以下内容保留疑问：数据的质量、合理性、一致性和那些反事实证据的调和性。（Mathison,1988:16-17）

9.4.2 协商研究关系

在开展任何形式的研究时，与从业者和其他利益相关者协商关系，并获取数据源的访问权是一项艰巨的挑战。大多数研究问题都代表着新颖并且模棱两可的想法，这些想法往往很难理解，并且会引起多重解释并且涉及许多利益。在本书第8章中讨论的卡莱尔的管理跨界知识框架，同样也适用于研究者和从业者之间进行的关于研究问题和研究目的的沟通。卡莱尔模型的一个关键含义是，它需要反复讨论以传达（传递）研究信息，解读（转化）其可能的多重含义，并通过协商以使得利益与兴趣转化为双方认为可以接受的实际用途。一次会面（特别是那种"陌生推销电话"方式）不大可能在各方之间达成足够的共同理解和兴趣，多次会面才可能激发他们对研究项目的承诺。但是，如果是发生在过去一起工作的朋友或熟人之间的交流，这种沟通就会顺畅很多。这意味着，研究领域的新手或年轻学者不应该试图去单独开展研究。正如前面所讨论过的，他们应该寻求并依靠前辈同事的社交网络来引荐、代理和协商，从而与潜在的从业者和利益相关者建立合作关系。

在开展这样的协商时应该认识到，不是所有的研究关系都是类同的。用入世治学的四种形式来分析，研究问题可以与从业者及其他利益相关者一起开展，也可以为他们开展。虽然这种区分很少发生，但它对研究关系和参与形式具有重要的影响。为其他人进行的研究（如在设计/评估以及行动研究中）通常意味着交换关系，在这种关系中，研究是用来解决客户或用户的问题。在交换关系中，入世治学研究的目的是确保客户的利益和价值观反映在研究中。相比之下，与他人进行的研究意味着合作关系，如学问型和合作型研究形式。在合作关系中，入世治学的目的是获得合作者对于所研究问题领域的不同而互补的观点。

很显然，清晰地界定研究者和利益相关者之间关系的性质，对于澄清研究项目各方的期望和角色显得非常重要。然而，有时候研究者糊里糊涂地和其他利益相关者的开展协商，并没有认识到该研究可能产生混杂而无意识的后果。

研究者和消费者（或客户）的利益诉求往往是不同的，难以达成一致。在交换关系中，客户或消费者通常将研究者视为可以帮助他们解决特定问题的咨询顾问。有时，研究者对客户的特定问题不太感兴趣，而对特定问题所属的普遍性现象更感兴趣。这些情况下，研究者可能愿意担任客户的研究顾问，以获得他（她）自己的研究计划所需的资源和数据。我知道的另一个案例是，一个研究者通过给公司提供管理培训来借机进入公司，从而落实他的研究计划。在这些情况下，相比于那些权力较少、依赖性更强的"客户、患者、用户或主体"，研究者更具有专业能力，然而前者的意见、机会和资源对于开展社会科学研究是弥足珍贵的。

有鉴于此，我们提供一个有着混合动机、针锋相对的博弈情景，这种情景可能导致研究者或客户面临或赢输、或双输的局面，除非他们谨慎地、公开地协商交换关系。 在这样的交流关系中，入世是产生重要作用的手段，能增加研究项目成功的可能性，以至最终解决客户的问题、议题和利益冲突。由于利益分歧，研究者担心客户参与设计研究并不奇怪，因为他可能"误导"或"绑架"研究者所追求的目标。例如，Brief 和 Dukerich（1991）、Grey（2001）以及 Kilduff 和 Kelemen（2001）认为，从业者参与制定研究问题可能会将研究引向狭隘、短期或特定的结果。这种批评的前提是，研究者与研究项目中的利益相关者之间是交换关系，而不是合作关系。目标不同、利益冲突和权力不对称，往往会在研究者和客户之间引发功利性和算计的后果。充满讽刺意味的是，这种作为 Argyris et al.（1985）行动科学模型基础的交换关系，可能在不知不觉中促成了其模型 1 的防御行为，以及他所憎恶的问题，即行动研究者及其客户之间由此而难以开展讨论。

与从业者一起开展的研究意味着平等的合作关系，他们之间的差异在达成某个目标方面其实是互补的。研究项目的目标是认识所研究的问题，这对于任何一方独自开展研究而言都太过复杂。意识到这种个体的局限性，将会推动一些（当然不是所有）研究者和从业者开展相互合作和学习。为了做到这一点，各方必须彼此认识并协商他们的咨询或合作关系——包括他们如何适应、调整和整合他们对于某个复杂问题或议题的不同观点。这种协作关系的前提是，他们拥有学习和理解复杂问题的共同意愿，这种意愿进而驱动共同研究。在不确定的环境中认识问题或现象的本质，往往一开始就会导致错误并且最后陷入死胡同。学习过程中难免产生浪费，而我们往往忘记了在学习如何写作的过程中丢弃了多少纸张。在研究项目中适当地整合研究导师和合作者的多样化观点，是一个重大挑战。如果处理得当，不同观点的碰撞和聚合与单个利益相关者的意义建构相比，会产生一个对研究问题更加丰富的格式塔（Morgan, 1983; Weick, 1995）。

在研究中引入指导顾问和合作者，并不一定意味着研究者会失去对他（她）的研究项目的控制，但必定意味着需要对参与研究的利益相关者承担更多的责任。入世治学常常会产生一些错误的期望，即在这个过程中所表达的建议和关注将会得到处理。如前所述，入世治学不需要利益相关者之间达成共识；更多时候是，利益相关者之间的差异需要通过协商来处理，进而达到相互学习的效果。由于利益不同甚至有时互相冲突而进行协商，意味着入世治学者有必要掌握富有创造性的冲突管理技能。没有这些技能，入世治学可能就像古老的通天塔，建立通往天堂的高塔之愿将因人们各说各话、语言不通而破灭。

9.4.3 研究者视角的反思

党派、政治、价值观和伦理的纠葛在任何形式的入世治学中都是不可避免的。在这种情况下，我认为学者应该通过反思阐明某项研究服务于哪方面的观点和利益。Adler 和 Jermier（2005）指出，反思在许多社会科学家中仍然是一个不受欢迎的想法。他们指出：

许多人仍然认为应该从科学研究和理论开发中清除一切形式的党派之争。他们主张政治不应该介入知识创造的过程,而且许多人认为学者积极参与知识的应用是不合适的。他们认为价值中立是真正的科学工作的标志,而过多地主张和辩护将会削弱客观性。(Adler and Jermier,2005:942)

就如本书第 2 章中许多当代哲学家所讨论的一样,Adler 和 Jermier (2005)挑战了价值中立的可能性,因为价值中立需要科学家"像上帝一样公正"或采取"本然的观点"(见 Harding,2004)。

也就是说,价值中立需要学者在没有偏见的情况下做出权威性的发言,并且没有站在任何特定的个人或社会立场上。在哲学上讲,立论理论家认为这是不可能的。他们认为,如果我们认识到并且表明我们的认识论和政治行为,而不是否认我们所持有的各种立场(参见 Kinchloe & McLaren,1994),就会更好地体现客观性和理解力。这是因为不存在没有理论含义的事实,并且由于所有的理论都是基于政治因素考虑而形成的立场(至少部分是),学者应该反思他们潜在的认识论假定,并提高他们对所持立场的意识。也就是说,我们应该有意识地选择我们的立场,并且承担我们的学术对世界产生影响(或缺乏影响)的责任。(Adler and Jermier,2005:942)

反思性研究有两个维度:审慎阐释和反思。阐释意味着实证数据具有多重含义。正如本书第 2 章所讨论的,大多数哲学家都拒绝套用这样的比喻,即用一面简单的镜子来捕捉"实证事实"和研究结果(文本材料)之间的关系。第二个维度——反思,强调研究者的个性、相关的研究社群文化,以及特定研究情境中的语言和叙事本身存在的问题属性(Alvesson and Skoldberg,2000:5-6)。

在后现代主义和后结构主义的某些版本中,对一种特定类型的自我反思过于严格,以至于只剩下很少的能量用于其他活动,例如实证研究。这种情况下往往只是修辞或沟通的方面能吸引注意,而把其他一切都排除了。不仅仅是批评家,甚至许多作者都担心因自我反思而产生的孤立主义、自我专注和无力的文字所带来的风险。(Alvesson and Skoldberg,2000:246)

反思强调需要增强研究者的敏锐性,包括对他人的视角与观点以及对特定研究所涉及的利益。作为一名研究者，你需要聚焦于某个内部重点以处理和反思。但是如果做过头了，它可能导致自我专注式"纸上谈兵"的向内收缩的狭隘性。入世治学强调需要对这种内部反思进行外部的"现实检查"。它认为，除非让他人参与，否则你就不会认识到你自己的假定和观点。此外，外部导向的互动参与也是反思所必需的。

让利益相关者参与研究也有助于开展道德规范性研究。道德规范性研究包括一套众所周知的一般性原理和道德准则，例如由许多大学机构评审委员会批准关于人类被试的指导意见——提供知情同意、保护个人隐私、避免利益冲突和依赖关系中的滥用职权、反对剽窃等。道德规范性研究还需要针对所研究系统特定情境的感性知识，以便对相关情景中的人类价值观范畴保持敏感，并且对受到影响的利益相关者的价值观有所察觉（Dunham et al., 2006）。入世治学不能保证研究者行为的道德性。然而，入世通常是一个必要的先决条件，以确认受所研究问题的影响并与之相关的不同利益相关者的利益和价值。

Alvesson 和 Skoldberg（2000: 287）得出结论，我们不应该被反思性研究的复杂性搞得不知所措。"重要的是，反思行为应该适配于自己的个人能力，考虑到所研究问题的情境以及那些直接受研究项目影响的利益相关者的观点。"

9.4.4 在研究现场投入时间

时间对于在研究者和从业者之间建立信任、坦诚和学习的关系而言至关重要（Mintzberg, 1979; Pettigrew, 2001）。许多学者强调了在研究现场投入更多时间的重要性，研究者应该与组织的参与者建立直接的和个人的关系。这种投入不仅能促进研究成果的实施落地（Mintzberg, 1979; Lawler et al., 1985），而且能增加学科产生重大发展的可能性（Daft, 1984; Lawrence, 1992; Weick, 2001）。

Rynes et al.（1999）为上述主张提供了实证证据，他们查阅了从1993年至1995年在四个顶级管理期刊上发表的163篇文章，并对它们的作者进行了问卷调查。他们发现，研究者在组织现场所投入的研究时间与实施研究成果有很大关系。他们对这一发现的解释是，增加"面谈时间"增强了组织成员对研究者的情感信任（例如，Osborn and Hagedoorn, 1997; Saxton, 1997），并保持了项目在他们心目中的突出地位。此外，在现场投入的时间可能使研究者更接近他（她）正在探讨的现象，而且研究者更加认识到组织成员是如何理解和构建研究主题或问题的（Beyer，1997）。这两种类型的考察方式都可能增加研究成果最终由从业者实施落实的机会（Rynes et al.，1999：873）。

此外，Rynes et al.（1999）建立了研究时间和学术贡献之间一个有意义的实证关系。与研究所产生影响最相关的因素（通过论文引用率来衡量）是研究者在研究现场投入的时间。一个解释是，只有投入大量直接的和个人的调查研究，研究者才能熟悉所研究现象的维度和情境。例如，Simon（1991）认为，需要十年的努力和关注才能在一个领域达到世界级的能力。虽然我们可能会争取达到这种能力所需的时间，但要点是，一次性横断面的组织研究只提供了一个被调查问题的单一简况。横断面研究很少为研究者提供足够的时间和试验，以便深入了解他们的研究主题①。

纵向研究促进更深入的学习，因为它提供了接近和理解研究问题或主题的重复试验。成为"世界级"是一个路径依赖的过程，需要长时间从项目到项目地探索研究问题的一致性主题。

大多数学术研究通常会忽视的一个基本事实是，研究者仅接触研究现场中那些人们愿意分享的信息。在横断面研究或纵向研究中，在研究现场的初步访谈往往是正式和浅显的。坦诚相对和深刻的访谈很少发生，除非交流充分足以使参与者彼此相识和信任。也许"一分钟经理"是一分钟研究者的一个不幸的社会建构。

评判研究者和从业者相处的舒适度指标，就是看从业者如何对待你。例如，在参加组织变革的纵向实地研究期间，当同一位经理开展第四次年度面试时，看看他是怎么接待我的。当我走进他的办公室，他说："通常接待来访人员时，我是穿正装打领带的，今天早上我知道是你要来，我就不这么正式了。"

坦诚交流的信息不仅伴随着熟悉感和信任感，而且有更多对于研究问题的深入解答。现场研究者常见的自我评估是"如果我只知道研究结果是如何发现

---

① 我还认为,太多的学者在他们的职业生涯中进行了一系列折中和不相关的系列横断面研究,从而削弱了他们的能力。

的,那么我会问更多探询性的问题。"与纵向研究中的从业者进行重复访谈和会议,提供了更深入研究主题的重要机会。

纵向现场工作已经成为我日常工作的常规部分。除了教学、写作、服务和行政工作,一个正常的工作周中我大约有一天用于现场工作,包括进行现场访问、访谈、观察会议和活动,以及与正在进行组织变革的相关人员谈话。由于最初接受的是传统方差理论研究方法的训练,正如拉里·莫尔(Larry Mohr)(1982)所说的,我倾向于用一个特定的研究问题和一些从文献中得到的一般性概念和命题启动我的实地研究。但是当实地观察开始时,我发现在每种情况下都需要改变一些初始概念,以便更好地适用于所观察到的动态过程。虽然有时令人沮丧,但我的一些最有成就的见解来自实地研究,并且这引起了越来越多人对组织变革动态过程的理解。

例如,在1972—1980年对得克萨斯州托儿机构的产生进行纵向研究时,我对组织的死亡有了新的认识。组织死亡通常被定义为一个组织的法人组织章程在政府部门的终止。我研究的一个托儿机构是位于得克萨斯州纳科多奇斯市的"鹅妈妈学习中心"。该中心经历了财政困难,并由当地"社区行动计划"的学龄前教育项目接管。在中心被接管后不久,我有次重新访问中心,与之前在该中心的同一个工作人员交谈,身边围着之前就在中心注册的孩子们。当我和中心的主任谈话时,她强调:"'鹅妈妈'已经倒闭了!我们现在是学龄前教育项目中心。"

我研究的另一个新的日托中心位于里奥格兰德谷,由一个名叫帕科的人负责。他是一个企业家,致力于帮扶这个地区的低收入人士。他获得了几个联邦拨款,为该地区的低收入人群建造住房、儿童保健中心和医疗保健诊所。他不是一个非常好的会计,从各种联邦拨款中汇集资金以支持他开创的各种社会服务项目。联邦政府指控帕科混同使用联邦拨款。1977年他逃离小镇。当我在1979年访问达拉斯时,很幸运地在一家酒吧找到了他。他告诉我他在沃思堡经营一个老年病学项目。在几瓶好酒下肚之后,我问他:"你的生意被联邦政府关闭了是什么感觉?"我永远不会忘记他的答案。他说,"你看,这和那些从东北部搬到西南阳光带的公司相比,并没有什么不同。我只是改变了它的产品线。"

这两个经历让我相信,组织的产生和死亡不是由政府记录来体现的;相反，它是通过社会建构来充分展现的。有了这样的经历，我认为秉持入世治学理念的研究者往往有一个很重要的特性，就是学会放弃初始概念，并保持对实地观察的新想法和探索方向的开放性。我倡导开展纵向实地研究，因为它为个人学习和发展提供了丰富的实验情景。

9.5 结论

入世治学研究可以通过许多不同的形式来开展，以解决各种基础性和应用性研究问题。本章介绍了四种常见的形式。开放型基础性研究和协作型基础性研究根据研究者的控制程度而有所差异，它们用以描述、解释或预测某个现象的基础性问题。设计和评价研究通常用于专业领域中涉及设计、政策和实践的开发和评估的应用性问题。行动研究代表一系列用于诊断和干预特定客户问题的方法。这四种形式的入世治学有很多变化形态。研究者应酌情选择具体形式和参与程度，以适配于特定的研究项目。

本章讨论了在做出这个选择时需要考虑的一些因素，具体如下：

（1）研究问题和议题。关于问题领域的具体研究问题推动了入世治学的进程。你对相关问题的了解越少，就越需要吸收那些能够指导和解决问题的人员参与研究。

（2）研究模式。不同的研究模式产生不同类型的知识：从外部视角开展的研究，创造的是那些所谓的一般性科学知识；从内部开展的研究则创造的是那些符合特定情境的实践知识。通过吸收参与进来的研究团队成员和信息提供者关于研究问题的内部和外部观点，这些不同类型的知识得以融合。

（3）三角验证策略。针对某个特定的研究替代模型、方法和数据源，不同研究者和利益相关者的参与通常会产生适当且可行的建议。使用多个调查者、模型、方法和数据源，通常会产生关于所研究问题的收敛、不一致和对立的信息。传统的三角验证侧重于收敛于中心趋势，而本文指出这些不同的结果扩展了这个传统的解释，包括通过套利解释不一致的研究发现，以及通过悖论探究的推理方法解释对立的研究发现。

（4）研究者—利益相关者关系。无论是与利益相关者一起开展研究，还是为利益相关者进行研究,都会相应地影响研究者是否与利益相关者建立合作或交换关系。这两种关系在本质上是不同的,并且引起入世治学的独特挑战。为了避免混合动机和利益冲突的负面后果,研究者必须审慎、公开地与利益相关方协商他们的关系。

(5)研究者的反思视角。任何形式的入世治学都不可避免地与党派、政治、价值观和道德发生纠葛。我认为学者在研究中应该明确自己的观点。研究者可以采取参与式治学来替代自我吸收和自我反思,以提升理解力和敏感度。

(6)研究的持续时间。是开展横断面研究,还是开展纵向研究? 这取决于研究议题和问题,也取决于研究者和利益相关者之前所建立起来的信任关系和相互学习的水平。由于关系的熟悉度、信任感和坦诚度的路径依赖性,在实地研究现场投入的时间越多,就越有可能为科学和实践做出更高质量的知识贡献。

(7)入世治学的制约。入世并不一定意味着研究者会失去对其研究的控制,但必定意味着需要对参与研究的利益相关者承担更多的责任。入世治学型研究往往会使研究者产生错误的预期,以为其所关注的问题将得到圆满解决。入世治学型研究不需要利益相关者之间达成共识;更多时候是,利益相关者基于已有的差异通过"套利"来更多地相互学习。由于利益不同甚至有时互相冲突而开展协商,意味着富有创造性的冲突管理技能对于学者来说是至关重要的。没有这些技能,入世治学可能就像古老的通天塔,建立通往天堂的高塔之愿将因人们各说各话、语言不通而破灭。

(8)研究规模和范围。不言而喻,那些涉及不同项目和国家而且有许多研究者参与的"大型科学"研究项目,比一两个研究者开展的小型研究需要更高的参与度和更多的协调努力。这类项目也倾向于暴露出更多的政治敏感性,反映在可能被研究影响的利益相关者的数量和范围,以及利益分歧可能引发的冲突等方面。研究的规模和范围越大,入世治学的协调成本就越高。这些成本可能会快速超过开展入世治学研究所获得的收益。Pettigrew(2003)提供了对这些问题的有益讨论。 让利益相关者(其他研究者、用户和从业者)参与问题提出、理论构建、研究设计和问题解决,是比研究者单独采用传统方法进行社会科学研究更具挑战性的方法,但其收益远远超过成本。与传统的独立分离式研究相比,通过让利益相关者参与研究过程的关键步骤，这种入世治学模式能使研究者对所研究的问题有更深刻的理解。

最后，理论还需通过实践来检验。如果我的论点是正确的，那么，比起采用传统的独立分离式研究方法，采用入世治学模式让利益相关者参与问题提出、理论构建、研究设计和问题解决，这样能使研究者创造推动科学和实践取得更显著进步的研究成果。因此，相比于没有入世或超然出世的研究，基于入世治学的研究报告会在以下项目中胜出，包括研究基金项目、期刊出版物、专业会议上的专题介绍以及专业培训和开发项目。相比于那些独立分离地开展研究的学者，入世治学者会累积其研究成果，他们获得职业发展和晋升的概率也会高得多。时间会证明这一切。

入世治学模式是否代表了进行社会科学研究的"最好的方式"？我不认为寻找"圣杯"（Holy Grail）是可行或可取的；我只是寻找一种比现状更好的方式，服务于社会科学和实践的知识创造。正如本书开头所讨论的，人们普遍认为我们目前的研究方法对于理解复杂的社会现象是不够的。研究知识通常不被科学家或从业者使用或采纳。有很多证据表明人们对此不满，比如一些批评针对发表在许多期刊特刊上的低水平学术研究，还有一些批评针对现有研究很少为随后的社会科学提供有价值的参考，有些论文甚至在发表五年后都很少被引用。我认为，入世治学理念和模式代表了一个更好地开展社会科学研究的方式，而不是固守学者们独立分离式行动的现状。考虑到社会世界的复杂性和我们个人能力的有限性，独自行动的研究者无法完成这项任务。相反，我们需要将入世治学视为一个集体成就。只有通过与他人互动、开发和对比合理的替代模型来了解世界上的问题，而不是仅靠一家之见或一己之力开展研究，我们才可能获得关于现实更深刻且多方位的认识。

科学哲学术语汇编(第 2 章)

- 溯因推理,逆向推理,回溯性推理(Abduction/Retroduction/Retroductive Reasoning):一种用于最佳解释的推论方法。它从一系列事实出发,推断出最有可能解释这一现象的假设。
- 反本质主义(Anti-essentialism)、反本质主义者(Anti-essentialist):否认物体具有本质或实质的形而上学学说,而本质或实质是永恒不变的一组特征。
- 反基础主义(Anti-foundationalism)、反基础主义者(Anti-foundationalist):前者指认识论的学说,否认自我辩护或不证自明的首要原则的存在,否认这些原则可以指导或提供科学探究的基础。
- 启蒙运动时期(Age of Enlightenment)、启蒙运动(Enlightenment):欧洲历史上 17—18 世纪的一个时期,其特征是摆脱了以神为中心的世界观,代之以以人类为中心的世界观,强调人类理性是理解世界的唯一源泉。
- 分析性、综合性陈述(Analytic/Synthetic Statement):如果一个陈述的组成词的意义是正确的,那么它就是分析性的。如果一个陈述既不具有分析性,也不具有否定性,那么它就是综合性的(Boyd, 1991: 4)。
- 公理原则(Axiomatic Principles):优先于推论或感觉经验的原始定义或命题,其真理是可知的。
- 笛卡尔的二元论(Cartesian Dualism):笛卡尔认为世界是由外在的现实和人类的思想构成的。现实与思想都被视为彼此独立的,因而也就有了主客体的区别或二元论。

- 演绎（Deduction）：从被认为是正确的一组有限公理或前提出发，进而推理得出某个结论。演绎推理是一个系统相关的概念，它只有针对一组特定公理或演绎推理规则的相对意义。
- 演绎规则（Deductive Rules）：见演绎。
- 经验主义或实证主义（Empiricism）、经验主义者或实证主义者（Empiricist）：前者指一种认识论，它把经验作为人类知识的来源放在首位。
- 认识论（Epistemology）：对知识的性质和范围的研究或关于知识的理论。
- 证伪（Falsification）：推翻一个假设或理论的行为。由卡尔·波普尔提出。
- 理想主义（Idealism）、理想主义者（Idealist）（又可以翻译为唯心主义、唯心主义者）：前者指现实依赖于精神或只有精神实体才是真实的哲学学说。
- 不可通约性（Incommensurability）：它指由于标准、方法、术语和世界观的不同，无法比较新的或其他科学范式。因此主张观察的理论依赖性，否认任何类型的客观或理性进展的科学知识。
- 归纳推理（Induction）：从实例中得出一般性的推论。结论中的主张超出了前提或实例中列举或陈述的主张。
- 工具主义（Instrumentalism）、工具主义者（Instrumentalist）：前者指将概念和理论视为用于解释或预测现象的有用工具的哲学学说。
- 本体论（Ontology）：关于现实的起源、本质和构成的研究。
- 归纳法问题（Problem of Induction）：根据 Reichenbach（1948），归纳法的问题是不可能从其观察实例的枚举中得出一个概括性结论。
- 理性主义（Rationalism）、理性主义者（Rationalist）：前者指一种哲学学说，认为理性是获取知识的源泉。
- 参考价值（Referential Value）：指物理世界中不可观察到的实体的存在，这些实体用科学中的理论术语来表示。
- 理论的语义观（Semantic View of Theory）：理论由数学结构或模型组成，这些结构或模型是用与其主题相关的数学语言定义的。
- 理论的句法观点（Syntactical View of Theory）：理论包括理论术语之间的公理化的一阶逻辑关系，以及根据观察结果赋予理论术语意义的对应规则。
- 先验综合判断（Synthetic A Priori）：在经验之前获得的关于现实的陈述。

- 先验唯心主义（Transcendental Idealism）、先验唯心主义者（Transcendental Idealist）：前者指一种哲学学说，认为我们的心智决定了我们对事物的体验，因此我们不能知道事物的真实情况。
- 世界观/范式（Weltanschauung/Paradigm）：一套科学和形而上学的原则，规定了发展、确认、修正和反驳理论的方法和标准。

中英文名词与术语

Abduction/Retroduction/Retroductive

Across Boundaries 跨界

Action/Intervention research 行动（干预）研究

Agency Theory 代理理论

Age of Enlightenment 启蒙时期

Alternative Philosophies of Sciencess 另类科学哲学

Analytical Properties 分析属性

Analytic Knowledge 分析知识

Analytic Statements 分析命题

ANOVA 方差分析

Anti-essentialism 反本质主义

Anti-essentialist 反本质主义者

Anti-foundationalism 反基础主义

Anti-foundationalist 反基础主义者

Anti-realism 反现实主义

Auxiliary Hypothesis 辅助假说

Axiomatic Principles 公理性原则

Cartesian Dualism 笛卡尔的二元论

Categorical Variable 类别变量

Causation 因果关系

Coarse-grained Events 粗粒度事件

Cognitive Functioning 认知功能

Collaborative Research 协作型研究

Complexity Theories 复杂性理论

Consequentialist 后果论者

Constructive Mode of Change 建设性变化模式

Constructivists 构成论者

Contingency Theory 权变理论

Continuous variable 连续变量

Data Analysis 数据分析

Deduction 演绎

Deep Explanation 深层解读

Defined Concepts 定义性概念

Dependent Variables 因变量

Design/Policy Evaluation Research 设计/政策评估研究

Deterministic Causation 确定的因果关系

Deterministic Model 确定性模型
Developmental Process Models 发展性过程模型
Dialectical Model 辩证模型
Efficient 动力因
Empirical Concepts 经验概念
Empirical Research 实证研究
Empiricism 经验主义/实证主义
Empiricists 经验主义/实证主义者
Engaged Scholarship 入世治学
Enlightenment Period 启蒙时期
Entrepreneurial Orientation 创业导向
Epistemological Assumptions 认识论假设
Epistemology 认识论
Ethos 喻德
Event-driven 事件驱动
Evolutionary Model 演化模型
Experimental Designs 实验设计
Explanatory Theory 解释性理论
Factored, regressed and fit 分解、回归和拟合
Falsification 证伪
Final 目的因
Fine-grained events 细粒度事件
Formal 形式因
Frame of Reference 参照体系
Garbage Can Model 垃圾桶模型
General Linear Model 一般线性模型
God's eye Point of View 上帝的视角
Granularity 精细度

Hermeneutics 诠释学
Idealist 唯心主义者
Immediate Causation 直接因果关系
Incommensurability 不可通约性
Independent Variables 自变量
Individualistic 个人主义的
Induction 归纳法
Inductive Reasoning in Science 科学中的归纳推理
Input Factor 投入要素
Input-process-output Analysis 输入—处理—输出分析
Institutional Theory 制度理论
Instrumental Assumptions 工具性假设
Instrumentalism 工具主义
Knowledge Production Problem 知识生产问题
Knowledge Transfer 知识转移
Knowledge Transformation 知识转型
Knowledge Translation 知识转化
Law of the Hammer 锤子定律
Life Cycle Model 生命周期模型
Logical Incremental Model 逻辑增量模型
Logical Positivism 逻辑确实主义
Logos 喻理
Longitudinal Fieldwork 纵向实地调查
Longitudinal Observations 纵向观察
Managing Knowledge Boundaries 管理知识边界
Markov analysis 马尔可夫分析法

Material 质料因
Mediators 介质
Mininarratives 微叙述
Multiple Time Series Methods 多重时间序列分析
Network Theory 网络理论
Nominal Group Technique 名义小组法
Non-experimental Design 非实验设计
Novelty 新颖性
OD（Organizational Development）组织发展
Ontology 存在论/本体论
Operating Principles 运行原则
Operational Research Model 操作性研究模型
Optimal Matching 最优匹配
Organizational Change 组织变革
Organizational Contingency Theory 组织权变理论
Organizational Ecology Theory 组织生态理论
Outcome Criteria 结果准则
Outcome-driven 结果导驱动
Paradigmatic Thinking 范式思维
Pathos 喻情
Perspectivalist 视角论者
PERT Charts 计划评审技术图
Philosophy of Science 科学哲学
PIMs 个人信息管理
Positivism 确实主义

Positivist 确实主义者
Power Distance 权力距离
Primitive Concepts 原始概念
Problem Formulation 问题提出
Problem Solving 问题解决
Process Model 过程模型
Process Theory 过程理论
Pull-type Causality 拉动式因果关系
Quantitative Method 定量法
Quasi-experimental Survey Design 准实验设计
Randomized Experiments Design 随机实验设计
Rationalism 理性主义者
Rationalists 理性主义
Realism 现实主义
Real-time Observations 实时观察
Real-time 实时
Reasoning 溯因推理
Referential Value 参考值
Relativism 相对主义
Relativism 相对主义
Relevance 相关性
Renewal Theory 更新理论
Resource-based Theory 资源基础理论
Resource Dependence Theory 资源依赖理论
Retrospective Studies 回溯性研究
Scientific Realism 科学现实主义
Semantic View of Theory 语义理论观

Sequence Analysis 序列分析
Spurious Association 虚假关联
Stochastic Model 随机模型
Strategic Planning Models 策略规划模型
Survival Analysis 生存分析
Syntactical View of Theory 综合理论观
Synthetic A Priori 先验综合判断
Synthetic Knowledge 综合性知识
Teleological Model 目的论模型
Teleological Model 目的模型
Template Matching 模板匹配
Temporal Bracketing 时序归类
Temporal Duration 持续区间
Temporal Order 时间顺序
Theory Building 理论构建
The Sciences of the Artificial 人工科学
Time Ordering 时间序列

Tower of Babel 通天塔
Transactions Costs Theory 交易成本理论
Transcendental Idealism 超验唯心主义
Transcendental Realism 超验现实主义
Trend Analysis 趋势分析
Triangular Reasoning 三角推理
Triangulation 三角验证
Typology 类型学
Variance Modeling 方差建模
Variance Model 方差模型
Verifiability Theory of Meaning 意义验证理论
Verificationism 证实主义
Visual Mapping 可视化映射
Well-formedness 合式性
Weltanschauung 世界观

参考文献

Abbott, A. (1984). "Event Sequence and Event Duration: Colligation and Measurement," *Historical Methods*, 17: 192–204.
——(1988). "Transcending General Linear Reality," *Sociological Theory*, 6: 169–86.
——(1990). "A Primer on Sequence Methods," *Organization Science*, 1(4): 375–92.
——(1990). "Conceptions of Time and Events in Social Science Methods: Causal and Narrative Approaches," *Historical Methods*, 23: 140–50.
——(1992). "The Order of Professionalization," *Work and Occupations*, 18: 355–84.
——(2001). *Time Matters: On Theory and Method*. Chicago: University of Chicago Press.
——(2004). *Methods of Discovery: Heuristics for the Social Sciences*. New York: W. W. Norton.
Abell, P. (1987). *The Syntax of Social Life: The Theory and Method of Comparative Narratives*. Oxford: Clarendon Press.
Abrahmson, E. and Rosenkopf, L. (1993). "Institutional and Competitive Bandwagons: Using Mathematical Modeling as a Tool to Explore Innovation Diffusion," *Academy of Management Review*, 18(3): 487–517.
Adler, P. and Jermier, J. (2005). "Developing a Field with More Soul: Standpoint Theory and Public Policy Research for Management Scholars," *Academy of Management Journal*, 48(6): 941–4.
——and Kwon, S. W. (2005). *The "Six West" Problem: Professionals and the Intraorganizational Diffusion of Innovations, with Particular Reference to Healthcare Organizations*. Working paper, University of Southern California, Los Angeles.

Adler, N., Shani, A. B., and Styhre, A. (eds.) (2004). *Collaborative Research in Organizations: Foundations for Learning, Change, and Theoretical Development*. Thousand Oaks, CA: Sage.

Agar, M. H. (1986). *Speaking of Ethnography. Qualitative Research Methods Series*, Vol. 2. Beverly Hills, CA: Sage.

Aldrich, H. E. (2001). "Who Wants to be an Evolutionary Theorist: Remarks on the Occasion of the Year 2000 OMT Distinguished Scholarly Career Award Presentation," *Journal of Management Inquiry*, 10(2): 115–27.

Allison, G. T. (1971). *Essence of Decision: Explaining the Cuban Missile Crisis*. Boston: Little, Brown, and Company.

Alvesson, M. (2003). "Beyond Neo-Positivisms, Romanticists and Localists: A Reflective Approach to Research Interviews," *Academy of Management Review*, 28(1): 13–33.

——(2004). *Leveraging Mysteries and Breakdowns: Empirical Material as a Critical Dialogue Partner in Theory Development*. Working paper, Lund University, Sweden.

——and Deetz, S. (1996). "Critical Theory and Postmodernism Approaches to Organizational Studies," in S. Clegg, C. Hardy, and W. Nord (eds.), *Handbook of Organizational Studies*. Thousand Oaks, CA: Sage, pp. 191–217.

——and Skoldberg, K. (2000). *Reflexive Methodology: New Vistas for Qualitative Research*. London: Sage.

——and Willmott, H. (1995). "Strategic Management as Domination and Emancipation: From Planning and Process to Communication and Praxis," in C. Stubbart and P. Shrivastava (eds.), *Advances in Strategic Management*, Vol. 11. Greenwich, CT: JAI Press.

Amabile, T., Patterson, C., Mueller, J. et al. (2001). "Academic-Practitioner Collaboration in Management Research: A Case of Cross-Profession Collaboration," *Academy of Management Journal*, 44: 418–35.

Anderson, N., Herroit, P., and Hodgkinson, G. P. (2001). "The Practitioner-Research Divide in Industrial Work and Organizational (IWO) Psychology: Where We are Now, and Where do We Go from Here?" *Journal of Occupational and Organizational Psychology*, 74: 391–411.

Aram, J. D. and Salipante Jr., P. F. (2003). "Bridging Scholarship in Management: Epistemological Reflections," *British Journal of Management*, 14: 189–205.

Argyris, C. (2000). "The Relevance of Actionable Knowledge for Breaking the Code," in M. Beer and N. Nohria (eds.), *Breaking the Code of Change*. Boston: Harvard Business School Press, pp. 415–27.

——and Schon, D. (1996). *Organizational Learning II: Theory, Method and Practice*. Reading,

MA: Addison Wesley.

——Putnam, R., and Smith, D. M. (1985). *Action Science: Concepts, Methods, and Skills for Research and Intervention*. San Francisco, CA: Jossey-Bass.

Aristotle (1941). *The Basic Words of Aristotle*, R. McKeon (ed.). New York: Random House.

——(1955). "The Nicomachean Ethics," J. A. K. Thomson (Trans.), *The Ethics of Aristotle*. Baltimore, MD: Penguin Books.

Astley, W. G. and Van de Ven, A. H. (1983). "Central Perspectives and Debates in Organization Theory," *Administrative Science Quarterly*, 30: 497–513.

Axley, S. (1984). "Managerial and Organizational Communication in Terms of the Conduit Metaphor," *Academy of Management Review*, 9: 428–537.

Ayer, A. (1982). *Philosophy in the Twentieth Century*. New York: Random House.

Azevedo, J. (1997). *Mapping Reality: An Evolutionary Realist Methodology for the Natural and Social Sciences*. Albany, NY: State University of New York Press.

——(2002). "Updating Organizational Epistemology," in J. Baum (ed.), *The Blackwell Companion to Organizations*. New York: Oxford University Press, pp. 715–32.

Bacharach, S. (1989). "Organizational Theories: Some Criteria for Evaluation," *Academy of Management Review*, 14(4): 496–515.

Bailey, J. R. (ed.) (2002). "Refracting Reflection: Views from the Inside," *Academy of Management Learning and Education*, 1(1): 77.

Bailey, K. D. (1982). *Methods of Social Research*, 2nd edn. New York: Free Press.

Baldridge, D. C., Floyd, S. W., and Markoczy, L. (2004). "Are Managers from Mars and Academicians from Venus? Toward an Understanding of the Relationship Between Academic Quality and Practical Relevance," *Strategic Management Journal*, 25: 1063–74.

Bales, R. F. and Strodtbeck, F. L. (1951). "Phases in Group Problem-Solving," *Journal of Abnormal and Social Psychology*, 46: 485–95.

Barley, S. R. (1990). "Images of Imaging: Notes on Doing Longitudinal Fieldwork," *Organization Science*, 1(3): 220–47.

Barnes, J. (ed.) (1995). *The Cambridge Companion to Aristotle*. Cambridge: Cambridge University Press.

Barnett, W. P. and Carroll, G. R. (1995). "Modeling Internal Organizational Change," *Annual Review of Sociology*, 21: 217–36.

Bartel, C. A. and Garud, R. (2003). "Narrative Knowledge in Action: Adaptive Abduction as a Mechanism for Knowledge Creation and Exchange in Organizations," in M. Esterby-Smith and

M. Lyles (eds.), *Handbook of Organizational Learning and Knowledge* . Oxford: Blackwell, pp. 324-42.

Bartunek, J. M. and Louis, M. R. (1996). *Insider/Outsider Team Research, Qualitative Research Methods Scrics* , Vol. 40. Thousand Oaks, CA: Sage.

Bazerman, M. (1986). "Biases," in B. M. Staw (ed.), *Psychological Dimensions of Organizational Behavior* , 2nd edn. Engelwood Cliffs, NJ: Prentice Hall, pp. 199-223.

Beer, M. (2001). "Why Management Research Findings are Unimplementable: An Action Science Perspective," *Reflections* , 2(3): 58-65.

Berger, P. L. and Luckmann, T. (1966). *The Social Construction of Reality* . New York: Doubleday.

Bernstein, R. J. (1983). *Beyond Objectivism and Relativism: Science, Hermeneutics, and Praxis* . Philadelphia, PA: University of Pennsylvania Press.

Bevan, H., Robert, G., Bate, P., Maher, L., and Wells, J. (2007). "Using a Design Approach to Assist Large-Scale Organizational Change: Ten High Impact Changes to Improve the National Health Service in England," *Journal of Applied Behavioral Science* .

Beyer, J. M. (1997). "Research Utilization: Bridging a Cultural Gap Between Communities," *Journal of Management Inquiry* , 6: 17-22.

——and Trice, H. M. (1982). "The Utilization Process: A Conceptual Framework and Synthesis of Empirical Findings," *Administrative Science Quarterly* , 27: 591-622.

Bhagat, R. S., Kedia, B. L., Harveston, P. D., and Triandis, H. C. (2002). "Cultural Variations in the Cross-Border Transfer of Organizational Knowledge: An Integrative Framework," *Academy of Management Review* , 27(2): 204-21.

Bhaskar, R. A. (1975). *A Realist Theory of Science* . Leeds: Leeds Books.

——(1979). *The Possibility of Naturalism: A Philosophical Critique of the Contemporary Human Sciences* , 1st ed. Brighton: Harvester Press.

——(1998a). "General Introduction," in M. Archer, R. Bhaskar, A. Collier, T. Lawson, and A. Norrie (eds.), *Critical Realism: Essential Readings* . New York: Routledge, Taylor and Francis Group, pp. ix-xxiv.

——(1998b). "Philosophy and Scientific Realism," in M. Archer,R. Bhaskar,A. Collier, T. Lawson, and A. Norrie (eds.), *Critical Realism: Essential Readings* . New York: Routledge, Taylor and Francis Group, pp. 16-47.

——(1998c). "The Logic of Scientific Discovery," in M. Archer, R. Bhaskar, A. Collier, T. Lawson, and A. Norrie (eds.), *Critical Realism: Essential Readings* . New York: Routledge, Taylor and Francis Group, pp. 48–104.

Blalock, H. M. (1969). *Theory Construction: From Verbal to Mathematical Formulations*. Englewood Cliffs, NJ: Prentice-Hall.

——(1972). *Social Statistics*. New York: McGraw-Hill.

Blau, P. M. and Schoenherr, R. A. (1971). *The Structure of Organizations*. New York: Basic Books.

Bloor, D. (1976). *Knowledge and Social Imagery*. London: Routledge and Kegan Paul.

Blumberg, A. E. and Feigl, H. (1948). "Logical Positivism," *The Journal of Philosophy*, 28: 281–96.

Bouchard, Jr., T. (1976). "Field Research Methods: Interviewing, Questionnaires, Participant Observation, Systematic Observation, Unobtrusive Measures," in M. D. Dunnette (ed.), *Handbook of Industrial and Organizational Psychology*. Chicago: Rand McNally.

Boyd, R. (1991). Confirmation, Semantics and the Interpretation of Scientific Theories, in R. Boyd, P. Gasper, and J. D. Trout (eds.), *The Philosophy of Science*. Cambridge, MA: The MIT Press.

Boyer, E. L. (1990). *Scholarship Reconsidered: Priorities of the Professorate*. Princeton, NJ: Carnegie Foundation.

——(1996). "The Scholarship of Engagement," *The Journal of Public Service and Outreach*, 1: 11–20.

Bransford, J. D. and Stein, B. S. (1993). *The Ideal Problem Solver: A Guide for Improving Thinking, Learning, and Creativity*, 2nd edn. New York: Freeman.

Brief, A. P. (2000). "Still Servants of Power," *Journal of Management Inquiry*, 9: 342–51.

——and Dukerich, M. (1991). "Theory in Organizational Behavior," *Research in Organizational Behavior*, 13: 327–52.

Bringle, R. G. and Hatcher, J. A. (1996). "Implementing Service Learning in Higher Education," *Journal of Higher Education*, 67(2): 221–39.

Bromiley, P. (2004). *Behavioral Foundations of Strategic Management*. Oxford: Blackwell.

Bruner, J. (1973). "Going Beyond the Information Given," in J.M. Anglin (ed.), *Jerome S. Bruner: Beyond the Information Given*. New York: W. W. Norton, pp. 218–38.

——(1986). *Actual Minds, Possible Worlds*. Cambridge, MA: Harvard University Press.

——(1991a). *Acts of Meaning*. Cambridge, MA: Harvard University Press.

——(1991b). "The Narrative Construction of Reality," *Critical Inquiry*, 18: 1–21.

——(1996). *The Culture of Education*. Cambridge, MA: Harvard University Press.

Bryson, J. M. and Roering, W. D. (2000). "Mobilizing Innovation Efforts: The Case of Government Strategic Planning," in A. Van de Ven, H. Angle, and M. S. Poole (eds.), *Research on the Management of Innovation: The Minnesota Studies*. New York: Oxford University Press, pp. 583–610.

——Ackermann, F., Eden, C., and Finn, C. B. (2004). *Visible Thinking: Unlocking Causal Mapping for Practical Business Results*. West Sussex: John Wiley & Sons Ltd.

Buchanan, D. A. (2003). "Getting the Story Straight: Illusions and Delusions in the Organizational Change Process," *Journal of Critical Postmodern Organization Science*, 2(4): 7–21.

Burns, T. and Stalker, G. M. (1961). *The Management of Innovation*. Oxford: Oxford University Press.

Burt, R. S. (1987). "Social Contagion and Innovation: Cohesion versus Structural Equivalence," *American Journal of Sociology*, 92: 1287–335.

——(2005). *Brokerage and Closure: An Introduction to Social Capital*. New York: Oxford University Press.

Buyukdamgaci, G. (2003). "Process of Organizational Problem Definition: How to Evaluate and How to Improve," *Omega*, 31: 327–38.

Cahoone, L. (1996). *From Modernism to Postmodernism: An Anthology*, 1st edn. Cambridge, MA: Blackwell Publishers Inc.

Calleson, D., Kauper-Brown, J., and Seifer, S. D. (2004). *Community-Engaged Scholarship Toolkit: Community-Campus Partnership for Health*. Available at: http://depts.washington.edu/ccph/toolkit.html (accessed September 19, 2006).

Campbell, D. T. (1957). "Factors Relevant to the Validity of Experiments in Social Settings," *Psychological Bulletin*, 54: 297–312.

——(1979). "A Tribal Model of the Social System Vehicle Carrying Scientific Knowledge," *Knowledge*, 2: 181–201.

——(1988). *Methodology and Epistemology for Social Science: Selected Papers*, E. S. Overman (ed.). Chicago: University of Chicago Press.

——(1989a). "Being Mechanistic/Materialistic/Realistic about the Process of Knowing," *Canadian Psychology*, 30: 184–5.

——(1989b). "Models of Language Learning and their Implications for Social Constructionist Analysis of Scientific Beliefs," in S. Fuller, M. De Mey, T. Shinn, and S. Woolgar (eds.), *The Cognitive Turn: Sociological and Psychological Perspectives on Science*. Dordrecht: Kluwer, pp. 153–8.

——(1990). "Epistemological Roles for Selection Theory," in N. Rescher (ed.), *Evolution, Cog-*

nition, *Realism*. Lanham, MD: University Press of America, pp. 1-20.

——(1991). "Coherentist Empiricism, Hermeneutics, and the Commensurability of Paradigms," *International Journal of Educational Research*, 15(6): 587-97.

——(1993). "Systematic Errors to be Expected of the Social Scientist on the Basis of a General Psychology of Cognitive Bias," in P. D. Blanck (ed.), *Interpersonal Expectations: Theory, Research and Applications*. New York: Cambridge University Press, pp. 23-41.

——(1995). "The Postpositivist, Non-foundational, Hermeneutic Epistemology Exemplified in the Works of Donald W. Fiske," in P. E. Shrout and S. T. Fiske (eds.), *Personality Research, Methods and Theory: A Festschrift Honoring Donald W. Fiske*. Hillsdale, NJ: Erlbaum, pp. 13-27.

——and Fiske, D. W. (1959). "Convergence and Discriminant Validation by the Multitrait-Multimethod Matrix," *Psychological Bulletin*, 56(2): 81-105.

——and Paller, B. T. (1989). "Extending Evolutionary Epistemology to 'Justifying' Scientific Beliefs (A Sociological Rapprochement With a Fallabilist Perceptual Foundationalism?)," in K. Hahlweg and C. A. Hooker (eds.), *Issues in Evolutionary Epistemology*. New York: State University of New York Press, pp. 231-57.

——and Stanley, J. C. (1963). *Experimental and Quasi-Experimental Designs for Research*. Chicago: Rand McNally.

Campbell, J. (2002). "Understanding Management Research: An Introduction to Epistemology (Book)," *Organization Studies*, 23(3): 479-81.

Carlile, P. R. (2002). "A Pragmatic View of Knowledge and Boundaries: Boundary Objects in New Product Development," *Organization Science*, 13: 442-55.

——(2004). "Transferring, Translating, and Transforming: An Integrative Framework for Managing Knowledge across Boundaries," *Organization Science*, 15(5): 555-68.

——and Christiansen, C. C. (2004). *The Cycle of Theory Building in Management Research*. Working paper, Harvard Business School, Boston, MA.

Cartwright, N. (1983). *How the Laws of Physics Lie*. Oxford: Oxford University Press.

——(1999). *The Dappled World: A Study of the Boundaries of Science*. Cambridge: Cambridge University Press.

Caswill, C. and Shove, E. (2000a). "Introducing Interactive Social Science," *Science and Public Policy*, 27(3): 154-7.

——(2000b). "Postscript to Special Issue on Interactive Social Science," *Science and Public Policy*, 27(3): 220-2.

Chalmers, A. F. (1999). *What is This Thing Called Science?* 3rd edn. Indianapolis, IN: Hackett Publishing Company, Inc.

Chandler, D. and Torbert B. (2003). "Transforming Inquiry and Action: Interweaving 27 Flavors of Action Research," *Action Research*, 1: 133–52.

Cialdini, R. B. (1993). *Influence: Science and Practice*, 3rd edn. New York: HarperCollins.

Clancey, W. J. (1985). "Heuristic Classification," *Artificial Intelligence*, 27: 289–350.

Cohen, W. M. and Levinthal, D. A. (1990). "Absorptive Capacity: A New Perspective on Learning and Innovation," *Administrative Science Quarterly*, 40(2): 227–51.

Cohen, M. D., March, J. G., and Olsen, J. P. (1972). "A Garbage Can Model of Organizational Choice," *Administrative Science Quarterly*, 17: 1–25.

Collier, A. (1994). *Critical Realism: An Introduction to Roy Bhaskar's Philosophy*. London: Verso.

Collins, R. (1998). *The Sociology of Philosophies: A Global Theory of Intellectual Change.* Cambridge, MA: Belknap Press of Harvard University Press.

Cook, T. D. and Campbell, D. T. (1979). *Quasi-Experimentation*. Boston: Houghton-Mifflin.

——and Shadish, W. R. (1994). "Social Experiments: Some Developments over the Past Fifteen Years," *Annual Review of Psychology*, 45: 545–79.

——Scott, D. N., and Brown, J. S. (1999). "Bridging Epistemologies: The Generative Dance Between Organizational Knowledge and Organizational Knowing," *Organization Science*, 10(4): 381–400.

Cronbach, L. J. (1982). *Designing Evaluations of Educational and Social Programs*. San Francisco: Jossey-Bass.

Crovitz, H. F. (1970). *Galton's Walk*. New York: Harper.

Cruichskank, J. (2002). "Critical Realism and Critical Philosophy," *Journal of Critical Realism*. London: The International Association for Critical Realism.

Cummings, T. G. and Jones, Y. (2004). "Creating Actionable Knowledge," conference theme for Academy of Management, New Orleans. Available at: http://meetings.aomonline.org/2004/theme.htm (accessed August 2004).

Cushman, E. (1999). "Opinion: The Public Intellectual, Service Learning, and Activist Research," *College English*, 61(3): 328–36.

Daft, R. L. (1983). "Learning the Craft of Organizational Research," *Academy of Management Review*, 89: 539–46.

——(1984). "Antecedents of Significant and Not-So-Significant Organizational Research," in T. S. Bateman and G. R. Ferris (eds.), *Method and Analysis in Organizational Research*. Reston,

VA: Prentice Hall.

——and Lengel, R. H. (1984). "Information Richness: A New Approach to Managerial Information Processing and Organizational Design," in L. Cummings and B. M. Staw (eds.), *Research in Organizational Behavior*. Greenwich, CT: JAI Press, p. 6.

Dallmayr, F. (1987). "The Discourse of Modernity: Hegel and Habermas," *The Journal of Philosophy*, 84(11): 682–92.

Davis, M. (1971). "That's Interesting!" *Philosophy of Social Sciences*, 1: 309–44.

——(1986). "That's Classic!" *Philosophy of Social Sciences*, 16: 285–301.

Dearborn, D. C. and Simon, H. A. (1958). "Selective Perception: A Note on the Departmental Identification of Executives," *Sociometry*, 21: 140–4.

Delbecq, A. L. and Van de Ven, A. H. (1971). "A Group Process Model for Problem Identification and Program Planning," *Journal of Applied Behavioral Science*, July/August, 7(4): 466–92.

——and Gustafson, D. H. (1975). *Group Techniques for Program Planning: A Guide to Nominal Group and Delphi Processes*. Glenview, IL: Scott-Foresman.

Denis, J. L. and Langley, A. (2002). "Introduction to the Forum," *Health Care Management Review*, 27(3): 32–4.

Denzin, N. K. (1978). *The Research Act: A Theoretical Introduction to Sociological Methods*. New York: McGraw-Hill.

——and Lincoln, Y. S. (eds.) (1994). *Handbook of Qualitative Research*. Thousand Oaks, CA: Sage Publications.

Deutsch, D. (1997). *The Fabric of Reality: The Science of Parallel Universes—And its Implications*. New York: Penguin Press.

Dewey, J. (1905). "The Realism of Pragmatism," *The Journal of Philosophy, Psychology and Scientific Methods*, 12(2): 324–7.

——(1916). "The Pragmatism of Peirce," *The Journal of Philosophy*, 13(26): 709–15.

——(1938). *Logic: The Theory of Inquiry*. New York: Holt.

Dimaggio, P. J. and Powell, W. (1983). "The Iron Cage Revisited: Institutional Isomorphism and Collective Rationality in Organizational Fields," *American Sociological Review*, 48: 147–61.

DiPadova-Stokes, L. N. (2005). "Two Major Concerns About Service-Learning: What if We Don't Do It? And What if We Do?" *Academy of Management Learning and Education*, 4(3): 345–53.

Dooley, D., Fielding, J., and Levi, L. (1996). "Health and Unemployment," *Annual Review of Public Health*, 17: 449–65.

Dopson, S. (2005). "The Diffusion of Medical Innovations: Can Figurational Sociology Contribute?" *Organization Studies*, 26: 1125–44.

——FitzGerald, L., Ferlie, E., Gabbay, J., and Locock, L. (2002). "No Magic Targets! Changing Clinical Practice to Become More Evidence Based," *Health Care Management Review*, 27(3): 35–47.

Dougherty, D. (1992). "Interpretive Barriers to Successful Product Innovation in Large Firms," *Organization Science*, 3: 179–202.

——(2002). "Grounded Theory Research Methods," in J. A. C. Baum (ed.), *Companion to Organizations*. Oxford: Blackwell Publishers, pp. 849–56.

Dubin, R. (1976). "Theory Building in Applied Area," in M. Dunnette (ed.), *Handbook of Industrial and Organizational Psychology*. Chicago: Rand McNally.

Duhem (1962). *The Aim and Structure of Physical Theory*. New York: Atheneum.

Dunbar, R. L. M. and Starbuck, W. H. (2006). "Learning to Design Organizations and Learning from Designing Them," *Organization Science*, 17(2): 171–8.

Dunham, L., McVea, J., and Freeman, R. E. (2006). "Entrepreneurial Wisdom: Incorporating the Ethical and Strategic Dimensions of Entrepreneurial Decision-Making," Conference on Entrepreneurship and Ethics, Carlson School of Management, Minneapolis, MN, April 2006.

Dunn, W. N. (1994). *Public Policy Analysis: An Introduction*, 2nd edn. Englewood Cliffs, NJ: PrenticeHall.

Dunnette, M. D. (1976). *Handbook of Industrial and Organizational Psychology*. Chicago: Rand McNally.

——(1990). "Blending the Science and Practice of Industrial and Organizational Psychology: Where are We and Where are We Going?" in M. D. Dunnette and L. M. Hough (eds.), *Handbook of Industrial and Organizational Psychology*, 2nd edn. Palo Alto, CA: Consulting Psychologists Press, Inc., pp. 1–27.

Eden, C., Jones, S., and Sims, D. (1983). *Messing About in Problems: An Informal Structured Approach to their Identification and Management*. Oxford: Pergamon Press.

Eisenberg, E. M. and Phillips, S. R. (1991). "Miscommunication in Organizations," in N. Coupland, H. Giles, and J. Wiemann (eds.), *Miscommunication and Problematic Talk*. Newbury Park, CA: Sage.

Eisenhardt, K. (1989). "Building Theories from Case Study Research," *Academy of Management Review*, 14: 532–50.

Elder, Jr., G. H., Caspi, A., and Burton, L. M. (1988). "Adolescent Transitions in Developmental Perspective: Sociological and Historical Insights," in M. R. Gunnar and A. Collins (eds.), *Minnesota Symposium on Child Psychology,* Vol. 21. Hillsdale, NJ: Erlbaum.

Engel, P. (2002). *Truth.* McGill: Queen's University Press.

Estabrooks, D. A. (1999). "Mapping the Research Utilization Field in Nursing," *Canadian Journal of Nursing Research,* 31(1): 53-72.

Evans, M. G. (1999). "Donald T. Campbell's Methodological Contributions to Organization Science," in J. A. C. Baum and B. McKelvey (eds.), *The Variations in Organization Science: In Honor of Donald T. Campbell.* Thousand Oaks, CA: Sage Publications, pp. 311-37.

Evered, R. and Louis, M. R. (1981). "Alternative Perspectives in the Organizational Science: 'Inquiry from the Inside' and 'Inquiry from the Outside,'" *Academy of Management Review,* 6 (3): 385-95.

Feigl, H. (1970). "The 'Orthodox' View of Theories: Remarks in Defense as well as Critique," in M. Rudner and S. Winokur (eds.), *Minnesota Studies in the Philosophy of Science,* Vol. 4. Minneapolis, MN: University of Minnesota Press.

Feyerabend, P. K. (1962). *Explanation, Reduction, and Empiricism,* in H. Feigl and G. Maxwell (eds.), *Current Issues in the Philosophy of Science.* New York: Holt, Rinehart, and Winston, pp. 28-97.

——(1975). *Against Method.* London: NLB.

Flavell, J. H. (1972). "An Analysis of Cognitive-Developmental Sequences," *Genetic Psychology Monographs,* 86: 279-350.

Flew, A. (1984). *A Dictionary of Philosophy.* New York: St. Martin's.

Folger, J. P., Hewes, D. E., and Poole, M. S. (1984). "Coding Social Interaction," in B. Dervin and M. Voight (eds.), *Progress in Communication Sciences,* Vol. 5. Norwood, NJ: Ablex, pp. 115-61.

Freeley, A. (1976). *Argumentation and Debate: Rational Decision Making,* 4th edn. Belmont, CA: Wadsworth.

——(1996). *Argumentation and Debate,* 9th edn. Belmont, CA: Wadsworth/Thomson.

Friedman, R. L. (2000). *The Lexus and the Olive Tree,* newly updated and expanded edition. New York: Anchor Books, Random House.

Gadamer, H. G. (1975). *Truth and Method,* G. Barden and J. Cummings (eds.). London: Sheed & Ward (Original work published 1960).

Galaskiewicz, J. (1985). "Interorganizational Relations," *Annual Review of Sociology,* 11: 281-304.

Galtung, J. (1967). *Theory and Methods of Social Research.* New York: Columbia University Press.

Garfinkel, H., Lynch, M., and Livingston, E. (1981). "The Work of a Discovering Science Construed with Materials From the Optically Discovered Pulsar," *Philosophy of Science,* 11(2): 131–58.

Garud, R. and Van de Ven, A. H. (2000). "Technological Innovation and Industry Emergence: The Case of Cochlear Implants," in A. Van de Ven, H. Angle, and M. S. Poole (eds.), *Research on the Management of Innovation: The Minnesota Studies.* New York: Oxford University Press, pp. 489–532.

Gasche, R. (1988). "Postmodernism and Rationality," *The Journal of Philosophy,* 85(10): 528–38.

Gersick, C. J. G. (1991). "Revolutionary Change Theories: A Multilevel Exploration of the Punctuated Equilibrium Paradigm," *Academy of Management Review,* 16(1): 10–36.

——(1994). "Pacing Strategic Change: The Case of a New Venture," *Academy of Management Journal,* 37(1): 9–45.

Getzels, J. W. and Csikszentmihalyi, M. (1975). "From Problem Solving to Problem Finding," in J.W. Getzels and I. A. Taylor (eds.), *Perspectives in Creativity.* Chicago: Aldine Publishing Co.

Ghiselli, E. E. (1973). "The Validity of Aptitude Tests in Personnel Selection," *Personnel Psychology,* 26: 461–77.

Gibbons, M., Limoges, C., Nowotny, H. et al. (1994). The New Production of Knowledge: *The Dynamics of Science and Research in Contemporary Societies.* London: Sage.

Gibson, C. B. and Zellmer-Bruhn, M. (2001). "Metaphors and Meaning: An Intercultural Analysis of the Concept of Teamwork," *Administrative Science Quarterly,* 46(2): 274–303.

Giddens, A. (1979). *Central Problems in Social Theory, Action, Structure, and Contradiction in Social Analysis.* Berkeley, CA: University of California Press.

Giere, R. N. (1984). *Understanding Scientific Reasoning,* 2nd edn. New York: Holt, Rinehart, and Winston.

——(1988). *Explaining Science: A Cognitive Approach.* Chicago: University of Chicago Press.

——(1997). *Understanding Scientific Reasoning,* 4th edn. New York: Harcourt Brace.

——(1999). *Science Without Laws.* Chicago: University of Chicago Press.

Gioia, D. A. (2003). "Give It Up! Reflections on the Interpreted World (A Commentary on Meckler and Baillie)," *Journal of Management Inquiry,* 12(3): 285–92.

Glaser, B. and Strauss, A. (1967). *The Discovery of Grounded Theory: Strategies for Qualitative Research.* Chicago: Aldine.

Glasgow, R. E., Davis, C. L., Funnell, M. M., and Beck, A. (2003). "Implementing Practical Interventions to Support Chronic Illness Self-Management," *Joint Commission Journal on Quality and Safety*, 29(11): 563-74.

Gluck, F. W., Kaufman, S. P., and Walleck, A. S. (1980). "Strategic Management for Competitive Advantage," *Harvard Business Review*, 58(4): 154-61.

Golden-Biddle, K., Locke, K., and Reay, T. (2002). "Reconceptualizing Knowledge Transfer: Toward a Theory of Knowledge Movement as Communicative Process," Working paper, University of Alberta, Canada.

Green, Jr., S. E. (2004). "A Rhetorical Theory of Diffusion," *Academy of Management Review*, 29(4): 653-69.

Greiner, L. (1972). "Evolution and Revolution as Organizations Grow," *Harvard Business Review*, July-August: 165-74.

Grey, C. (2001). "Re-imagining Relevance: A Response to Starkey and Madan," *British Journal of Management*, 12(Special Issue): S27-S32.

Guba, E. G. and Lincoln, Y. S. (1994). "Competing Paradigms in Qualitative Research," in N. K. Denzin and Y. S. Lincoln (eds.), *Handbook of Qualitative Research*. Thousand Oaks, CA: Sage, pp. 105-37.

Guilford, J. P. (1954). *Psychometric Methods*, 2nd edn. New York: McGraw-Hill.

Guyatt, G., Sackett, D., Taylor, W. et al. (1986). "Determining Optimal Therapy Trials: Randomized Trials in Individual Patients," *New England Journal of Medicine*, 314: 889-92.

Habermas, J. (1971). *Knowledge and Human Interests*, J. J. Shapiro (Trans.). Boston: Beacon Press.

——(1979). *Communication and the Evolution of Society*. London: Heinemann.

——(1984). *The Theory of Communication, Vol. 1: Reason and the Rationalization of Society*. London: Heinemann.

——(1987). *The Theory of Communication, Vol. 2: Lifeworld and System: A Critique of Functionalist Reason*. Oxford: Polity Press.

——(1990). *Moral Consciousness and Communicative Action*. Cambridge: Polity Press.

Hacking, I. (1983). *Representing and Intervening*. Cambridge: Cambridge University Press.

Hackman, J. R. (1985). "Doing Research that Makes a Difference," in E. E. Lawler (ed.), *Doing Research that is Useful for Theory and Practice*. New York: Lexington Books.

——(ed.) (1991). *Groups that Work (and Those that Don't)*. San Francisco: Jossey-Bass.

Hage, J. (1965). "An Axiomatic Theory of Organizations," *Administrative Science Quarterly*, 10:

289-320.

Hage, J. (1995). "Formal Organization and Formalization Essays," in N. Nicholson, R. Schuler, and A. Van de Ven (eds.), *Encyclopedic Dictionary of Organizational Behavior*. Oxford: Blackwell Publishers, p. 1182.

Hall, R. H. (1972). *Organizations, Structure, and Process*. Englewood Cliffs, NJ: Prentice-Hall.

Halpern, D. F. (1996). *Thought and Knowledge: An Introduction to Critical Thinking*, 3rd edn. Mahwah, NJ: Lawrence Erlbaum.

Hammond, K. (1999). *Human Judgment and Social Policy*. New York: Oxford University Press.

Hanson, N. R. (1958). *Patterns of Discovery: An Inquiry into the Conceptual Foundations of Science*. London: Cambridge University Press.

——(1958). "The Logic of Discovery," *The Journal of Philosophy*, 55(25): 1073-89.

——(1959). "Is There a Logic of Scientific Discovery?" in H. Feigl and G. Marwell (eds.), *Current Issues in Philosophy of Science: Proceedings of Section L of the American Association for the Advancement of Science*. New York: Holt Rinehart & Winston.

——(1969). *Perception and Discovery: An Introduction to Scientific Inquiry*, W. C. Humphreys (ed.). San Francisco, CA: Freeman, Cooper, and Company.

Harding, S. (2004). "A Socially Relevant Philosophy of Science? Resources from Standpoint Theory's Controversiality," *Hypatia*, 19(1): 25-47.

Harre, R. and Madden, E. A. (1975). *Causal Powers*. Totowa, NJ: Littlefield Adams.

Harvey, D. L. (2002). "Agency and Community: A Critical Realist Paradigm," *Journal for the Theory of Social Behavior*, 32(2): 163-94.

Hassard, J. (1994). "Postmodern Organizational Analysis: Toward a Conceptual Framework," *Journal of Management Studies*, 31(3): 303-24.

Hatchuel, A. (2001). "The Two Pillars of New Management Research," *British Journal of Management*, 12(Special Issue): S33-S40.

Heidegger, M. (1962). *Being and Time*, J. MacQuarrie and E. Robinson (Trans.). London: SMC Press (Original work published 1927).

Helson, H. (1964). "Current Trends and Issues in Adaptation-Level Theory," *American Psychologist*, 19: 23-68.

Henderson, J. (1967). "From Introductory Lectures: Sociology 23, at Harvard University in the late 1930's," *Journal of Applied Behavioral Sciences*, pp. 236-40.

Hendrickx, M. (1999). "What can Management Researchers Learn from Donald Campbell, the Philosopher? An Exercise in Hermeneutics," in J. A. C. Baum and B. McKelvey (eds.), *Variations in Organization Science: In Honor of Donald T. Campbell. Thousand Oaks, CA: Sage Publications, pp. 339−82.

Hernes, G. (1989). "The Logic of the Protestant Ethic," Rationality and Society, 1(1): 123−62.

Hinings, C. R. and Greenwood, R. (eds.) (2002). "ASQ forum: Disconnects and Consequences in Organization Theory," Administrative Science Quarterly, 47(3): 411−21.

Hodgkinson, G. P. (ed.) (2001). "Facing the Future: The Nature and Purpose of Management Research Reassessed," British Journal of Management, 12(Special Issue): S1−S80.

——Herriot, P., and Anderson, N. (2001). "Re-aligning the Stakeholders in Management Research: Lessons from Industrial, Work and Organizational Psychology," British Journal of Management, 12(Special Issue): S41−S48.

Hofstede, G. T. (1980). "Motivation, Leadership, and Organization: Do American Theories Apply Abroad?" Organizational Dynamics, Summer: 42−63.

Hollway, W. (1984). "Fitting Work: Psychological Assessment in Organizations," in J. Henriques, W. Hollway, C. Urwin, C. Venn, and V. Walkerdine (eds.), Changing the Subject. New York: Methuen, pp. 26−59.

Holmes, M. E. (1997). "Processes and Patterns of Hostage Negotiations," in R. G. Rogan and M. R. Hammer (eds.), Dynamic Processes of Hostage Negotiations: Theory, Research, and Practice. Westwook, CT: Praeger, pp. 77−93.

Huber, G. and Van de Ven, A. H. (eds.) (1995). Longitudinal Field Research Methods. Thousand Oaks, CA: Sage.

Huff, A. S. (2000). "Changes in Organizational Knowledge Production: 1999 Presidential Address," Academy of Management Review, 25(2): 288−93.

——(2002). "Learning to be a Successful Writer," in D. Partington (ed.), Essential Skills for Management Research. Thousand Oaks, CA: Sage, pp. 72−83.

Hutchins, E. (1983). "Understanding Micronesian Navigation," in D. Gentner and A. L. Stevens (eds.), Mental Models. Hillside, NJ: Lawrence Erlbaum Associates, pp. 191−225.

James, W. (1907). Pragmatism. New York: The American Library.

——(1908). "The Meaning of the Word 'Truth,'" Mind, 17(67): 455−6.

Janis, I. L. and Mann, L. (1977). Decision Making: A Psychological Analysis of Conflict, Choice, and Commitment. New York: The Free Press.

Johnson, P. and Duberley, J. (2003). "Reflexivity in Management Research," Journal of Management Studies, 40(5): 1279−303.

————(2000). Understanding Management Research. Thousand Oaks, CA: Sage.

——Zualkernan, I. A., and Tukey, D. (1993). "Types of Expertise: An Invariant of Problem Solving," *International Journal Man-Machine Studies*, 39: 641-65.

Kahneman, D., Slovic, P., and Tversky, A. (eds.) (1982). *Judgment and Uncertainty: Heuristics and Biases*. New York: Cambridge University Press.

Kaplan, A. (1964). *The Conduct of Inquiry: Methodology for Behavior Science*. New York: Chandler Publishing Company.

Kemeny, J. G. (1959). *A Philosopher Looks at Science*. Princeton, NJ: Van Norstrand.

Kemp, S. and Holmwood, J. (2003). "Realism, Regularity and Social Explanation," *Journal for the Theory of Social Behavior*, 33(2): 165-87.

Kenworthy-U'Ren, A. (2005). "Towards a Scholarship of Engagement: A Dialogue Between Andy Van de Ven and Edward Zlotkowski," *Academy of Management Learning and Education*, 4(3): 355-62.

Kilduff, M. and Keleman, M. (2001). "The Consolations of Organization Theory," *British Journal of Management*, 12(Special Issue): S55-S59.

Kimberly, J. and Miles, R. (1980). *The Organizational Life Cycle*. San Francisco: Jossey-Bass.

Kinchloe, J. L. and McLaren, P. L. (1994). "Rethinking Critical Theory and Qualitative Research," in N. K. Denzin and Y. S. Lincoln (eds.), *Handbook of Qualitative Research*. Thousand Oaks, CA: Sage, pp. 138-57.

Kirk, R. E. (1995). *Experimental Design: Procedures for the Behavioral Science*, 3rd edn. Pacific Grove, CA: Brooks/Cole Publishing Co.

Klein, K. J. and Kozlowski, W. J. (2000). *Multilevel Theory, Research, and Methods in Organizations*. San Francisco: Jossey-Bass.

——Tosi, H., and Cannella, A. A. (1999). "Introduction to Special Topic Forum. Multilevel Theory Building: Benefits, Barriers, and New Developments," *Academy of Management Review*, 24(2): 243-8.

Knorr-Cetina, K. and Amann, K. (1990). "Image Dissection in Natural Scientific Inquiry," *Science, Technology and Human Values*, 15(3): 259-83.

——and Cicourel, A. (eds.) (1981). *Advances in Social Theory and Methodology: Towards an Integration of Micro and Macro Sociology*. London: Routledge & Kegan Paul.

Knudson, M. K. and Ruttan, V. W. (2000). "The Management of Research and Development of a Biological Innovation," in A. H. Van de Ven, H. Angle, and M. S. Poole, *Research on the Management of Innovation: The Minnesota Studies*. Oxford: Oxford University Press, pp. 465-88.

Kogan, N. and Wallach, M. A. (1967). "Effects of Physical Separation of Group Members upon

Group Risk-Taking," *Human Relations*, 20(1): 41-9.

Kondrat, M. E. (1992). "Reclaiming the Practical: Formal and Substantive Rationality in Social Work Practice," *Social Service Review*, June: 237-55.

Kuhn, T. S. (1962). *The Structure of Scientific Revolutions*, 1st edn. Chicago: University of Chicago Press.

——(1970). *The Structure of Scientific Revolutions*, 2nd edn. Chicago: University of Chicago Press.

Lachs, J. (1999). "Peirce: Inquiry as Social Life," in S. B. Rosenthal, C. R. Hausman, and D. R. Anderson (eds.), *Classical American Pragmatism: Its Contemporary Vitality*. Urbana, IL: University of Illinois Press, pp. 75-84.

Lakatos, I. (1978). *The Methodology of Scientific Research Programmes: Philosophical Papers*, Vol. 1. Cambridge: Cambridge University Press.

Langley, A. (1999). "Strategies for Theorizing from Process Data," *Academy of Management Review*, 24: 691-710.

——and Truax, J. (1994). "A Process Study of a New Technology Adoption in Smaller Manufacturing Firms," *Journal of Management Studies*, 31: 619-52.

Latour, B. (1986). "Visualization and Cognition: Thinking with Eyes and Hands," *Knowledge and Society: Studies in the Sociology of Culture Past and Present*, Vol. 6. Greenwich, CT: JAI Press.

——Woolgar, S. (1986). *Laboratory Life: The Construction of Scientific Facts*, 2nd edn. Princeton, NJ: Princeton.

Laudan, L. (1984). *Science and Values: The Aims of Science and their Role in Scientific Debate*. Berkeley, CA: University of California Press.

Lave, J. and Wenger, E. (1994). *Situated Learning: Legitimate Peripheral Participation*. Cambridge: Cambridge University Press.

Lawler III, E. E., Mohrman Jr., A. M., Mohrman, S. A. et al. (1985). *Doing Research that is Useful for Theory and Practice*. Lanham, MD: Lexington Books.

Lawrence, P. R. (1992). "The Challenge of Problem-Oriented Research," *Journal of Management Inquiry*, 1(2): 139-42.

Lazarsfeld, P. F. and Menzel, H. (1969). "On the Relation Between Individual and Collective Properties," in A. Etzioni (ed.), *A Sociological Reader in Complex Organizations*, 2nd edn. New York: Holt, Rinehart, and Winston.

Leplin, J. (ed.) (1984). *Scientific Realism*. Berkeley: University of California Press.

Levi-Strauss, C. (1966). "The Science of the Concrete," in C. Levi-Strauss (ed.), *The Savage*

Mind. Chicago: University of Chicago Press, pp. 1-33.

Lewin, K. (1945). "The Research Center for Group Dynamics at Massachusetts Institute of Technology," *Sociometry*, 8: 126-35.

Lincoln, J. R., Hanada, M., and Mcbride, K. (1986). "Organizational Structures in Japanese and U.S. Manufacturing," *Administrative Science Quarterly*, 31(3): 338-64.

Lindblom, C. and Cohen, D. (1979). *Usable Knowledge: Social Science and Social Problem Solving*. New Haven, CT: Yale University Press.

Locke, K., Golden-Biddle, K., and Feldman, M. S. (2004). "Imaginative Theorizing in Interpretive Organizational Research," Academy of Management Best Conference Papers, Research Methods Division, B1.

Lorange, P. (1980). *Corporate Planning: An Executive Viewpoint*. Englewood Cliffs, NJ: Prentice Hall.

Lord, F. M. and Novick, M. R. (1968). *Statistical Theories of Mental Test Scores*. Reading, MA: Addison-Wesley.

Louis, M. R. and Bartunek, J. M. (1992). "Insider/Outsider Research Teams: Collaboration Across Diverse Perspectives," *Journal of Management Inquiry*, 1(2): 101-10.

Lovejoy, A. O. (1908). "The Thirteen Pragmatisms," *The Journal of Philosophy*, 5(1): 5-12.

Maier, N. R. F. (1970). *Problem Solving and Creativity in Individuals and Groups*. Monterey, CA: Brooks/Cole.

March, J. G. (2000). "Citigroup's John Reed and Standford's James March on Management Research and Practice," *Academy of Management Executive*, 14: 52-64.

——and Simon, H. A. (1958). *Organizations*. New York: Wiley.

Markus, G. B., Howard, J. P. F., and King, D. C. (1993). "Integrating Community Service and Classroom Instruction Enhances Learning: Results from an Experiment," *Educational Evaluation and Policy Analysis*, 15(4): 410-19.

Martin, J. (1990). "Deconstructing Organizational Taboos: The Suppression of Gender Conflict in Organizations," *Organization Science*, 1(4): 339-59.

Marvel, M. K. and Amodei, N. (1992). "Single-Subject Experimental Designs: A Practical Research Alternative for Practicing Physicians," *Family Practice Research Journal*, 12(2): 109-21.

Mathison, S. (1988). "Why Triangulate?" *Educational Researcher*, March: 13-17.

McEvily, B., Perrone, V., and Zaheer, A. (2003). "Trust as an Organizing Principle," *Organization Science*, 14: 91-103.

McGrath, J. E. (1988). "Model-Centered Organization Science Epistemology," in J. A. C. Baum (ed.), *The Blackwell Companion to Organizations*. Oxford: Blackwell Publishers, pp. 752–80.

——and Tschan, F. (2004). "Dynamics in Groups and Teams: Groups as Complex Action Systems," in M. S. Poole and A. H. Van de Ven (eds.), *Handbook of Organizational Change and Innovation*. New York: Oxford University Press, pp. 50–72.

McKelvey, B. (1999). "Toward a Campbellian Realist Organization Science," in J. A. C. Baum and B. McKelvey (eds.), *Variations in Organization Science*. Thousand Oaks, CA: Sage Publications, pp. 382–411.

——(2002a). "Model-Centered Organization Science Epistemology," in J. A. C. Baum (ed.), *The Blackwell Companion to Organizations*. Oxford: Blackwell, pp. 752–80.

——(2002b). "Appendix: Glossary of Epistemology Terms," in J. A. C. Baum (ed.), *The Blackwell Companion to Organizations*. Oxford: Blackwell, pp. 889–98.

Meehl, P. E. (1995). "Bootstraps Taxometrics: Solving the Classification Problem in Psychopathology," *American Psychologist*, 50(4): 266–75.

Merton, R. K. (1968). *Social Theory and Social Structure*, enlarged edn. New York: Free Press.

——(1973). *The Sociology of Science: Theoretical and Empirical Investigations*. Chicago: University of Chicago Press.

——(1987). "Three Fragments from a Sociologist's Notebooks: Establishing the Phenomenon, Specified Ignorance, and Strategic Research Materials," *Annual Review of Sociology*, 13: 1–28.

Messinger, S. L. (1955). "Organizational Transformation: A Case Study of a Declining Social Movement," *American Sociological Review*, 30: 3–10.

Meyer, A. D. (1991). "Visual Data in Organizational Research," *Organization Science*, 2: 218–36.

Meyers, R. (1999). "The Beginnings of Pragmatism: Peirce, Wright, James, Royce," in R. Popkin (ed.), *The Columbia History of Western Philosophy*. New York: Columbia University Press, pp. 592–600.

Miles, M. B. and Huberman, A. M. (1994). *Qualitative Data Analysis: An Expanded Sourcebook*. Thousand Oaks, CA: Sage.

Miller, D. and Friesen, P.H. (1982). "The Longitudinal Analysis of Organizations: A Methodological Perspective," *Management Science*, 28: 1013–34.

Miller, G. A. (1956). "The Magical Number Seven, Plus or Minus Two: Some Limits on our Capacity for Processing Information," *Psychological Review*, 63: 81–97.

Mingers, J. (2004). "Re-establishing the Real: Critical Realism and Information Systems Research," in J. Mingers and L. Willcocks, *Social Theory and Philosophy for Information Systems*. New York: Wiley.

Mintzberg, H. (1979). "An Emerging Strategy of 'Direct' Research," *Administrative Science Quarterly*, 24: 582–9.

——(2005). "Developing Theory About the Development of Theory," in K. G. Smith and M. A. Hitt (eds.), *Great Minds in Management: The Process of Theory Development*. New York: Oxford University Press, pp. 355–72.

——Raisinghani, D., and Theoret, A. (1976). "The Structure of 'Unstructured' Decision Processes," *Administrative Science Quarterly*, 21(2): 246–75.

Misak, C. (2001). "Peirce," in W. H. Newton-Smith (ed.), *A Companion to the Philosophy of Science*. Massachusetts: Blackwell Publishers, pp. 335–9.

Mitroff, I. and Emshoff, J. (1979). "On Strategic Assumption Making: A Dialectical Approach to Policy and Planning," *Academy of Management Review*, 4(1): 1–12.

——and Linstone, H. A. (1993). *The Unbounded Mind: Breaking the Chains of Traditional Business Thinking*. New York: Oxford University Press.

Mohr, L. (1982). *Explaining Organizational Behavior*. San Francisco: Jossey-Bass.

Mohrman, S., Gibson, C., and Mohrman, A. (2001). "Doing Research that is Useful to Practice: A Model and Empirical Exploration," *Academy of Management Journal*, 44: 357–75.

Morgan, G. (1983). "Toward a More Reflective Social Science," in G. Morgan (ed.), *Beyond Method*. Thousand Oaks, CA: Sage Publications.

Morgan, M. S. and Morrison, M. (ed.) (1999). *Models as Mediators: Perspectives on Natural and Social Science*. Cambridge: Cambridge University Press.

Morrison, M. and Morgan, M. S. (1999). "Models as Mediating Instruments," in M. S. Morgan and M. Morrison (eds.), *Models as Mediators: Perspectives on Natural and Social Science*. Cambridge: Cambridge University Press, pp. 10–37.

Mounce, H. O. (1997). *The Two Pragmatisms: From Peirce to Rorty*. London: Routledge.

Nagel, T. (1986). *The View from Nowhere*. New York: Oxford University Press.

Neter, J., Kutner, M. H., Wasserman, W., and Nachtscheim, C. J. (1996). *Applied Linear Statistical Models*, 4th edn. Columbus, OH: McGraw Hill.

Niiniluoto, I. (1980). "Scientific Progress," *Synthese*, 45: 427–64.

——(1999). *Critical Scientific Realism*. New York: Oxford University Press.

Nonaka, I. (1994). "A Dynamic Theory of Organizational Knowledge Creation," *Organization Science*, 5(1): 14–37.

——and Takeuchi, I. (1995). *The Knowledge-Creating Organization*. Oxford: Oxford Press.

Nutley, S., Walter, I., and Daviews, H. T. O. (2003). "From Knowing to Doing: A Framework for

Understanding the Evidence-into-Practice Agenda," *Evaluation*, 9(2): 125-48.

Osborn, R. N. and Hagedoorn, J. (1997). "The Institutionalization and Evolutionary Dynamics of Interorganizational Alliances and Networks," *Academy of Management Journal*, 40: 261-78.

Osigweh, C. A. B. (1989). "Concept Fallibility in Organization Science," *Academy of Management Review*, 14(4): 579-94.

Paller, B. T. and Campbell, D. T. (1989). "Maxwell and van Fraassen on Observability, Reality, and Justification," in M. L. Maxwell and C. W. Savage (eds.), *Science, Mind, and Psychology: Essays in Honor of Grover Maxwell*. Lanham, MD: University Press of America, pp. 99-132.

Passmore, W. A. (2001). "Action Research in the Workplace: The Socio-Technical, Perspective," in P. Reason and H. Bradbury (eds.), *Handbook of Action Research: Participative Inquiry and Practice*. London: Sage, pp. 39-47.

Patton, M. Q. (1980). *Qualitative Evaluation Methods*. Beverly Hills: Sage.

Pedhazur, E. J. and Schmelkin, L. P. (1991). *Measurement, Design, and Analysis: An Integrated Approach*. Hillsdale, NJ: Lawrence Erlbaum Associates.

Peirce, C. S. (1955). *Philosophical Writings of Peirce*, J. Buchler (ed.). New York: Dover.

——(1931-58). *Collected Works: 1931-1958*, in C. Hartshorne, P. Weiss, and A. Burkes (eds.). Cambridge, MA: Harvard University Press.

——(1997). "The Fixation of Belief," in L. Menand (ed.), *Pragmatism: A Reader*. New York: Vintage Books, pp. 7-25. (Original work published 1878).

Peli, G. and Masuch, M. (1997). "The Logic of Propagation Strategies: Axiomatizing a Fragment of Organizational Ecology in First-Order Logic," *Organization Science*, 8: 310-31.

Pentland, B. (1999). "Building Process Theory with Narrative: From Description to Explanation," *Academy of Management Review*, 24: 711-24.

Pettigrew, A. (1985). *The Awakening Giant: Continuity and Change in ICI*. Oxford: Basil Blackwell.

——(2003). "Co-Producing Knowledge and the Challenges of International Collaborative Research," in A. M. Pettigrew, R. Whittington, L. Melin et al. (eds.), *Innovative Forms of Organizing*. Thousand Oaks, CA: Sage.

——(2005). "The Character and Significance of Management Research on the Public Services," *Academy of Management Journal*, 48(6): 973-7.

Poggi, G. (1965). "A Main Theme of Contemporary Sociological Analysis: Its Achievements and Limitations," *British Journal of Sociology*, 16: 283-94.

Polanyi, M. (1962). *Personal Knowledge*. Chicago: University of Chicago Press.

Polkinghorne, D. E. (1988). *Narrative Knowing and the Human Sciences.* Albany, NY: SUNY Press.

Polya, G. (1957). *How to Solve It: A New Aspect of Mathematical Method,* 2nd edn. Garden City, NY: Doubleday.

Poole, M. S. (1983). "Decision Development in Small Groups, III: A Multiple Sequence Model of Group Decision Development," *Communication Monographs,* 50: 321–41.

——Holmes, M. E. (1995). "Decision Development in Computer-Assisted Group Decision Making," *Human Communication Research,* 22: 90–127.

——Roth, J. (1989). "Decision Development in Small Groups V: Test of a Contingency Model," *Human Communication Research,* 15(4): 549–89.

——Van de Ven, A. H. (1989). "Using Paradox to Build Management and Organization Theories," *Academy of Management Review,* 15(3): 562–78.

——Folger, J. P., and Hewes, D. E. (1987). "Analyzing Interpersonal Interaction," in M. E. Roloff and G. R. Miller (eds.), *Interpersonal Processes.* Beverly Hills: Sage.

——Van de Ven, A. H., Dooley, K., and Holmes, M. (2000). *Organizational Change and Innovation Processes: Theory and Methods for Research.* New York: Oxford University Press.

Popkin, R. (1999). "The French Enlightenment," in R. Popkin (ed.), *The Columbia History of Western Philosophy.* New York: Columbia University Press, pp. 462–71.

Popper, K. (1959). *The Logic of Scientific Discovery.* New York: Harper Torchbooks.

——(1972). *Objective Knowledge.* New York: Oxford University Press.

——(1979). *Truth, Rationality, and the Growth of Scientific Knowledge.* Frankfurt: Klostermann.

Porter, L.W. (1958). "Differential Self Perceptions of Management Personnel and Line Workers," *Journal of Applied Psychology,* 42: 105–9.

Putnam, H. (1962). "What Theories Are Not," in E. Nagel, P. Suppes, and A. Tarski (eds.), *Logic, Methodology, and Philosophy of Science: Proceedings of the 1960 International Congress.* Stanford, CA: Stanford University Press, pp. 240–51.

——(1981). *Reason, Truth and History.* Cambridge: Cambridge University Press.

——(1993). *Renewing Philosophy.* Cambridge, MA: Harvard University Press.

——Phillips, N., and Chapman, P. (1996). "Metaphors of Communication and Organization," in S. Clegg, C. Hardy, and W. Nord (eds.), *Handbook of Organization Studies.* Thousand Oaks, CA: Sage Publications, pp. 375–408.

Quine, W. V. (1951). "Two Dogmas of Empiricism," *Philosophical Review,* 60: 20–43.

Quinn, J. B. (1980). *Strategies for Change: Logical Incrementalism.* Homewood, IL: Irwin.

Quinn, R. E. and Cameron, K. S. (eds.) (1988). *Paradox and Transformation: Toward a Theory of Change in Organization and Management.* Cambridge, MA: Ballinger.

Ragin, C. C. (1987). *The Comparative Method: Moving Beyond Qualitative and Quantitative Strategies.* Berkeley, CA: University of California Press.

——(2000). *Fuzzy-Set Social Science.* Chicago: University of Chicago Press.

Ramage, J. D. and Bean, J. C. (1995). *Writing Arguments: A Rhetoric with Readings,* 3rd edn. Boston: Allyn & Bacon.

Randall, Jr., J. H. (1960). *Aristotle.* New York: Columbia University Press.

Reichenbach, H. (1938). *Experience and Prediction.* Chicago: University of Chicago Press.

——(1948). "Rationalism and Empiricism: An Inquiry into the Roots of Philosophical Error," *The Philosophical Review,* 57(4): 330–46.

——(1963). *The Rise of Scientific Philosophy.* Los Angeles: University of California Press.

Rescher, M. (1987). *Scientific Realism: A Critical Reappraisal.* Dordrecht: D. Reidel Publishing Company.

——(1996). *Process Metaphysics: An Introduction to Process Philosophy.* Albany, NY: State University of New York Press.

——(2000). *Realistic Pragmatism: An Introduction to Pragmatic Philosophy.* Albany, NY: State University of New York Press.

——(2003). Nature and Understanding: *The Metaphysics and Method of Science.* New York: Oxford University Press.

Riegel, K. F. (1969). "History as a Nomothetic Science: Some Generalizations from Theories and Research in Developmental Psychology," *Journal of Social Issues,* 25: 99–127.

Ring, P. S. and Van de Ven, A. H. (1994). "Developmental Processes of Cooperative Interorganizational Relationships," *Academy of Management Review,* 19(1): 90–118.

Roberts, J. M. (2001). "Critical Realism and the Dialectic," *British Journal of Sociology,* 52(4): 667–85.

Roberts, N. C. and King, P. J. (1996). *Transforming Public Policy: Dynamics of Policy Entrepreneurship and Innovation.* San Francisco: Jossey-Bass.

Rogers, E. M. (2003). *Diffusion of Innovations,* 5th edn. New York: Free Press.

Romme, A. G. L. (2003). "Making a Difference: Organization as Design," *Organization Science,* 14(5): 558–73.

——Endenburg, G. (2006). "Construction Principles and Design Rules in the Case of Circular Design," *Organization Science,* 17(2): 287–97.

Rorty, R. (1961). "Pragmatism, Categories, and Language," *The Philosophical Review*, 70(2): 197–233.

——(1979). *Philosophy and the Mirror of Nature*. Princeton, NJ: Princeton University Press.

——(1980). "Pragmatism, Relativism, and Irrationalism," *Proceedings and Addresses of the American Philosophical Association*, 53(6): 717–38.

——(1982). *Consequences of Pragmatism* (Essays: 1972–1980). Minneapolis, MN: University of Minnesota Press.

Rosenblatt, P. D. (1981). "Ethnographic Case Studies," in M. B. Brewer and B. E. Collins (eds.), *Scientific Inquiry and Social Sciences*. San Francisco: Jossey-Bass.

Ross, D. (1949). *Aristotle*. London: Methuen.

Rousseau, D. M. (1985). "Issues of Level in Organizational Research: Multi-Level and Cross-Level Perspectives," in L. L. Cummings and B. Staw (eds.), *Research in Organizational Behavior*. Greenwich, CT: JAI Press, pp. 1–37.

——(2006). "Is There Such a Thing as 'Evidence-Based Management'?" *Academy of Management Review*, 31(2): 256–69.

Russell, B. (1972). *A History of Western Philosophy*. New York: Simon and Schuster.

Rutten, V. W. (2001). *Technology, Growth, and Development: An Induced Innovation Perspective*. Oxford: Oxford University Press.

Rynes, S. L., Bartunek, J. M., and Daft, R. L. (2001). "Across the Great Divide: Knowledge Creation and Transfer Between Practitioners and Academics," *Academy of Management Journal*, 44(2): 340–55.

——Colbert, A. E., and Brown, K. G. (2002). "HR Professionals' Beliefs about Effective Human Resource Practices: Correspondence Between Research and Practice," *Human Resource Management*, 41(2): 149–74.

——McNatt, D. B., and Bretz, R. D. (1999). "Academic Research Inside Organizations: Inputs, Processes, and Outcomes," *Personnel Psychology*, 52: 869–98.

Sackett, P. R. and Mullen, E. J. (1993). "Beyond Formal Experimental Design: Towards an Expanded View of the Training Evaluation Process," *Personnel Psychology*, 46: 613–28.

Sarasvathy, S. D. (2001). "Causation and Effectuation: Toward a Theoretical Shift from Economic Inevitability to Entrepreneurial Contingency," *Academy of Management Review*, 26(2): 243–63.

Saxton, T. (1997). "The Effects of Partner and Relationship Characteristics on Alliance Outcomes," *Academy of Management Journal*, 40: 443–62.

Sayer, A. (1992). *Method in Social Science: A Realist Approach*, 2nd edn. London: Routledge.

Schaie, K.W. (1965). "A General Model for the Study of Developmental Problems," *Psychological Bulletin*, 64: 92–107.

Schein, E. G. (1987). *The Clinical Perspective in Fieldwork*, Sage University Papers Series on Qualitative Research Methods, Vol. 5. Thousand Oaks, CA: Sage.

Schon, D. (1987). *Educating the Reflective Practitioner*. San Francisco: Jossey-Bass.

Schoonhoven, C. B., Eisenhardt, K. M., and Lyman, K. (1990). "Speeding Products to Market: Waiting Time to First Product Introduction in New Firms," *Administrative Science Quarterly*, 35(1): 177–207.

Schuh, G. E. (1984). *Revitalizing the Land Grant University*, Strategic Management Research Center, Discussion Paper #36, University of Minnesota, Minneapolis, MN.

Schultt, R. K. (2004). *Investigating the Social World: The Process and Practice of Research*, 4th edn. Thousand Oaks, CA: Sage.

Schultz, F. C. (2001). "Explaining the Link Between Strategic Decision Making and Organizational Performance," unpublished doctoral dissertation, University of Minnesota Carlson School of Management, Minneapolis, MN.

Schultz, M. and Hatch, M. J. (2005). "Building Theory from Practice," *Strategic Organization*, 3(3): 337–48.

Schweiger, D. M., Sandberg, W. R., and Rechner, P. L. (1989). "Experiential Effects of Dialectical Inquiry, Devil's Advocacy and Consensus Approaches to Strategic Decision Making," *Academy of Management Journal*, 32(4): 745–73.

Scott, B. R. (1971). "*Stages of Corporate Development*," unpublished paper, Harvard Business School, Boston, MA.

Scott, W. R. (2003). *Organizations: Rational, Natural, and Open Systems*, 5th edn. Upper Saddle River, NJ: Prentice Hall.

Shadish, W. R., Cook, T. D., and Campbell, D. T. (2002). *Experimental and Quasi-Experimental Designs for Generalized Causal Inference*. Boston: Houghton Mifflin.

Shani, A. B., David, A., and Willson, C. (2004). "Collaborative Research: Alternative Roadmaps," in N. Adler, A. B. Shani, and A. Styhre (eds.), *Collaborative Research in Organizations: Foundations for Learning, Change, and Theoretical Development*. Thousand Oaks, CA: Sage Publications.

Shrivastava, P. (1986). "Is Strategic Management Ideological?" *Journal of Management*, 12(3): 363–77.

Sim, S. (2001). "Postmodernism and Philosophy," in S. Sim (ed.), *The Routledge Companion to Postmodernism,* 2nd edn. New York: Routledge, Taylor and Francis Group, pp. 3–14.

Simon, H. A. (1973). "The Structure of Ill Structured Problems," *Artificial Intelligence,* 4: 191–201.

——(1976). "The Business School: A Problem in Organizational Design," in H. A. Simon (ed.), *Administrative Behavior: A Study of Decision-Making Processes in Administrative Organization.* New York: Free Press, pp. 335–56.

——(1991). "Bounded Rationality and Organizational Learning," *Organization Science,* 2(1): 125–35.

——(1996). *Sciences of the Artificial,* 2nd edn. Cambridge, MA: MIT Press.

Singleton, Jr., R. A., Straits, B. C., and Straits, M. M. (1993). *Approaches to Social Research,* 2nd edn. New York: Oxford University Press.

——Straits, B. C. (1999). *Approaches to Social Research,* 3rd edn. New York: Oxford University Press.

——(2005). *Approaches to Social Research,* 4th edn. New York: Oxford University Press.

Small, S. A. and Uttal, L. (2005). "Action-Oriented Research: Strategies for Engaged Scholarship," *Journal of Marriage and Family,* 67: 936–48.

Smith, P. C., Kendall, L. M., and Hulin, C. L. (1969). *The Measurement of Satisfaction in Work and Retirement: A Strategy for the Study of Attitudes.* Chicago: Rand McNally.

Starbuck, W. H. (2005). *What the Numbers Mean.* Available at: http://www.stern.nyu.edu/wstarbuc/~whatmean.html (accessed July 25, 2006).

Starkey, K. and Madan, P. (2001). "Bridging the Relevance Gap: Aligning Stakeholders in the Future of Management Research," *British Journal of Management,* 12(Special Issue): S3–S26.

Staw, B. M., Sandelands, L. E., and Dutton, J. E. (1981). "Threat-Rigidity Effects in Organizational Behavior: A Multi-Level Analysis," *Administrative Science Quarterly,* 26: 510–24.

Steffy, B. and Grimes, A. (1992). "Personnel/Organizational Psychology: A Critique of the Discipline," in M. Alvesson and H. Willmott (eds.), *Critical Management Studies.* London: Sage.

Stinchcombe, A. (1965). "Social Structure and Organizations," in J. G. March (ed.), *Handbook of Organizations.* Chicago: Rand McNally, pp. 142–93.

——(1968a). *Constructing Social Theories.* New York: Harcourt, Brace, and World.

——(1968b). "The Logic of Scientific Inference," in A. Stinchcombe (ed.) *Constructing Social Theories.* New York: Harcourt, Brace, and World.

Strang, D. and Macy, M. (2000). "In Search of Excellence: Fads, Success Stories and Adaptive Evolution," *American Journal of Sociology*, 107(1): 147–82.

Strauss, A. L. (1987). *Qualitative Analysis for Social Scientists*. New York: Cambridge University Press.

Strauss, A. and Corbin, J. (1990). *Basics of Qualitative Research: Grounded Theory Procedures and Techniques*. Newbury Park, CA: Sage.

——(1994). "Grounded Theory," in N. Denzin and Y. Lincoln (eds.), *Handbook of Qualitative Research*. Thousand Oaks, CA: Sage.

Suchman, E. A. (1967). *Evaluation Research: Principles and Practice in Public Service and Social Action Programs*. New York: Russell Sage Foundation.

——(1971). "Action for What? A Critique of Evaluative Research," in R. O'Toole (ed.), *The Organization, Management, and Tactics of Social Research*. Cambridge, MA: Schenkman Publishing Company, Inc., pp. 97–130.

Suppe, F. (1977). *The Structure of Scientific Theories*, 2nd edn. Urbana, IL: University of Illinois Press.

——(1989). *The Semantic Conception of Theories and Scientific Realism*. Urbana, IL: University of Illinois Press.

Thompson, J. D. (1956). "On Building an Administrative Science," *Administrative Science Quarterly*, 1: 102–11.

Thorngate, W. (1976). "Possible Limits on a Science of Social Behavior," in J. H. Strickland, F. E. Aboud, and K. J. Gergen (eds.), *Social Psychology in Transition*. New York: Plenum, pp. 121–39.

Toulmin, S. (1953). *The Philosophy of Science: An Introduction*. London: Hutchinson.

——(1958). *The Uses of Argument*, 1st edn. Cambridge: Cambridge University Press.

——(2003). *The Uses of Argument*, 5th edn. Cambridge: Cambridge University Press.

Tranfield, D. and Starkey, K. (1998). "The Nature, Social Organization and Promotion of Management Research: Towards Policy," *British Journal of Management*, 9: 341–53.

——Denyer, D., and Smart, P. (2003). "Towards a Methodology for Developing Evidence-Informed Management Knowledge by Means of Systematic Review," *British Journal of Management*, 14(3): 207–22.

Trullen, J. and Bartunek, J. M. (2006). "What a Design Approach OVers to Organization Development," *Journal of Applied Behavioral Science*, 43(1): 23–40.

Tsoukas, H. (1989). "The Validity of Idiographic Research Explanations," *Academy of Management Review*, 14: 551–61.

Tsoukas, H. (2005). *Complex Knowledge: Studies in Organizational Epistemology.* Oxford: Oxford University Press.

Tuma, N. B. and Hannan, M. T. (1984). *Social Dynamics: Models and Methods.* San Diego, CA: Academic Press.

Tushman, M. and Romanelli, E. (1985). "Organizational Evolution: A Metamorphosis Model of Convergence and Reorientation," in B. Staw and L. Cummings (eds.), *Research in Organizational Behavior.* Greenwich, CT: JAI Press.

——O'Reilly, C. A., Fenollosa, A., and Kleinbaum, A. M. (2007). "Relevance and Rigor: Executive Education as a Lever in Shaping Practice and Research," *Academy of Management Learning & Education,* 6(3): 345–62.

Van Aken, J. E. (2005). "Management Research as a Design Science: Articulating the Research Products of Mode 2 Knowledge Production in Management," *British Journal of Management,* 16: 19–36.

Van de Ven, A. H. (1992). "Suggestions for Studying Strategy Process: A Research Note," *Strategic Management Journal,* 13(Summer): 169–88.

——(2002). "2001 Presidential Address: Strategic Directions for the Academy of Management: This Academy is for You!" *Academy of Management Review,* 27(2): 171–84.

——Delbecq, A. (1974). "The Effectiveness of Nominal, Delphi, and Interacting Group Decision Making Processes," *Academy of Management Journal,* 17(4): 605–21.

——Ferry, D. L. (1980). *Measuring and Assessing Organizations.* New York: John Wiley & Sons.

——Huber, G. P. (1990). "Longitudinal Field Research Methods for Studying Processes of Organizational Change," *Organization Science,* 1: 213–19.

——Johnson, P. (2006). "Knowledge for Science and Practice," *Academy of Management Review,* 31(4): 802–21.

——Polley, D. E. (1992). "Learning While Innovating," *Organization Science,* 3: 92–116.

——Poole, M. S. (1995). "Explaining Development and Change in Organizations," *Academy of Management Review,* 20: 510–40.

————(2005). "Alternative Approaches for Studying Organization Change," *Organization Studies,* 26(9): 1377–400.

——Schomaker, M. (2002). "The Rhetoric of Evidence-Based Medicine," *Health Care Management Review,* 27(3): 88–90.

——Polley, D. E., Garud, R., and Venkataraman, S. (1999). *The Innovation Journey.* New York: Oxford University Press.

——Angle, H. L., and Poole, M. S. (eds.) (2000). *Research on the Management of Innovation: The Minnesota Studies*. New York: Oxford University Press.

Van den Daele, L. D. (1969). "Qualitative Models in Developmental Analysis," *Developmental Psychology*, 1(4): 303–10.

——(1974). "Infrastructure and Transition in Developmental Analysis," *Human Development*, 17: 1–23.

Van Maanen, J. (1995). *Representation in Ethnography*. Thousand Oaks, CA: Sage.

——Barley, S. R. (1986). "Occupational Communities: Culture and Control in Organizations," in L. Cummings and B. Staw (eds.), *Research in Organizational Behavior*. Greenwich, CT: JAI Press, pp. 287–531.

Volkema, R. J. (1983). "Problem Formulation in Planning and Design," *Management Science*, 29(6): 639–52.

——(1995). "Creativity in MS/OR: Managing the Process of Formulating the Process of Formulating the Problem," *Interfaces*, 25(3): 81–7.

Wacker, J. G. (2004). "A Theory of Formal Conceptual Definitions: Developing Theory–Building Measurement Instruments," *Journal of Operations Management*, 22(6): 629–50.

Wallace, W. A. (1983). *From a Realist Point of View: Essays on the Philosophy of Science*, 2nd edn. Lantham, MD: Catholic University Press of America.

Walster, W. and Cleary, T. A. (1970). "Statistical Significance as a Decision Rule," in E. Borgatta and G. Bohrnsteadt (eds.), *Sociological Methodology*. San Francisco: Jossey–Bass.

Walton, D. (2004). "A New Dialectical Theory of Explanation," *Philosophical Explorations*, 7(1): 71–89.

Wanberg, C. R., Glomb, T. M., Song, Z., and Rosol, S. (2005). "Job–Search Persistence During Unemployment: A Ten Wave Longitudinal Study," *Journal of Applied Psychology*, 90: 411–30.

Webb, E. J., Campbell, D. T., Schwartz, R. D., and Sechrest, L. 1966. *Unobtrusive Measures*. Chicago: Rand McNally.

Weick, K. E. (1979). *The Social Psychology of Organizing*, 2nd edn. Reading, MA: Addison–Wesley Publishing Co.

——(1989). "Theory Construction as Disciplined Imagination," *Academy of Management Review*, 14(4): 516–31.

——(1992). "Agenda Setting in Organizational Behavior: A Theory–Focused Approach," *Journal of Management Inquiry*, 1(3): 171–82.

——(1995). *Sensemaking in Organizations*. Thousand Oaks, CA: Sage.

——(1999). "Theory Construction as Disciplined Reflexivity: Tradeoffs in the 90s," *Academy of Management Review*, 24(4): 797–806.

——(2001). "Gapping the Relevance Bridge: Fashions Meet Fundamental in Management Research," *British Journal of Management*, 12(Special Issue): S71–S75.

——(2005). "The Experience of Theorizing: Sensemaking as Topic and Resource," in K. G. Smith and M. A. Hitt (eds.), *Great Minds in Management: The Process of Theory Development*. Oxford: Oxford University Press, pp. 394–413.

Weiss, C. H. (1998). *Evaluation: Methods of Studying Programs and Policies*, 2nd edn. Upper Saddle River, NJ: Prentice Hall.

Weston, A. (2000). *A Rulebook for Arguments*, 3rd edn. Indianapolis: Hackett Publishing Company.

Westphal, K. W. (1998). *Pragmatism, Reason, and Norms: A Realistic Assessment*. New York: Fordham University Press.

Wheelwright, B. (1962). *Metaphor and Reality*. Bloomington, IN: Indiana University Press.

Whetten, D. A. (1989). What Constitutes a Theoretical Contribution? *Academy of Management Review*, 14, 490–5.

——(2002). "Modeling-as-Theorizing: A Systematic Approach," in D. Partington (ed.), *Essential Skills for Management Research*. Thousand Oaks, CA: Sage Publications.

Whitley, R. (1984). "The Scientific Status of Management Research as a Practically-Oriented Social Science," *Journal of Management Studies*, 21(4): 369–90.

Whitley, R. (2000). *The Intellectual and Social Organization of the Sciences*, 2nd edn. Oxford: Oxford University Press.

Whyte, W. F. (1984). *Learning from the Field: A Guide from Experience*. Beverly Hills, CA: Sage.

Willett, J. B. and Singer, J. D. (1991). "How Long did it Take? Using Survival Analysis in Educational and Psychological Research," in L. M. Collins and J. L. Horn (eds.), *Best Methods for the Analysis of Change*. Washington, DC: American Psychological Association, pp. 310–28.

Wilson, E. O. (1999). *Concilience*. New York: Prentice Hall.

Yin, R. K. (2003). *Case Study Research: Design and Methods*, 3rd edn. Thousand Oaks, CA: Sage.

Yu, J. (2006). "*One Size Does Not Fit All: Toward an Understanding of Local Adaptation of Organizational Practices in Cross-Boundary Practice Transfers*," unpublished doctoral dissertation proposal, University of Minnesota, Carlson School of Management, Minneapolis, MN.

Zaheer, S., Albert, S., and Zaheer, A. (1999). "Time Scales and Organizational Theory," *Academy of Management Review*, 24(4): 725–41.

Zald, M. N. (1995). "Progress and Cumulation in the Human Sciences after the Fall," *Sociological Forum*, 10(3): 455–79.

Zellmer-Bruhn, M. E. (2003). "Interruptive Events and TeamKnowledge Acquisition," *Management Science*, 49(4): 514–28.

Zlotkowski, E. (ed.) (1997–2000). *AAHE's Series on Service-Learning in the Disciplines*. Washington, DC: American Association for Higher Education.

怀念Andrew Van de Ven教授：
一位纯粹的学者

井润田

2022年5月3日晚收到百寅教授微信，告知Andy过世。刚开始我几乎无法相信，但很快得到证实，后面也陆续收到一些朋友的询问，一时深感世事无常。总觉得该为他写点什么，遂成此文。

幸得相识

与Andy相识缘于2009年我在成都举办中国管理研究国际学会（IACMR）的研究方法工作坊（Research Method Workshop）。在那次会议上，他担任讲师和导师，讲授他刚出版的 *Engaged Scholarship: A Guide for Organizational and Social Research* 一书提出的研究方法，并且每天晚上参与学员小组讨论。当时我虽忙于办会，但经常会看到他在教室或走廊里回答学生的提问。他总是非常耐心地聆听，转而在回答时展示出一股独特的"Andy 式"感染力：中气十足且雄厚的声音，热情洋溢的表达，始终面带微笑。

在了解到他的学术背景后，我不由得满怀敬佩。Andy 在博士学习期间就与导师 Andre Delbecq 教授合作提出名义小组法（Nominal Group Technique）这个被写进教材的群体决策理论。他 1981 年从沃顿商学院来到卡尔森管理学院工作，帮助学院建立起与企业界合作的高质量博士研究生培养项目，并发起明尼苏达州创新研究计划，这成为创新管理研究领域一个具有里程碑意义的研究项目①。他在 1997 年获得美国管理学会杰出学者生涯奖（Distinguished Scholar Career Award），2000—2001 年担任美国管理学会主席，2002 年曾被提名为诺贝尔经济学奖候选人。

合作研究

2010 年，我申请富布莱特访问计划并获得通过，也打算趁此机会将自己的研究从微观向宏观方向做些调整。于是写信给 Andy，申请到他那里访问，他很爽快地就答应了。事实证明，这次访问的确改变了我的研究兴趣以及对研究意义的认识。

记得 2011 年 1 月当我刚走出明尼阿波利斯机场时，看到整座城市都是白茫茫的一片，那正是一年中最冷的时候。Andy 的博士生孙康勇（现在任教于日本一桥大学）接到我并很快安顿下来。Andy 对于承诺的事情非常认真负责，提前帮我把办公室、电脑、学院行政联系人等事情全部准备好，并确定好每周一次的研究讨论时间。记得第一次到 Andy 的办公室时，印象最深的是他满屋的书柜，放在高处的书需要踩着梯子去拿。

访学期间，我修习了 Andy 开设的两门博士生课程。一门是"Seminar in Macro-Organization Behavior"，主要研讨十多个经典的宏观组织理论。讲授这门课很不容易，教师需要对宏观领域、基于不同哲学范式的组织理论都非常熟悉；学生也是来自不同国家和不同研究领域，线下和线上听课的都有。但这门课程又是如此重要，经过一学期学习就可以使得学生对组织理论产生深刻的理解。在与 Andy 的学

---

① 《管理学季刊》2020 年第 1 期《从"入世治学"角度看本土化管理研究》一文详细回顾了该项目的研究经历。

生 Raghu Garud、Timothy J. Hargrave 等交流时,大家都认为自己是在这门课程的带领下进入了学术领域。另一门是"Engaged Scholarship",主要围绕他这本获得美国管理学会颁发奖项的著作,讲授管理学者如何采用入世治学的学术范式弥补理论与实践之间的差距,如何开展基于过程的组织研究设计。这两门课程成功地从理论和方法上支撑了我向组织理论研究领域的学术转变,更重要的是,我由此认识到研究固有的意义。

访问期间,我和 Andy 合作撰写了两篇论文,都发表在 Management and Organization Review 上。他对中国本土研究充满好奇,努力用他严谨的西方逻辑理解我给他讲到的"阴阳辩证"以及"势"等东方文化概念,这也迫使我必须学会用一位西方学者能理解的思维框架将这些本土概念蕴含的理论道理讲清楚。我们也很高兴,其中"A Yin-Yang Model of Organizational Change: The Case of Chengdu Bus Group"这篇论文于 2016 年获得 IACMR 颁发的 MOR/PUP"管理的中国理论"最佳论文奖。此后,我们合作过 5 篇论文,直到他过世之前还有一篇在研的合作项目。

由于成名较早,Andy 担任的学术职责很多:教学、研究、期刊审稿、学会服务,还有很多企业和医疗机构的咨询工作。他曾承担一项由美国国立卫生研究院(National Institutes of Health)资助的重大研究项目,经费达 5 200 万美元。因此，他极高的工作效率也是需要我们特别学习的地方。通常，他早上 7 点多到办公室，上午集中处理一些学术事务，下午 2 点之后会打开办公室门，做一些接待和交流工作。他个人一直聘用学术助理来协助他完成日常的行政工作，这也使得每次与他的会面都很有效率。当时，我正打算辞掉学院的一些行政管理工作，他特别鼓励这点，并告诉我刚到学院时他也面临这样的要求，但他从来都是拒绝，不过也免不了经常有部门人员去找他商量事情。为了避免被干扰，他告知我他当年的秘诀就是"在学校图书馆里找到一张长桌，在那里安静地学习"。在明尼苏达大学校园里，学校图书馆离卡尔森管理学院大楼不远，而且有地下走廊连接（冬季长而且天气特别冷）。因此，我每次在学校图书馆看书时都会想起 Andy 的这句话。

每年暑假，他最大的乐趣就是到蒙大拿州的 Big Sky 去休假，那是他学术之外最惬意的事情。在那里他有一个牧场，他特别的喜好就是养马和骑马，或者从事一些农活或维修工作。每年新年之际，我都会收到他的贺卡，2022 年的贺卡是他与家人的一张合影，合影里的 Andy 正在驾驶一辆大型拖拉机，他声称这是新年里得到的最令他开心的玩具。

纯粹的学者

无论是卡尔森管理学院的师生，还是熟悉 Andy 的国内同行，很多人对他的评价就是"A Pure Scholar"，这的确是他个人最简单、最执着的追求。

2016 年他从学院荣休，这对很多人而言或许意味着可以享受安逸的生活了。但在 Andy 看来，他不愿延聘而选择荣休，最重要的原因是这样可以免去学院安排的很多事情，将更多时间投入所热爱的学术研究。他在谷歌学术上有 93 000 多次引用，其中 25 000 次以上都是他退休后 5 年之间新增的。

Andy 非常博学，喜欢阅读从社会学、政治学到管理学等各领域的著作，他的学术贡献就在于对创新、变革、理论等这些基本概念的本质内涵做出认识上的推进，这其中也少不了很多哲学上的思考。同时，他对中国、欧洲学者以及相关的本土化研究表现出强烈的兴趣和支持，每年都会到亚洲或欧洲访问和交流，对于 IACMR 的发展也做出了很多贡献。他在作为美国管理学会主席的致辞中讲道："对于我们全球管理研究界的未来而言，最大的机会之一在于洞悉并了解国家和地区之间不同的管理和组织实践，深入学习其中的管理和制度力量。我们作为一个社会和管理专业组织的未来就取决于此。"就他而言,他与 Lawrence Mohr、Ann Langley、Haridimos Tsoukas、Robert Chia 等学者倡导的过程研究方法很大程度上与中国关于变化的世界观相关,他努力地理解这些东方文化哲学。在与 Marshall Poole 教授合作主编的经典著作 The Oxford Handbook of Organizational Change and Innovation 再版时,他毫不犹豫地决定将基于中国阴阳辩证哲学的变革思想纳入进来。后期,他投入很多精力推广"入世治学"(Engaged Scholarship)的研究范式,呼吁从认识论和方法论上弥补当前管理研究与实践之间越来越大的差距。他从早年提出名义小组法、组织诊断理论,到后期的创新与变革研究,都是在与企业(如 3M,Honeywell,Cargill)的合作中提出和发展的,很多学术论文也是在企业研究项目的实施情景中完成的。在"Seminar in Macro-Organization Behavior"课程里讲到新制度主义理论时,他感慨:"正是商学院学术范式的制度化束缚了每位学者该有的能动性,最终导致我们的理论仅留下一点对现实的描述性作用。"就在 2022 年 4 月,Andy 与家人决定给卡尔森管理学院——这所他任教四十多年的机构捐助一个讲席教授岗位,并开设一个新的会议系列——"The Andrew Van de Ven Conference for Engaged Scholarship",号召身边年轻师生走进企业去做研究。4 月 30 日,他在经历与白血病的艰难抗争后过世。卡尔森管理学院在他的追思文稿里讲道:"他的工作改变了学者和实践者思考各种现象的方式——从如何头脑风暴,到创新的性质和过程,到组织间的关系,再到理论本身的性质。"

每次听到大家谈及学者如何愿意坐冷板凳、如何弥补理论与实践之间的差距,我就会想到 Andy 这位 Pure Scholar。在 2019 年到上海交通大学访问时,他看到我所从事的一些行政工作,就幽默地提醒我"在学校图书馆里找到自己的长桌"。每每想到这位亦师亦友的挚言,都让人黯然神伤。

或许这一刻,我们能做的就是记住那些曾从他的课堂或交流中得到的知识或认识,这是对他最好的缅怀。就像 Andy 自己欣然追求的:

One of the ways I judge the quality of my research or teaching is to talk with students 20 years after they graduate. If they say they still use the knowledge they learned from my course, that's the best compliment they can give me. That makes my day! (我判断自己研究或教学质量的方法之一,就是在学生毕业二十年之后与他们交谈。如果他们说仍然在使用从我的课程中学到的知识,那就是他们能给我的最好的赞美。这让我很开心!)